中国城市及其

文明的演变

薛凤旋 著

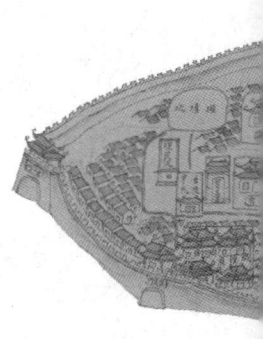

序　言

中国是一个历史悠久的文明古国。

儒家思想在中国的悠久历史中曾一直占主导地位。

在这历史长河中，这个文明古国几起几落。以主要朝代计，自周代起便经历了十三朝。然而据考古材料和古籍记载，周代之前还有商代和史前的夏代及五帝时代。从跨进文明门槛至今，中国的文明演进已历时约五千年。

在现代汉语中，"文明"与"文化"这两个词常常被互换，近乎被公认为通用词。我们这里采用了稍为狭义的解释，将文明放在文化之上。在时间上，还未跨进文明门槛的史前文化称为"文化"，之后，便称为"文明"。另外，文明亦被作为一个泛称，如相对于中国文明、中华文明，在中国范围内的地方文明便被称为"地方文化"；甚至城市文明或一个时期的城市文明，相对于中国文明和中华文明，亦可称为"文化"。

中国文明的基本，即其价值观体系，乃儒家思想。它所揭示的人与天（地及自然）、人与人和国与国的关系，支撑了一个大国以农业为主的社会的进步、繁荣、扩张和秩序稳定。它是中国历代政治、经济和社会体制演变的背后原则，规范了中国各行各业的活动和发展，也成为统治者和百姓的行为准则。

城市是文明的载体，因为它是行政、教化、非农经济活动等的支点，也是为农村和农业服务的中介地。历史上城市的演变因而自然地体现了文明的演变。

由于中国文明与西方文明及其他文明的不同，中国城市也自然地与西方城市呈现出不同的特征。我们不能说中国文明才是真正的文明，其他文明不是真文明；同样地，中国城市只是全世界城市中的一个类别，它有它的特点，因为它体现了不同于世界其他文明的中国文明。

正因为中国文明建基于农业和农村，致使中国城市没有引起很大的关注。然而，从文明的主要载体或节点来理解和研究中国文明，应是必经之路。事实上，从农村看中国文明或儒学的演变，是看不出多少东西的；但在城市里，文明的演变因为高度集中，而更易被理解和体现出来。

我在本书中因而提出了从城市看历史、看文明的演变的新思路和新方法。

我同时采集了大量的地图，特别是城市地图，以便能更具体、形象和有趣味地将中华文明的特点和演变历程描绘出来。

谨以此书献给中国人民和世界人民。祈希天地人三才各如其分，世界大同。

薛凤旋
2008 年 5 月 10 日
于香港大学梅堂

再版序

《中国城市及其文明的演变》一书自2009年面世以来，国家大局和世界大局都出现了很大改变。我国提出了绿色发展、生态城市、发掘文化资产和文化竞争力的新发展方向；对外，我们承诺更大开放，倡议了"一带一路"的世纪性新型全球化的国与国之间合作共赢的新思路。这些对我国文明与城市发展的互动自然是重要的新动力。

我们趁再版机会，将这些重要讯息写进了结论一章。同时，我们亦将近十年的考古新发现添入有关章节。

过去几年，《中国城市及其文明的演变》受到了国内外读者的欢迎，其背后原因很多。其中一个原因自然是在社会经济发展的同时，国人加深了对国家历史文化理解的需求。历史不但是镜子，更是身份认同的基础，及我中华民族向前发展的方向标和重要动力。这也是作者撰写此书的目的之一。

谨以此与读者共勉。

薛凤旋
2018年夏末

目 录

序 言 ·· 1
再版序 ·· 3

第一章 中国城市文明的起源及其历史分期 1
    中国文明与城市的土生性 ··· 3
    多元的先民文化 ·· 5
    中国何时跨进文明门槛？ ··· 10

第二章 从原始村落到仰韶晚期的初城 15
    原始文明 ·· 17
    仰韶晚期的聚落 ·· 20
        姜寨一期 20
        大地湾四期 21
        城头山初城 22
    初城的性质 ··· 28

第三章 龙山时代的城邦 31
    什么是城邦？ ·· 33
    龙山时代的社会 ·· 35
    龙山聚落和城市 ·· 37
    城市结构和功能 ·· 42
    龙山城邦国 ··· 46

第四章 夏代：青铜时期的城市文明 49
    中国文明最早奠基于夏代 ··· 51

夏代开拓了中国文化新纪元 …………………………………………… 56
夏代的地域空间组织与城市体系 ………………………………………… 58
  核心地区 59
  周边边远地区 60
夏代的城市文明 …………………………………………………………… 61
其他夏代城市 ……………………………………………………………… 66
夏代——奴隶社会封建帝国的开始 ……………………………………… 67

第五章 青铜器的高峰：商代城市文明 69

中国有现存文字历史的第一个朝代 ……………………………………… 71
商帝国和商文明 …………………………………………………………… 72
  仁 君 72
  新的国家统治制度 74
  税制、货币、贸易和法典 77
  经 济 77
冶铜技术的发展和传播 …………………………………………………… 78
商的疆域和城市体系 ……………………………………………………… 78
二里岗的城镇体系 ………………………………………………………… 79
距都城300千米内的区域性中心 ………………………………………… 87
边缘地区的区域性中心 …………………………………………………… 90
商的属地和独立的方国 …………………………………………………… 91
结论：商代已建立封建特色的中国城市文明的根基 …………………… 92

第六章 由封建社会转变成工商业城市：周代与战国的发展 95

历史的分水岭 ……………………………………………………………… 97
三代的理想：周王朝及其统治理念 ……………………………………… 99
  封建制度 99
  宗法制度，加上祭天地和祭祖先结成一个新宗教（儒教） 100
  井田制度与城乡分别 101
《考工记》与中国城市规划 ……………………………………………… 104

         规划的原则、程序以及城市理想结构 104
         宗　周 112
         成　周 113
      战国时代：铁器时代开始——封建被新中央集权所替代 ……… 113
      东周和战国的新城市文明 ……………………………………… 116
         临　淄 118
         曲　阜 120
      结论：中国城市结构的定型 …………………………………… 122

第七章　秦汉的行政型城市　123

   秦开创的新型皇朝奠定了中国的概念 …………………………… 125
   统一大国下的新行政和经济 ……………………………………… 126
   汉代的城市与城市化 ……………………………………………… 133
   汉代的城市结构 …………………………………………………… 137
      长　安 138
      洛　阳 141
      临　淄 141
      宛 143
      成　都 143
      邯　郸 143
   结论：新型帝国与行政型城市 …………………………………… 144

第八章　唐代：儒家模式的黄金期　145

   魏、晋、南北朝的分裂至隋唐的大统一 ………………………… 147
   唐代政府体制与社会 ……………………………………………… 154
   唐代的城市化和城市发展 ………………………………………… 158
      南方涌现新型大都会 159
      运河城市 159
      长江沿岸城市 160
      东南的海港城市 160

行政及军事重镇　160
　唐代的城市结构 …………………………………… 161
　　曹魏时都城邺城　162
　　北魏（北朝）都城洛阳　162
　　六朝（南朝）建康　166
　　长　安　166
　　扬州（中晚唐）　171
　结论：成熟和完善地体现了中国都城的特点 …………… 174

第九章　宋代的城市复兴与新城市文明　177
　中华文明的又一高峰 ……………………………… 179
　两宋社会的特点 …………………………………… 179
　　抑军政策　180
　　文人官僚政治的形成和儒学的复兴　184
　　商业国家　185
　宋代的城市化动力 ………………………………… 186
　新市民社会的出现 ………………………………… 190
　　开　封　193
　　临安（杭州）　196
　　平江（苏州）　199
　　明州（宁波）　202
　　西夏、辽和金的城市　202
　结论：中国开始产生城乡分离 ……………………… 203

第十章　明代的城市重建　205
　元代是城市的黑暗时代 …………………………… 207
　明代的军事和经济复兴 …………………………… 212
　明代的城市化 ……………………………………… 216
　明代城市案例 ……………………………………… 219
　　南　京　219

7

　　　　京师（北京）220
　　　　临　清 224
　　　　大　同 224
　　结论：以农业经济为基础的中央集权……………………………… 225

第十一章　清代的城市化：由新儒学到半殖民地　229
　　清代：中国历史的分水岭……………………………………………… 231
　　清代前期的城市化：传统中国的城市文明…………………………… 235
　　　　城市动力 235
　　　　区域间贸易的发展 236
　　　　新儒学的城市文明 239
　　清代后期的城市化：半殖民地化的城市……………………………… 241
　　　　对世界霸权的依赖 241
　　　　列强影响下的城市 247
　　　　其他现代城市和城市化的空间分布 248
　　城市案例……………………………………………………………… 249
　　　　广　州 249
　　　　西　安 251
　　　　汉　口 256
　　　　上　海 257
　　结论：城市体系和行政体系混合为一个有机体……………………… 260

第十二章　现代中国：社会主义下人民共和国的城市发展　267
　　寻找中国问题的解决办法……………………………………………… 269
　　中华人民共和国城市化的特殊价值观基础（1949—1981年）　271
　　改革开放前的毛泽东式社会主义城市化（1949—1981年）… 275
　　毛泽东时代的城市和城市化…………………………………………… 280
　　　　大规模的人口迁移 281
　　　　对城市功能的社会主义改造 285
　　　　城市区域（city-region）290

　　　　社会主义的城市规划和城市空间（土地利用）结构　294

　　　向市场经济转型：转型期的中国城市（1981年起）………297

　　　深圳案例………………………………………………………304

　　　结论：几个值得思考的问题…………………………………306

第十三章　**中国城市文明的启示**　311

　　　城市是文明的载体……………………………………………313

　　　真正城市：西方的一些偏见…………………………………315

　　　城市是文明的产物，不是某种文明的产物…………………316

　　　马克思所归纳的四类城市……………………………………318

　　　　亚洲类：城乡的统一性　319

　　　　远古类：城市的乡村化　319

　　　　封建类　319

　　　　资本主义类：乡村的城市化　320

　　　中国传统的城市文明…………………………………………321

　　　探讨中国现代城市的路向……………………………………329

参考文献……………………………………………………………332

出版后记……………………………………………………………347

第一章

中国城市文明的起源及其历史分期

中国文明与城市的土生性

世界七大古文明中,只有中国文明至今仍然延续不衰。美洲的三个古文明:玛雅、阿兹特克和印加,出现时间较短,虽然延续至较近代,却在欧洲殖民者的毁灭性打击下几乎同时消失(图 1.1a,图 1.1b)。其他古文明现今只余下一些考古文物,而他们的文字,如苏美尔文和古埃及文,也只是近二百年内才被成功解读。在中国,我们今天使用的文字仍可和 3500 年前商代中晚期的甲骨文相印证,甚至可以上溯至 6000 年前仰韶时期在陶器上的刻画符号。而且中国城市文明,就其功能、形状、结构和背后的规划原则而言,自中国龙山时代前的初城至今,始终存在其一贯特点,这些中国城市文明的特点,亦可以上溯至六千多年前新石器时代中期的原始聚落。中国城市文明能贯通六千余年,而且跨越城乡的分野,其主要原因在于中国人自古已通晓"天人合一""顺天应命"等利用大自然法则的处理人地关系的方法和指导原则,来构筑其文明社会。

我们可以明确地说,它们自成体系,是中国土生土长的,也与世界其他的城市文明,特别是西方中世纪后所演变出来的城市有很大差别。不过,西方仍存在一种中国文明西源论的看法。一些西方学者自 20 世纪 20 年代起,就在他们的著作中论说我们的农耕技术和商代的制铜技术是来自地中海,特别是苏美尔文明的东传。20 世纪 70 年代中期,美国考古学家在东非埃塞俄比亚发现了约 300 万年前的取名为"露西"的女性南方古猿化石,引起了人类起源单中心论的又一次高潮。这一派的美国考古学家认为,"露西"是全球人类的始祖母,她的后代在约十万年前分别自非洲出走世界各地,成为现今各人种,包括

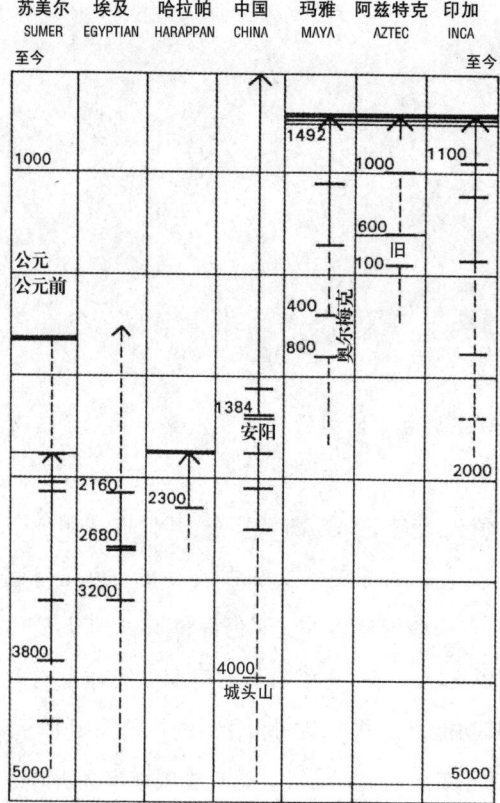

图 1.1a　世界七大古文明纪元表

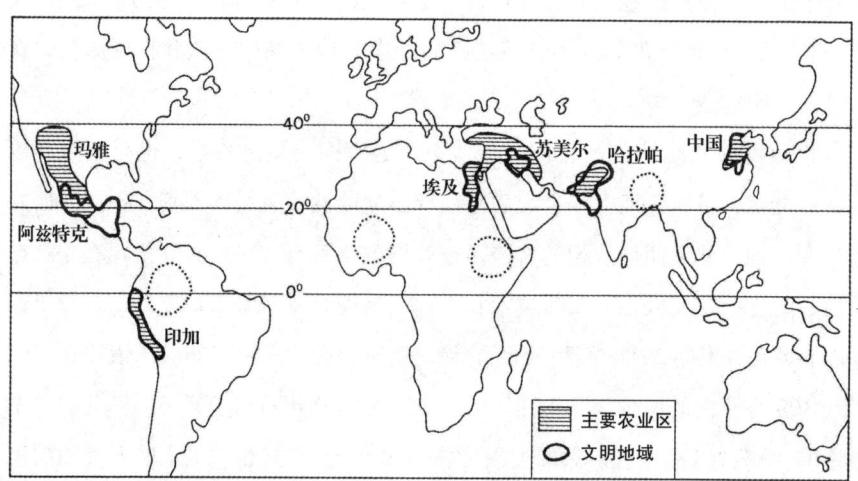

图 1.1b　世界七大古文明

中国人的始祖。然而,中国近二十年来的考古发现以及考古学的成就,有力地推翻了中国人种以及古文明由西方"侵入"或西来之说。

其实,亚洲存在着由猿人进化至现代人全部过程的化石证据。在亚洲,这些化石发现得最多的地方亦是中国。比如,在云南的开远和禄丰多次发现了"前人类"的古猿化石,其历史甚至跨越800万—1400万年前的时段。人类最早的始祖——南方古猿化石在山西及安徽均有发现,包括250万年前的东方人和450万年前的蝴蝶人。稍后的直立人,包括在云南发现的170万年前的元谋人、北京发现的70万年前的北京人,亦已出土不少。进入旧石器时代中晚期的直立人化石,出土的省份更多,可说近乎遍布全中国。除了年代延续不断和被发现地域越来越广大外,中国古猿化石显示出特有的蒙古利尔人种特色,和现在的中国人特征基本一致。因此,我们有理由去相信,中国和东非应是现在已知的人类起源的两大轴心,中国人种的确起源于本土。

多元的先民文化

自中华人民共和国成立以来,政府对考古的重视,以及集体工农经济的发展所开创的全国性建设,促成了成果丰富的重大的考古发现。这些,为我们了解中国文明的兴起,了解史前期,特别是新石器时代中华大地上的人类活动以及聚落的形成和演变,提供了大量的数据。概括地说,中国从约12000年前进入新石器时代起,逐渐地在三四千年间、在不同区域形成了数个不同的地区文化体系。约在公元前8000年(新石器时代早期),黄河中游和长江中游地区分别出现了小米和稻米的种植,反映了区域性的不同自然和人文条件孕育出南北方不同的农业系统。中国拥有960万平方千米的辽阔大地,自然地貌复杂,包括了大山、高原、丘陵、盆地和平原等(图1.2)。河谷平原自然是发展早期农业最好的地理环境。这些谷地分布在不同的纬度,气候条件亦自然不同(图1.3)。因此,在新石器时代中期(前7000—5000),在这些地区形成了不同的远古文化圈,有主要分布在黄河中游地区的仰韶文化,黄河下游地区和淮河流域的大汶口文化,长江中下游地区的大溪文化、

6　中国城市及其文明的演变

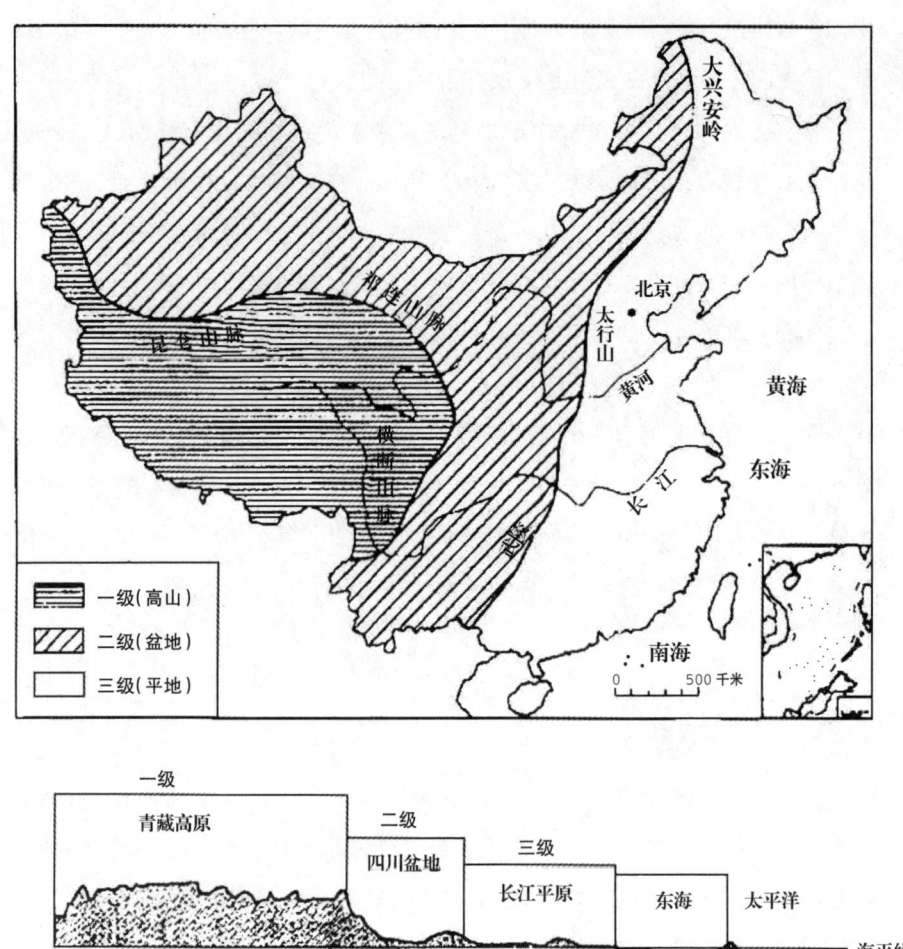

图1.2　中国地势

图 1.3 农业及森林资源分布

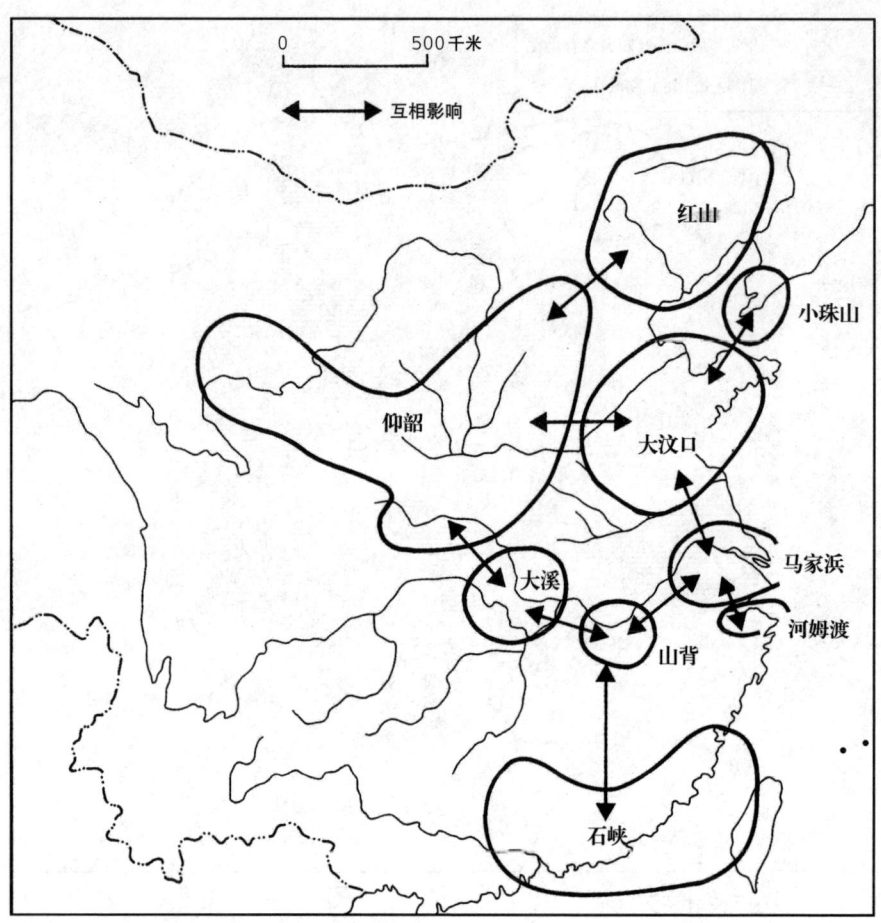

图 1.4 新石器时代中期中国的主要地方文化

山背文化、马家浜文化和河姆渡文化，以珠江为中心的石峡文化和辽河流域的红山文化等（图1.4）。在这时期发现了众多的环濠聚落，一般面积在2—8万平方米。

在公元前5000—前4000年，即新石器晚期前段，上述远古文化基本上已经形成。当时的人类已聚族定居，从事农耕和畜牧，也包括采集和狩猎；并且在建筑、陶器和葬俗上已有区域上的特色，体现在他们的器物和居所等遗存上。各大文化圈之间的贸易和其他交流亦渐渐促成了后来传统中国文化的跨区域的一体性特点。简言之，在北方，仰韶文化和大汶口文化是影响最广泛的两大文化；而在南方，大溪文化和河姆渡文化最能影响后来的发展。我们将它们在表1.1中概括地列出来。其中仰韶文化来自较早的磁山、裴李岗、老官台等黄河及其支流上的地区文化。这个区域后来被称为"中原文化和中国文化的摇篮"。仰韶文化和渤海边上的红山文化互相影响。红山文化后来演变为番山、马家窑和马厂等地方文化，它们的代表器物是彩陶。陶件由泥绳打圈形成粗样，加工扫平成形，再漆上红色或黑色的图案。黄河及长江下游当时则以灰陶及黑陶为主，器物多呈三足形态，并且是中国最早采用快轮制陶的地区。如表1.1所示，玉器作为社会地位及权力的象征，亦已在这些文化圈内出现。简言之，大约在公元前5000年，中国先民已加工玉石、织

表1.1　中国主要史前文明特色及其演变

距今时间	长江文化	黄河文化
7000年	浙江河姆渡：玉雕、制陶、水稻栽培	河南、陕西、山西沿河的仰韶文化：制陶、旱地作物、六畜
6500年	湖南大溪：沣县古城址	陕西半坡：旱作农业、制陶、原始文字
5300年	四川成都：城市遗址、青铜器、玉器	山东大汶口：制陶、原始文字
	浙江良渚：土金字塔、原始文字、青铜器	沿河龙山文化：设防城市、青铜器
4000年	四川广汉三星堆：巨型青铜神器、不设防城市	河南二里头：青铜器、设防城市、夏代遗址

布，有七音乐器，并且在石、陶及木器上留下显示家族拥有权或标记的近似文字的符号。大约在公元前3000年，他们更开始了养蚕织丝、青铜冶炼，并且可能已经发展了有系统的文字。

从近数十年的考古发现中，我们发觉中国史前的多元文明以及各文化圈大体与古书所记载的远古民族及其主要大事吻合。特别值得一提的是，中国首本官修史书——由司马迁在公元前93年完成的约52万字的《史记》——的前三章《五帝本纪》《夏本纪》和《商本纪》）的主要内容，以往被认为是"传说"，现在至少已部分进入信史的范畴。图1.5显示了这些"传说中"的远古民族聚居的大概区域。泛称为"华夏"的中国民族在黄帝之下被"统一"了起来。黄帝成为这一新氏族联盟的盟主，而新联盟的主体构成日后的华夏文明、华夏族或汉族。当时在东方海边的氏族，包括蚩尤，最后亦被黄帝发动战争征服。

中国何时跨进文明门槛？

西方学者有三个粗略的指标以检定一个社会是否已达文明社会，即：冶铜技术、文字和城市的出现。按照这些标准，中国约在仰韶晚期至龙山时代早期（公元前3000—前2500年）便已跨进文明门槛。

小件铜工具、铜器物及铜渣已在多个仰韶遗址被发现（图1.6）。最早的一件小铜刀，被测定为制造于公元前4675±135年，和近东发现的最早铜器大约同期。内蒙古红山、敖汉族城子山山城（公元前4000年）及东北地区的红山文化遗址（公元前3500年）亦发现了红铜器具。至龙山时代（公元前2800—前2300年），铜器出土的数目增多，包括冶铜遗存。器物的内容更多样化，包括日常用的小工具以及装饰用和宗教崇拜用的小件。中国在夏商先进的冶铜术出现以前，已有长达一千多年的冶铜发展历史，这从侧面反映了铜冶炼技术的本土性。

约在公元前3100年，苏美尔人的楔形文字出现了。这个文字体系有1500个不同的象形文字。在中国，在仰韶时期和龙山早期已经出现布帛与毛

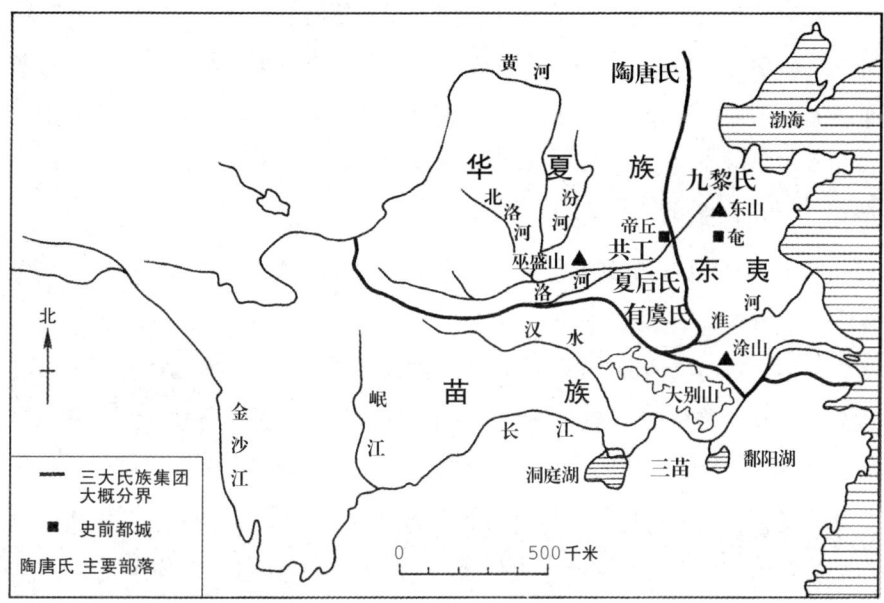

图 1.5 传说时代的氏族部落分布

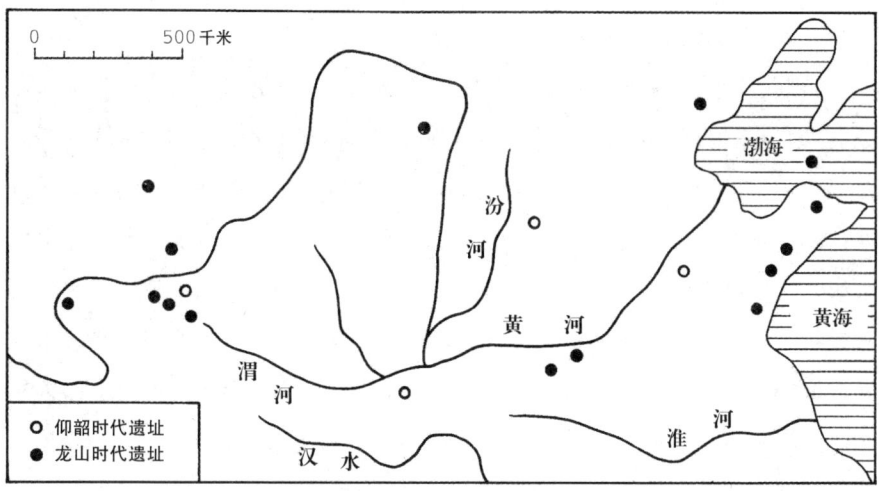

图 1.6 仰韶及龙山时代铜器出土地点分布

笔,它们可能已是书写工具,因为以朱彩用毛笔写在陶器上的类似文字符号亦在同时期的地层出土。在中国古代,文字往往以竹书和帛书为主,因此有可能起源于仰韶时代。不幸的是,中国是个潮湿和温暖的国度,它的主要人口和文明集中地区尤其如此,竹书和帛书因为易于在湿暖气候中风化而难以留存,现时能找到的最早的竹书和帛书实物只有战国时代的(公元前475—前221年)。而且,这些物品亦很容易在洪水泛滥时湮灭。龙山晚期以及商代中期,中国均发生了特大水灾,淹没了不少当时的主要城市,包括商代国都。考古证明,龙山文化遗存在晚期出现了约一百年的断层,而数个现存龙山城市遗存亦有城墙被洪水淹毁的痕迹。商都亦因洪水而被迫自今日的郑州迁到今天的安阳,这事件除了历史的"传说"外,更有今日的考古证明。现今没有争议的、有大量实物证明的中国最古老的文字,是一种奇怪的、有特殊功用的、使用范围十分狭窄的意识载体——卜辞。仰韶的陶器上已出现刻划符号,半坡(公元前3250年)和大汶口(公元前2500年)的陶器上的刻文亦屡有发现,但通常每件只有一个符号,最多12个符号。后者较明确地是书写形式,它的"笔画"和其后1200年出现的甲骨文十分近似。不少学者认为这些刻画符号可能是散存的早期汉字。

如上所述,中国现存的最古老文字乃甲骨文及稍后出现的钟鼎文,都是晚商(公元前1300年)的文化遗留。甲骨文乃商王或其通神的巫师在问卜的过程中所刻下的问题、神谕和效果验证,其载体为龟甲板和牛的肩胛骨。问卜内容涉及商王有兴趣的众多命题,包括天气、祭祀以及战争、和平等国家大事。这种以甲骨问卜的王室传统似乎起于夏代,盛于商代中晚期,并且一直流行至战国。钟鼎文是铸或刻于铜礼器上的文字,多出于西周。最长的钟鼎文铸刻于周宣王授予毛公的礼器,共有497个文字。上述两种文字已是非常成熟的文字,远非苏美尔人在公元前3100年的楔形文字所能比拟。直至目前,一共发现了约16万件刻有文字的甲骨,含4500多个不同的字,其中只有约1000个被破译。商代甲骨文有不少与现代汉字十分相似。因此,中国学者认为,这样一个成熟的文字体系,一定源自商代前已成形的文字,至少在先商时众多方国中已存在一种广泛流通的书写系统,只不过因为其主要载体为容易腐烂的布帛、竹片或木片，遗留下来的只有应用于王室占卜这种特殊功能的、刻在能够数千年不朽的甲骨上的文字。随着2000年后对陕西大麦地的刻在石上的数千个象形图案及河姆渡600多个陶器上的近似文字的研究，有关中国文字的起源，自2010年起又再热闹起来。看来中国在公元前4000年左右便可能已有文字这一推论似乎值得研究。但由于它的主要载体的可腐性，我们难以期望会有苏美尔泥板书那样较清晰明确的历史记录的再现。

在新石器时代晚期，由于众多条件的出现，包括较好的工具、从农耕和养殖取得的食物的稳定供应等，在中国的河谷平原和低地，特别是在沿海地区，人类进入了聚落定居阶段，从而走进部落社会。大约在公元前3000年，一个新的人类发展转折点出现了，即以初城为核心的古国的崛起。初城的出现，反映了中国已齐备文明社会三大元素。这最后的元素大约出现在龙山时代晚期，一些具有了文字和冶铜技术的较大的原农业聚落转化为初城。

中国古代传说认为，最早的部落联盟是由伏羲于约公元前7700年所建。公元前5000年，炎帝成为联盟领袖。约在公元前4000年，中原地区和黄河下游（包括山东），成为炎帝及伏羲后人的势力范围。后者中的黄帝一支战胜了炎帝族以及东夷的领袖蚩尤。这一段"争霸"约发生在仰韶晚期和龙山时期。当时，激烈的部落间战争导致了大量城堡的出现，主要的大型聚落开始建造有防御用途的城墙。考古发现为这一时期的聚落形态及分布提供了物证。司马迁的《史记》、晚商的甲骨文以及一些史前城址和其他考古发现，更为夏商两代提供了可靠的信息。1973年长沙马王堆出土的竹简中，引述了比《史记》早五百年的一本书——《黄帝四书》，内中讨论了黄帝的经国之道。它在现有考古材料之外，提供了有关黄帝的存在和他所处时代状况的资料。据司马迁所言，在炎帝和黄帝的时代，城市已经出现，如炎帝都奄，黄帝都帝丘（图1.5）。考古材料亦证明了在公元前4000年左右，在华夏族及东夷族居住地区，包括长江中游，初城式的聚落也已出现。这些，我们将在后面的章节详细讨论。

初城的前身——大型环濠聚落（包括它们的中央广场和"大房子"），已存在中国城市文明最早的影子，即中国古代部落社会经长期发展而形成的宗法制度,及其两个核心元素"祭天"和"敬祖"。这些元素在中国城市的历史长河中一贯存在,并且至今未变。

表1.1中简略地列出了二里头(夏代)及先夏时期的中国早期城市发展的特点;中国的历史时期亦详列于表1.2。

表1.2　中国主要朝代

年份	时期/朝代	社会
史前期		
约公元前2704—约前2100年	五帝	新石器时代晚期;氏族社会
约公元前2070—约前1600年	夏	铜石并用时期;广域国家
历史时期		
公元前1600—前1046年	商	铜器时代;广域国家
公元前1046—前771年	西周	铜、铁并用时代;封建社会
公元前770—前221年	春秋、战国	铁器时代;战国
公元前221—前206年	秦	统一帝国,中央集权
公元前206—公元220年	汉	
220—280年	三国	中国分裂
265—420年	晋	
420—589年	南朝	中国分裂
386—581年	北朝	
581—618年	隋	
618—907年	唐	
907—960年	五代	中国分裂
902—979年	十国	
960—1279年	宋	南宋时中国分裂
1271—1368年	元	少数民族统治
1368—1644年	明	
1644—1911年	清	少数民族统治
1911—1949年	中华民国	
1949年10月1日成立	中华人民共和国	社会主义

第二章

从原始村落到仰韶晚期的初城

原始文明

新石器时代中期（公元前7000—前5000年），以粗耕农业为基础的固定式原始聚落普遍出现。石锄、石镰和石的磨具以及大型的谷物遗存，在全国很多地方都有出土。农耕的进步，使中国的河谷地区和平原地区出现了较大型的聚落。磁山一个大遗址的面积约占8万平方米，而贾湖一个大型聚落也有5万平方米的面积。这时的主要住房是半地穴式，反映出它离其洞穴的根源仍不算遥远。它们多是圆形，而且十分狭小，约20—30平方米。方正或长方形的结构尚不普遍，体现出依然强烈的母系社会影响。多数聚落以环濠为保护并以之作为分界。聚落内的空间组织体现了氏族社会的特点，通常包含了一至两个氏族。它的中心点是一间大房子，作为氏族领袖的居所，以及氏族会议和祭祀的场所。大房子（如姜寨一期的）最大可达140平方米（图2.1）。除大房子外，其他房屋在大小、功能、内部布局、设备和器具上的差别都很小。墓葬及陪葬物的分析，亦显示氏族聚落成员的死后和生前的物质条件大抵是相当平等的，然而女性的陪葬品一般比男性的多——这似乎是母系社会的通例。

新石器时代晚期（公元前5000—前3000年），特别是在仰韶中晚期（公元前4000—前2800年），新的变化出现了。在这个较长的史前期，农业及手工业的进步促成了社会的新变化。我们将注意力集中在三个主要文化圈内，即：仰韶（黄河中下游地区）、红山（东北地区）和河姆渡（长江下游地区），以了解逐渐出现的这些早期文明进入初城的演化过程，而这些新聚落亦具有了日后部分中国城市的特点。

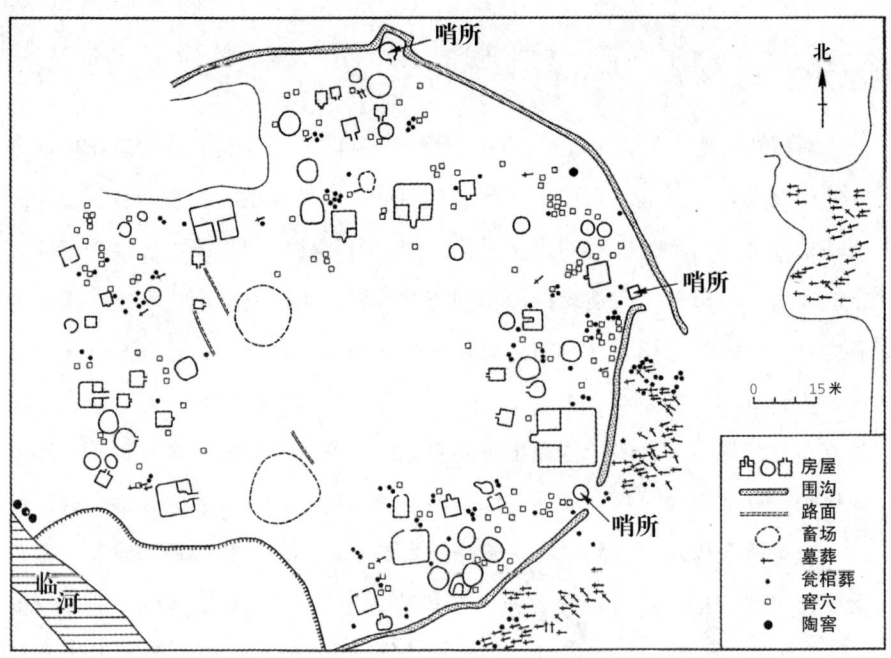

图 2.1　姜寨一期的村落布局

考古学家在长江三角洲的河姆渡遗址（宁波市）发现了史前稻田、水池、灌溉渠网等，印证了大型先进的灌溉系统的出现。此外，遗址出土了大堆石化稻谷遗存，长 400 米，宽 0.7 米至 0.8 米。当时，稻谷的种植已向北进入了以小米为主粮的部分黄河流域地区。在那里发现了大型的翻土用的石耙，以及陶制的镰刀。饲养的家畜包括鸡、猪、狗、水牛及黄牛，它们的陶制形象在很多地方出土。随着石工具的改进，石器工艺走向专业化，制造不同器物的专业工场也出现了，其中包括特殊的玉器工场。当时的玉器仍很粗糙，类似同期的石器，而不少工场是采用慢轮以帮助器物成形的。较为精细的红陶或彩陶具有了更多的形态，成为这时期陶器的特点。中国最早冶铜的证据亦出现在这一时期的大汶口、马家窑及红山等遗址，包括了鱼钩、小刀、饰物等小件铜器，它们由单件或双件模具铸成。

农业剩余价值的增加，自然促进了非农行业的出现以及社会阶级的分化，为聚落及小区间的贸易与交换提供了诱因和需求。同时，它亦引发了对水源和优质农地的争夺。在一个聚落甚或一个更大的地区中，出现了权力及影响力不断上升的少数精英领导，他们带动了阶级的分化。精英阶层的大墓及其大量的陪葬品和一般聚落成员的小墓及其数件没有任何价值的陪葬物的对比，证实了社会的两极分化。在大汶口遗址北部的大墓中，平均每个墓有陪葬品 100 件，一些甚至多至 200 件，而南面的小墓平均只有数件或没有任何陪葬物。相对于上一时期的平等社会（新石器时代晚期的前段和中段，即公元前 5000—前 3500 年）来说，这是个明显的区别。同时，上一时期亦鲜有聚落与部落间往来的现象。

一些大型聚落的中心区出现了用以祭祀的庙宇建筑。牛河梁的精英大墓，以及大汶口二期出土的中央宫殿式结构等，都指向一个拥有精英阶层的复杂社会的存在。这些精英控制庞大的劳动力和物质，和一般民众存在着显著的财富、社会和空间差距。一些数据印证了精英阶层所掌控的区域远比以往广大。考古发现的大型宗教和行政结构，大墓中远超实用程度的巨大石斧、石钺和玉器，显示出这些精英和宗教的密切关系，暗示了宗教已成为他们垄断大型氏族社会的军权和行政管理的工具。

生产力的发展促进了私有制的进一步流行。在原始社会的初期，比如在姜寨一期，所有墓葬都是单人葬，并未发现男女、父子合葬一墓。在其后的大汶口，男女成年人双人葬已很普遍，显示先民已进入父系社会。因此，公元前3500—前3000年间，社会已趋复杂：我们发现了酒具的出现，用陶器拜祭，石器和玉器生产的专业化，以及区际间贸易与交换的普遍性。然而，这些活动似乎仍然以聚落作为一个单元来集体进行，而非由个人组织与管理。

仰韶晚期的聚落

我们可以从三个方面来理解新石器晚期出现的技术和社会组织的转变对聚落形态的影响。首先是聚落的大小和数目的增加。以河南省为例，已发现的新石器中期和晚期的聚落总数之比是 70∶800，即晚期的聚落数比中期增加了十倍以上。晚期的聚落平均面积有 5 万至 10 万平方米，是中期平均值的五倍。有的超大聚落如甘肃秦安大地湾更达 110 万平方米。其次，由于聚落间的交往甚或征伐频繁，防御性的环濠被强化了。在新石器晚期的后半段，环濠已跃进式地发展为夯土城墙，促使初城在个别地区出现。第三，聚落内亦出现了结构重整。在大汶口文化地区和红山文化地区，这体现为氏族独立个性的减退，以精英为主的聚落的集权式管理的强化。大体来说，氏族的独立性仍普遍存在，因为初城与周边的村落依然没有大的质的分野。我们或可将这些初城看作防御性的聚落。谨以姜寨一期、大地湾四期及城头山初城说明"先城市"期的聚落演变。

姜寨一期

姜寨遗址距西安 15 千米，由四个文化层组成。最下层的姜寨一期为新石器晚期初段（约公元前 5000—前 4000 年）。它是由五个氏族组成的大型复合村落（图 2.1），总面积约 5 万平方米，目前已发掘 1.7 万平方米。聚落由防御性的环濠包围，包括了濠边上的数个哨岗。它由三个明显的功能区构成：

居住区，陶器和石器的工场，以及墓地。

已发掘区内有 260 间可确认的房子。其中属姜寨一期的 120 间，分成五组，共约居住 450—600 人。每一组由大中小三型数目不等的住房构成，分别是对偶家庭、家族或氏族头人的居所。大房子的面积有 70—120 平方米，是氏族领袖及老年成员的住所，亦是氏族议事之地；中型房子的面积有 20—40 平方米，由单亲家长及其 7—8 个未成年孩子居住。每个氏族拥有自己的牲畜过夜圈，约可容纳 20 头牲畜。在住房旁亦散布了窖藏穴。整个部落的陶窑区坐落在聚落西面，靠近河边；而墓地区则在环濠外的东郊。似乎墓地亦以氏族划分，儿童的瓮葬则多在村内住房旁发现。大多数中、小房是半地穴式圆房，其茅顶由木条支撑。

由此可见，这个聚落由五个有血缘联系的氏族组成，但每一氏族都是个经济独立个体。似乎日常的经济活动，甚或死后的葬式都由氏族统管。氏族内每个成员的功能性和空间上的间距甚小，特别明显的是墓地内每一墓中出土的陪葬品差别不大。

在聚落的层次而言，五个氏族保持了统一性，但同时亦保存了自主性。前者反映在这五组房子的空间布局上：在整个聚落里，所有房子的门都朝向中心广场，这种明显的同心式向心形态体现了整个村落的统一性和自给性。作为一个"封闭"系统，聚落间交往较少，而防御性的环濠亦标示了这个母系晚期的村落对安全的重视。

大地湾四期

在新石器晚期后段的仰韶晚期（公元前 3500—前 2800 年），聚落规模与内部结构出现了新变化，反映了精英阶层的权力扩张，以及区域间贸易往来与战争式的争斗在增加。一些资源丰富、规模较大或处于有利交通位置的区域中心逐渐成为专门功能点。其中位于黄河中游的大地湾四期是已发现的当时最大的行政中心，可能是已用了上千年的炎帝族"国都"。

大地湾可能是"大帝湾"的谐音，它是个建在坡地上、面积约 50 万平方米的超大型聚落群。遗址由数个独立小区组成，其核心都有中央功能区，在夯土台基上建有大型建筑。因此每一小区有可能是一个氏族的居所，就如姜寨一期的五个房屋组一样。在整个遗址的中部（面积50万平方米），有被考古学家命名为F901的巨大宫殿式建筑（图2.2）。这是一个多房式的、总面积290平方米的大结构。在它前面还另外有一个130平方米的有盖前庭。这个特殊而又超大的"大房子"的前半是一个由两根直径0.9米大柱撑起的大殿，殿中设有一个直径达2.5米的大火盆。大殿的地板涂有一层由碎陶和碎骨制成的光亮保护层，看似一个亮泽的水泥磨面。殿外的前庭似是一个有盖的会议场地，其顶盖由两列巨柱支撑，而它的正面排列着有装饰性质的青石块。大殿三边是厅房和偏厅，可能是供官署或住房之用。

大殿向南，内中出土了一些象征权力的器物，包括一个祭祀用的巨大三脚陶鼎、一把巨型石斧和一个巨大的长方形石盘，后二者亦可能是祭器。相信这宫殿式建筑的功能包括了作为氏族联盟领袖的行政中心和官邸，同时亦是个重大的区域性政治和宗教集会的场所。这个结构似乎隐喻了，由新石器晚期大型农村聚落的"大房子"向中国传统国都（即紫禁城式的宫殿—宗庙—行政中心三元功能的国都）的核心的过渡。前庭的南北向，以及它与北面宫殿所形成的"前殿后寝"，似乎已为日后统治阶层的行政—宗教性的都城核心定调。它亦可能是《周礼·考工记》中有关传统国都规划的准则"前朝后寝"的先行者。

在F901的旁边，是另一个大型结构F405。这是一个南向、方形、面积约150平方米的复杂建筑，四面有围墙，其北、东及西墙在中部开门，其内也发现了一个巨大石壁。它似乎是用以祭天的社坛建筑。

城头山初城

新石器晚期后段，经济与技术的进步促生了社会变革，导致母系社会没落，阶级社会出现。发展带来的经济剩余价值推动了非农经济活动的扩充，特别是较先进的手工业的出现，同时亦使对劳动力的控制与使用变得有利可

第二章　从原始村落到仰韶晚期的初城　23

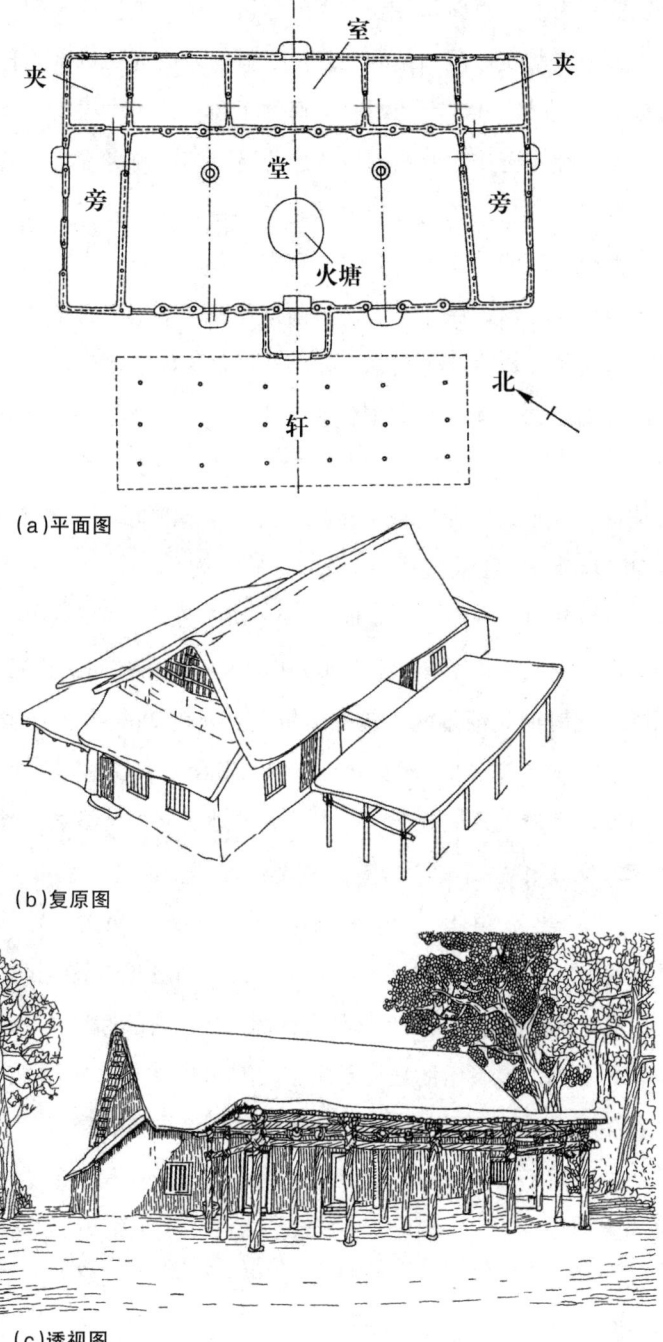

(a) 平面图

(b) 复原图

(c) 透视图

图 2.2　大地湾四期宫殿式建筑

图。在农业较为发达而面积又较广大的地区,这些进程比较明显。因而,它们的一些大型聚落在性质和结构上发生了质变,成为初城。这种新型聚落成为统治精英的城堡,其内有依附于他们的工匠和佣工阶层,亦有新形式的专业人士,如巫师、士兵和奴隶。虽然这些新聚落的前身都是新石器晚期的大村落,但很多时候它们都是在原村落之外新建,以配合新的建筑技术——特别是防御性夯土围墙、新的社会组织和它所要求的空间布局。作为其特色的圆形夯土城墙和环沟,保存了它们由前期环濠聚落演变而来的印证。修筑城墙和大型建筑的高台阶夯土技术,在商代已很成熟和普遍,并且直至近代都是夯筑城墙的办法,演变为中国传统城市的一个重要特色(见图2.3夯筑城墙的示意图)。通常,这些新聚落较同期的大型环濠聚落为小,因而不能容纳整个氏族或氏族群。同时,统治精英之外的其他阶层居民亦不是同一氏族,此亦体现了社会开始由氏族社会向城乡分野过渡。

城头山初城位于湖南,连城墙总面积18.7万平方米;城内面积7.6万平方米。城头山古城始建于公元前4000年的大溪文化时期,公元前3000年左右屈家岭文化时期又经过两次筑造沿用至公元前2800年。距离城头山遗址10多千米处,则发现了距今约8000年的大量稻田实物标本,其中40%有人工栽培痕迹,反映出遗址处于一个丰产农业地区之中。城内遍地可见大溪文化、屈家岭文化和龙山文化的陶片和文化堆积。共出土了1.6万余件文物,包括石器、陶器、骨角器、碳化的稻粒等。仅在南门壕沟一处,就出土了70多种植物籽实、20多种动物遗骸,其中陶鬶、陶斝和陶温锅的发现,说明城头山及周边地区,在公元前3000年时饮酒已相当普遍和讲究,酒文化的发展已达到相当水平。城头山的城墙带来了安全和繁荣。这里人口密集,居室密布,堆积深厚,遗物既多且好,反映了城头山城中商贾群集、货物充盈的情况。遗址内发现了世界最早、保存最好的水稻田遗址和中国最大的祭坛,将中华文明史向前推进了1000多年,被列入"二十世纪中国百项重大考古发现"。上海世博会上,城头山遗址被制作成大型模型,以"中国最早的城市"为题在中国馆展出。

在2000年前中国只发现了三个初城,分别位于黄河、长江和淮河流域

第二章 从原始村落到仰韶晚期的初城 25

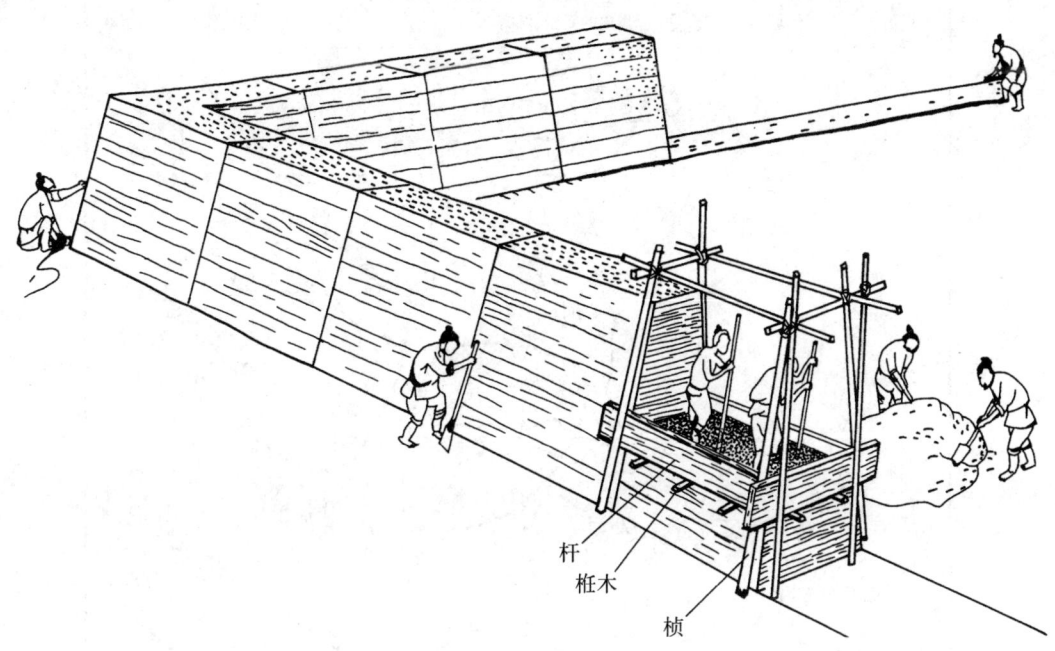

图 2.3 商周至近代的夯筑工艺

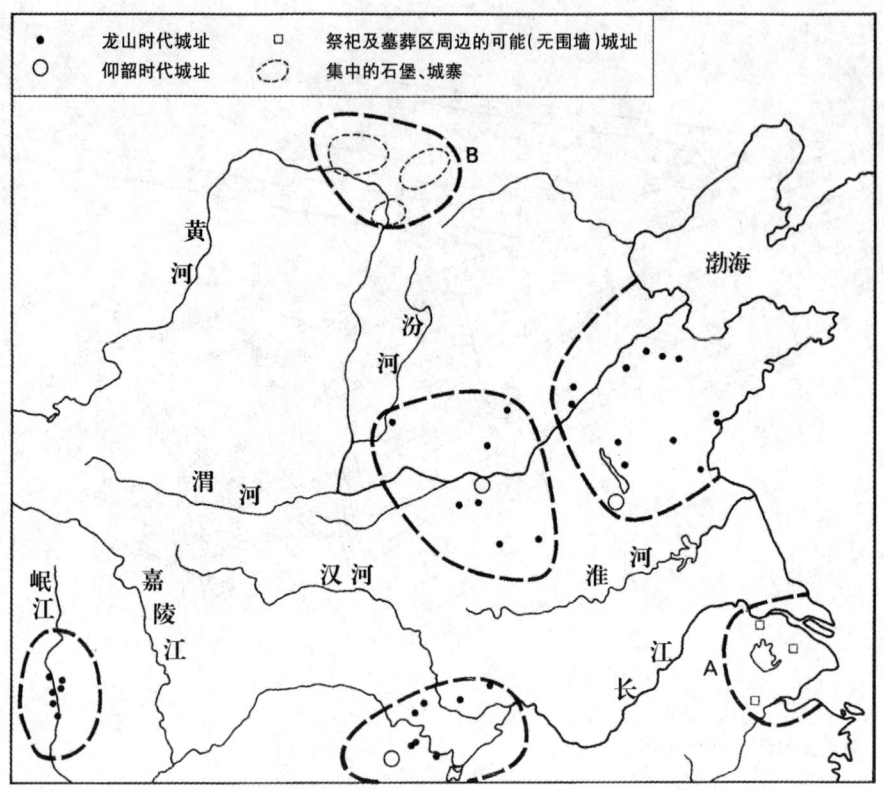

图 2.4 仰韶及龙山时代的史前遗址

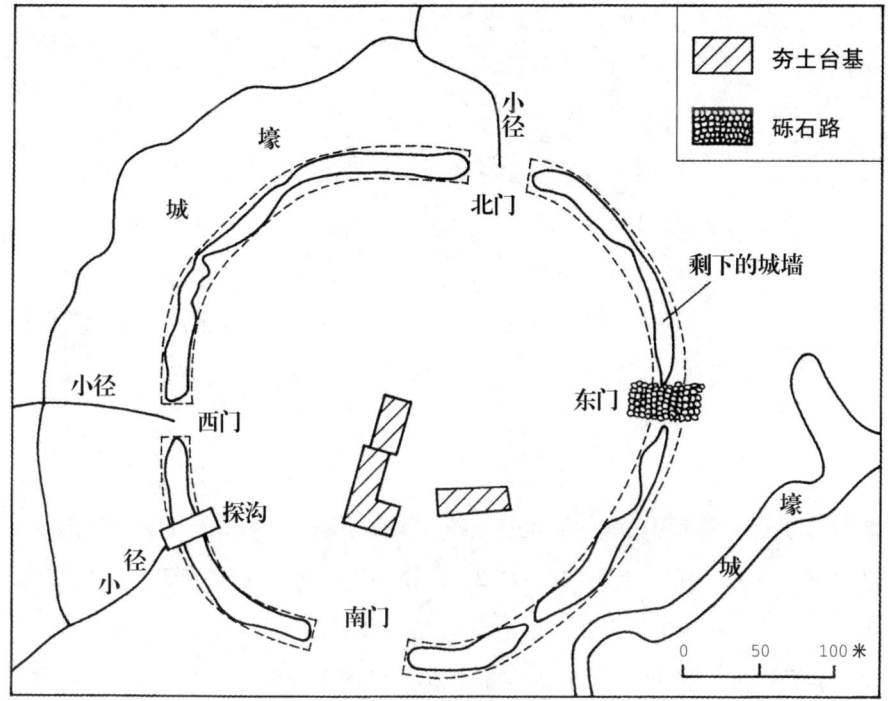

图 2.5　城头山城址布局结构平面图

(图2.4)，除了夯土城墙外，它们还具有以下特点：

  1. 在功能上是一个大区域的中心聚落，即是该区域的行政管治中心；

  2. 由城墙和在夯土台阶上建筑的大型中心结构，推算出它们具有大量劳动力需求，表明它们拥有复杂、高效的政府行政管理能力和系统；

  3. 中央大型建筑、明显的手工业区，以及精英阶层的行政和军事功能，反映了社会已分化为多个阶层，并出现了社会分工（图2.5）。精英阶层的墓葬中的兵器以及石钺、石斧、玉璧和玉琮等礼器，也提供了佐证。

  和城头山相比，其他两个初城较小，只有约3500平方米。它们同样拥有圆形的夯土城墙。西山城的城墙是先挖深沟，后围以木板，然后才夯土筑成。这种筑城办法一直沿用至商代（图2.3）。据估计，西山城约建于公元前3300年，至公元前2800年废弃；西康留约建于公元前3000年。在2000—2014年间新公布发现了共15座初城，都是在公元前3500—前2800年间存在的，面积在5—15万平方米之间（连城墙则在20—60万平方米间），集中在湖南、湖北两省。基于此，中国应是城市文明出现最早及分布最广的国家。

  在同期的红山文化地区，至今仍未发现有围墙的新型聚落。但在牛河梁发现了大型的庙宇、宗教祭祀建筑和精英大墓区。在一个聚落密度很高的大区中，这些结构是有序地按预定规划而建造，或许它们也标示了与初城所体现的同等的社会和技术发展水平。

  对于大地湾四期这个大型聚落，及其中央区庞大的宫殿、礼仪建筑和公共聚会空间的真正代表意义，至今仍未有个合理解释。或许它已是个没有城墙（或仍未发现城墙）的初城，如公元前3000年的苏美尔人的乌鲁克一样。

初城的性质

  张光直（1985）在一篇讨论中国初城出现的论文中指出了它们的特点：夯土城墙，大量武器的出土，用作宫殿、宗庙的大型建筑和精英墓中的陪葬品所显示的财富与权力的集中,手工业区的形成和它们所显示的聚落的有序规划与管理。这些新型聚落和与其共存的为数众多的一般聚落,以及一般人居住的半地穴式简房、他们的小墓和贫乏陪葬品的对比,使张光直觉得中国初城的出现并非来自经济发展或其必然需求,而是新石器时代晚期形成的精英阶层对当时农业社会榨取剩余价值及保障其统治地位的一种工具。因此,他认为初城和当时的农村并没有质的分别。换言之,在经济上,城乡的差别仍不大,初城和扩大了的有防御设施的环濠聚落中的"大房子"更近似。当然,初城也反映了仰韶晚期精英阶层和他们的氏族之间日益远离的经济、社会和空间分隔。随着农业技术进一步发展,远途贸易出现,社会分化加深,以及对天然资源的争夺扩大和频繁化,初城以更大的数目涌现。在中国,这便是"铜石并用"的龙山时代出现的状况了。

第三章

龙山时代的城邦

什么是城邦？

城邦代表人类文明和社会的一个特定的发展阶段，同时它一般是已进入"国家"的社会。中国学者对仰韶之后、夏代之前的龙山时代是否已进入"国家"阶段的城邦时代仍有争议。张光直（1999）认为龙山时代仍属氏族社会，是氏族社会晚期的氏族联盟阶段；只有到了夏代，国家才真正出现。刘莉（1998）和钱耀鹏（2001）却认为当时已是邦国林立，成为中国特色的城邦时代。在检视以城邦为特色的这一时段的中国城市及其文明的发展前，让我们先考究一下"城邦"与"国家"这两个概念。

Service（1971）认为，国家与酋长部落的分别，在于国家中一小撮人合法地以暴力作为威吓手段，以达致对各层次的居民特别是最低层次者的控制。Flannery（1968）认为，国家是一种强有力的非常中央集权式的政府。它拥有一个由专业人士组成的管理层，与血亲系统没有关系；它的社会分成复杂的金字塔式的多阶层；其居住区以职业的专业化分野，与血亲和氏族无关。此外，此种社会由精英阶层或君主独揽军权，并享受施法、征兵、赋税和接受朝贡等权利。

城邦是国家的一种。Charlton 和 Nichols（1977）对它的定义为：一个小面积的独立政治实体，通常有一个首都或代表城市。这个城市与周边腹地在经济和社会上融为一体。一个城邦亦通常在经济上较为独立，并且在居民的种族上异于同时存在的城邦。简言之，城邦是一个以城市为核心的小型主权实体。

关于城邦的规模和功能特征，Griffith 和 Thomas（1981）有如下说法。

城邦的地域面积一般只有数百平方千米,并有以下特点:(1)它的核心是一个拥有城墙和护城河的聚落;(2)它是一个依赖周边腹地的自给性经济;(3)区内有共通的语言和风俗;(4)它是政治上独立的主权体。基于公元前5世纪时古希腊城邦的经验,韦伯(Web,1961)提出了一个重要的城邦指标:民众拥有公民的权利和地位。他说:"希腊人为城市的发展提供了一个以往没有的元素……他们创新了'自由人'的概念……这些人近似王——如果其地位不是上帝的话;他们以自身的智慧掌握自己的命运。"

若我们用古希腊的"自由人"或"自由市民"作为城邦的界定,很多上述的城邦或基于上述标识的城邦并不是真正的城邦。因此,公元前2700—前1600年中亚的美索不达米亚地区以城市为核心的政治实体,以至中世纪伊斯兰的和19世纪非洲雅胡巴(Yaruba)的区域实体,仅被斯通(Stone,1997)称为"前工业期城邦"。劳埃德(Lloyd,1971)和埃森施塔特(Eisenstadt,1988)更分别称这些为"部落王朝"和"协和国家"。西方有些学者觉得前工业城邦不是"国家",因为它们缺少了自由人这个社会动力,使社会阶层的分化仍以血缘而不是阶级为主。在这些政治实体中,难以出现集权的领导,他们的精英或王相对比较软弱和权力不稳。代表不同利益集团(包括商人、工匠等)的市议会成为城市最有影响力的机构。王者的主要功能,除了象征城市的团结外,在于平衡整个地区和个别利益集团的利益,以维护城邦的整体性。王者的功能因而通常体现在"外交"性的贸易、区际间活动和战争上。

这些"协和"式社会一般处于农业经济初期,即限于刀耕火种和初期灌溉阶段。在这时期,经济发展并不稳定,对劳动力的控制比占有土地和掌控收成更为实际。同时,区域经济并不完全自给,外部粮食的供给仍然重要。因此,被掌控的贸易成为首要的城市活动。不过城市的主要功能仍为"协和"提供了一个沟通的平台。美索不达米亚的城市内部结构,体现了当时两大互相斗争的势力——王宫与庙宇的共存。庙宇一般建在城市周边的城墙旁,但王宫很少自成一区。不过,如果它自成一区,则往往是在庙宇区的相反方向,距离后者较远的位置上。

相对于前工业或古希腊式城邦,龙山时代的农业和集权社会已有长足发展。作为广域国家（territorial state），中国的城邦和其他形式的城邦有不少共同点，但亦有明显的自己的特色。它们应是城邦的一个类别，即"龙山城邦"。

龙山时代的社会

龙山是源自山东的一个原始文化体系，后来扩展至中国广大地区，并和其他地区文化融合。龙山文化跨越时空，因而在中国的不同地区出现了差距。在黄河中下游，龙山时代大抵指公元前2600—前2200年；一些学者认为在长江中游，它起自屈家岭早期，跨越公元前3000—前2500年；而在长江下游，它的年代约为公元前2600—前2200年。在龙山时代，这些区域文化出现了泛龙山文化的特征，除了体现在陶器上的主潮流和石器、武器的时代特色外，手工业、宗教和农业亦出现了明显的发展。更重要的是阶级明显形成，邦国已在中华大地涌现。

农业的进步在广泛的地区得到了考古的印证。大型的粮仓在长江流域的屈家岭、石家河和良渚遗存均有发现。大型、高效率的三角形和舌形的石制或骨制耕具，以及大型灌溉系统和水井在很多地方出现了。可以相信南方的农业已进入牛耕，而水稻田的遗迹亦不少。石镰的数目远比石斧增长快速；其中一些还是有柄的，显然新的收割工具可以割下整棵作物而使收益大增。稻米的种植也向北进入黄河流域原先的小米地区。在新的生产经济里，农业的贡献估计已占七成。家猪、山羊和绵羊等饲养动物的密度亦明显比以往增加。

在这时期，石铲出现了，而且数目增加得很快。同时，一些石器已普遍地由工具转化为有权力和地位象征意义的礼器，特别是钺、璧和斧，其中不少磨工细腻而且刻有饰纹（这个现象在新石器晚期已经开始，但不及此时普遍）。石艺的发展与专业化也促使玉器工业的形成。大型墓葬中大量的玉器不单雕工精美，而且包括龙形等器物，代表了祭祀的功能以及政治和军事上的权力。这些器物的工艺以及高昂的制造成本，印证了财富的高度集中和个别人对广大地区大量劳动力的控制。

龙山的陶器以黑陶和薄薄的"蛋壳陶"为特色。器形以三足食具（如鼎）和酒具（如豆）为代表。它们的主要功能为祭器而并非日常用具——当时的制陶已经出现专业化。这些精细的陶器大部分只出现在大型聚落和大墓中，它们和小型聚落的小陶窑的产品有明显分别。在石家河古城址的西南角，出现了数万件红色小陶杯和钓鱼翁像。它们很可能是一般人作宗教祭祀和日常之用。然而龙山城堡人口一般只有数百至数千人，这大批的产品肯定以供应区域市场为目的，甚至超乎了一些面积达2000平方千米的大型城邦的领域。除了证明宗教崇拜已成为老百姓日常习惯外，这些发现亦指出了区域间经济分工和远距离贸易的存在。

养蚕和丝织物的遗痕以及陶纺轮等物品的发现，证明了其他手工业的繁荣，包括麻织、漆器、木器、竹器制作等。制铜原料、铜渣以及部分完成或制成的铜器，也在中原地区的尉迟寺、陶寺、平粮台，山东的王城岗和湖北的石家河等遗址出土。这些铜制品用合模制造，体现出该行业的工艺已达相当水平。此外，龙山遗址还出土了大量石和骨做的箭头。这些，再加上在平粮台城墙的主门内发现的大量石斧，反映出当时战事的频繁。

农业和手工业的进步促进了剩余价值的增加，推动了贸易的发展。区域间的远距离贸易的证物比比皆是，在不少地区的文化遗存里都出现了具有不同地区文化特征的器物。这些交往似乎在良渚、大汶口和陶寺文化圈间最为频密。在一些遗址中发现了四合院式的房屋，内中包括工场和食物储存室，似乎以家庭为单位的手工业活动已经出现了。

上述的经济发展自然导致氏族社会的进一步解体和阶级社会的发展。同时，前所未有的聚落间与区域间的争霸也出现了。精英阶层的行为和特征与氏族传统愈来愈疏远。他们垄断战争、宗教以及礼器的制造和使用，以达致权力和财富的集中。这些新现象可从墓葬、祭坛的居位和相关的考古文物中得到印证。

举例来说，中原汾河河谷内的陶寺遗存发现的约5000个龙山墓葬，说明了当时的社会分化和阶级社会的存在。在已发掘的1000个墓葬中，大墓只占不到1%，它们的葬具包括了涂漆的木棺。每一墓内有100—200件陪葬品，包括彩陶、木和玉制礼器及饰物，以及整只猪的骨骸。约10%为中型墓，有木棺和10—20件陪葬品，都是陶、木或玉制器物，部分亦有猪的下颚骨。但占约90%的小墓，不但没有棺，亦没有陪葬品。

在长江下游，一些墓区由统治规模不小的城邦的成员的大墓所组成，拥有规整的布局，一般将宗教和祖先祭祀合而为一，恰似皇家陵园；其中，良渚文化圈内的反山（图3.1）是个面积为2700平方米的陵园。它位于7米高的小岗上，内中有7个大墓。在每个大型的墓室中，有上了漆的棺和百件以上的玉制陪葬品。在瑶山的陵园区，小岗上更有一个大型祭坛或庙宇。祭坛由三圈方形围成，每圈填上不同颜色的泥土，象征天、地、人三才（或人、神和精灵）。在祭坛的下方坐落了11个大墓；其中M17最大，内有148件玉器。大墓出土的玉器主要是琮、钺和璧，都刻有后来在商代流行的神人纹。显然，它们都和墓主的军事和政治地位，以及对神祇和王族先祖的祭祀有关。

这些陵园区远离聚落的居位，体现了精英阶层与一般民众的隔离。它们亦指出了权力和财富的高度集中，以及精英阶层垄断了高层宗教活动、宗教与祖先崇拜的结合。大墓和小墓之间的分别是十分明显的。在一些中墓中，有时也出土一些箭头和钺戟，似乎职业军人当时已经存在。相对地，在乱葬岗以及人殉坑内的遗骨，印证了奴隶的存在、战争的激烈，以及宗教崇拜的残酷习惯。

基于上述，不少中国学者认为，在龙山时代，中国已步入复杂的阶级社会。它不但包括了手工业者、职业军人、农民、行政人员和奴隶，亦首次出现了王。王权似乎是由以往的氏族头目中的军事领袖或行政首长演化而来，他们仍依赖宗教以达致社会地位的合法化。在前工业时期的城邦，如美索不达米亚和古希腊城邦，都没有具备中国初期王者所具备的多元化功能。

龙山聚落和城市

考古证实了在龙山时代，中国聚落的数目和分布之广远胜之前的仰韶时

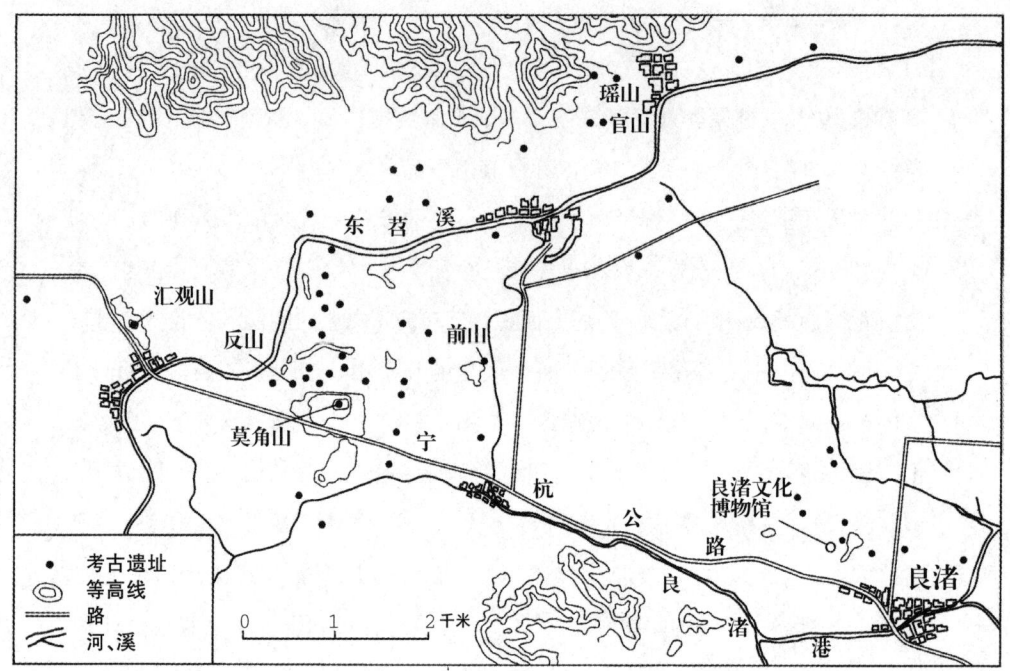

图 3.1 良渚遗址群

代。图 3.2 显示了在 1997 年已发现的龙山聚落。黄河中游的高密度，反映了在中原地区已经存在华夏文明的核心。这政治—军事实体背后的动力是前述的跨区域贸易和军事冲突的增加。每一个实体就是一个行政金字塔，与之相应的是一个聚落金字塔所在的首市或最大聚落，以其保卫性和中央行政控制功能而成为城堡式的龙山城市。上章图 2.4 显示的中国已知的龙山城堡，除了长江下游（A）及内蒙古（B）两组外，都有夯土而成的坚固城墙。城墙的顶部平均宽 5—10 米，底部宽至 50 米，高 6—10 米，同时绕以深、宽度不等的护城河。区域地理，特别是地貌的特点，或许是良渚文化遗存没有城墙的主要理由，而内蒙古的聚落则以石阶为特色，也没有城墙和护城河。

和以往的聚落比，龙山聚落不但数目增加，而且平均每一聚落的面积亦扩大了。已发现的最大的龙山聚落，面积为 200 万平方米。它们倾向于集中成群或结成一组。在一组中，大小不同、功能不一致的聚落，形成一个级别不同的金字塔体系。刘莉（1998）确认出黄河流域有 8 个龙山聚落群，和 3 种不同的龙山聚落体系（图 3.3，图 3.4）。第一种拥有一个强大的中心聚落，一般是个堡垒式的城市。该中心市控制约 100 平方千米的腹地，并依赖腹地的朝贡（图 3.4a）。整个体系约等同于一个城邦。其他（图 3.4b，图 3.4c）是较小的体系，和邻近的政治—经济实体处于相对独立或敌对／竞争的关系。

在中原核心的郑州—洛阳地区，共出土了 357 个龙山遗址，比起同区已出土的 159 个仰韶时代遗址多出很多。这些聚落可分成四个大小等级：一级，平均面积为 40 万—100 万平方米，占聚落总数的 1.6%；二级，15 万—40 万平方米，占 2.1%；三级，5 万—15 万平方米，占 26.7%；四级，5 万平方米以下，占 61.8%。此外还有三个聚落应列为城市（占聚落总数的 0.8%），城址的面积都很小，在 5 万平方米以下。以城址作为最高一级，则该地区在龙山时代已存在五级聚落。黄河下游以城子崖为核心的城子崖聚落群，是龙山城邦内聚落有序地连成一个体系的好例子（图 3.5）。

城子崖聚落群坐落在一个东西 50 千米，南北 40 千米，面积约 2000 平方千米的河谷平原。其中心城市，即城子崖城邦国的首都，面积约 20 万平方米，城墙高 8—10 米，方形，但北墙稍向外凸。城内文化层遗物丰富，包括

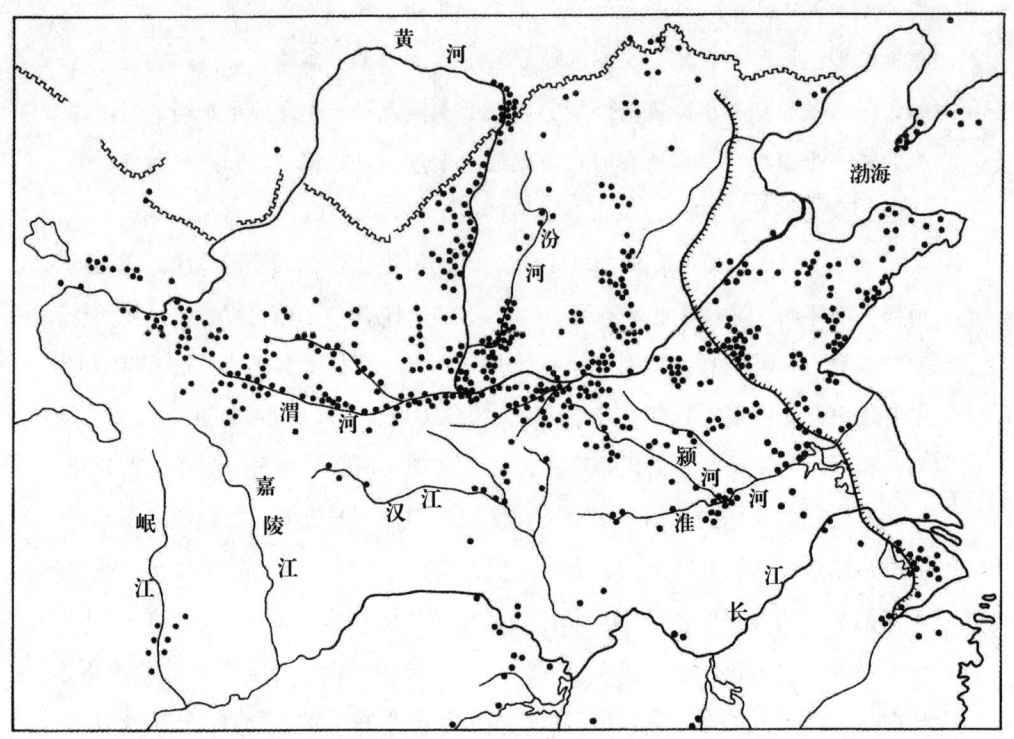

图 3.2 龙山时代的考古遗址

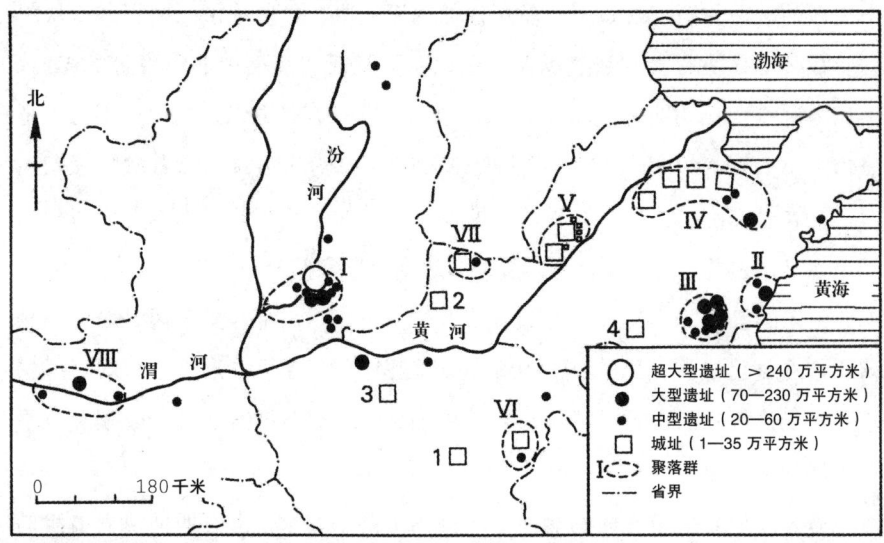

Ⅰ.陶寺组　Ⅱ.日照组　Ⅲ.临沂组　Ⅳ.鲁北组　Ⅴ.鲁西组
Ⅵ.周口组　Ⅶ.洹水组　Ⅷ.渭河组
1.郝家台　2.孟庄　3.王城岗　4.薛故城
资料来源：刘莉，1998

图3.3　龙山文化晚期黄河中下游的八大聚落群

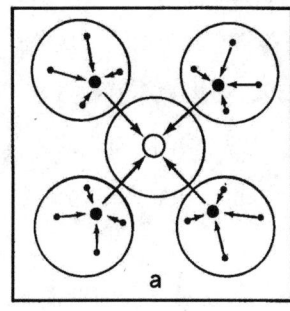
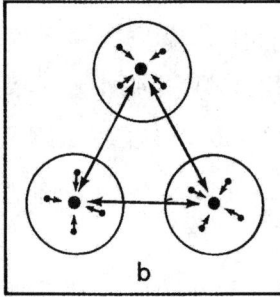
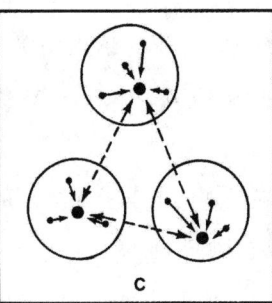

a. 单中心型，聚落向心分布，不同级
　 别聚落之间有纳贡/再分配关系。
b. 多中心型，聚落保持距离，实体间
　 有抗争关系。
c. 散中心型，聚落随机分布，实体间
　 的关系不明。

○　大中心
●　小中心
·　村落
→　主宰—从属关系（即纳贡/再分配）
↔　抗争关系
⇠⇢　关系不明

资料来源：刘莉，1998

图3.4　龙山文化的聚落形态

中央区的宫殿和庙宇建筑,以及周边的手工业区。也发现了祭祀用的6块牛胛骨,其中3块有火炙裂痕以及刻纹,明显是后代商朝占卜用甲骨的先河。平原内有6—7个中型聚落,每个大小为3万—6万平方米,其中个别可能是城市。小型聚落约30个,个别面积有0.5万—2万平方米。这些数据显示当时已存在着都、邑、聚三级聚落,即商代流行的三级行政区划在龙山时代已经出现了,它是当时农业社会的社会阶级在聚落空间分布的体现。

山东的景阳冈亦是一个等级聚落群的例子。作为都,景阳冈是个一级聚落,它亦是已发现的最大的龙山城市,面积为35万平方米。邑,即二级聚落,可能是城邦的小封邑或次等行政中心。一级聚落拥有明显的城墙和位于中央区的大型重要建筑。景阳冈的中心区就有两片夯土平台。大的一片有9万平方米,似是大型宫殿的台阶。小的约1万平方米,上有四面筑有台阶的上层建筑。在其中一面的第二级发现了人骨及20件陶器,这些可能与祭祀有关。因此,考古学家认为在小台阶上应是一个祭坛。因此,一级聚落在大小和中央区功能上,都明显地与其他聚落有别。

在长江下游的龙山聚落,至今仍未发现有城墙,然而这里的每一个区域内的聚落,也按大小形成了金字塔式的群体。浙江余杭的良渚地区,面积约50平方千米,区内发现了一个四级聚落群。其一级聚落——莫角山没有城墙,占地30万平方米,内中发掘出三片高4—5米的台地,总面积为3万平方米,其上可能是间宫殿。区内的反山和瑶山(如前述)发现了大型陵园。此外,在汇观山出土了4个大墓,其中的M4拥有48件大型石钺,还有玉琮、玉璧和玉制头饰等。

在四川成都市的平原上,也发现了6个龙山城市,都在长方形的夯土城墙内,部分利用周边河道以作防御。目前,这些发现仍没有提供有关它们内部结构以及大小系统分布方面的数据。

城市结构和功能

钱耀鹏(2001)认为龙山城市有两大功能:(1)作为抵抗周边敌对部落

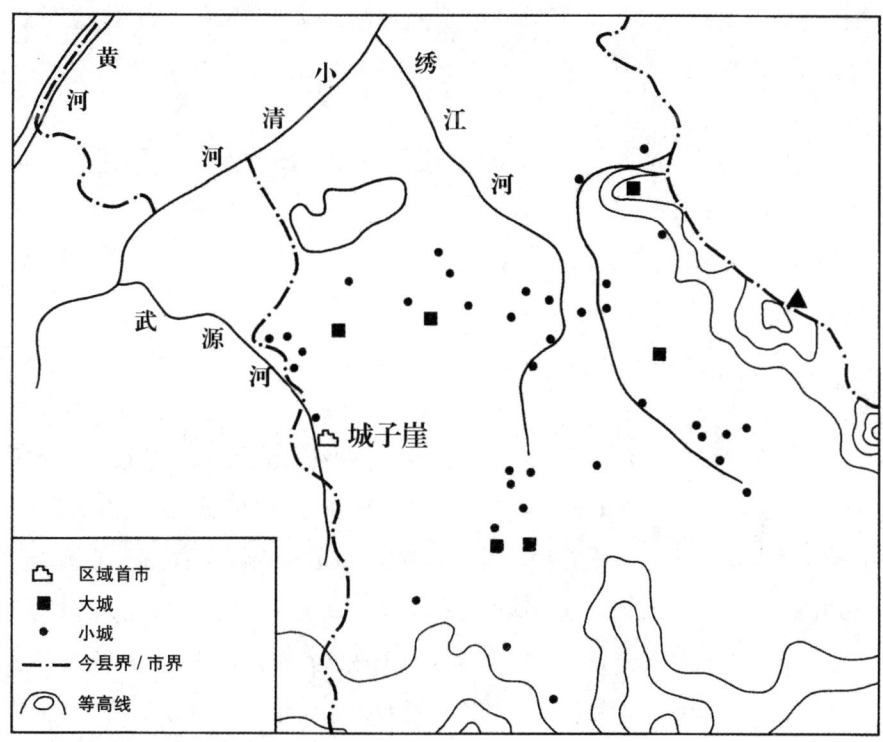

图 3.5　城子崖城垣及附近龙山文化遗址群

的军事防御设施；（2）是新形成的邦国的政治、经济和文化中心。他还列出后者的相关考古证据：

1. 王室陵园和陪葬品中玉/石钺、琮和璧等器物显示王的出现；
2. 大量的武器；
3. 城市/聚落的中央区的官殿和官署式建筑；
4. 聚落群至少三级的大小金字塔结构；
5. 居住区体现出居民分成不同的社会阶层。

图3.6的平粮台为我们提供了龙山城市样貌的具体素描。平粮台位于郑州洛阳地区，考古年份为公元前2355年±175年。它的面积为3.4万平方米，是个小型龙山城市。城墙顶宽5—7米，底部13米，现高3—5米。在南墙和北墙的中部发现了城门，南门两旁有门卫房，显示以南门为主门的中国城市规划在龙山时代已建立起来。它的墙外为护城河，东门和南门地底出土了陶制排水沟，证明城内部分地区有铺面街道和排水设施。城中心和中南部发现了不少夯土房基，一些在地面，一些有高台阶，多为方形。城的东、西南和东南角出土了三个陶窑，东角亦发现了铜渣、墓葬区和庙宇。估计这个城市人口约900人，其城墙的建造要花38100人日。

其他考古发现，包括景阳冈、陶寺、城子崖（龙山文化层）、王城岗、古城寨以及丹华（公元前2000年），对上述的龙山时代主要聚落的外貌、城墙、护城河提供了更多的印证。这些聚落已经完成了由母系社会的圆形外貌到父系社会的方形外貌的转变。龙山时代城墙的先挖沟，再以木板围起两边夯土的办法，以及由城墙配以护城河的防御方式，已被普遍施用。城市的功能主要是：为精英阶层提供高度防御的居所，为邦国提供管治中心，作为国家统治的主要宗教及其他建筑如宫殿、宗庙和祭坛的集合点。它同时也包括了一些配套或从属功能，如为统治阶层的行政、军事和礼祭功能服务的手工业区，这些是当时非农活动和城市文明的全部内容。城市居民并不包括整个氏族；相反，大部分城市都是较小的，就算如景阳冈这样的大型城市，其宫殿、庙

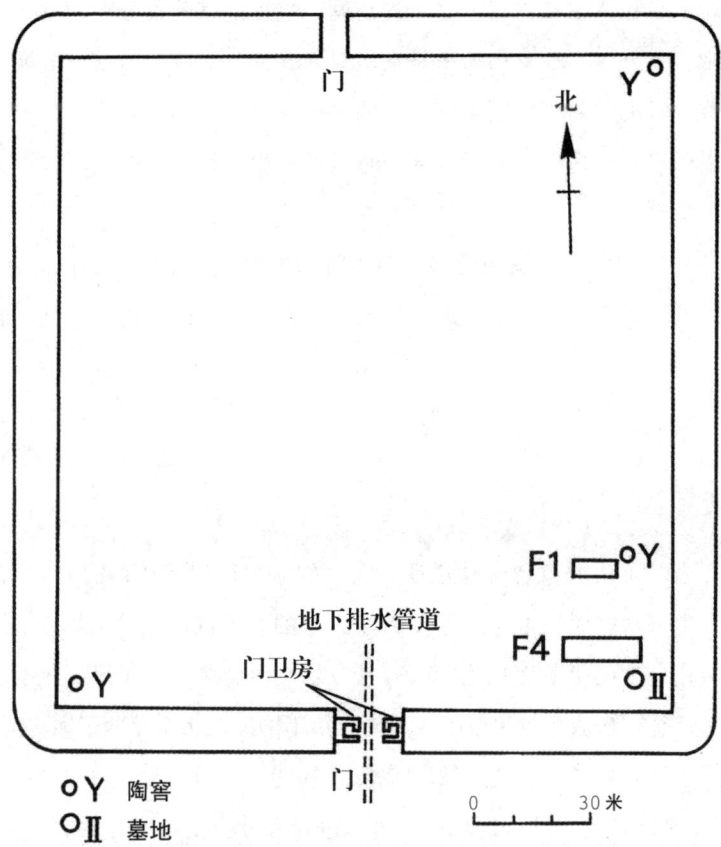

图 3.6 平粮台城址布局结构平面图

宇和祭祀区也已占去城内三分之一的空间，墙内的其他部分亦常常包括了不少空旷地。另外，不少龙山城市是在当时新建的，而不是由前一时期的聚落发展而成。它们代表了中国聚落发展的一个飞跃：新的精英阶层以及从属于他们的提供服务的阶层，从以氏族为基础的旧聚落迁出，搬进新址上的有新建城墙的新聚落。从属服务者很多时候来自不同的聚落和氏族，反映出大量的氏族和聚落间的人口空间迁移。精英阶层的原本聚落一般因而走向衰落。这些龙山城市的特色与古书所载"筑城以卫君"的中国城市最初兴起的原因吻合。

龙山城邦国

概言之，龙山城市乃当时建基于农业的城邦国聚落体系的核心或首都。目前已发现了众多面积为3万—35万平方米的此类城市。在一些聚落体系或城邦国里，最大的聚落面积达100万平方米，因而城市或"都"并不是最大聚落，它只是在功能上与体系中的其他聚落不同。城市聚落除了大者为"都"外，小型的可能是"邑"。它们都具备城市功能与性质，和周边的农业聚落在"质"上有别，体现了这个时代由于技术进步和社会变化所导致的城乡分异。与此过程一起的，是军事、行政与宗教权力糅合为一体，导致中国产生了最早的王权。以祭天地和王族祖先为核心的新宗教，成为统治阶层的专利，影响了中国历代文化的传承。

2006年被公布为全国重点保护文物的陕西神木附近的龙山晚期（前2300年）的超大型石峁古城，初步考证有内外城及皇城，其皇城东门更有瓮城、角楼、马面等城防设施。整个城址面积达400万平方米以上，成为已被发现的最大型龙山城市。由于发掘面积不大，有关它的年代和性质有待进一步证明。2007年亦发现了始建于公元前2300年的大型城市（面积290万平方米）良渚古城，证明了长江流域的龙山年代城市和黄河流域的一样，都筑有城墙，不过和古峁古城一样，它的城墙是以石块垒成的。到2015年，全国已发现和被证实的龙山城市共60个。

两个龙山城邦国的间距，在山东地区约为 50 千米，中原地区约 100 千米。因此，一国之"都"或一级聚落的腹地的半径为 25—50 千米，人口数万。龙山城邦国的大小和同年代的美索不达米亚城邦相若，亦和商代诸侯国的平均规模相近。

龙山城邦国的高峰期为龙山中、晚期，反映出中国农业聚落间的争斗愈趋剧烈。它们不少是新建的，在争斗中此起彼落，平均存在的年代不长。仰韶时期有不少聚落连续存在近千年，反衬出龙山时代社会的剧变与动荡，而这种不稳定性反而成为它们涌现的动力。大部分已发现的龙山城市约在公元前 2100—前 2000 年间被弃置。对部分城市的详细研究揭示，华北和山东的大雨引发的洪水是背后主因，其中孟庄当时就是被洪水毁灭了，王城岗的东城也被洪水严重地破坏。中国传说尧舜时代洪水为患，舜因此请禹治水。禹最后疏导了河流，降伏了洪水，取得各氏族拥戴，成为邦国联盟的新领袖。禹开创了世袭的夏王朝，而邦国时代也随之退出历史。

从已发掘的龙山城市和其他聚落中，考古为中国重构了以农业为基础的中国城邦林立的时代。中国当时的经济远比雅胡巴和苏美尔人的经济发达。当时中国王者的优于宗教的地位，也和这些外国邦国的社会迥异。当然，不少龙山城邦国的特点，以至当时城市的功能和内部结构，在商代和以后的朝代被延续下来。

第四章

夏代：青铜时期的城市文明

中国文明最早奠基于夏代

夏代是中国文明奠基时期——"三代"（即夏、商、周）的最早朝代，《史记》中有《夏本纪》，记述了夏朝的列王及重大事迹。其他载有夏代事迹的古书有《尚书》（即《书经》）和《诗经》，载有它的疆域、首都位置和大事等。然而在20世纪40年代，学者曾质疑夏代和商代的存在。《史记》中所述商朝历代帝王的名称和序列以及商朝社会状况和大事，由于在1930—1950年间发现的商代甲骨文和它们部分被成功破译而得到证实。然而古书记载的夏代数据是否属实仍难以决断，因为夏代文字，除了陶器上的个别符号，至今仍未发现。除了没有当时的文字记载之外，重要的夏代文化遗存直到20世纪50年代起才陆续被发现。经过约40年的发掘和不断研究后，大抵自90年代起，我们才对夏代有了比较实在的认识。因此，难怪不少西方学者认为夏代只是一个传说的朝代，中国的历史始自商朝。

夏代的文化遗存主要集中在夏都斟鄩，即二里头址。在中国考古学中，夏文化因而亦称"二里头文化"。中国自1996年起展开"夏商周断代工程"，已断定夏代的年代为公元前2070—前1600年。

到2000年为止，已有150个二里头文化遗址被发现，其中67个集中在河南中部的二里头地区（图4.1）。该处是二里头或夏后族的文化核心区。另有35个分布在山西西南和陕西东部，集中在夏代地区中心东下冯附近。在河南北部只有7个，河南南部也只有数个。不过夏文化的分支却在山东西南、安徽西北、湖北和江苏北部出现，形成了一个横跨1000千米的广大边沿区（图4.2）。

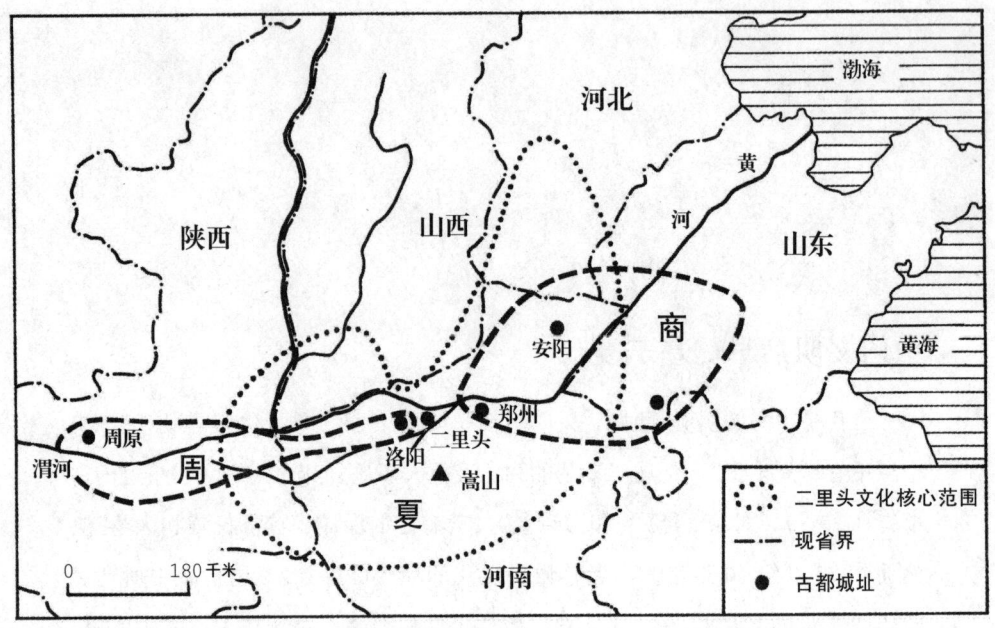

图 4.1 二里头文化、先商文化及先周文化分布略图

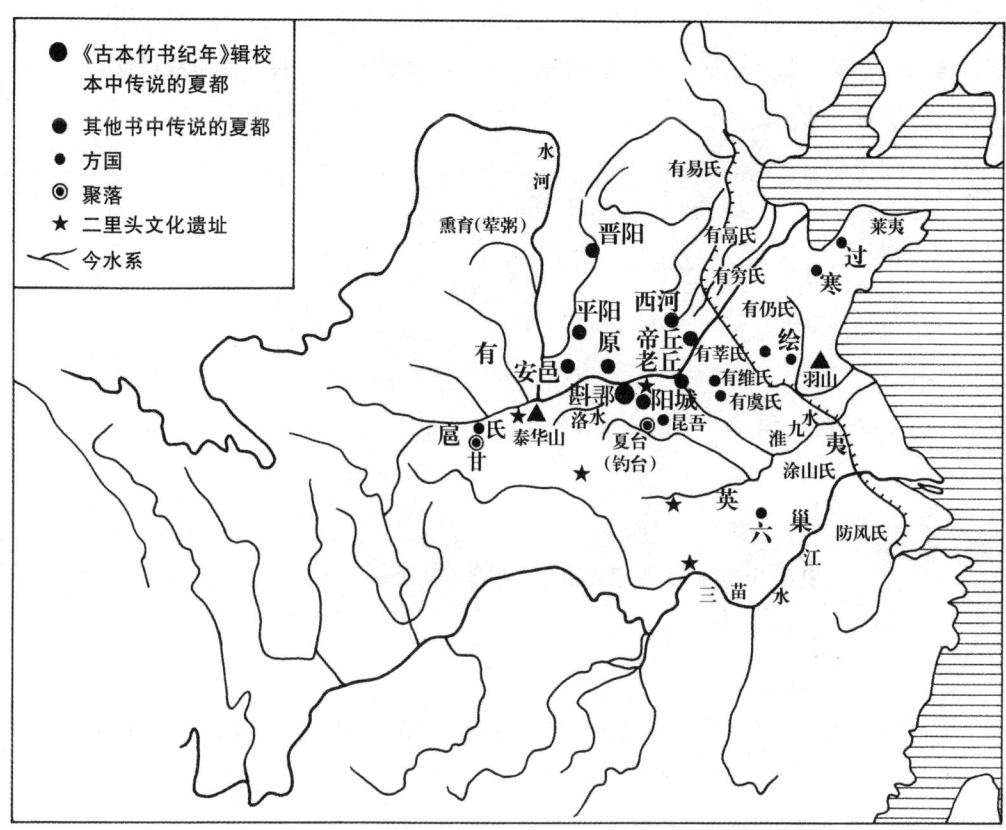

图 4.2　夏王朝中心区域

不过，最早的二里头遗存并非发现于二里头遗址，而是在1953年发现的湖南中部的王城岗。这是个龙山晚期建造的先夏城市。它的位置和地望令人相信它是禹的都城阳城。

二里头的文化层可分为四层，分属四个年代：

二里头 I 期　文化层较薄，只在少数遗址发现，拥有不少龙山晚期的特征，年代为公元前1900—前1800年

二里头 II 期　文化层较厚，文物较多，年代为公元前1800—前1700年

二里头 III 期　文化层非常厚，出土重要文物如大型官殿、庙宇等，年代为公元前1700—前1600年

二里头 IV 期　文化层薄，数量减少，文化在衰落，年代为公元前1600—前1500年

河南龙山文化时期为公元前2200—前2000年，二里头文化是其后续。因此，当1959年二里头被发现时，中原华夏文化在龙山与商代之间的缺口便得到了填补。夏后族，姒姓，是黄帝后人，聚居于河南南部嵩山，接近王城岗（图4.3）,那里的龙山王湾 II 期文化是先夏文化（公元前2500—前2000年），中间由新砦期文化过渡为二里头文化。古文献记载禹及其父鲧在该地建立了以王城岗为首都的城邦国。由于禹治水以及为舜主持政务有功，他成为当时的氏族邦联的实际领导，最后正式承继了舜之位。传说当时禹建立了两个军事前哨，一个在山西的安邑，以监控舜的邦国，一个在山西中部的平阳，以镇压尧的邦国。其他的古籍亦有提及夏初多次使用武力以巩固统治。这些数据显示了夏的都城和其核心地域北移，而且夏控制的地区大大扩展了。因此在龙山时代晚期的100年左右，一个广域的王权国家已经出现。在华北和华中发现的二里头遗址印证了这个新发展（陈旭，2001；赵辉、魏峻，2002；董琦，2000）。

二里头 II 期和二里头 III 期分别代表了夏文化的成熟和繁荣期，成为中国

第四章　夏代：青铜时期的城市文明　55

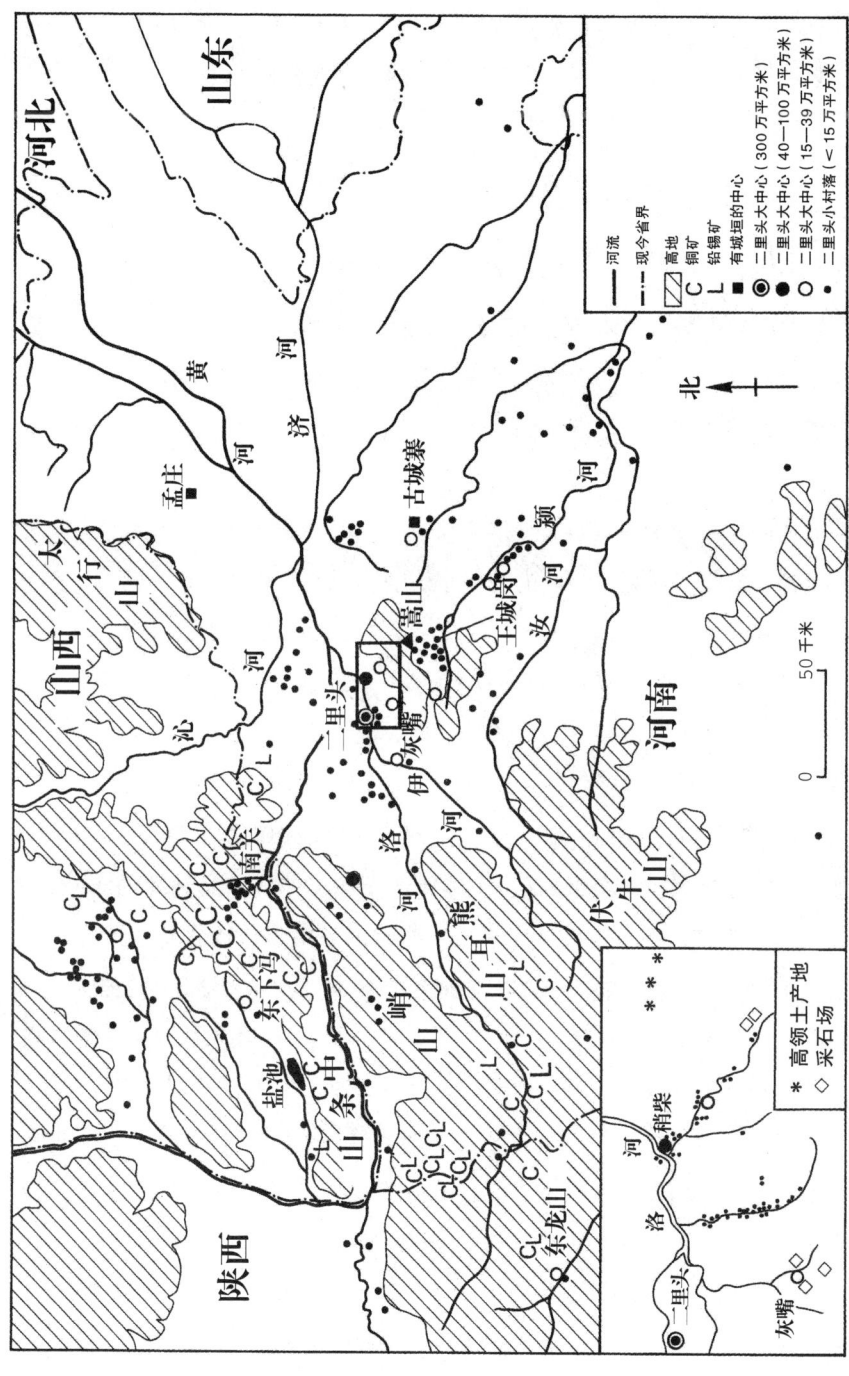

图 4.3　黄河流域二里头文化及重要自然资源分布

当时的主流文化。它在二里头 IV 期进入了衰退或早商期。对二里头遗址出土陶器的分析显示，占主流的二里头器物盖过了邻近的岳石和下七垣器物。但后二者由东方及南方袭入，并在二里头 IV 期占据了主导地位。

夏代开拓了中国文化新纪元

　　与龙山时代相比，夏代社会又有了新的进步。夏代的石制农具打磨精细，并普遍出现了挖掘工具。骨器及贝壳器物大量出现。农业收割用的石刀和石剪刀都有利刃，切刀也出现了。畜牧业包括了猪、牛和羊，并开始走向规模化。渔业也有大发展，体现在大量的骨和铜制鱼钩/陶鱼坠的出土。玉器制造由以往的礼器为主，开始向日用品和装饰品的制作过渡。缝针和纺轮在很多地区都有出土，印证了兴旺的纺织手工业。骨制品作坊生产大量的工具和饰物，包括发夹、珠、锯、刀、针和铲等。制漆也向民用产品发展，如生产觚、钵及乐器、鼓等。夏代陶器以灰陶和三脚器形为主，在器形和风格上明显沿自龙山。饮酒器如觚、爵、斝、盉等大量出现，反映了在农业发达的前提下，饮酒文化的兴起。

　　铸铜工艺也臻新高峰。在二里头发现了数个冶铜作坊，最大的面积达 1 万平方米，在当时应是全世界最大的铜作坊。邻近有不少造铸模的陶窑，以及大量单件或多件的组合陶范。其中一些铸范是用于铸造超大器物的部件，由于仍未发现其成形器物，未知它们最后是什么形状和功能。以发现的成品和陶范来看，铜制品已包括四个种类：容器、武器、工具和饰物。容器有爵、斝、鼎等礼器。武器有大量的箭镞、钺和戈。工具有刀、钻、斧和钩等。另外，二里头 III 期和二里头 IV 期亦出土了铃和镶有绿松石的铜牌。一般来说，这些铜器单薄，面上没有纹饰，但露出铸范痕迹，与商代铜器相比明显处于发展早期。不过，从冶炼技术而言，它已有相当的进步，因为：

　　1. 铜锡和铅锡合金的冶炼技术已经成熟，冶炼者已懂得用不同的混合比例去适应不同器物的要求。对已发现样本的分析显示，平均的金属含量比为：铜占 91.85%，锡占 5.5%，铅少于 5%。

2. 已采用多范分铸的冶炼技术，反映出详细分工、高标准化、统一和多层次的复杂管理，以及大型作坊的存在。

3. 冶炼和铸造的分离，显示出制铜业的地域分工，以及以城市为核心的铸造作坊与边远地区的上游、次要的铜作坊的功能分工。这些体现为在二里头、东龙山和东下冯遗址完全没有发现冶铜作坊。另外，在城市作坊中，后两者被认为档次较低，只发现小件器物的铸造，没有发现礼器铸造的证据。

夏代制铜工业最大的特色乃是其为王室专利。王室控制了它的制造与分配，其终端产品也主要是用于军事与祭祀——中国已成形的用于国家的两个功能。至此为止，铜器仍然发挥着政治的作用，即取得和保有统治权。夏代君主以青铜器作为分封诸侯或授予下属地方统治权的信物。授封者同时要以它们作为祭祀的礼器，以表达对中央的统一政权的归服。通过礼祭和它们所代表的王室的赠予和关怀，青铜器因而成为夏王室维系依附于夏的周边政治实体以达"大同"的工具。从另一方面说，夏代君主以铜礼器垄断了与天地、先代圣王和王室祖先沟通的特权，同时亦通过对制铜原料、冶铜、铸铜和制品使用的控制，将夏代的影响和文化向周边推广。简言之，这些青铜礼器支撑了中国独特的礼制（中国国家形成的基础），体现了中国将宗法制度的祖先崇拜和祭天祭地的活动合二为一的传统文化传承。以下我们将叙述，青铜器的主要原料铜、锡和铅的产地如何导引了夏后氏的统治空间的扩展。要等到东周时期，青铜器才进入寻常百姓家。

作为一个礼制（或称"礼乐"）社会，三代开创了家族王朝以及以法规为规范的阶级社会。三代的基础当然是建立于夏代。对夏代的墓葬规格及其陪葬品的分析，为这种社会发展提供了证据。二里头遗址的墓葬规格可分为四个等级。顶级为二里头宫殿区北面的F2君主墓（5.2×4.3平方米），它出土了一套复杂的青铜礼器和一些铜、玉制饰物。二里头遗址的M9属二级大墓（2.4×0.9平方米），除了一套完整的青铜和陶制礼器外，还有一些漆器和玉、贝制饰物。另外，在洛阳遗址的M9属三级墓（大小为1.9×0.55平方米），只有三件陶器陪葬。第三级墓数目最多，分布最广，属一般百姓墓。第四级乃乱葬岗，以非自然死亡者为主，包括奴隶殉和人殉。青铜礼器的核心器物有盛酒和食物的器具：爵、盉、斝、觚、鼎、鬶等，以及武器（如钺）。在早夏或在二级墓中，这些器物多为陶器，以替代贵重的青铜。以白陶做的鬶（一种温酒器），在早期亦很常见，后来被青铜制的盉所替代。用于祭神和祭祖的乐器一般包括石磬、鼓及铜铃。青铜礼器和乐器这些组合已经保持相当稳定，标示了礼乐制度的成熟和确立。卜骨，即一般以牛、羊、猪或鹿的肩胛骨来占卜的办法，亦成为礼乐体制的附从部分（许宏，2004，2004c；刘莉、陈星灿，2002；李伯谦，1998；陈旭，2001；董琦，2000；赵辉，2000）。括言之，夏代最迟在二里头Ⅲ期已进入青铜时代，体现了以中原为核心地域的华夏文化已跨越历史演变的关键门坎。可能是因为在低地出现的大范围的洪水长期泛滥，龙山时代晚期分散的、为数众多的城邦，在夏后氏的禹的努力下，逐渐融合为一个横跨30万平方千米广大地域的新型国家。这个国家的核心是以家族为单位的王权统治，和过往的松散的、个别独立的酋邦或城邦国联盟有明显分别。在王室操控的核心区外，王权的影响仍有限，它只得容忍一些相对独立的区域政权和文化。不过，一个单中心和有高度文化的广域已经出现。它已建立了以家族为本位的王权世袭制，以德或礼乐为统治手段，废除了以往邦国盟主的原始民主，即禅让制。这是中国国家体制与文明发展的一个重大开始。

夏代的地域空间组织与城市体系

考古数据显示，二里头的文化遗存在一个很大的地域内表现出统一性。在它的核心区，对龙山时代陶器的分析显示出当时存在着六种不同的文化类型，而在二里头时代却只剩下两种。在山东、江苏北部和河南东部的东夷地区，龙山之后是岳石文化；但在河南北部和河北南部，与二里头文化同时的是下七垣文化。这两种文化在此时都走向衰落。与龙山时代的高峰比，它们在聚落大小、数量以及建筑和艺术的水平上都没有进展。它们已明显地从属于主流的二里头文化。

刘莉和陈星灿（2002）通过对二里头广大文化区的文化遗存进行分析，

推断出一个空间经济。它建立在二里头核心区和边沿地区的"核心—边沿"关系，以及对支撑青铜工业所需的周边地区自然资源的操控和利用上。它的关键是二里头中心遗址的管理功能，而这个功能的推力也使二里头遗址发展成为一个大型城市聚落，或者说成为一个国都。这就是古籍所说的夏都，即《竹书纪年》中"太康居斟鄩，羿亦居之，桀又居之"的斟鄩。通过建立一些区域中心，夏的首市有效地控制了一个广大国域。区域中心的主要功能也是非农性质的城市功能，如交通运输、手工业和行政，都与各个区域内的铜、铅、锡和木材等青铜业所需自然资源的开采有关。这个空间经济和相关城市聚落体系可参考图 4.2 和图 4.3。

核心地区

二里头文化或夏代的核心地区，处于黄河南岸之颍、汝、伊、洛四水，东西 150 千米，南北 100 千米，面积约 15000 平方千米，是一片平坦、肥沃的谷地（图 4.3），与《史记·周本纪》所载的"自洛汭延于伊汭，居易毋固，其有夏之居"吻合。优良的农业条件使这一地区人口兴旺，支撑了高密度的聚落以及一个四级聚落体系。其最高的特大聚落——二里头很明显地是这个广域国家的都城，位于核心地区的中央（图 4.3）。

二级和三级聚落是城市功能性的区域中心。他们为国都汇集粮食和特殊产品，同时也为所在地区以及整个核心地区的农业服务，如为其生产所需的农具等。他们是三四级聚落与国都之间的纳贡关系的重要桥梁。

图 4.3 显示，在核心地区内有三个地区性的中心聚落，其一是二里头东的稍柴（面积为 60 万平方米），它处于一个富饶的农业区，周边的嵩山亦产高岭土、石材和木材。在稍柴的四面有不少中小聚落。其二是二里头以南 15 千米的灰嘴（面积为 25 万平方米），专门生产石制农具，特别是石铲，在四周亦布满小型的二里头遗址。第三个地区中心南寨在二里头西南 25 千米，面积约 25 万平方米，可能是个水运中心，用以向国都转运邻近山区的铜、锡、铅等矿产。

周边边远地区

在核心地区周边有一个更广大的地区,面积约30万平方千米(图4.2)。在其内,考古数据确认了二里头文化对本土文化的同化和控制的过程。这个过程可能经由来自核心地区的人口流入及其影响的扩散而达成。考古资料指出了这个过程和来自二里头的王室统治者对铜、锡、铅、盐及其他自然资源的需求有密切关系。在这广大的周边地区,聚落的分布与交通线及这些资源的分布显示了紧密的相关关系,如图4.3内的河流、山区和矿产分布。这里的考古文化遗存,也印证了核心地区对此地域的军事控制和人口迁入。这是一个以礼乐制为基础的"中央—边沿"系统。

在周边地区已出土了多个地区中心聚落:

1. 山西南部 这是一个以中条山为主脉的出产铜、铅和盐的山区(图4.3西北部),区域中心有东下冯(面积25万平方米)和南关(面积20万平方米)。它们之下是一组7个三级聚落和15个四级聚落(图4.3)。东下冯是青铜兵器和工具的铸造中心,出土了单范和双范的石范作坊、铜熔炉等遗迹,但并没有礼器的铸造或冶铜证据。冶铜作坊可能位于上游产铜的山区,铜砖经河水运至东下冯以供铸造。南关亦有铸铜作坊,由于位于中条山的主河之旁,亦是铜砖和盐产由山区转至国都的交通枢纽。

2. 陕西东部 该地区亦是个盛产铜和铅的山区(图4.3西南部),东龙山(面积为25万平方米)是区域中心。和它一起的还有8个四级聚落组成的一个群体。该地区有铜、铅和锡矿,而东龙山亦主力铸造青铜工具。

3. 长江中游 盘龙城(面积达20万平方米)是这里的区域中心。目前在沟通黄河和长江的水路要冲上已发现以盘龙城为首的12个二里头文化遗址。此地区在旧石器晚期并没有任何重要文化遗存。盘龙城在二里头Ⅱ期和二里头Ⅲ期发展成为一个以冶铜和制陶为功能的区域中心,但遗址没有发现模范,因此它似乎是周边山区铜、锡、铅矿产的冶炼与提纯中心,以及运输中途站。

4. 江苏南部和湖南 由洞庭湖南延至鄱阳湖，发现了不少二里头文化遗址，包括下王岗、荆南寺和卫岗。这一带有铜、锡及铅矿。

基于上述，夏代势力向周边地带的扩展，很明显地和矿产资源以及青铜业的空间分布互为因果。这个过程大概发生在二里头Ⅱ期和二里头Ⅲ期，正好是夏王朝的兴盛和强大时期。它亦体现了夏代国都因控制与行政管治的需要而扩大，而由这个中心，高档的技术和文化亦通过人口迁移和殖民化而向周边地区渗透。

在周边地区之外，如在下七垣和岳石文化区，当时的本地文化遗存亦显露出一些二里头的影响。然而它们在文化上仍是清楚地与二里头有别，看来仍保持着政治上的独立性。

夏代的城市文明

夏代都城遗址斟鄩是 1959 年在河南北部的二里头村发现的。经过数十年的发掘与考古认证，中国考古学界公认二里头文化就是夏文化，而二里头遗址就是夏代都城斟鄩。我们这里仍用考古地名"二里头"称之。从图 4.2 可看出，它位于伊、洛两河的河谷平原之上，距伊水 6 千米，偃师 6 千米，洛阳 17 千米，至今仍未发现城墙，但宫城的墙已被发现。虽然未见城墙，城内的主要建筑群和功能区似乎是按照规划而建成的（图 4.4）。目前在其中心区已发掘出约 50 间建在夯土台阶上的大型房屋。这些宫殿或宗庙式建筑的面积很大，从 600 平方米至 1 万平方米不等。它们大抵属于这个约 7.5 万平方米的中心宫殿区的主体，其中最主要的建筑 F1 和 F2 的功能和体制已弄得较为清晰。因此可以认为，二里头开创了日后宫城的体制。

在宫殿（或宫殿宗庙，图 4.5a）区的北和东面，有较集中的陶窑和骨制品作坊，南面则是片大型的铜作坊。

从地理位置和功能上看，宫殿区是都城的核心，其最重要的两大建筑很可能是这个新型国家的权力象征，即 F1 可能是大殿，F2 是宗庙。这两个机

62　中国城市及其文明的演变

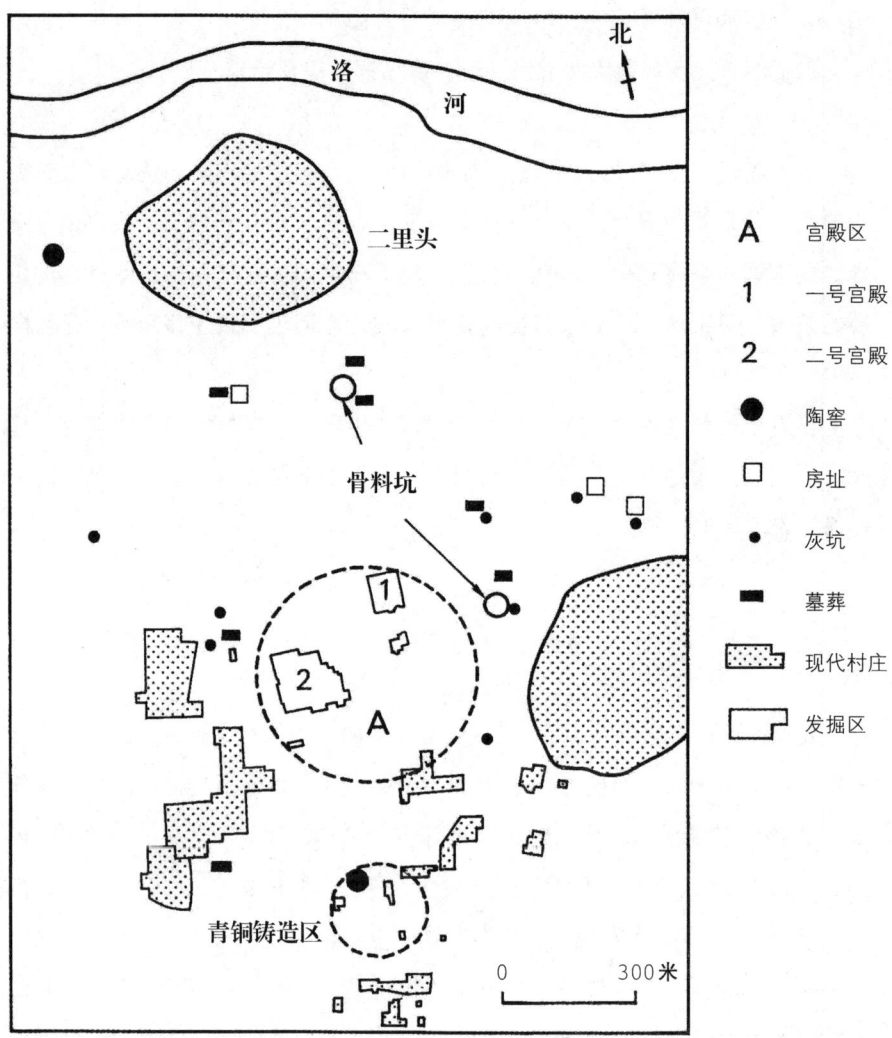

图 4.4　二里头遗址

第四章 夏代：青铜时期的城市文明　63

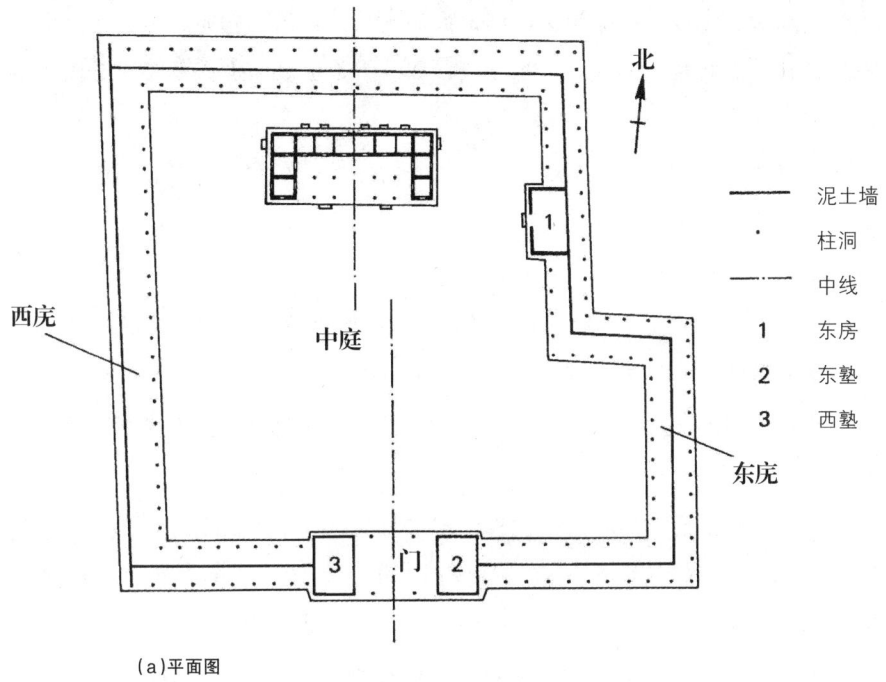

(a)平面图

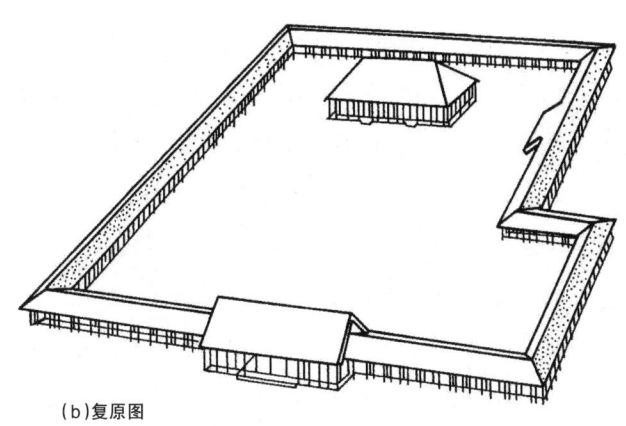

(b)复原图

图 4.5　河南偃师二里头遗址 F1 复原总体鸟瞰图

构在一定程度上显示出二里头的国都性质和功能，也从侧面显示夏代王权的性质：礼乐制和政治的结合，祖先崇拜和祭祀天地成为世俗王权的法理和实践基础。

F1（图 4.5）被考古学家命名为"一号宫殿"，约建于二里头Ⅲ期的夏极盛时期。它的平面近方形，夯土台基面积为 9583 平方米，由宫墙和回廊环绕。主殿前为一大型广场。在复原图中（图 4.5a）可见主殿为木结构，坐北朝南，按明显的中轴线布局，一如《考工记》的规定。这个庞大殿宇宽八间，深三间，其朝堂、旁室、夹室和后室体制一如大地湾的大殿（图 2.2）。主门（南门）是个有八门道、附有门楼的精致建筑。其中庭，即露天广场，面积约 5000 平方米。

F2 和 F1 建于同一时期，被称为"二号宫殿"，似乎是个宗庙。它位于"一号宫殿"的东北约 150 米，面积约 4200 平方米。主建筑大庙位于 1070 平方米的夯土台基上。整组建筑亦包括一个大回廊和前庭，并且坐北向南，以南门为主门（图 4.6）。在大庙和北墙间发现了一个大墓，但可能已被盗，空无一物。然依北墙而立的配套建筑中发现了不少兽殉和人殉祭坑。中国学者认为 F2 可能是国都之宗庙，其内的祭祀活动可能涉及数千的参与者。2005 年，在 F2 的下面发现了建于二里头Ⅱ期（即夏初）的大宫殿和贵族墓地。其中一个大墓出土了一件放在死者身上的龙形饰物，长 70 厘米，由 2000 件精细磨成的绿松石串成。有人认为这是王者死后的护身符，我们或可理解为龙袍的前身。无论如何，这些新发现更加证明了 F2 的宗庙性质。

中国古籍记述了古代帝王宫城按礼制定下的"前朝后寝"的规划原则。皇帝去世后，他的宗庙亦按同一原则安排：大（祀）庙在前，陵墓在后。F2 为我们印证了在二里头时代，这一以礼制为原则的宫殿、宗庙的布局已随王权的到来而成形，并开创了商周的体制。自二里头开始，国君的大朝和他在宗庙的祭祀建筑已在国都的核心区并列，成为他经常的活动中心。这种安排只在春秋"礼崩乐坏"之后才被打破。

基于上述情况，我们对夏代国都的城市文明和结构总结出如下四点：

第四章 夏代：青铜时期的城市文明 65

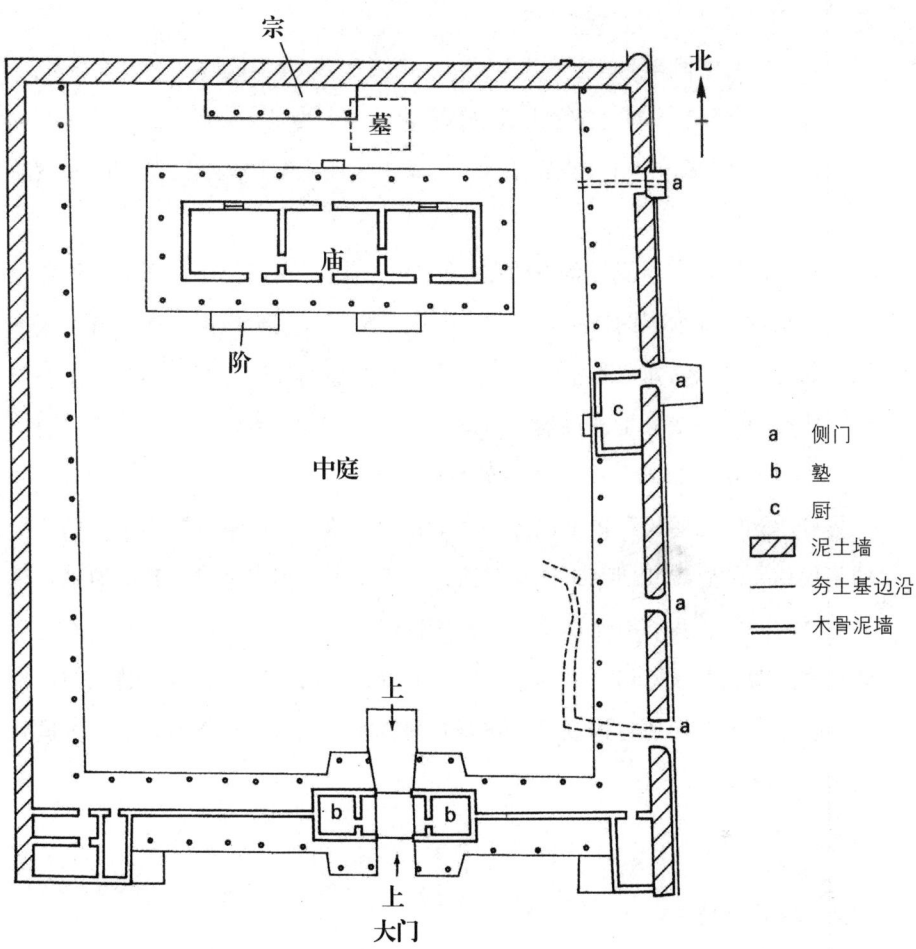

图 4.6 河南偃师二里头遗址 F1 复原平面图

1. 国都是全国的政治中心；
2. 初期国都是国家的核心，体现了强烈的以家族为基础的社会特色；
3. 宫殿和宗庙是王权的最高体现；
4. 礼乐是宫殿和宗庙这些主要建筑背后的布局和空间设计的指导思想。

遗址内厚厚的铜渣、熔炉遗存、陶范、石范、木炭和小件铜器等说明了这里存在过一个大型的铸铜区。它的庞大规模以及就近宫殿区的位置引人关注。此外，出土的陶范包括了工具、兵器和礼器的外范，其中不少是用来铸造一些造型奇特或大型的铜器。由此可知，这里曾经冶铸过器形复杂、超大型的王室专用青铜器，而它们的最终产品至今未见出土（苏湲，2006）。有没有可能这就是四川三星堆出土的大型青铜礼器？这些青铜铸造工场的遗物的年代约在二里头 II 期至二里头 III 期，这正是夏的第三个君主建都斟鄩直至夏衰亡的时段。我们因而推论，青铜铸造区是为王室服务的，它与国都的行政和宗教功能关系密切，为其提供所需的贵重器物。这个青铜铸造区亦从另一角度显示出夏代的青铜业已存在复杂的空间分工和管理体系，是中国成熟国家的组成部分。

其他夏代城市

上文已提到，河南登封告成王城岗可能是夏王朝第一个君主大禹建立的都城——阳城，它的碳-14 测年为距今 4000 年左右。初时只发现了约 1 万平方米的小城，引起它是否为初夏都城阳城的争辩。但后来发现了 30 多万平方米的大城，成为目前已发现的龙山时代以来面积最大的城市，使人们认同了夏代已有精心设计与布局的城市（苏湲，2006a）。另一个建于龙山时代而沿用至夏代的城市乃孟庄，它在二里头 IV 期才被废弃，似乎随着夏被商灭亡而消失。河南古城寨也是个早夏城市，属龙山王湾 II 期，有说它是祝融之都和夏初的区域中心。古城寨城址面积为 17 万平方米，中心区发现了宫殿式的包括庭院的回廊建筑 F1，总面积为 380 平方米，其夯土台基为 2000 平方米，体制和二里头一号、二号宫殿相同，可能是它们的先行者。城内亦出土了大量铸铜遗存，显示出一定的冶铸行业规模，但主要是龙山时代的。在早商时代，偃师商城亦发现了建于二里头IV期的正方形城堡式小城。它可能是商灭夏不久后建造的军事堡垒，以防止夏人的反叛。

上述这些城都有城墙甚或护城河，但二里头和夏代的区域中心除外，如东下冯和东龙山至今未发现城墙。因此，一些学者认为夏代城市可能是没有城墙的。然而上述城市的城墙和二里头宫城城墙的发现，显示出这一说法不确，而且东下冯和东龙山在商代还在扩展，并且出土了商代的城墙。

夏代——奴隶社会封建帝国的开始

近五十年来的考古发掘，为了解夏代提供了除古籍之外的新数据，如司马迁《史记》中有关夏代的历史记载，确证了当时在中原地区已存在一个名为"华夏"的建基于中央集权的文化体系。它的影响向北伸至河北和内蒙古，包括了河南以及南方的江苏。夏代标志了青铜时代和奴隶社会在中国的出现。在它之前的龙山时代，社会以众多独立的地区性政治组织——邦国为基础。邦国之上只有一个松散的联盟，其领袖由公举产生，而公举主要考虑其德行和对泛邦国的实际贡献，如新的农业技术的发明和治水工程等。这就是孔子所说的"大同社会"式的理想时代。邦国联盟的领袖是更替的，因而不是基于家族或血缘的考虑，此乃传说中的"禅让"制度。大禹是首位夏后族出身的邦国联盟盟主，因治水之功而受舜的禅让。传说禹其后禅让于皋陶，一位东夷部族的领袖，之后，后者亦禅让于益。但两位领袖都无法取得大部分邦国的支持，它们拥戴禹之子启。最后，启通过武力的征伐杀了益，成为世袭王朝夏代的首位王帝。通过对不服的邦国的征伐，夏代王朝扩大了领域，并且开创了一个新的王国时代。二里头文化遗存印证了夏文化在龙山时代之后的广域性和主导性，具体体现为以下七个特点：

1. 在空间上建立了一个大小有四个等级的聚落体系；

2. 首市——二里头对一个广大地区体现了文化上的主导性；并且通过军事力量向更大的地区扩张，实现了二里头对中原地区和周边的重要资源和人民的控制；

3. 都城（或首市）二里头成为超大聚落，面积达 375 万平方米，人口约为 1.8 万至 3 万人，是以往未见过的大型聚落；

4. 在广大的国土空间内，由于对主要手工业的控制和批量生产，区域文化渐趋统一化和标准化；

5. 青铜器成为身份象征以及官府专利——直接成为王室对礼乐制的控制工具；

6. 长途贸易所延伸的地域超越了上一个时代，甚至到达东南亚和印度；

7. 核心区（即国都）成为主要的城市聚落。这不但体现在它的社会阶层上，也体现在城内大量的手工业者和奴隶，以及一个高度集权而又复杂的官僚机器。这些成分构成了国都的空间结构，其中的核心宫殿宗庙区的主体建筑布局和南北向等设计成为中国后世传统国都的特色。

无可置疑，二里头或夏代已是一个文明国家，一个广域国家，并且以一个中央集权的复杂结构的都城为其核心。本章叙述的在夏代已形成的城市文明特征，一直延至青铜时代的高峰——商代。

第五章

青铜器的高峰：商代城市文明

中国有现存文字历史的第一个朝代

国内外不少学者曾经认为中国的历史始自商朝（Roberts，1999；Eberhard，1977；苏湲，2007）。他们觉得，1928年在安阳市郊出土的商王武丁的甲骨文库藏（YH127坑）是中国最早的信史。在这个坑里，一共出土了1.7万件有占卜炙后裂纹（兆文）、刻有相关卜辞文字的龟板和牛胛骨，其内容几乎包括了商王武丁统治的59年间发生的所有主要事情。至2004年为止，已出土卜骨共16万件，都是武丁及以后的晚商遗物。这些有刻字的卜骨为我们提供了晚商各方面的历史记录，主要是国家大事，如天气、农业状况、战争与缔结和约、重要官员和诸侯的任命与封赐、祭祀等。这些文字也证明了一个成熟的、包括"六书"的文字体系已在晚商流行。目前认出了的个别字约5000个（部分可能是不同写法和繁简不同体裁的同一字），解读了的约1000字。在这些文字中，约有一半在造字理念和字形上和我们现在（3600年后）使用的文字基本一致，可见在它们之前至少应有更早的文字体系，并经历了其后2000年以上的演进；另一方面，在这5000个字中，未发现与金字有关的字。这或许显示，这个文字体系的形成时期可能是比龙山时代还要久远的石器时代。其中一些卜辞并不是用刀刻成的，而是用毛笔以朱砂写就。因此，亦可以推论当时文字已被用笔墨写在布帛、竹和木简等更易取得、更方便和廉宜的载体上。这种文字记录的数量定远超甲骨文万倍以上，因为它们肯定内容更广泛，不但超乎王室问卜的事项，也包括了工商业和老百姓日常的事情。因为年代久远，这些文字载体物理性质弱，多已风化不存，至今仍没有任何发现。但古书所言的商代"有典有册"当为可信。后代不少经典，包括《尚书》《山海经》等，极有可能是源自商代的典册。大量商代的出土文物以及这些古籍，为我们提供了较夏代详细很多的商朝的城市文明和城市发展的资料（陈昌远，2001；顾朝林，1992；苏溁，2007；陈旭，2001；顾音海，2002）。

商帝国和商文明

中国在20世纪90年代中期开始进行国家重点研究"夏商周断代工程"，经过多年跨学科的考证，对商代的年期有了明确的结果。它由公元前1600年延至公元前1046年，可分为早商和晚商两个时期。早商由公元前1600年至公元前1298年，共304年，经历了17个王。盘庚在公元前1298年他执政的第14年由奄迁至殷（安阳），成为两个时期的分界线。晚商则由公元前1298年至公元前1046年，共255年，传十三王，包括了盘庚的统治期。在考古时期上，早商为二里岗，晚商为殷墟遗存（赵毅、赵轶峰，2002；张国硕，2001；刘莉、陈星灿，2002）。

仁 君

在政治体制上，商代继承了夏代家族集权和父传子（当儿子年幼时先由叔父继承）的体制，成为由先夏的禅让向父系社会成熟期的宗法制度的过渡。商代的30个王祚，22个为兄终弟及，8个是父传子。以长子身份传位的王在日后的祭祀中以嫡系王身份享受较高的祭礼。在甲骨文中出现了"大示"和"小示"，即周代的"大宗"和"小宗"的世系身份，体现了父系社会中男性，特别是嫡、庶和长子、次子的不同地位。早商末的"九世之乱"的主要原因便在于叔父传位给自己的儿子而不是已成年的嫡长子（侄儿）。为了避免这些乱局重演，商代最后四王都是传位给自己的儿子。

商王朝亦开创了中国王权神授的新理论，以巩固自夏以来的家族王权。《尚书》中的《汤征》《汤誓》，以及甲骨文的不少记载都指出了夏的灭亡是因

第五章 青铜器的高峰：商代城市文明　73

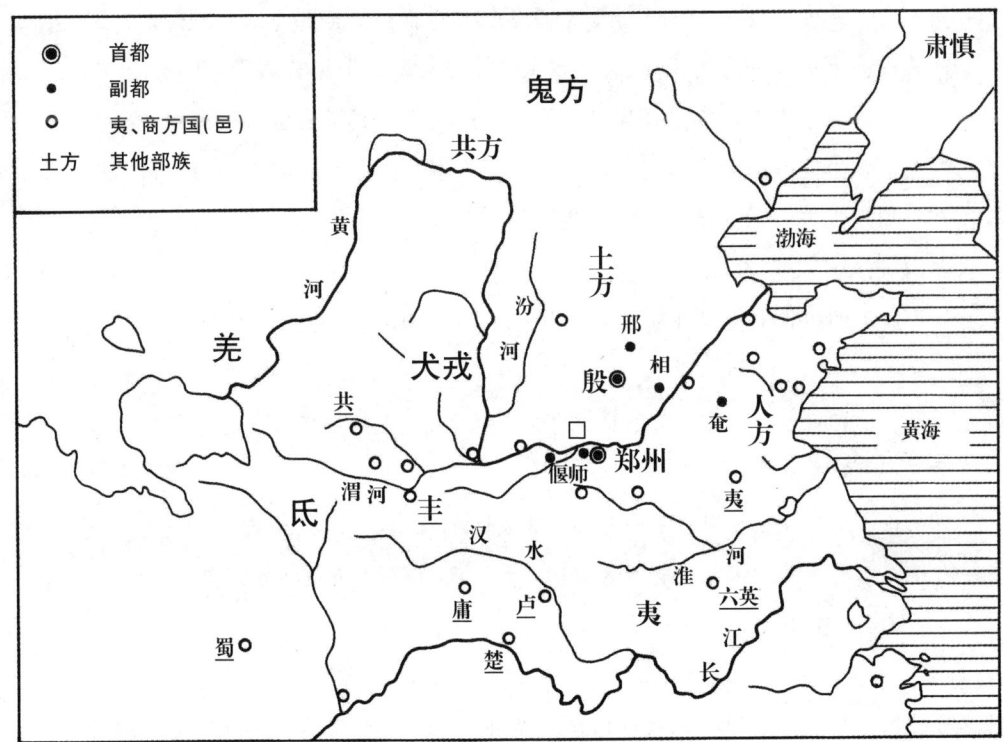

图 5.1　商时期行政区域示意图

为王室失去"天命",而商代开国君主因行仁政而得到诸侯、百姓的拥戴,因此天授命于汤而使之得天下:"汤受天命,行仁政,敬鬼神,天下归心。"当了商代前五个王的宰相的伊尹在《汤诰》中明言:天子之位,只有德高望重的人可以坐,不应为一家所有,应为治天下有方人所有。治天下者,包括了在王朝范围内轻赋薄敛、布德施政,也应向外族广施教化,以将这行为准则向四域传播。

武丁的甲骨卜文详细述说了作为一位仁德之君的诸种职责:

1. 对农、牧业状况以及影响它们的天气状况保持日常不断的关注;
2. 定期对农、牧区巡视;
3. 定期祭天地、祭祖先,以祈风调雨顺、农牧兴旺;
4. 征讨不顺从的诸侯和方国,如发兵3000人征伐共方、土方和鬼方,发兵15000人征伐羌氐(图5.1)。

这个仁君的准则,清代的康熙皇帝亦奉行不悖,可见中国文明的关键价值观的相当重要的部分,至迟在商代已经建立起来。

新的国家统治制度

商族发祥地在古漳河平原,在太行山之东,河南与河北的交界地区;漳即商水,其族故名"商"。商始祖契,为帝喾之后,尧舜时为司徒,封于商。其后冥为夏水正,冥之子亥经营畜牧业,驯服牛马,以为交通工具,往来各地作远途贸易,因而"商人"在其他民族的理解中,亦等同"贸易人""生意人"。商人因热衷经济而兴盛起来。在以新的天命和较先进的运输能力灭夏以后,新王朝仍大致承袭夏代的行政制度以及军事体制,形成"国王大统,诸侯分治"的局面。其王国,或当时的"中国"大约分为两个部分(图5.2):

1. **畿内(首都及王畿)** 包括以首都亳(考古遗址郑州商城)为中心的王

第五章　青铜器的高峰：商代城市文明　　75

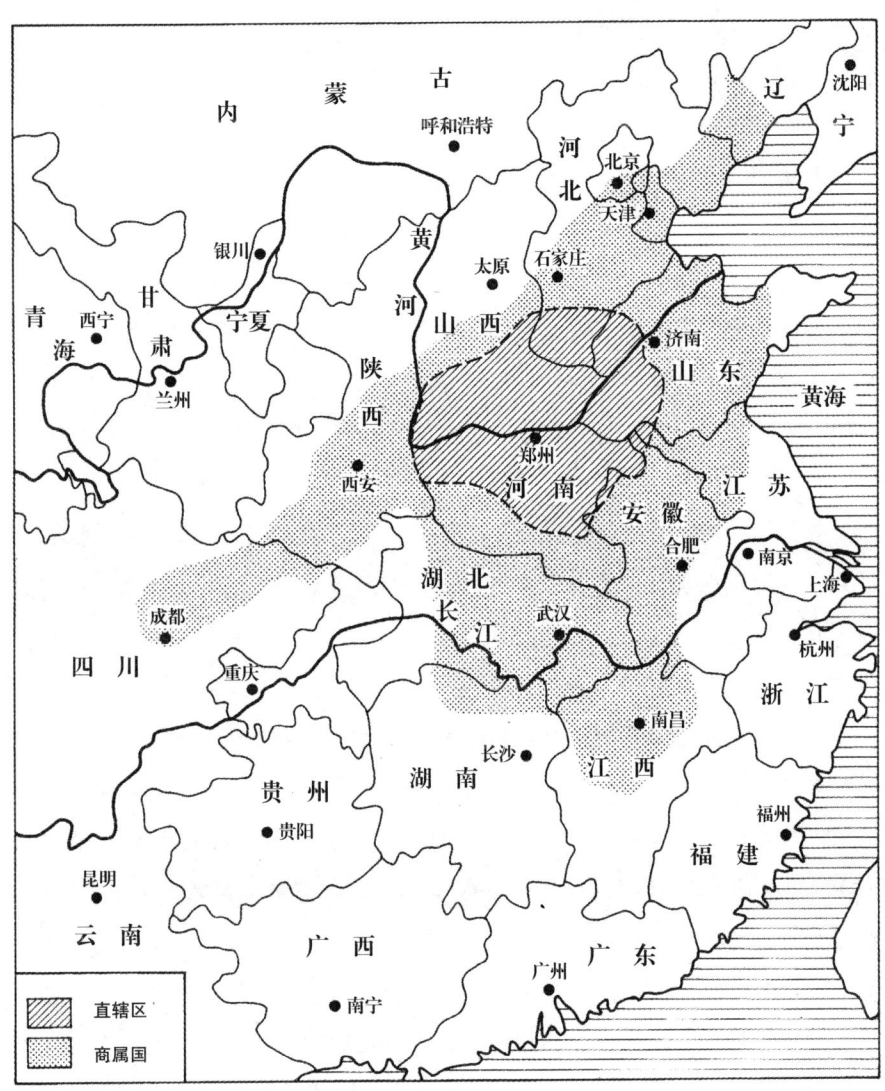

图 5.2　商王朝统治区域与现代省市地名对照图

朝直属领地，面积约1000平方千米，含王室成员的城邑和与王室关系密切的辖地（图5.2）。这些领土（甲骨文称为"四方"）有的离首都很远，如湖北省的龙盘城（见图5.1内的卢）。这个区域被称为"内服"。

2. 畿外（商的藩属） 包括两个组成部分：其一乃由商朝任命的行政长官或将领领导的在新征服或开垦地区的封邑；另一类乃臣服于王朝的被称为"夷"或"方"的"外族"城邦，如图5.1中的蜀等。这些畿外方国的头人通常是商的王族、大臣、将领，或亲商的氏族领袖。古籍及甲骨文的记载显示，这些地方行政单位数达1551个。它们构成商王朝的"外服"，是王朝的臣民，按中央定下的规矩，对商王负有一定的朝觐和勤王的义务。

封国的疆域和人口由商王按侯、伯、子、男等四个等级界定。它们享受商王的军事保护，接受朝觐的传召和王的赏赐。此外，封国诸侯要按时纳贡，派兵参与商王的征战，为商王生产物品，以及服从商王的其他命令。诸侯国新开垦的土地，也要上报和上缴中央。此大概就是后来西周的封建制度的根源。

由于王国的领土广阔，行政等级复杂，商王朝亦创新了一个复杂的行政和军事体制。商代的官员可分为三种：（1）文官，即由宰相到管理百工的小官，以管理全国至地方的事务；（2）武官，分三种：马（征战部队）、亚（王室卫队）、卫（防守部队）；（3）史官等专业技术官员，包括卜、史、司法、祭祀等主管。

商代的军队亦可大致分为两类：（1）"族"，是防卫军，皆由王室及贵族子弟组成，是一支以保卫首都和王畿为主要功能的常备军，亦是一支以氏族为主体的职业性部队；（2）"师旅"，以保卫"外服"以及对外征伐为功能。商代军队共有三师，每一师有兵员约一万人，其下分为三旅。师旅兵员来自城市居民，都不是全职士兵，一些被派驻边远地区屯田，半兵半农。商代的基本战斗单位由10名步兵组成，配一战车；后者包括马2匹、车上士兵3名和跟车步兵15名。

税制、货币、贸易和法典

在畿内，自由民的主要税负乃力役，即为从王室至官员封邑等各级农地的耕作劳动，以至在手工业和充当兵员劳动。在畿外，税负主要是实物，由诸侯或封国主向中央缴纳，包括本地的农产品、矿产、珍宝和奴隶。畿外的贡纳亦可以商代流行的贝类货币支付，甲骨文显示其单位为朋（两串共 10 个海贝）。除了海贝外，骨、玉和铜器乃至细陶器常在商墓出土，表示它们亦可能和海贝一样，因为珍贵而具有货币功能。由于对这些珍贵物品，包括占卜用的大型海龟甲骨的大量需求，商代的远途贸易线向南延伸至南亚和东南亚，向西则延至新疆和中亚。贸易主要由官方垄断，但仍有少量由私人进行。商王对贸易亦很关注，并在首都设有市场，在其疆域内的重要水、陆路交通节点上建立了称为"羁"的驿站，是中国秦代驿站制度的先行者。

《尚书》记载："惟殷先人，有典有册"，"刑三百，其重于不孝"；《左传》亦记载了商朝的法典《汤刑》的具体内容；《礼记》亦云：商"先罚而后赏"；《荀子》："刑名从商"等。甲骨文中记载的刑罚和罪的种类，基本上印证了古籍的有关记载。诚如周公说：周的法，源自商代的经验。虽然至今仍未见《汤刑》的全貌，但可以说商代是中国有实证证明的已有法治的朝代。

经　济

古籍和甲骨文都记载了商代在农业和畜牧业有长足的发展。对王室或官员公有田的集体耕作（劦田）是它的时代特色。考古在一些地点上发现了大量的农具，包括在同一地点出土了超过千件石斧和一些大型的谷物仓储，印证了集体耕作的事实。甲骨文亦记录了大群牛、马、羊等的纳贡，如武丁时代一次"致牛四百"，显示出大型畜牧业的发达情况。多次垦辟和精耕细作的记录，亦显示出农业管理的复杂性，以及对播种、深耕、农田管理、收割仓储与新垦地的关注。

冶铜技术的发展和传播

在夏代的基础上，商代发展成为青铜冶炼的鼎盛时代。至 2000 年，在商代遗存中共出土青铜器近 5000 件。二里岗初期的青铜都富有夏代的特点，但到其晚期，新器形（如鼎和盉）出现了。殷墟器物的表面都饰以细致的花纹，特别是饕餮纹，不少还有文字。1950—1986 年间在殷墟出土的青铜器中，820 件是礼器，2740 件是兵器。其中最大的司母戊大鼎重 875 千克，远重过二里岗早期最大的青铜器（100 千克）。从青铜器上的铭文和文字，更可看出器物主人的名字或其氏族族称，以及器件铸制的作用和它的用途，其中最多是用作封建诸侯的印证和对诸侯的赏赐。

与此同时，冶炼青铜礼器的技术也从首都地区向外围传播，从侧面反映出在殷墟初期，一些臣服商的方国开始显示其"独立"的倾向。这些边远地区在二里岗时期出土的礼器都富有商核心区青铜礼器的特点；但在年代较晚的殷墟时期，则具有明显的地方特色。江西武昌出土的礼器就证明，地方上开始铸造青铜礼器，以体现其政治上与中央王朝的相对独立。这一现象亦在辽宁、江苏、浙江、甘肃和陕西西部出现。商代冶炼的进步也体现在金器加工和铁器的出现。目前已发现四件打制铁件。但这些铁的来源，大概是原生陨石碎裂，被打造成利刃而铸合在铜柄上。它证明了在公元前 14 世纪，中国已有关于铁的属性的知识，并利用来打制工具。

青铜礼器的空间扩散可被理解为始于商初的移民和领土拓垦行为，这亦是夏代王国扩张方式的伸延。但自殷墟时代开始，周边方国的独立性明显地加强了；这或许是由于商初的人口和附带的技术随移民政策由中央商地向边远地区转移，使本地经济和手工业兴旺起来。外围日渐强大，最后导致商王朝的中央集权体制的崩溃，催生了另一个新王朝——周。

商的疆域和城市体系

《淮南子》记载："纣之地，左东海，右流沙，前交趾，后幽都。"考古资料说明，早商的地域大抵和夏代的二里头地域相同，但在二里岗晚期，它已扩及山东、江西北部、湖南北部、内蒙古南部、陕中以及河北南部（图5.2；刘莉、陈星灿，2002；张国硕，2001；李绍连，1999；陈旭，2001；许宏，2000）。

二里岗年代约为公元前1600—前1300年，其早晚期的分界线为公元前1490年太戊即位。从太戊的继承者仲丁开始，商代逐渐衰落。太戊时期的内部斗争和频繁的对外战争，最终导致了"九世之乱"的长期动乱。它以军事重镇偃师（西亳）的废置为终结，首都亳（郑州）亦明显衰落，然而在亳发现的三个青铜礼器的窖藏表明，它至殷墟I期仍是商的首都（张国硕，2001）。至此，商代的疆域已明显地缩小。商的不少区域中心也同样地衰落，而文献中开始出现短暂商都的名字，如隞、邢、相及奄。除了隞外，考古数据仍未能证明这些都城的存在（图5.1）。陈旭（2001）认为这些可能只是陪都，作为压制边沿地区叛乱而临时设立的军事重镇，或前沿指挥所。

商代的复兴始自盘庚将都城向北迁回商族的发源地，即现今河南省北部的安阳。此地古籍也称其为"亳"，考古学家则称其为"殷墟"（图5.1）。由于中兴君主盘庚的长时间的有效管治（公元前1250—前1192年），商代的领土在他治下在中晚期达最大范围，在南部包括了长江和淮河流域，北至河套地区，而西面到达汉水流域。

二里岗的城镇体系

商代沿袭了夏代的空间发展规律，以一个四级聚落体系来管理广袤的领土。王朝的核心地带仍是中原，在此地夏商两个民族多个世纪以来已经互相糅合。这个农业生产率极高的黄河中游地区，再配上黄河主要支流的肥沃河谷，成为商帝国强大的坚实基础。这其中，尤其突出的是两大核心城市——亳（郑州）和西亳（偃师）（图5.2，图5.3）。此外，商代还有三个拥有坚固城墙的区域中心，分布在重要的交通枢纽上，以便帝国由边沿地区向首都转运关键的资源，如青铜工业所需的各种原料、食盐、贵重器物和藩属地区向

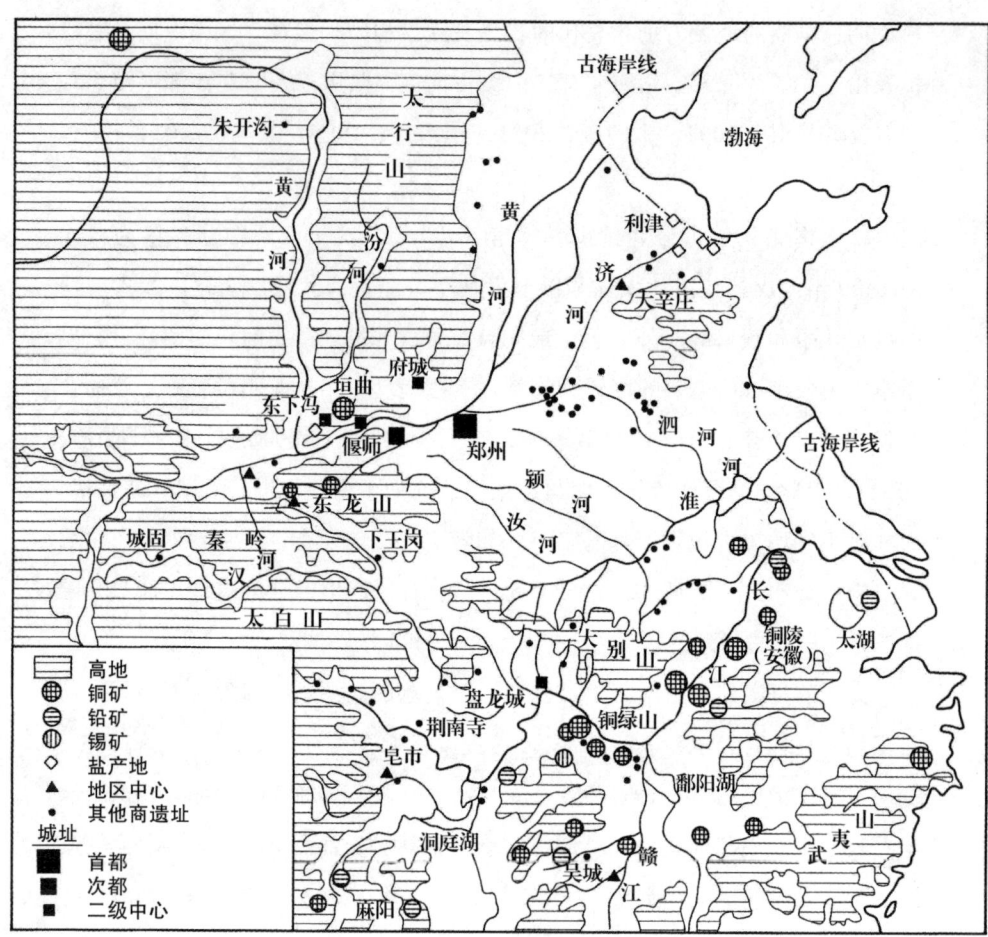

图 5.3 早商时代的城址、河流水系及重要的自然资源分布

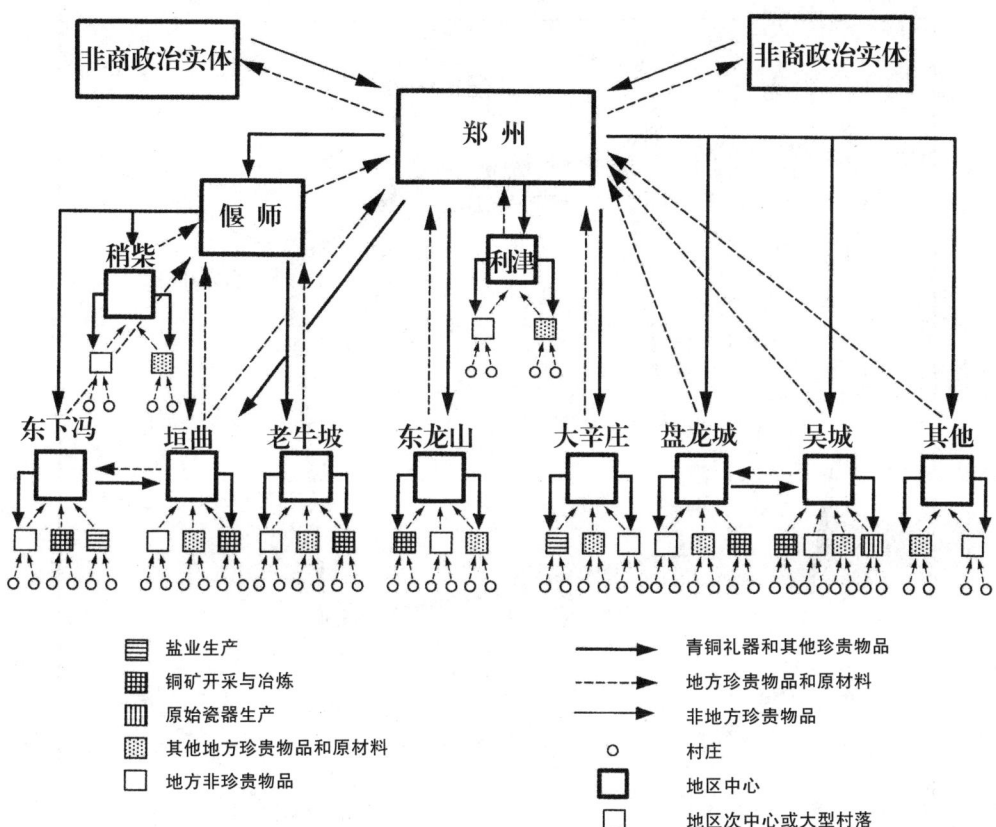

图 5.4 二里岗文化时期纳贡模式的政治经济系统

82 中国城市及其文明的演变

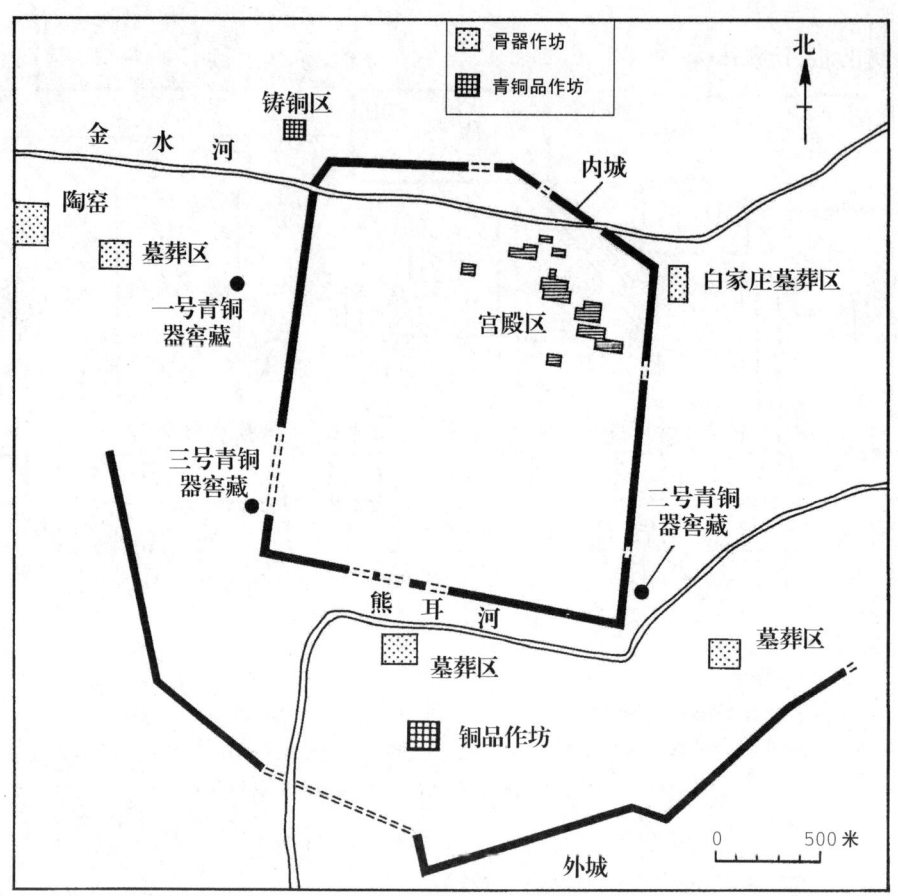

图 5.5 郑州商城

第五章　青铜器的高峰：商代城市文明　　83

中央朝贡的各类地区特产。这些区域中心亦成为监控边沿地区的地区总部。与夏代相比，它们的城区面积扩大了，而且建起了巩固的城墙，比如江西的吴城和山东海边的利津（图5.2，图5.3）。在北方，这些区域中心的设立远至内蒙的朱开沟，而在西边，则伸至汉水上游的城固（图5.2，图5.3）。

图5.3采自刘莉、陈星灿（2002）的数据以显示商朝较大的城市聚落（不包括第四级聚落）。它们的位置与河谷平原、主要水运通道以及商代的关键商品（如食盐和矿产）的主要产地密切相关。图5.4进一步描绘了这个由四级聚落组成的商代城镇体系在中央的规划和组织下如何分工，并提供沟通中央领域和周边政权的渠道。

以下，我们简介商代较重要的城市聚落的主要状况。

1. 亳（郑州）　是早商的都城和最大聚落，它的发展跨越考古时代二里岗的全期，包括了10个王，共185年。商的第11个王仲丁，曾短暂地将首都迁至隞。然而，一般相信，在"九世之乱"的121年间，虽然亳的发展一直走下坡，它仍保有都城的地位。

亳是一个坚固的城堡。厚厚的城墙共有11个城门。整个城市位于淮河进入黄河所形成的洪泛平原上。城墙内面积约2500万平方米，人口估计为10万，是当时世界上最大的城市。城址在20世纪50年代被发现。在二里头时代，城址上只有数个小村落。在二里岗开始前，出现了一个约300万平方米的有防御围墙的小城市，它成为日后商都的内城。大城约建于下二里岗的郑州Ⅱ期（图5.5），约是汤王统治的晚期。

宫殿和宗庙区位于内城的东北部。那里发现了多个大型的200—2000平方米的夯土建筑台阶（图5.5），同时也发现了很多大石柱和祭祠坑，显示出明显的宗教和祭祀功能。这个区总面积约6万平方米，是夏朝国都二里头的同一性质区域的6倍。手工业区都在外城。在内城外南部有个大型的铜作坊区（面积为10万平方米），比外城北部较小的铜作坊区（面积为2.5万平方米）始建较早。但这两个铜作坊区都在上二里岗时期停止运行。它们铸造的器物包括了工具、兵器和礼器。在内城的外墙脚，发现了三处有大批青铜礼

84 中国城市及其文明的演变

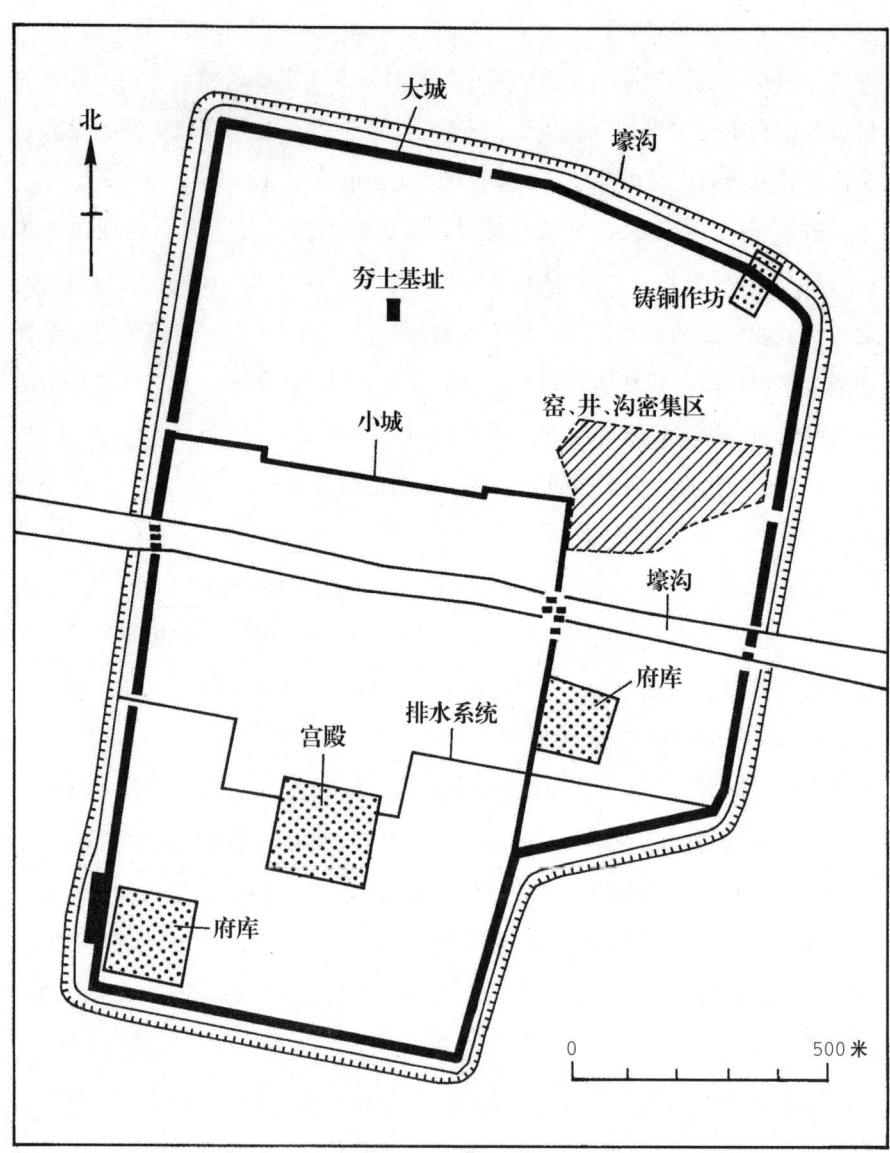

图 5.6 偃师商城

器的窖藏。这大抵是"九世之乱"后期的一个王,在兵乱中将它们临时埋藏起来。埋藏坑及礼器的年代考证为上二里岗的晚期至殷墟Ⅰ期之间。在外城的西部,出土了一个12万平方米大的制陶区,共发现14个陶窑、17间工场和75个工作池,证明大规模制陶已成为城市的重要功能,而且已经出现了详细的工序和分工。外城北部还发现了一个制骨区。

内城的南部似乎发展很少,空地很多,但外城除了手工业区外,还有密集的民居和墓葬。在外城的不同地方也出土了大量石、贝壳和陶制工具,如农耕用的镰和斧,似乎显示外城居住了大量的农业人口。相对地,城外只有为数不多的二里岗遗存被发现。因此,商代的都城很有可能包括了大量的农业人口,而国都和周边的农业土地利用亦保持了紧密的关系。这个城乡协作的中国城市特点,一直延至清代的城市而不衰。

在上二里岗Ⅰ期,亳的发展达至高峰,但自二里岗Ⅱ期便走下坡了。这可以由考古证明:手工业区已停止运作,而宫殿亦空无一人。当然,如上面提到的,有数据显示:亳作为国都,其地位延至殷墟Ⅰ期,之后才被废置。

2. 西亳(偃师) 它始建于二里头Ⅳ期,其建成时间较商的都城亳更早。它的选址很奇怪:位于商的敌人夏后族居地的中心点,距夏代都城二里头只有6千米。自建成以来,它和都城亳(相距只有75千米)一直共存于整个二里岗时代。似乎西亳的建设是作为一个军事重镇以管理和监控被推翻不久的夏族。

在二里头Ⅳ期时,偃师仍只是个有围墙的小聚落,近似一个碉堡。城内面积只有4万平方米,由一中心宫殿结构、铸铜作坊和一些先商遗存所构成。不久,它扩大至面积为80万平方米的小城(图5.6),其内有一部分被考古学家认为是一个有防御设施的巨型仓储区,由四方形围墙保护起来,内中规整地出土了一列列建筑。在下二里岗时,城市进一步扩大,出现了"大城"(图5.6),拥有200万平方米的面积和五个城门。宫殿和仓储区也被重建和扩大。在小城外,更加添了第二个仓储区,同样有一个防御性的围墙。在此阶段,偃师似乎已被赋予一些新的功能——除了军事重镇之外,它亦是一个拥有6万人的运输、仓储和制造中心;铜器、陶器和骨器的生产成为它的物流功能的派生功能,以充分利用由邻近的伊洛地区乃至山西、河南和湖北边远地区运来的各种天然资源(图5.3)。

和亳(郑州)一样,西亳(偃师)的人口社会结构复杂,并且反映在它的城市的空间结构上。宫殿区明显地是精英或特权阶级的居住区,并且由一条宽约两米的保护墙和小城其他地区分隔开来。它拥有多个水井、一个细致的总长800米的排水系统(图5.6)。区内主要建筑是在夯土台阶上的宫殿,如编号F1—F6的宫殿。在上二里岗时,F2是其中最大的,宽达90米。宫殿式建筑亦出现在大城的北面和小城的东南角。后者可能是为管理城市新增的生产和物流功能的精英所提供的办公设施和居所。然而在偃师并未发现青铜礼器,显示它并不是国都。偃师在上二里岗时达到发展高峰,之后衰落成为一般聚落。至上二里岗晚期,它已被完全废弃。

3. 殷墟 商王盘庚在公元前1300年时迁都至此,至公元前1046年商亡时,作为晚商的国都共244年。它的考古遗存共分四个时期。在第一期(殷墟 I 期,公元前1370—前1260年)时,它仍只是个小城。在第二期(殷墟 II 期,公元前1261—前1239年,即武丁在位时)扩大为一个12平方千米的大型国都。在其后期,城市的总面积达至最高峰——约30平方千米。据估计,在殷墟 II 期,它的人口为14万,而在商代最后的两个王时期,人口更达峰顶的23万。

殷墟又称"殷",在今天的安阳市旁边,河南北部的洹水小平原上,是商族的传统根据地。因为周边有商王族的封邑和亲商的封国的保护,殷可能是个不设围墙的都城。城市的中部是个27万平方米的庞大的宫殿宗庙区(图5.8),至今已发现了53个宫殿式建筑的夯土台基,共分三组分布。第一组是含15个单体的建筑群,似乎是商王和王室的宫殿,以及相关的仓库和仆役的宿舍;第二组在其南部,共有21个建筑和众多的祭祠坑,应该是个宗庙区;再南是一组17个建筑,可能是个祭坛区。

在城外东北面发现了王陵区,共出土8个大墓和5个较小的墓葬。大墓似乎是国都东迁后的商王墓葬,而小墓则是王室成员的墓葬。在王陵区内,出土了 1400 个以上的祭祠坑和不少人殉的遗存。

在宫殿宗庙区之外的四方八面，均发现了铸铜、制骨、陶器和玉石的作坊，与民居杂处。城郊有不少墓葬区，似乎以氏族为主集中分布：每一氏族墓园均有一些贵族的大墓，和众多的一般族人的小墓。在其中的三大墓园中，已分别发现 3000 个以上的墓葬。

总的来说，殷墟是中国的考古宝藏。城市本身已是个极有价值的考古遗址，而在 1930—1986 年间，遗址内更出土了超过 4000 件青铜器。它们的造型、风格、纹饰和用途，都代表了铜器时代的高峰。此外，还有上文提到的大量刻有甲骨文的卜骨的出土。

4. 小商桥　小商桥商城于 1990 年被发现，占地 144 万平方米，地处郑州以北 20 千米，是个位于黄河南岸的大型商城。此城建于上二里岗晚期，时值亳在衰落而西亳已被废置，因此，它可能就是商王仲丁所建的新都——隞（图 5.1）。遗址只存有一层薄薄的文化遗存，显示它的使用期很短。城的中心宫殿宗庙区约 15 万平方米，其中有四个大型夯土台阶，所支撑的建筑应为宫殿和宗庙。它们四周亦满布祭祀坑，最大的坑出土了 30 副牛骨架。城内也发现了青铜作坊，出土了陶范和青铜器，包括礼器、装饰品和工具。因为有青铜礼器的铸造，隞肯定是个国都。遗址亦出土了世界上最早的青铜屋宇建筑构件。此外，城内还有大型陶器、骨器、玉石器等作坊，在出土的一块陶片上还发现了以毛笔写的字和甲骨文。这些都显示出该城的国都地位和功能，虽然它的存在是很短暂的。

距都城 300 千米内的区域性中心

1. 府城　在首都的腹地内有多个区域性中心，包括府城、东下冯和垣曲（图 5.3，图 5.4）。在其上有更大的二级中心稍柴和一级中心偃师，为首都提供不同的服务和物资供应，同时亦起到拱卫的作用。府城是个有城墙的聚落，但面积只有 8 万平方米。考古发现它是在下二里岗时期始建，而在上二里岗时期被废置。城内东北角有数幢宫殿式建筑，似乎是管理由山区转运往首都

88　中国城市及其文明的演变

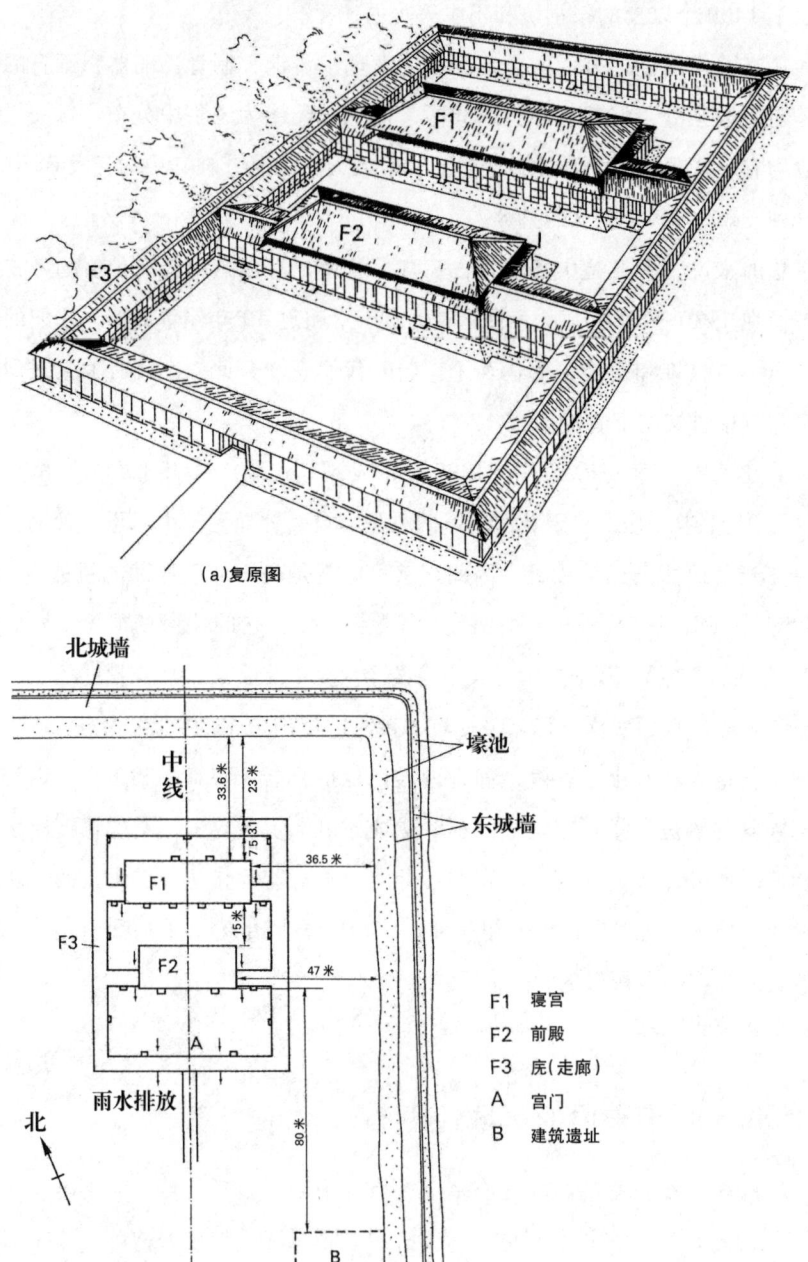

图 5.7　湖北黄陂盘龙城商方国宫殿

第五章 青铜器的高峰：商代城市文明 89

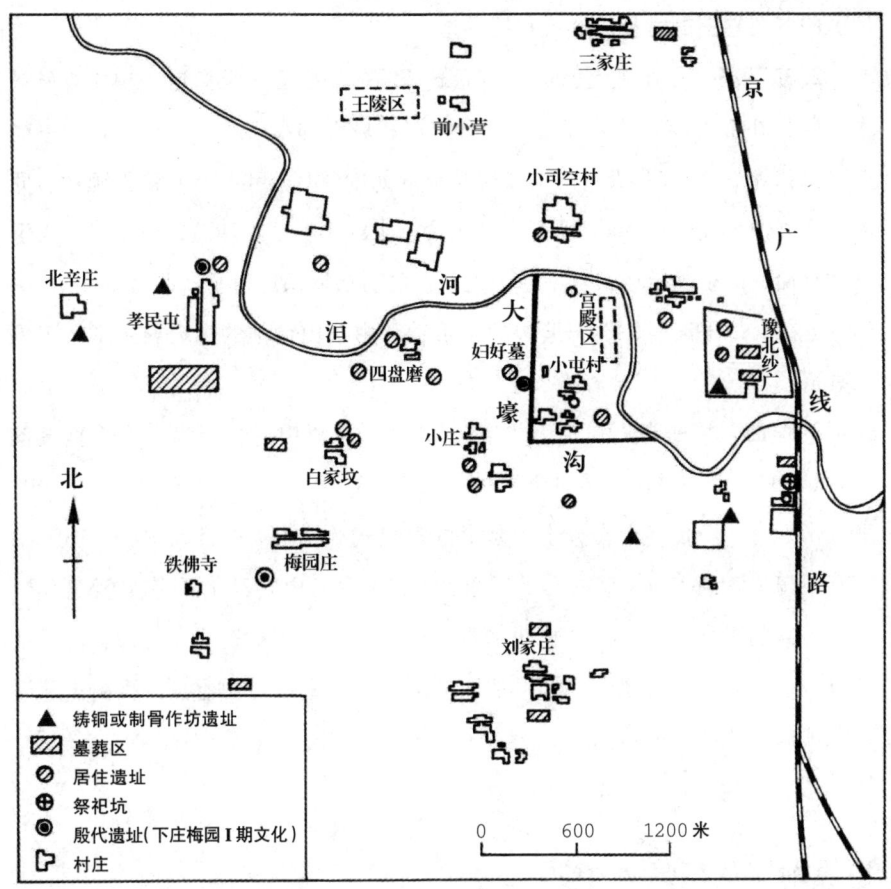

图 5.8 安阳殷墟遗迹分布图

地区的各类物资的官员的办公和居住地。

2. 东下冯 它在夏代已是个功能显著的区域中心，至商这一功能有所扩大，并且在下里岗时期发展为一个有城墙和城濠的聚落。它们从山区运来矿产（如铜和盐），并且聚落内的作坊功能（如冶铸兵器和工具）依然延续。同时，遗址内也发现了40—50个在夯土台基上的木构圆形建筑，似乎是个大型食盐仓储，储存和转运来自中条山大盐池的盐产以供应京师地区（图4.3，图5.3）。在上二里岗时，渤海湾边的平价盐和中条山盐池的衰竭导致了东下冯的衰落。

3. 垣曲 垣曲在夏代称为"南关"，在下二里岗时扩展为一个中型聚落（面积为13万平方米），并加建了城墙（图4.3，图5.3）。中心地区（约2000平方米）有一个由6个在夯土台基上的宫殿式结构组成的行政中心，南部则布有制陶和铸铜作坊。城内出土了两个贵族大墓，内有玉和铜礼器等陪葬品，显示出商朝王室对这个交通枢纽和青铜工业中心的直接控制。此外，由于处在黄河边上的战略位置，它亦可能同时拥有军事重镇的功能。可能由于邻近矿产资源的衰竭，它亦在上二里岗时被废弃。

边缘地区的区域性中心

在商帝国的核心区即京师地区之外，另有一个城镇"次系统"的存在。它亦以区域中心为节点，组成商代外围区域的一个行政管治网，包括以下已发现的四个（图5.3，图5.4）：

1. 东龙山 这个夏代已出现的聚落在下二里岗时扩大为一个30万平方米的中型聚落，其主要功能是铜矿石的转运。

2. 老牛坡 这个在西安附近，浐、灞河相交地方建立的小城镇只有5万平方米，距离淮镇坊（一个铸铜地区）只有14千米。明显地，它是建基于附近矿产资源的转运功能。城内的文化遗存基本上与亳内发现的赋有相同特点。

3. 大辛庄 这是已发现的二里岗文化侵入山东地区的首个例子，是个位于黄河边上的中型聚落（面积为30万平方米）。内中出土了由亳运来的青铜礼器，体现了它和国都的从属关系。城市的主要任务是转运渤海湾旁利津的盐产，以供应京师地区（图5.3，图5.4）。

4. 盘龙城 在下二里岗时，这个夏代聚落仍只是个面积20万平方米、以冶铜及铜的运转为主要功能的城市。在上二里岗时，它扩展为一个面积100万平方米、有坚固围墙的大城，而且城内建筑和功能分布十分规整。中心的宫殿区面积为6000平方米，内中有一个陶制的排水系统（图5.7）。宫殿的规模虽逊于亳及西亳，但和它们拥有同一风格。它似乎是个重要王室成员的封国的首都（图5.3）。城外不远处发现了36个大墓葬群，每个墓都拥有青铜礼器的陪葬品。其中四个的陪葬品中有铸铜熔炉，可能他们就是负责冶炼和转运铜的贵族，以供应皇室在亳与西亳铸造礼器和兵器之需。在城外发现了不少熔炉和铜水、铜屑等遗存。明显地，这个城市是二里岗时商代控制长江中下游铜矿的开采和初步冶炼的区域中心。和偃师一样，它在上二里岗晚期被废弃。

商的属地和独立的方国

有关商王朝以外地域的城市发展情况的资料不多。然而近年在南方江西的吴城、西部四川的广汉三星堆和北面的清涧（图5.1），纷纷发现了具有商代特征的遗存，其中主要者简介如下：

1. 吴城 位于江西省淢水边，在龙盘城南300千米，面积为61万平方米，是个较大的有围墙的城市。城内道路规整，中心为一宗庙式大型建筑，其台阶面铺有一层白泥。城内有一大型陶器和一大型铜器作坊区。出土了几组特别功能的、被称为"龙窑"的烧制高级瓷器的陶窑，其产品曾销往商王朝各地。城内的作坊亦铸造包括礼器的青铜器。此外，还出土了一个晚商的大墓，内有480件青铜葬物。上述数据以及青铜器的器形和风格表明吴城是一个方国的首都。它起初是商的属国，但后来成为一个独立的方国。

2. 广汉三星堆 位于今天四川省的广汉市，约建于早商，似乎是商王朝的一个臣属方国——蜀（图 5.1）。已出土的两堵城墙为东西长 1600—2100 米，南北长 1400 米。发现了大量的黄金和青铜制的窖藏物品，以礼器为主。它们除了有一定的商代风格外，更有突出的本土特点。有学者认为，这是夏代后人在夏亡后入川建立的方国的首都。它的存在延至周初。

3. 清涧 它是陕西东部一个面积 1 万平方米的小城镇，拥有一个方正的城墙。除了宫殿和宗庙建筑外，还有一些百姓的居所。城内发现了一柄有蛇形把柄的青铜刀。有学者推断其为鬼方（商王朝外围的一个方国）的首都。

结论：商代已建立封建特色的中国城市文明的根基

商王朝继承了前朝分封臣服土地和新开垦的边地为藩邦的行政管治手段，以及对王室成员，有军功的将领、大臣及友好氏族赠以爵位和封邑的传统。商代的纪录充分显示出一个明确的中央和封邑、封国、方国的关系及相关的权力与义务的体系。宗法体制的继承制度亦有所改进，并被固定下来。这些制度的发展是与一个新的政治哲学并进的，该哲学以"天命"这一新理念将王权合法化，而商王更在中国历史上首先以"帝"自称。商代帝王以日常朝政、礼祭和合乎德行的行为作为天命的体现。其中帝王应以卜祭、巡狩甚或征伐来显示他对臣民福祉的关注。青铜礼器作为行政授权以及封邑、封国的凭证，是中央和地方以及天命传承的信物，将商代广大的地域融汇在一个统一的行政和文化体系中。它们亦是商朝君主与臣民间的私人信物。相关人士去世之后，他们的承继者要得到商王对他们的重新授予，以保持君、臣或王与诸侯/方国的关系。这些礼器的制造与传播，提供了有关商代领土和势力范围的有力的考古证物。

商代社会比夏朝更加复杂。在有关官员领导之下的集体耕作，或在贵族和大臣的封地上耕作公田已成惯例。自由民并不拥有私田，而是在封建主的田地上耕作和提供其他劳力服务，以作为他所耕的公田的地租。这些耕作和相关税收办法是周代体制的前身。大型的一级聚落亳（郑州）、西亳（偃师）

和殷（殷墟）体现了已经出现的复杂的社会和经济组织。有关商代百官的纪录、首都大城内的大型多样的作坊区，以及内城众多的宫殿建筑，印证了在这些人口达6万—23万的大聚落内存在的多样非农就业状况。这些考古资料亦印证了古书的记载，它们说明了商代已善于建造宏伟的城，内中有宫有市。如《六韬》记："殷君善治宫室，大者百里，中有九市"。《太平御览·帝王世纪》记："宫中九市，车行酒，马行炙"。《诗经·商颂》有："商邑翼翼，四方之极，赫赫厥声，濯濯厥灵。"为了供给这些大都市的庞大人口以及王室贵族的豪华生活，帝国需要通过一个聚落系统在广大的领土幅员内有效地开发、组织各种资源，管理所涉及的双向物流。在本章内，各个等级的聚落都有不同的非农活动的分工。这不但成为它们的主要功能，并且反映在它们的人口规模上。在它们之下的是以采矿和农业为主要功能的非城镇（即农村）聚落。

因此，商代的城市文明已演变至一个较高的水平，显示出复杂的聚落大小、等级及功能体系。商朝因此已成为Eberhand（1977）所说的"封建制度"式的真正帝国，拥有强大而有效地统御广大领域的王朝管治体制。然而，中国有些学者出于马克思的历史观，认为商代是个奴隶社会，其大部分官兵和文官都是奴仆。虽然在商代不少手工匠的职位是世袭的，而自由民亦不拥有土地，并需要为王室、贵族和官员提供力役，但他们一般都拥有个人自由。当然，真正的奴隶是存在的。他们由战争中被俘虏的外族或由罪犯组成。总言之，多数学者认为奴隶只占商代人口的很小比例，并不对社会和经济构成重要影响。

第六章

由封建社会转变成工商业城市：周代与战国的发展

历史的分水岭

周侯,一个本来臣服于商王朝的封侯,自称为"武王",于公元前1046年打败了商代暴虐无比的末代君主帝辛(即纣王)。帝辛自缢,武王得以建立一个新朝代,即周。周是个历史时期很长的朝代,前期称为"西周"(公元前1046—前771年),都于镐(又称"宗周"),共十二王,延续257年(图6.1)。西周国力强大,四方臣服,孔子称之为中国的黄金时代:"典章礼乐……吾从周。"他认为西周是中国统治的典范,应为后世所效法。但自共和元年(公元前841年)起,由于王道中落,井田制废,来自北方和西面的外敌犬戎和羌屡屡对西周施以军事压力,平王被迫于公元前710年将国都东迁,抛弃其传统根据地而另建新都于成周(洛阳)。周朝此后国力日衰,史称"东周"。东周共十八王,享祚367年,但周天子直接统治的区域已由西周时的约1万平方千米减至东周末年的600平方千米。东周时,天下诸侯纷纷称霸,对周天子只是表面上的尊敬。至公元前403年,东周正式灭亡,周变成一个诸侯小国。公元前249年,秦更将这个小国也吞并了,并于公元前221年统一中国。公元前403—前221年间,史称"战国时代",共有182年,其标志为多个大诸侯国相互征伐。东周时期的公元前772—前481年属鲁国编年史《春秋》所覆盖的范围,历史上亦称为"春秋时代"。

夏商以来的封建制度至西周发展至其巅峰。这个制度更为完善,并且成熟为一个"成文化"或者说典籍化和法规化的制度。在其后的儒家典籍中,它成为一套中国传统的政治和社会制度。城市作为封建的基础和节点,也配合了封建制度的原则与实践,在性质和结构上发展为成熟的封建城市。然而

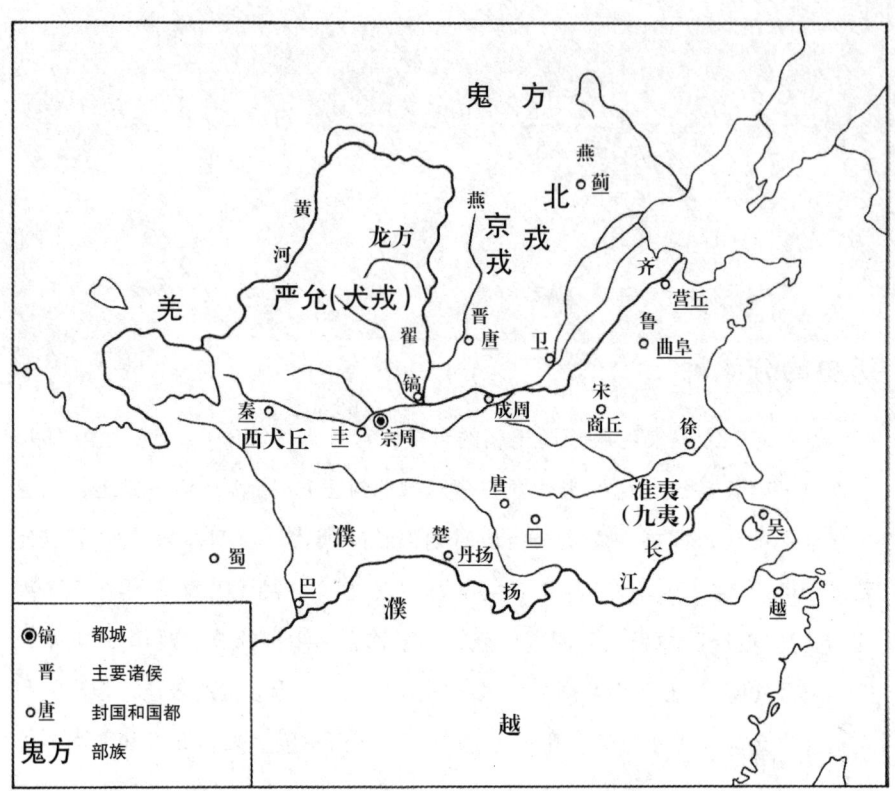

图 6.1 西周时期示意图

东周的没落与战国的纷乱也带来新的社会发展动力,将中国城市的功能和土地利用推向了新的发展方向。最显著的动力乃工商业的勃起。因此,自东周中期开始,中国城市处于一个发展的分水岭。

三代的理想:周王朝及其统治理念

周侯,始祖名弃,姬姓,自称为"黄帝子孙帝喾后",尧时为农官,教民种稷,因而亦称"后稷",被奉为农神。弃之后人,至夏代,世为农官。然而有另一说法,以为周族实乃戎的一支,世代在黄土高原一带流徙,至商代仍如是,因此孟子说:"文王,古西戎也。"古公亶父时,为其他戎狄所迫,迁岐山下周原,因采商制,兴农业,建宫室、都邑,改戎狄俗,设立官司,成为商方国,受封为侯,作为商与戎狄之缓冲。由于周原辽阔(约5000平方千米)而肥沃,经王季、文、武三世而强大起来。后与戎狄结为军事同盟,并联合西北、西南羌和巴蜀九族伐商。

除了周原的自然条件外,周侯能在祖、父、孙三代之内强大起来,与它成功地承继和发展了商代的统治哲学与行政体制有密切关系。其关键人物乃周公。周公辅助兄长武王及其侄成王打败商的重要原因,在于他成功地将商代文明和体制发展至极致。学者普遍认为,儒家的两部经典《诗经》和《礼记》都是由他所著或在他指导下成书的。总言之,西周紧跟并发展了商代成功的行为习惯,而这些亦成为周王朝最具特点的成就,包括以下三大项:

封建制度

西周继承了前代封土建国的习惯,以便有效地监管商遗民和与商联盟的各氏族。因此,在商代复杂的社会关系上,新兴的周王朝更添加了新的复杂性,如建立一个新的贵族阶层和有目的地迁徙商的遗民。自武王至第三王康王,周消灭了99个亲商的方国,制服了652个其他诸侯。在他们原有的封地上,周王重新封立了71个诸侯国和封邑,其中15个的领导人是周天子的弟弟，40个是周的族人，其他为臣服的商族、周的盟友以及先圣王的后代。在这些新封国、封邑内，多以征服者的军事基地为基础形成了新的城邑。它们的核心城市多按规划建成，并有城墙，而城内的一般居民大多是前商的贵族和他们的随员。周的诸侯、百官及驻军则成为这些城市或邑的首都的上层社会或贵族阶层，这就是所谓"百姓"。城中的前商遗民所构成的那部分城市人口丧失了他们的土地和贵族身份，但仍可从事商业和手工业活动。

"封土建国"或"封建诸侯"已经形式化，并成为礼乐的一个重要部分。封建一般需要一些刻有有关内容文字的青铜礼器作为凭证。诸侯按其封国大小分成不同等级。周天子将被封赐者分为公、侯、伯、子、男五级；诸侯国的封赐分侯、甸（子）、男三等。诸侯连同所封赠的氏族人口需要迁往封地，以达致迁徙分散商遗民的目的。封建亦是对为周王朝提供军事支持或朝贡的诸侯和臣民的赏赐；同时诸侯也对他们的大臣封赐土地和人民，采邑成为大臣们为诸侯效力的酬谢。这些封赐都是世袭的。封地上的"原住民"（鄙人或野人）主要是农民，他们与他们所耕的土地都是新封诸侯的"财产"。

封建还体现了内、外的关系，以及因亲疏和在地域上离京师远近不同而产生的地方和中央的关系与义务等行为准则。其中最重要的乃祭祀与朝贡。简括而言：

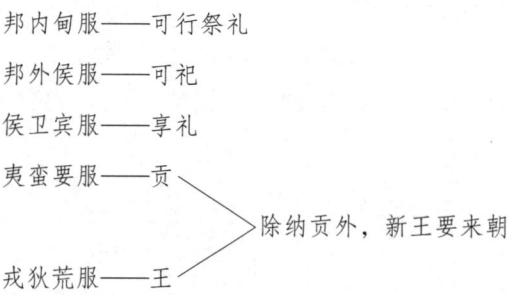

邦内甸服——可行祭礼
邦外侯服——可祀
侯卫宾服——享礼
夷蛮要服——贡
戎狄荒服——王
除纳贡外，新王要来朝

宗法制度，加上祭天地和祭祖先结成一个新宗教（儒教）

西周完善了以嫡长男为继承人的承传，即宗法制度，为以家族为本位的社会和统治体系打下了坚固的基础，促进了中国数千年来的历史及其相对稳定的进程。正室的长男成为合法的继承人,并且是家族祭祖的代表,侧室的儿子地位较低。由于家庭是社会构成的基本,而国是其延伸,君主作为"天子",是全体国民的嫡子,是"天下大宗",是全体国民和国土的泉源与代表。其下为分封的大侯国,再下为同姓小国。天子亦是天下共主和军队的总统帅。在一国之内,国君为大宗,同姓卿大夫为小宗。在采邑大夫之下,同姓庶民亦按同一原则而为小宗。这些庶民享有自由民身份,不同于农奴身份的庶民。后者多是敌对方国的俘虏,如西羌人。在周族之外,天子之下的异姓诸侯亦是其封国的大宗,是其下异姓大夫的大宗。在祭祀的过程中,有关的礼器、礼仪和配乐都体现了"大宗"、"小宗"的等级关系。如在祭祀中天子用九鼎,诸侯和大夫按级次分别用七鼎、五鼎和三鼎;在乐舞中,天子八佾(64人),诸侯六佾(48人),卿、大夫四佾,士二佾等。因此,在全国范围内,家庭系统、祖先崇拜与祭天地的传统结合为一体,成为社会行为的规范以及行政组织的新哲学。这个以社会和谐、人与自然平衡为主要原则的行为哲学,成为后来儒学的基础。

同时,商代崇拜的诸神在周代也被简化为一个大神,即"天"或商代称的"上帝",其普法称为"道"。后者以礼乐作为其具体的体现和规范。天子作为天下大宗,要在敬遵礼乐的"德"上成为天下的典范,使国民都守礼——按礼法办事;天子死后便回归天上,成为帝或神。祭祖与祭天因而成为遵守礼法的重要传统。在天子之下,所有国民都按"五伦"(即君臣、父子、兄弟、夫妇、朋友)的等级排列,各有其权利与义务,使人际关系有规可循,以减少摩擦,促进社会和谐。

井田制度与城乡分别

周采用了商代以力役为主的土地税法,即井田制。帝国的诸侯、大臣和将领的薪俸不以现银或实物支付,而是由天子或各级诸侯大夫赐以封邑、采邑或封地。因此帝国的行政、军事系统和功能与封建制度和宗法制度扭成一种体制。城市作为封建的节点以及"敬天祭祖"的新宗教活动的平台,表面上（如土地利用、主要活动、建筑和景观等）似乎和农村有很大距离，但它的经济却依赖农村的生产。在有限的"城市经济"中，商业和手工业虽然做出一定的贡献，但主要仍是官府拥有和管理的；而且参与这些行业的商人和匠人的社会地位低微，都由被征服的氏族如商族所担任。正因如此，西周并不存在城乡之间在文化或行为上的分异。

然而，在西周的封建体制里，也存在"国人"（城市人）与"野人"（农村人）的分野。国人包括城邑内居住的贵族、大臣和"百姓"。他们有受教育和服务国家的权利，在20—50岁间接受军训，以及应召入伍。每家出一人被征，每十家有一人在役，装备由国家供应，应召者在20岁起受训，30岁在役，50岁后不受训、不在役。然而，他们大多数是全职农民，一些是工匠。"野人"指被征服的商地或商属封国的本地居民，又或是在周帝国向南和东北扩展时新开辟的土地的原住民。他们居住在城邑以外的郊野。这些是参与井田制的主要农民，他们"九一而助"，除了耕种领主土地作为地租外，亦为领主提供其他劳役服务，但却没有受教育和从军的权利。

封建以及礼乐的推行，不单将自夏、商以来在中原形成的文化和习惯向中国边沿传播，同时也将城市文明推向较广大的中国土地。将商代文化较高的遗民向新开垦地区迁徙，也引发了西周城市建设的新浪潮。而这些为王朝服务的行政管治中心都采纳了新的以《考工记》为代表的"营国制度"，即城市等级原则和城市规划原则，体现出封建和敬天祭祖礼仪的基本要求和原则。他们同时也将社会等级观念、五伦的人际关系以及城市作为人与自然和谐结合的代表意义充分发挥，成就了中国传统城市功能和结构特点的形成，树立了中国特有的城市文明。

周王朝直接管辖的地区、王朝的核心，由两个邑构成，即都镐的城邑以及副都成周的城邑。首都镐所在的邑（区域）宗周，面积约5000平方千米，东都成周所在的邑管辖的地域则只有600平方千米。它们之间由一条天子直接管辖的狭长走廊连接。将这三个部分加起来，便成为周天子直辖的约10000平方千米的地区（图6.2）。现已出土的西周城市共有56个，但它们仍未能提供数据以说明两京的全貌，甚或一个代表性的西周城市的详细结构。

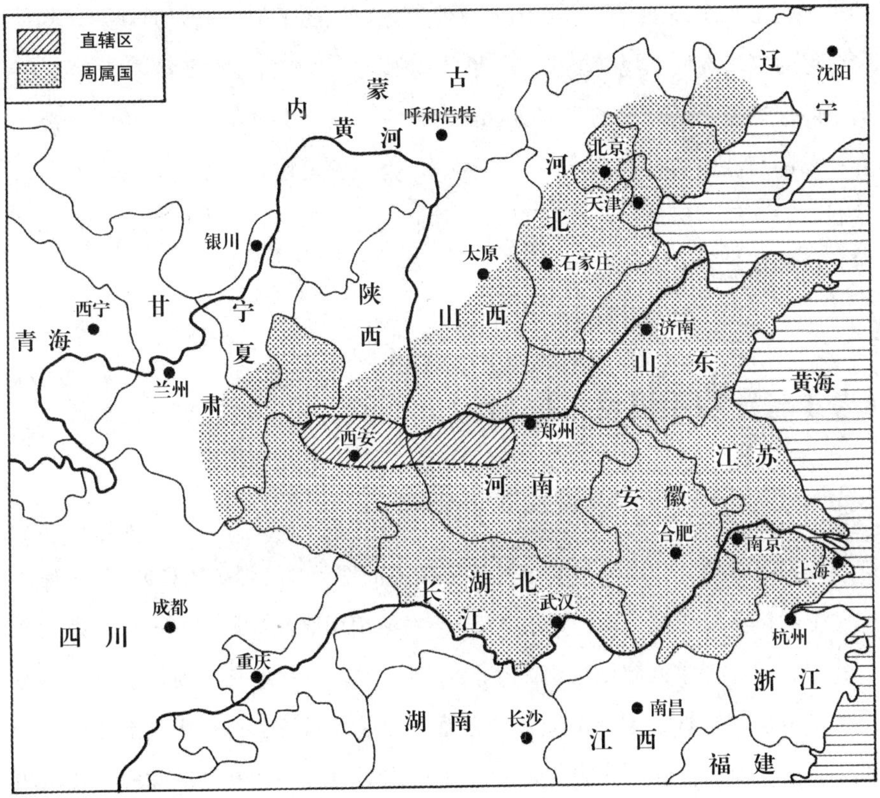

图 6.2　周王朝统治区域与现代省市地名对照图

不过，成书于东周的《周礼》中的《考工记》记述了东京成周的规划，为中国后世的都城及城市规划提供了一贯的原则。成周考古数据证实了《考工记》记录的准确性。西周时的鲁国首都曲阜的考古发现，亦提供了《考工记》中有关首都的性质和设计特点的一些佐证，因为鲁是周公儿子的封国，其城市体制与西周的一般体制应相去不远。我们将在下面简述《考工记》所揭示的西周城市规划的主要原则。

《考工记》与中国城市规划

规划的原则、程序以及城市理想结构

中国最早的"营国"或城市规划记载大抵见于《诗经·大雅》，其中提及周文王的祖父古公亶父于公元前1552年在岐山山脚建立城市的过程。亶父全身礼服，首先考察四郊以选出一个合宜的位置。对场址有了确切了解后，他又占卜以决定场址是否合乎天意。之后，他举行拜祭上天和新址土地神的礼仪，以答谢他们。其他一些古籍，如《史记》，亦对西周初期城建程序作出相若的记述。从这些早期文字中，我们可以总结出西周城市规划和建筑的四大原则：

1. 城市建设先有规划，而规划是以成文落实和记录下来的。
2. 该新城是按传统的天地和方位概念来规划并决定其四边走向的。
3. 完成上述事项后，要举行两次包括献牲的祭礼：一个祭礼以上天及周之列祖列宗为对象，在新城范围外一个临时建成的祭坛上举行；另一个祭礼祈求经济和人口兴旺，对象是新城的土地神，祭祀地点是新城内一个新堆的小土岗上。
4. 建城的工匠都预先配置，并有明显的分工。

这些记录也显示出西周城市的规划特点：

1. 城市按四个方向准确定位。
2. 城墙一般为正方或长方形。主城门以及整个城市、宗庙、宫殿和主要建筑都面向正南方。此外，主要建筑在城中由北向南分布，形成南北主轴和高低不同的序列。
3. 城市选在平原而临近河边。
4. 主要政治和宗教性建筑（宫殿、宗庙等）都建在夯土台基上。
5. 将城市划分功能分区：中央或宫城，通常另有围墙，是宗庙、社稷、宫殿及贵族用的重要建筑；围绕中央区的是另有围墙包围的外城，是手工业、商业和一般市民的住宅用地，也包括一些农地；外城围墙外是护城河。
6. 城市建设先营宫室、宗庙，厩库次之，居室为后。

除第三条，其余各条都有礼、乐的作用和重要的象征意义，反映了由羌寨Ⅰ期的"大房子"和大地湾Ⅱ期的宫殿式建筑演变而来的早期中华民族的世界观。后者通过西周的规范化和成文化，最后演化成中国传统儒家的礼乐思想。文王所建的成周体现了这个规范化的理想的中国城市，而《周礼》中的一些文字则是它的成文化，其代表性的三段文字节录如下：

惟王建国，辨方正位，体国经野，设官分职，以为民极。（《周礼·天官冢宰》）

日至之景，尺有五寸，谓之地中，天地之所合也，四时之所交也，风雨之所会也，阴阳之所和也。然则百物阜安，乃建王国焉。（《周礼·地官司徒》）

匠人营国，方九里，旁三门，国中九经九纬，经涂九轨。左祖右社，面朝后市，市朝一夫……王宫门之制五雉，宫隅之制七雉，城隅之制九雉。经涂九轨，环涂七轨，野涂五轨。门阿之制，以为都城之制。宫隅之制，以为诸侯之制。环涂以为诸侯经涂，野涂以为都经涂。（《周礼·冬官

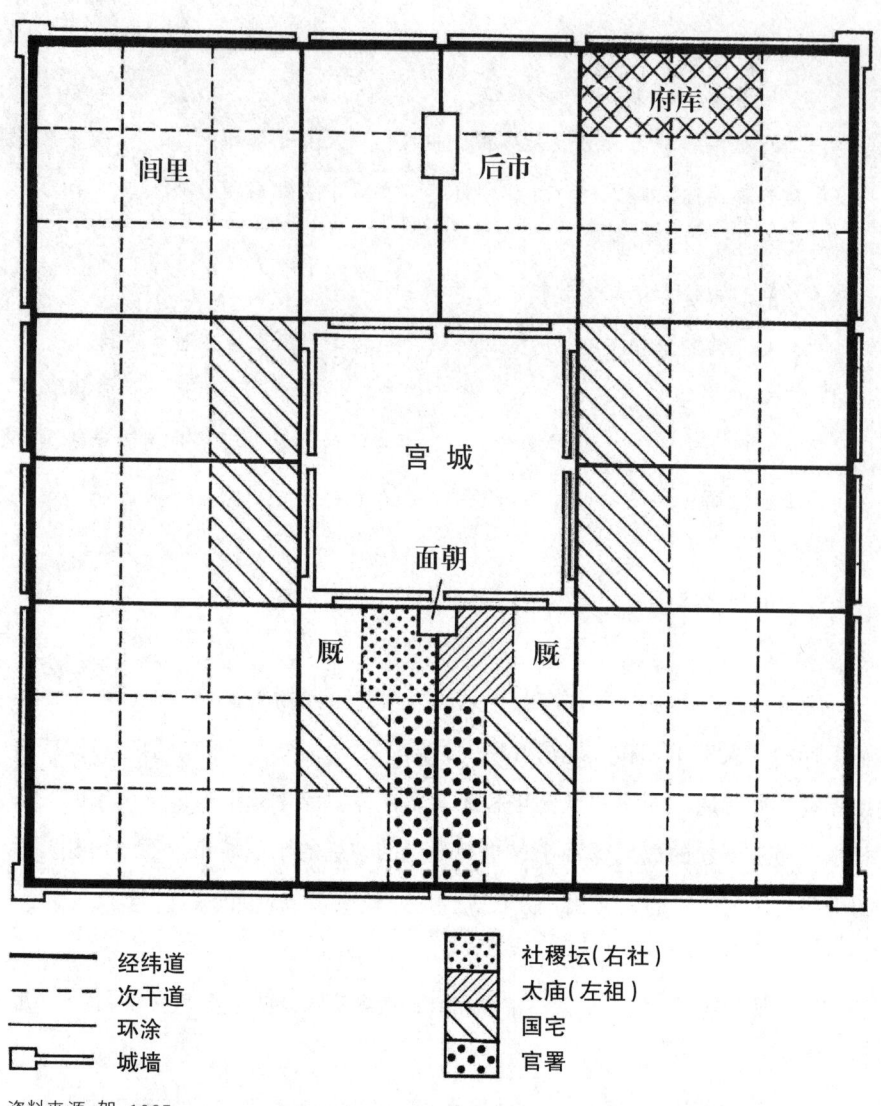

图 6.3 按《考工记》文字而想象的宫城及皇城规划结构示意图

考工记》）

这些价值观，在儒家之外，如墨家及法家中，亦是存在的。《墨子·明鬼篇下》有："昔者，虞、夏、商、周四代之圣王，其始建国营都日，必择国之正坛，置以宗庙。"《吕氏春秋·慎势篇》也有："古之王者，择天下之中而立国，择国之中而立宫，择宫之中而立庙。"（上述国皆指城）

这个理想化的营国图样见图 6.3 及图 6.4。虽然《周礼》谈的主要是天子的首都，如第三段文字节录所言，但同一原则与标准亦应用于次要城市及诸侯国的都城等，不过其城廓的大小、门阿的高低、主干道的宽窄，按其级别要比天子的京城的同类设施矮小。因此，这些理想和标准是所有中国传统城市都要依从的。

上引第一段节录可以体现传统上中国建城的主要目的：落实封建帝王按照中国人的传统世界观来组织及推行他的政令和管治。它包含了三个概念：执中（或中庸），秩序（或等级观念），以及王室与平民的父子（宗法）关系，这亦是礼和乐的主要目的与指导精神。上引第二段及第三段文字对执中及父权概念有进一步的演绎：国都选在天地和谐、阴阳平衡的地点。具体而言，它是一个农业地区的中心点。在具体分布王城的主门、宫殿、宗庙和市场时，都涉及农业社会中人与天地关系上的代表性方位和象征意义。总而言之，《周礼》将城市定义为一个为农业经济服务的行政－宗教中心，因此它的市场不但面积细小，而且被放置于最不吉利和肃杀的方位，即城市的北面。按《周礼》，市场的交易分成三部分：中间"叫'大市'，日中进行，为贵族、大夫的人员采购之地；东边叫'朝市'，早晨进行，为商贾贸易处；西边叫'夕市'，傍晚进行，为百姓购物处，由司市总管"。西周城市商贸和工业由官府严格管制，形成"工商食官"制度，即工是官工，商是官贾。手工业区、百姓的居所以及愈来愈多的军事人员都位于王城之外，即所谓外城。在西周，后者开始如商代一样被围以围墙，虽然它是在《周礼》所言的"城"（即国）之外。

西周的确将三代的城市文明发展至一峰顶，并规范化为日后中国传统城市在城市功能、选点和土地利用规划上的中国特色，即反映中华民族世界观

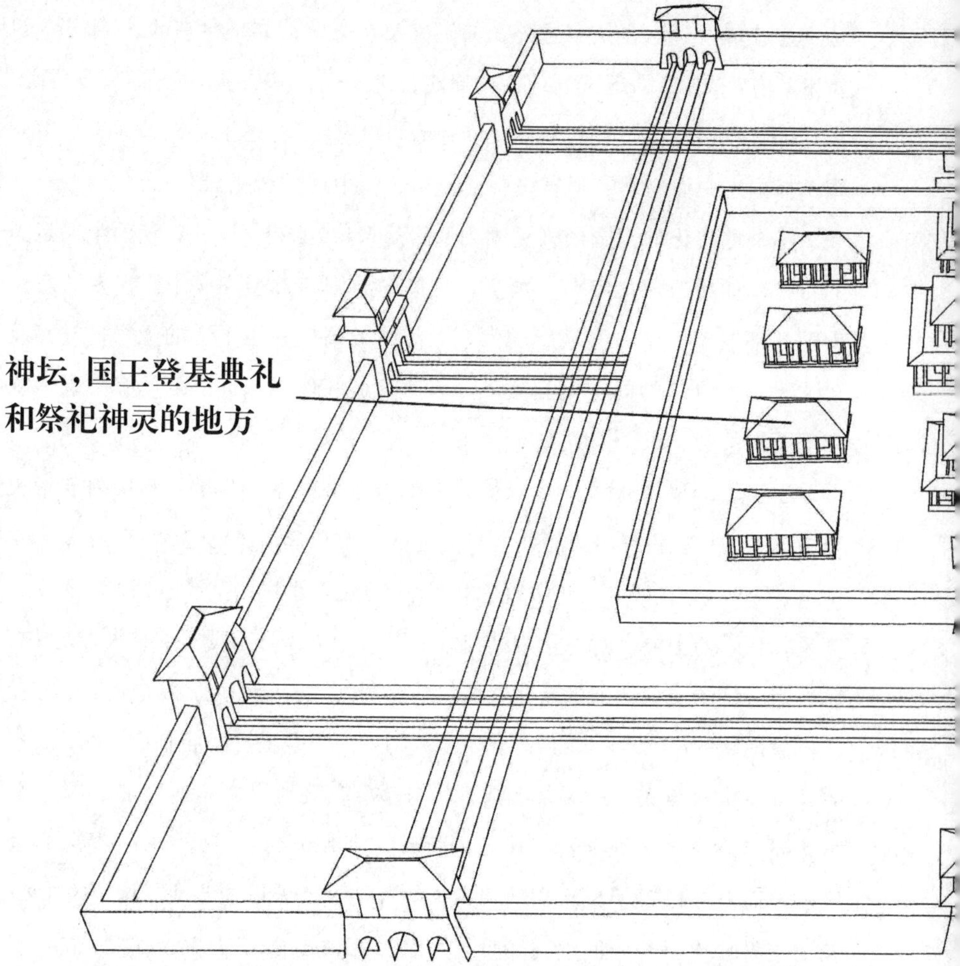

神坛，国王登基典礼和祭祀神灵的地方

图 6.4a　按《考工记》想象的王城结构图

第六章 由封建社会转变成工商业城市：周代与战国的发展 109

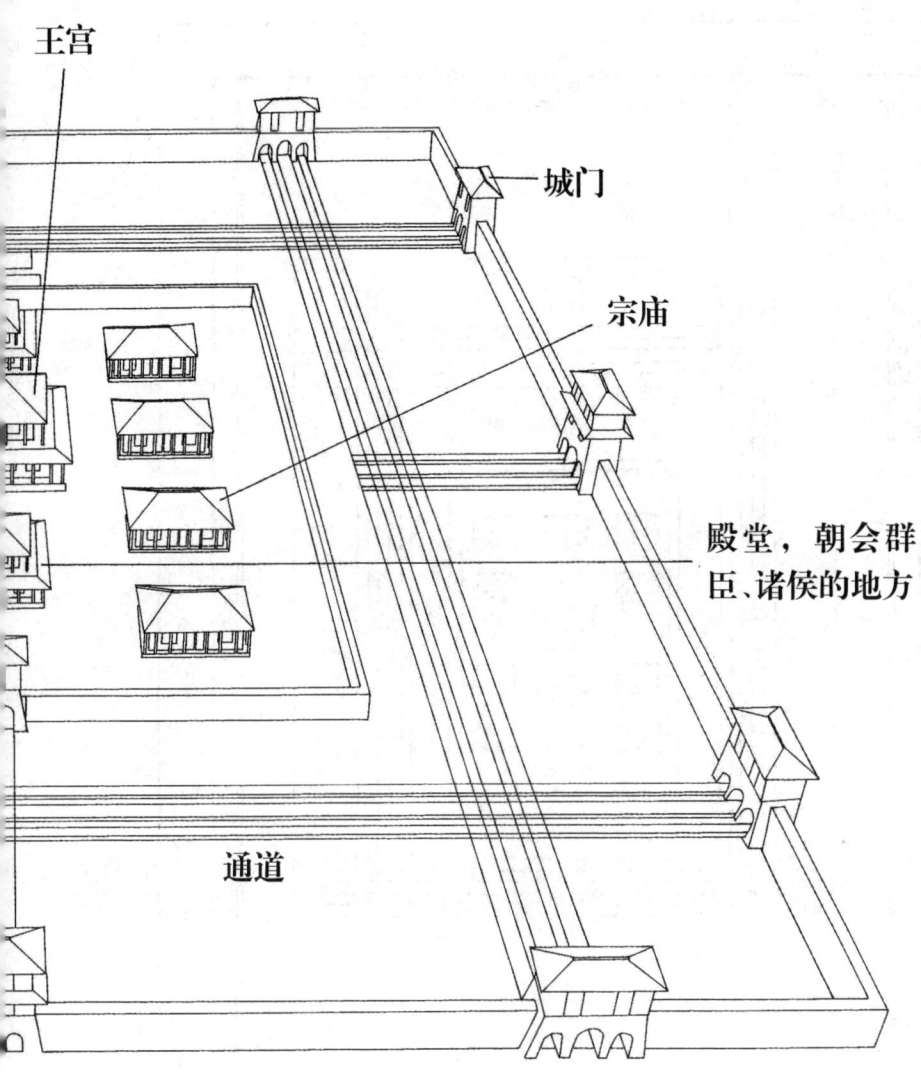

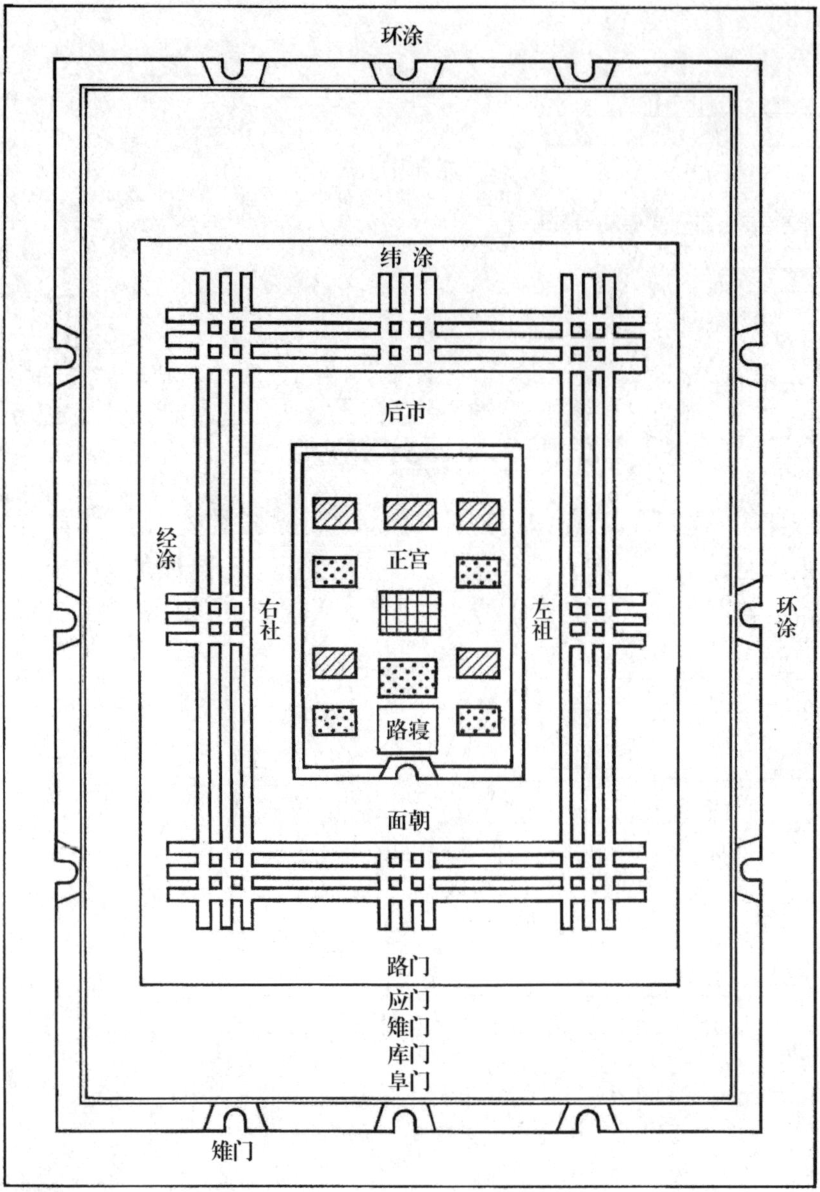

110　中国城市及其文明的演变

资料来源：《永乐大典》，1425

图 6.4b　按《考工记》想象的王城平面图

第六章 由封建社会转变成工商业城市：周代与战国的发展　111

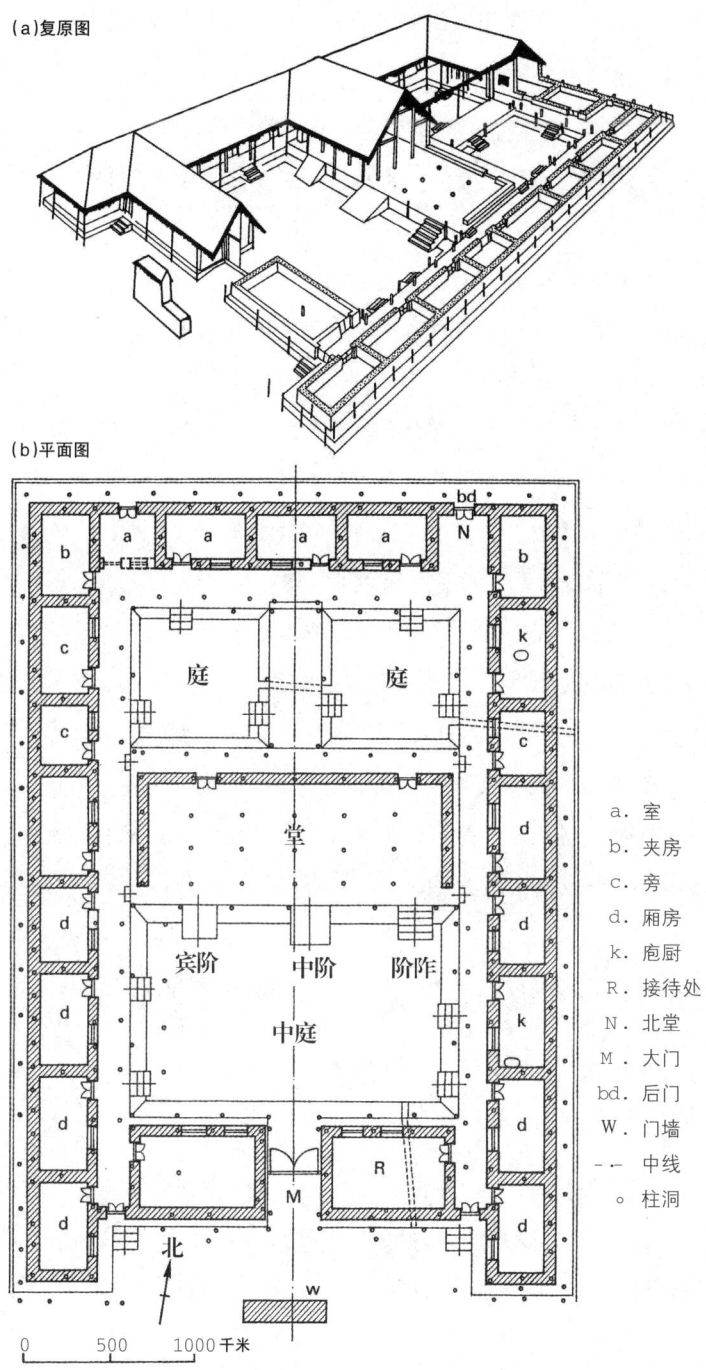

图 6.5　宗周宫殿：陕西岐山凤雏西周甲组建筑遗址复原平面图

或儒家思想的城市文明和城市规划特点。简言之，它们体现在：

1. 选址　处于自然环境和农业活动的居中位置。

2. 方向　南向，特别是主城门，因为南方是生机勃勃的方位（夏天季风及降雨的来源），以及先圣王的选向（"南面而王"）。它代表了天道和人道的荫护及无阻的福泽。

3. 布局　方正、井然有序。代表礼乐的象意：有秩序地配合自然，以防止灾变的发生。

4. 王宫及行政中心位于城的中央，代表集权以及奉天承运的意义。

5. 宗庙及社坛两组祭祀建筑代表了天子与先圣王一脉相承，以及秉受天意和与生产丰收的紧密关系。在这些建筑中按时祭祀，体验礼乐，不但将他的统治合法化，而且可得到神祇的持续庇佑。

6. 城墙　代表了天子在地上（地为方正）的治权和领土。

7. 市井（市场）　设于最不吉利方位——北方，显示贸易与商人地位的低微，以及这些非生产性的经济在农业社会中的次要位置。

8. 城市的大小及等级　城市等级不同，大小各异，而其规划标准也不一。这些体现礼乐思想中的等级观念，以及由国都至偏远地方在行政管治上按等级分权的实际必要。

这些特点在西周时已基本成熟，我们可从宗周和成周的规划中窥其全貌。

宗　周

或称"岐邑"，文王所建都城。核心市面积为49平方千米。宫城内有明堂（大朝）、寝宫以及宗庙（1469平方米），两组建筑都形成前堂后室或前庙后寝的格局（图6.5）。宗周为周朝宗庙所在，其明堂上朝政如常至西周末年。

成周

作为副都,"大邑成周"是个包括核心市和广大郊区(邑)在内的行政单位。核心市总面积为15平方千米(约为古制方九里)——成周是个双城,包括王城(内城)和成周(外城)。它由周公旦在西周初年始建,但现今残存的城墙是建于东周初年,横跨了整个东周的五百年(公元前770—前256年)。王城依循了《考工记》的标准和原则(图6.4)。其平面为正方形,城墙2890米×3200米,城内面积为9平方千米。在西南部有个夯土台阶区。在北面及南面亦各有一组,似乎是宫殿建筑和宗庙、社坛建筑。外城成周位于王城西面。在城南发现了面积达123平方千米的仓库区,内有74个仓储建筑。城中心有冶铁遗存,但其他手工业,包括铸铜、骨、玉及陶器作坊等都在外城的北部。外城亦有一支庞大的常备军——八师,以及大量的商遗民。

成周被认为是西周的帝国中心。它的建造目的,以及它周朝的地理中心点的位置,有利于对帝国的治理,同时也可就近监控商朝遗民。其中心地理位置亦方便诸侯向中央定期朝贡。成周亦开创了内城与外城东西并列而不是同一中心的同心圆城市布局的例子,这种规划安排一直沿用至战国末年。

战国时代:铁器时代开始——封建被新中央集权所替代

自从周平王由镐京迁都至东都成周起,中原逐步落入犬戎手中,周朝日渐衰落,直至最后被秦所灭。诸侯国的数目也由西周初年的高峰——1773个国家,经过不断的战争和兼并,在东周初年只余170个国家。在战国初年,诸侯国更只剩下14个而已。由于大量诸侯国的覆灭,不少贵族、大臣及各级小吏失去了他们的封邑、采地,导致了土地拥有制度的变更和新社会阶层的出现。在中原流行了约二百年的井田制度因而逐渐被私有制、以现金或实物作价的地租以及土地市场所替代。齐桓公在公元前685年"相地而衰征";楚在公元前594年"书土田",将田地分为九等,按面积及质量纳赋。周朝东西部的各国相继采纳了上述变更,以致井田制在其后二百年间完全退出了历史舞台。如魏在公元前 445 年"尽地力之教";蜀和楚等国采纳了新的政策,以吸引百姓开垦中国西南和南方的土地,以及到新征服的领土落户;秦在公元前 408 年"初租禾"(按亩征税),在公元前 450 年废井田制。这些亦促成了新的土地拥有和新土地租税的出现。新的冶铁技术也导致农具价格的降低和农耕效率的提升,尤其是铁犁和镰刀的普及。畜耕的推广、大型灌溉工程的建造,也促进了农业新的扩展。在公元前 400 年,估计新的农业技术已能支撑当时庞大的约 2000 万人口,并且使其中一大部分可以成为非农的城市人口。如《管子》记载:"士农工商,国之砥也",在农民之外已形成"城市阶层":士、工、商。估计当时这类城市人口约占 35%,比日后各朝代明显高出很多。

  从公元前 7 世纪开始,在日渐增加的总人口中出现了新阶层——士,特别使人注目,因为他们主导了中国日后的历史进程和文明演变。士阶层包括学士、策士和术士等。他们是以往的贵族中从事大臣、卜筮以及史官一类文职的工作人员。在失去以往的职务后,他们以其学识谋生,而成为往返各国间的政客、学者、私人教师、专业人士,甚或风水师和算命者。与此同时,商人及手工艺者的队伍亦在增长。不过铸铜和铸铁行业仍属官办。其他手工业(之后也包括采铁和冶铁)却容许私办以促进生产,来应付庞大的需求。由于商族久远的贸易传统,加之他们集中在成周和东方诸侯国的城市,成周及齐国城市最早成为贸易兴盛的地方。生产剩余的增加、区域间路网的改进,以及贸易税日渐成为诸侯国的经常收入来源等,促使不少国家采取鼓励贸易的政策与措施,并在主要城市开设市场和设立有关管理的机构。结果,在战国期间,位于主要交通节点上的城市纷纷发展成为重要的商贸和工业城市(图 6.6),如齐的临淄,楚的宛、鄢,赵的蓟,魏的邯郸,韩的大梁,秦的咸阳等。

  频繁的战争和新的军事与军工技术也产生了新型的军队。弩、铁剑和铁胄甲的应用使战争的规模扩大,而战车也成为战争主力。宣王伐楚、荆,便动用了 3000 辆战车;而东周记录的最大一场战争共用兵员 60 万。贵族对军事的垄断也被打破,自公元前 5 世纪起,各国普遍采用兵役制,凡适龄男子皆可以征召,出现了征用农民以及雇佣兵和常备军的专业军队。在战国时代,

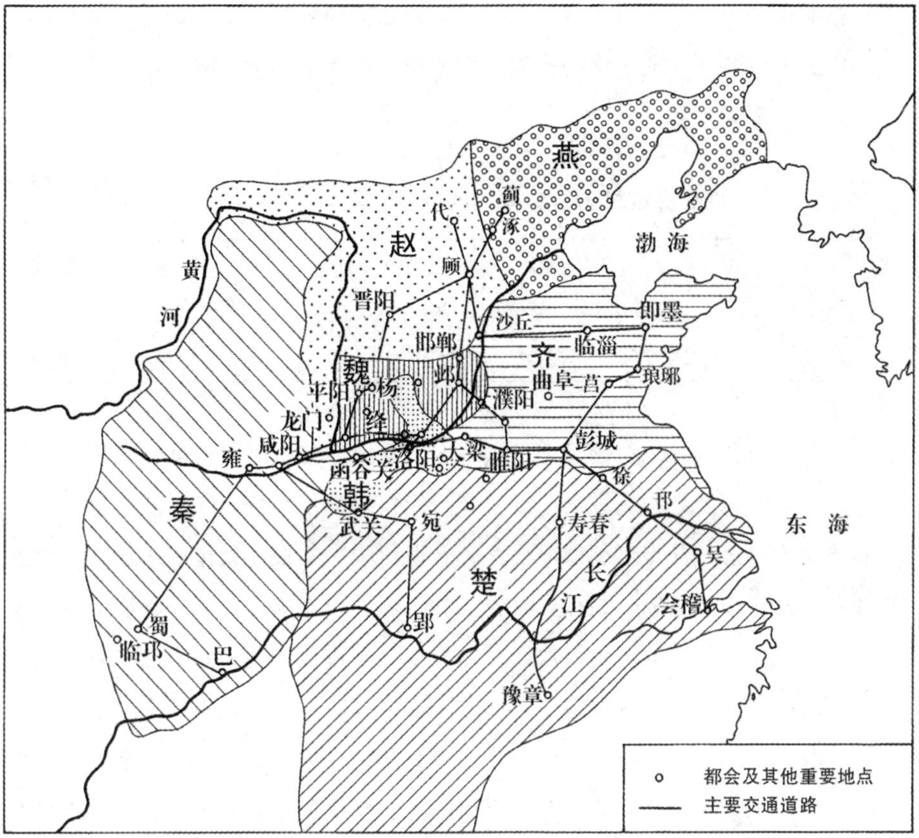

图 6.6　战国时期各大国交通网与主要商业都市的分布

七雄的常备军已十分庞大（表6.1）。频繁和大规模的战事，兼之攻击性的加强，成为建造外城或城廓的一个重要原因，因为重要的工商城市同时也是兵家必争的军事重镇。

表6.1　七雄的常备军与人口数目（单位：万人）

国名	楚	魏	秦	赵	齐	韩	燕	总数
常备军	100	70	45	70	30	30	30	405
人口	500	350	225	350	150	150	150	2000

　　自东周起，百姓中的新成分——士、农、工、商不但被官府承认，而且成为政府城市规划和施政的基础。各个霸权以征伐和权术来不断扩大其领土和影响力，使封建慢慢解体而向一种新型的中央集权体制过渡。世袭的大臣和官员及他们所依赖的封地、采邑，被领俸的新官僚取代了。新征服的或开垦的土地直属各国的中央政府，由它授权地方官员管理。齐国最早推行这个新行政区和行政管理的概念。它在首都区之外（国之外）将领土分为一个四级行政系统。最低的邑有五十户，十邑为聚，十聚为乡，三乡为县。最高级的单位，人口约45000人，等于今天的县。秦是最早全面推行这种新集权主义的大国。它在公元前350年推行的改革中，包括了：(1) 推行县制，"集小都、乡、邑、聚为县"；(2) 统一度量衡；(3) 按人口征军赋；(4) 行官僚制，按才任命，给以官俸，并可随时任免。

　　括言之，从东周开始，中国的社会因应科技的进步和政治局面的变迁而发生了巨大的变迁，"礼崩乐坏"，各国起来争霸，封建和它所代表的以礼乐为基础的中央帝国已经瓦解，促使中国城市的性质和内部结构开创出新的一页。

东周和战国的新城市文明

　　封建和周天子的天下共主地位的衰落，对各国诸侯来说是争霸天下、逐鹿中原的好机会。他们纷纷走富国强兵之路，以期达致问鼎中原的梦想。礼乐和与其相关的用以维持社会和谐稳定的等级观念，自然受到很大的冲击，出现了不同的学派，成为一个学术上"百家争鸣"的年代。在东周中期，所有大国的首都在幅员上都是10平方千米以上，比周天子的京城成周大。到战国时代，七雄的首都面积都在20—30平方千米之间。这些都明显地违反了《周礼》的规定。

然而，这亦是个众多新城市建成和城市化进一步发展的年代。庄林德和张京祥（2002）以历史记录为依据，发现东周时期较大的35个国家中共有600个城市，推断出当时中国范围之内的城市总数目约为1000个，其中85个是东周时新建的。在战国时代，新建的城市亦有47个。单以河南省统计，西周初期有城市30个，至战国已增至130个。至今，考古已出土西周城址56个，东周192个，战国387个。基于上述，由东周至战国是个城市急剧增长期。除此之外，这时期的城市还体现了以下的八个特点：

1. 城市的大小突破了礼制规定的不可比周朝都城（10平方千米）大的准则，产生了逾制建城的现象。

2. 在新形成的地方行政单位建立了以行政功能为主的治所城市（郡县城），形成"国、郡、县、乡（镇）"四级行政中心。

3. 在各国边界的保卫城墙上出现了不少军事重镇（这些城墙日后被连为长城）。

4. 主要的城市同时成为新的工业和商业中心；在战国时代共有20个以上此类城市。

5. 出现了"廓"，即有城墙的外城。《左传》提到廓的最早出现是公元前648年，即东周中期。并且，当时的主要城市都设有多个"市"，后者成为城市手工业及以商业为基础的居住里坊的核心，这些"市"多建有围墙，并且主要是建在外城（廓）中。

6. "城以盛民"成为一个新的概念，脱离了以前作为统治者的行政、礼教和其从属的手工业的中心的较单一性质，出现了新的城市群体。特别是在外城中出现了以非农活动为主体的"真正"的城市社会（或市民社会），这是中国城市发展史上的首次。这些非农活动除了工业和艺术外，还包括教育、文化和各种娱乐。廓内也出现了以户籍为基础的邻里结构及管理体制——里及闾。

7. 城市一般坐西北，向东南，因宗法以东为大，皇权和天以南方为代表，体现了皇权的衰落，但家仍是政权、军队和社会的核心。

8. "宫""庙"在商、周时为一体，是互称，都在宫城之内；至春秋战国，"宫""庙"分别营建于不同地方。

在中国城市发展史上，春秋战国时代在城市功能上强调了军事和工商业功能的重要性，这反映在营造城市上，也反映在"城"之外，大量的市民和工商业活动以防卫性强的墙包护起来，成为"外城"，出现了"廓"。《吴越春秋》所记的"鲧筑城以卫君，造廓以守民，此城廓之始也"大抵是指这个时代，而不是夏代之前的鲧。

齐国都城临淄是战国时代的最大城市。《战国策·齐策》印证了其中重要的新市民阶层和新出现的城市文明景象："临淄之中七万户……甚富而实，其民无不吹竽、鼓瑟、击筑、弹琴、斗鸡、走犬、六博、蹋鞠者；临淄之途，车毂击，人肩摩，连衽成帷，举袂成幕，挥汗成雨。"鲁国首都曲阜则以最吻合《考工记》的规定而著名。这两个城市的城址及城内一些遗存的详细考古发掘现已公布，下面，我们以它们为代表，揭示春秋战国时代城市的特点：

临　淄

临淄是战国时代人口最多的城市，当时人口有 7 万户，约 35 万人。它位于山东半岛，其面积约 20 平方千米，呈正方形。它存在于整个东周战国时代（公元前 860—前 221 年），作为齐国首都有 600 年的历史，同时也是当时最大的工商业城市。

临淄是个双子城。小城（宫城）在大城（廓）之外，与其并列（图 6.7）。

第六章 由封建社会转变成工商业城市：周代与战国的发展 119

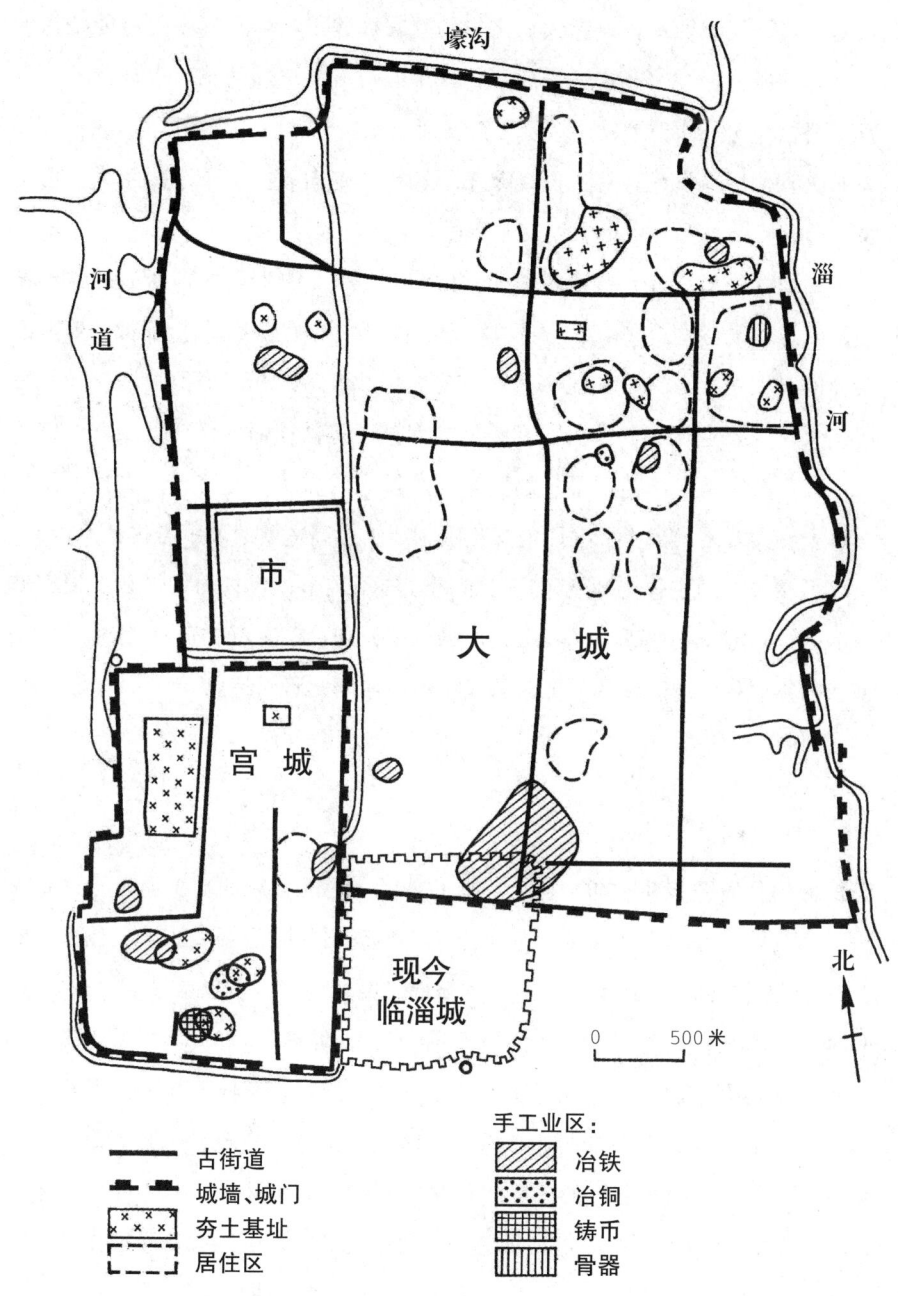

图 6.7 春秋战国时期齐国都城临淄平面图

其初，宫城建于西周，是在大城之内。新宫城建于战国，其原因可能是为了加强防守能力，以及将宫室宗庙和行政中心与日渐增加的城市人口分开。新宫城面积为 3 平方千米，有城墙和护城河，城墙开五门。宫殿区在城的北部。大城一直使用至汉代，有八门以及东西和南北走向各四条干道，互为直角交叉。旧宫殿区可能在中央干道交叉点以北。

廓城（外城）有大量作坊遗存，如北面的铁、铜器作坊，西面的铁器作坊。铁器作坊遗址达 40 万平方米，为各国都城少有，反映了临淄是全国冶铁业的最大中心。在小城北部偏西有一大型的市。这些印证了临淄作为战国时代大型工商业城市的地位。在小城的南部还有铁和铜的作坊以及一个铸币厂——齐国也是中国铸币最早的国家。小城中的作坊应为官办，直接为王室服务。在大城之内出土了很厚的文化层，显示出高密度的城市居住状况。

虽然城市的主体土地利用和功能区分并不规整，市场的位置和新旧宫城区的区位和方位仍体现出《考工记》的规范原则，但城市规模的"逾制"、工商业的重要和大量的民宅用地，都显示出与西周的不同特点。

曲 阜

曲阜乃周公旦儿子的封邑，因此它依从《考工记》的规定而建造。该城一直作为鲁都而沿用了 700 年。至今仍未发现西周时是否有城墙。已发现的是建于东周初的大城城墙以及汉时的城墙（图 6.8）。考古数据显示，东周时，城墙为长方形，有十一门（南边只发现二门），城内面积为 10 平方千米。南墙或可能再有一门，以合《考工记》十二门的规定。东西墙间有三条东西干道连接。城中偏北处有东西约 2 千米、南北 1 千米的宫殿区。此应是东周时的宫城，但至今未见宫城的城墙。宫城之内有一个有围墙的 0.25 平方千米的小区，估计为宗庙区。宫城北面是个庞大住宅区，市可能就位于其中。大城的东部及西北部有其他住宅区，城中也发现有十个不同的作坊区。另外，在宫城以南出土了一个大型的铁器作坊区（图 6.8）。在大城的西北部也发现了西周至东周时的大型墓地。

第六章　由封建社会转变成工商业城市：周代与战国的发展　121

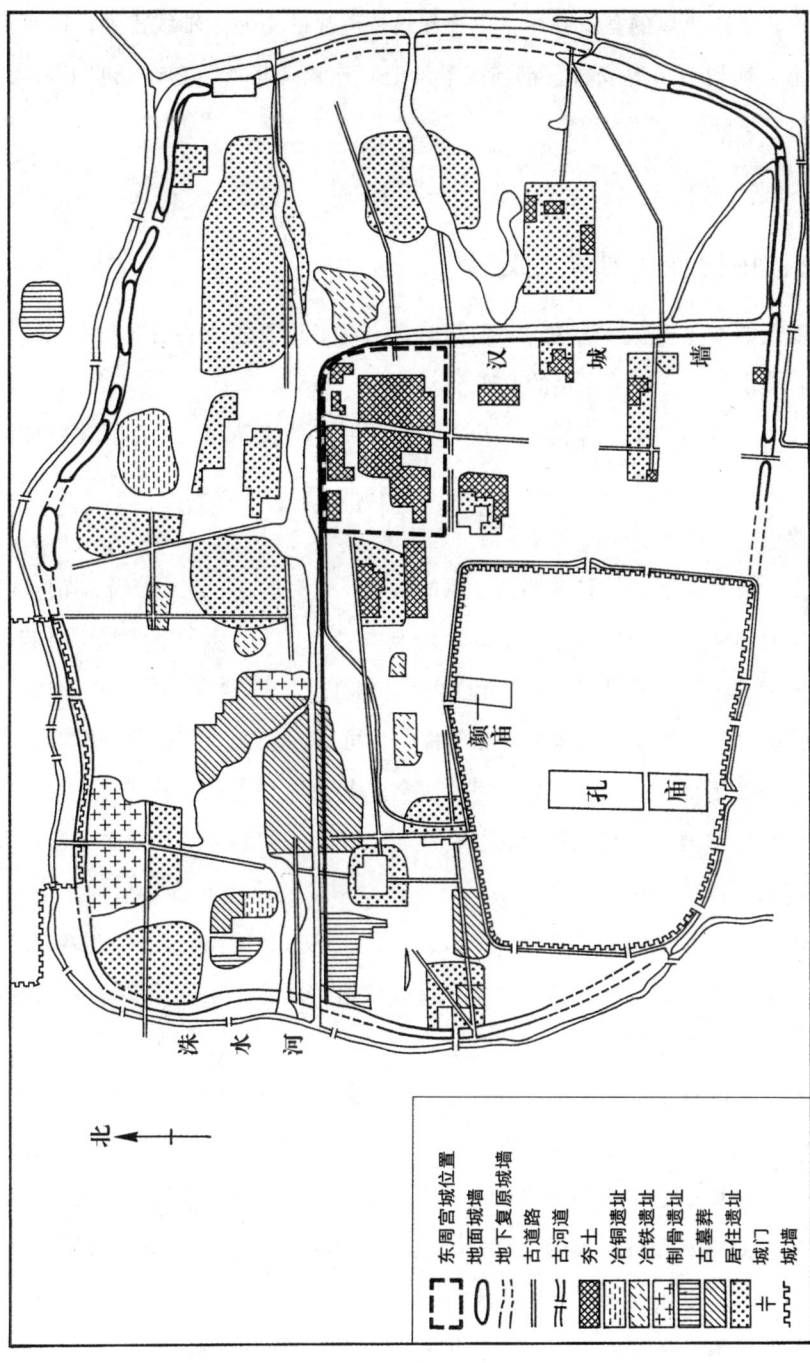

图 6.8　春秋战国时期鲁国都城曲阜平面图

总言之，曲阜的宫城在中，主要建筑依明显的南北中轴线排列，以及坐北向南、前朝后市等安排，都与《考工记》一致。此外，它亦证明了宗庙、社坛与宫室分开布置的现象。

结论：中国城市结构的定型

周代继承了夏．商的遗习，但同时也出现了重要的新的发展动力，导致社会和城市化出现了革命性的改变。

这段时期的前半，即西周，代表了封建制度的成熟和高峰期。这时城市的主要功能为行政中心，而城市也严格地按照祭天地和祖先崇拜的礼乐和规定而建设。

由于技术发展，导致铁器乃至钢的出现，社会的变革也令一个新的士阶层，以及新的官僚和常备军兴起。这些动力冲破旧的礼乐和宗法观念对城市的规模和工、商业的限制，使城市工商业功能扩大，改变了传统城市的性质。新的社会阶层也推动了新城市的出现和在空间上的扩散，出现了城廓的概念，使城市添加了促进工商业经济的"守民"功能，而"市民"的观念也不单是以前的官作坊内的工匠和从属人员，也包括了大量的私人工商业者及附属人员。因而，以"闾里"或"里坊"制管理城市住民，也在廓城出现。这些，使中国城市化和城市文明进入了一个新阶段。城市文明向比夏商和西周更广阔的地域拓展。同时，封建的衰落和多元政治的现实也使首市度急降，形成分散在各大国中的多个大型都会。

在秦国的权谋和不断的征伐下，另一个新的中央集权体制也在战国后期逐步形成。位处核心华夏文化区之外的边远地区的方国和封邑等小型政治实体，在这过程中也被新的中央政府转变为郡、县、乡等次级行政单位。然而在新的工商业等经济发展的浪潮中，城市的行政、宗教功能和有关的主要功能区的分布，以及对周边农业地区的中地式功能和紧密生态关系仍保持不变。战国时代的城市不但印证了这个中国特色，在其后的中国城市发展中，亦是如此。

第七章

秦汉的行政型城市

秦开创的新型皇朝奠定了中国的概念

公元前221年，秦王灭亡最后一个霸主，成功地结束了自东周以来五百多年的纷乱局面。虽然新建立的统一皇朝只延续了短短的15年（公元前221—前207年），新皇帝——秦始皇却为中国及世界的历史翻了一页：一个建立在一个新"民族"之上的新国家。这就是我们今天理解的中国，而秦王亦基于这个理解而自封为"始皇帝"，即第一个真正以全中国为版图的广域国家的君主。这个国家的疆域以北面的长城、东面的海岸线以及南面和西南面的山岭为明显的地理界线，它不但将夏、商、周以来的不同民族融合为一个新民族，并且以中央集权的力量，将各地方文化统合为以中原主体文化为核心的统一文明，成为一个以儒家思想为文明基础的新的统一国度。汉朝在它长达426年（公元前206年—公元220年）的成功统治中，承继和强化了秦开创的"国家"和"民族"的概念。延至今天，这个新民族仍沿用汉代的名称——汉人（即汉朝的臣民）。

在秦朝统一中国之前，以中原为地盘的"中央"三代王朝，对各诸侯国实行怀柔的封建制度，对它们以及臣服的各方国并未加以强力控制。实际上，两者的关系有些近似新石器时代的酋邦联盟。在政治危机和有喜庆之时，诸侯就响应天子勤王或朝觐的号召。他们中还包括了周朝势力范围之外的被后世称为"少数民族"或"蛮夷"的地方政权。事实上，周和秦的先代亦属于这些位于中原以外的蛮夷或化外的民族，即北方的戎和狄（此外还有东方的夷、南方的蛮）。他们都原是草原上的游牧民族。秦的先祖经历了四百年的时间而变为以务农为主的民族。和三代的传统一致，秦以应天命为借口而征伐了中原——三代的文明基地，并且将其有效控制区推广至四川盆地和中国的西南和南方。在此后的两千多年里，这个新版图基本上没有很大的变化（图7.1）。

在这个新版图里，秦始皇建立了一个新的帝国式的中央集权体制。他废除了诸侯和方国，代之以由非世袭和领皇饷为生的官僚管治，形成了新的中央地方行政体系。这个体系包括中央政府、府（州）、县、乡等四个层次。它们的治所成为国家新的城市体系的基础，同时，它们也巩固了中国以行政为主要城市功能的传统。

秦朝采用中央集权的办法，将多元的和多民族的新被征服的国家整合为一个统一的大国，包括在新国家内推行统一文字（书同文），统一度衡，统一车轨（车同轨）和货币。此外，由首都至全国各主要地区，建设了包括在西南和南部地区的八条驰道，以及连接东西和西南部的运河，方便人员、货物和军队在全国的运输；其中最大的工程乃北筑长城。秦动员了40万人力将战国时的长城连在一起，成为长2250千米的"万里长城"。长城自此成为历代保护中国的最重要防线，也首次将中国版图内的农垦文明与游牧文明作出有效的分隔，形成了"汉"与"非汉"的分野，导致了长城之内以三代农垦文明为核心的新民族的出现。后者对塞外的民族渐有了不同的看法，视之为蛮夷的化外之民。因此，自秦汉起，在中国历史上第一次出现了汉族的版图和汉民族的概念。这些概念由于汉、唐二代的领土扩张和移民政策，推展至中国的边区，并影响了其少数民族的汉化。在这个新的中国空间里，中国的城市文明被赋予新的内涵，其有关特色延续至今。

统一大国下的新行政和经济

秦每灭一国就"废封建，行郡县"，将地方置于军事将领管治之下。郡的治所都是当地的最大城市。有秦一代共设48郡，其下共800—900县，形成了一个三级城市体系：首都、郡治和县治。

汉代以光武帝为界，分为西汉（又名"前汉"，公元前206年—公元25

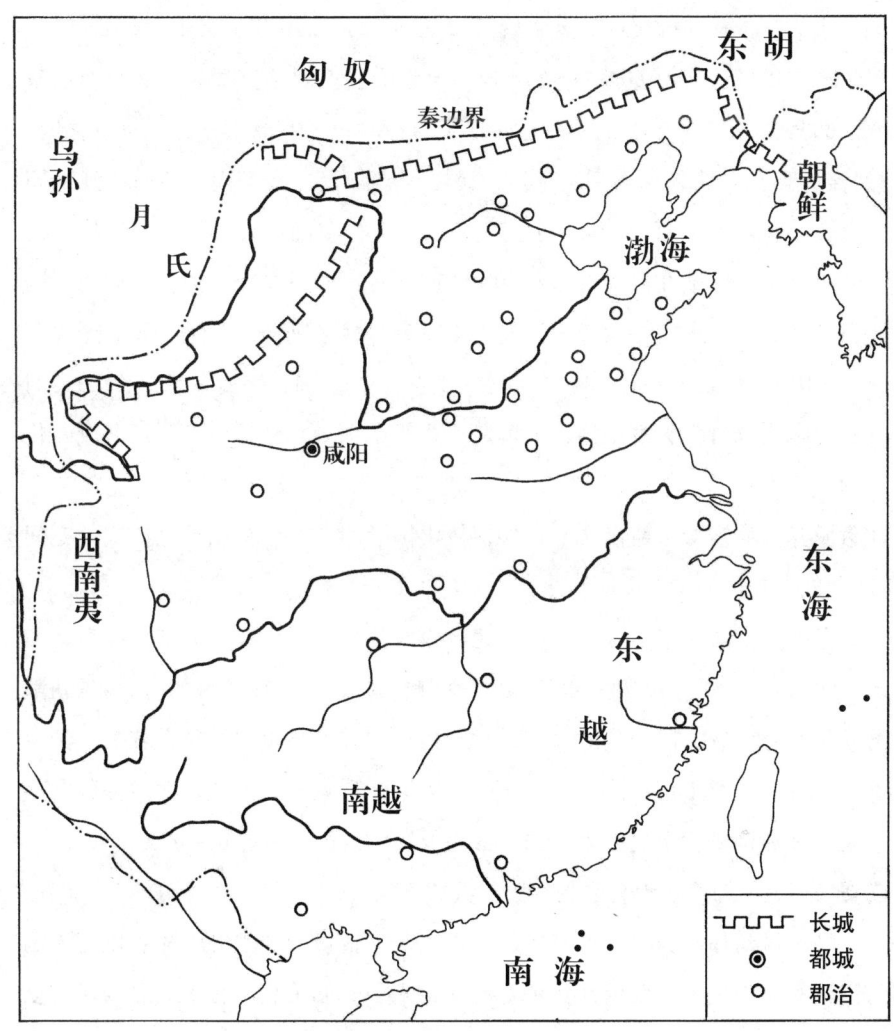

图 7.1 秦代的版图和郡的分布

年，共十三帝）和东汉（又名"后汉"，公元 25—220 年，共十二帝）。汉的创建者高祖（公元前 202—前 194 年）鉴于秦代废封建而导致国运短暂，采纳了郡县与封建并行的体制。他将有功的将领和王室至亲分封了不少郡国。"列侯所食县曰国，皇太后、皇后、公主所食曰邑，有蛮夷曰道……凡郡国一百三，县邑千三百一十四，道三十三，侯国二百四十一。"在有汉初年的五十四郡中，三十九郡为封国、封邑，朝廷直属的只有十五郡。因此郡国的权力后来成为中央的最大威胁，出现了景帝和武帝削藩的行动。至武帝（公元前 140—前 80 年）时，经过了两代的努力，藩国已名存实亡，各郡县的管治实际上已由中央委派的官吏负责。公元前 138 年起，对于新征服或归化的领土，汉朝亦一概由中央派员治理。至公元前 106 年，加上在北部和西部边域开拓的疆域，西汉共一百郡，将中国版图和中华文明推至广阔的空间（图 7.2）。

秦始皇以其无坚不摧的战功，达致极端的权力集中，开创了新的皇帝制度。他自称"朕"，用印名"玺"，其命曰"制"，其令曰"诏"。以后各朝都继承了这个体制。因为他的自信，对于传统的都城建设原则很少依从，秦首都咸阳鲜有《考工记》的痕迹。同时，为了体现集权与一统，秦对各国的都会大肆破坏，成为历史上著名的"隳名城"，并强迁六国的贵族及商人 12 万户到咸阳，又命令各地将领毁六国郡县城。

汉高祖刘邦出身于长江流域的平常农户，他认为儒家的天命和以德治国的说法有利于巩固其统治。武帝更起用布衣公孙弘为相，打破封君为相的惯例，又以儒者董仲舒、田汾为相，提出罢黜百家、起用儒士，建立一个以读书人为主体的新官僚阶层——士。武帝又独尊儒学，并提升至国教的地位，以建立国家的新行政体制。国家与儒学家出身的官员相配合，重新发现、编校、出版了不少儒家经典，并开设太学和全国郡学，以宣扬儒学。中央政府通过各郡国推举"孝廉""茂才""方正""文学"等（即通达儒家道德标准和经典的人士），来选拔各级官员。这些士，因为深受儒家的主要理论影响，都有强烈的责任感和对社会稳定的要求，成为最合适的官员人选。

对于皇帝的无上权威，董仲舒亦提出了"君权神授"的理论，又以儒家

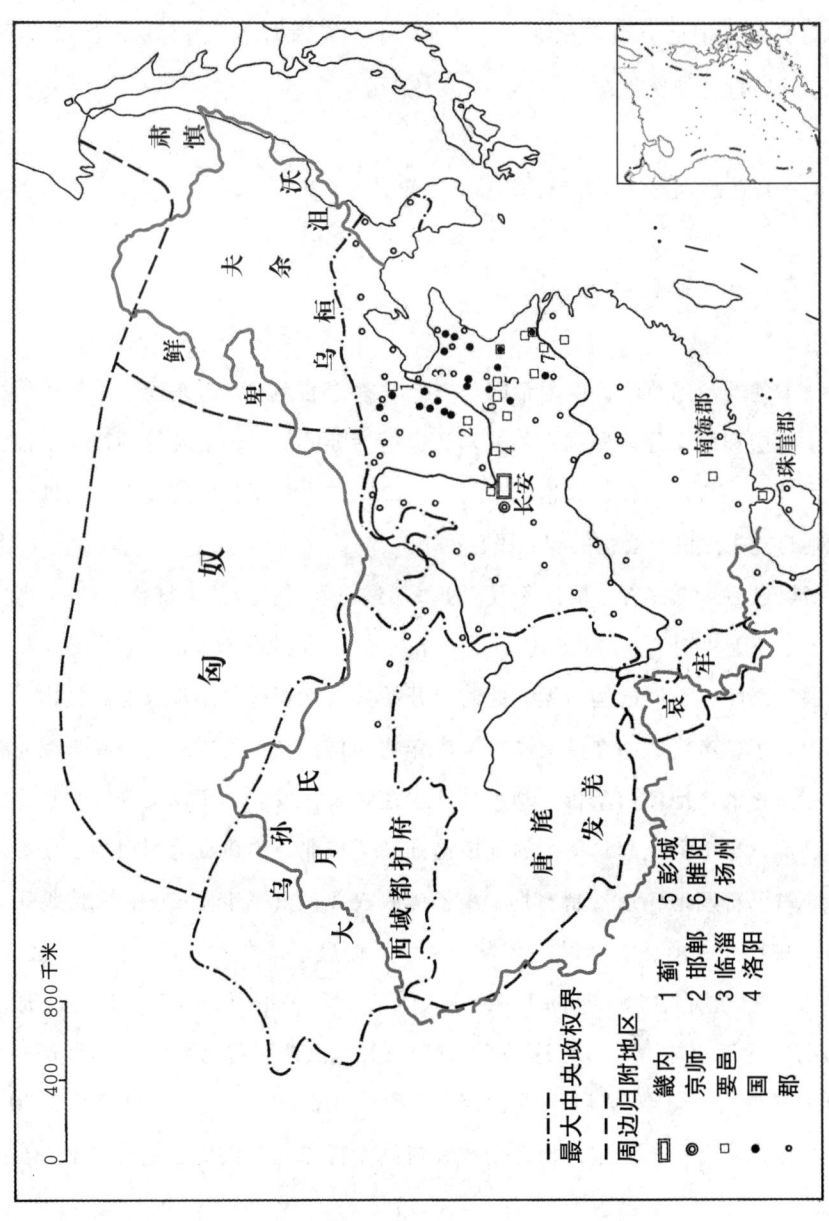

图 7.2 西汉时期全图

的纲常名教维护社会稳定。他又以三种合乎"天理人心"的办法制约皇权，要求皇帝厉行三种任务：

    1. 执行天意，按时祭祀，并成为全国的道德榜样；
    2. 按时执行耕礼与蚕礼，以顺地祇；
    3. 办学施教，以为民本。

新王朝的治国哲学，庞大帝国对有效率官僚的需求，自东周以来逐步形成的士阶层和儒家经典所推崇的礼乐和道德标准的复兴，使传统的儒家价值观成为社会主流。汉代行政型城市的空间布局，为新朝代的这些占统治地位的原则与礼乐提供了必需的实施平台。

高祖之后，惠、文、景三帝为了使战后经济和社会复原，推行了约70年休养生息、无为而治的政策。接着是武帝长达54年的有为大治，它导致了汉代发展的高峰。秦时的运河建设此时也开始显露其积极作用。农业新技术大大地提高了生产力，如在黄土高原推广作物间作，在黄河谷地用豆和食粮轮作，在新垦低洼地使用条耕，利用坡地遍植竹果，发明水车以助浇灌和加工农产品等。自1世纪起，旱米的种植已推广至华北，牛耕成为犁田的主要办法，同时已普遍地应用铁制农具。汉初减收农业税（三十而税一）和降低工商税，并且开放山林川泽以供私人开发，都促进了商业性生产。基于上述，西汉人口自公元前206年的1400万，增加至武帝时（公元前120年）的4000万。至西汉末，人口更达5950万。王莽篡汉所引起的叛乱（公元10—25年）导致人口急降。因此在东汉建立时（公元57年），全国人口只有2170万。此后，社会转趋稳定，加之新技术持续发挥作用，人口亦随着增加，至公元157年时，人口已达5810万（表7.1）。

西汉继承了秦代重农抑商的政策，将商人划为社会最低阶层，即士、农、工、商的最后一级，而且将商业活动限制在县级以上城市中的官设"市肆"，予以严格的规管。汉高祖初年"令贾人不得衣丝乘车，重租税以困之"；孝惠帝时，"市井之子孙亦不得仕宦为吏"；武帝初年，只要一入市籍，三代即丧

表 7.1　秦汉的人口估计

朝代	年份	人口（万）
秦	公元前 207 年	2000
西汉	公元前 206 年	1400
	公元前 162 年	3120
	公元前 120 年	4020
	公元前 65 年	3580
	公元 2 年	5950
东汉	公元 57 年	2170
	公元 105 年	5440
	公元 157 年	5810

资料来源：赵文林、谢淑君（1988）

失自由，对外用兵，首先将他们谪戍边疆。但由于希望与民休息，使经济尽早复原，实质上，政府对工商业很少重大干预，各类手工业都以民营为主。直至武帝中期，国家基于年年对外战争，国库空虚，对工商业才实施较大控制。这时，城市中的市肆制度进一步严格。市肆都包以围墙，只开设二门，每日晨钟暮鼓，按时开放。市中设市楼，以便"市长"对贸易进行监察。市长不但规管摊位分布，也对价格、质量进行监控。所有商贩都要登记并按额纳税。这些税收按城市是否直属中央或是分封国邑的治所而成为皇帝、王侯和贵族的直接收入，因此很受他们重视。至东汉，市肆税才统归国库。虽然如此，出于政治歧视，武帝规定了五品以上官员不得进入市场。至宋为止，这些规定仍然为历朝沿用。因此，虽然市沿自商代，但自西汉起才出现明确而严谨的城市市肆制度，成为中国传统城市结构和城市文明内涵的一个特色。

为了充实国库，以应付对外军事扩张，特别是对北部和西部的领土拓展和征服传统外患匈奴、东胡和月氏（图 7.1），武帝推行了垄断重要工商业的政策，同时亦藉以打击汉初因盐铁私营而造成的豪强。武帝元狩四年（公元前 119 年）推行盐铁专卖，在产盐区设盐官，募人煮盐，产品由盐官贩卖；同时亦以铁官直接控制铁制品的生产和流通。全国共设铁官 49 处（于 40

132 中国城市及其文明的演变

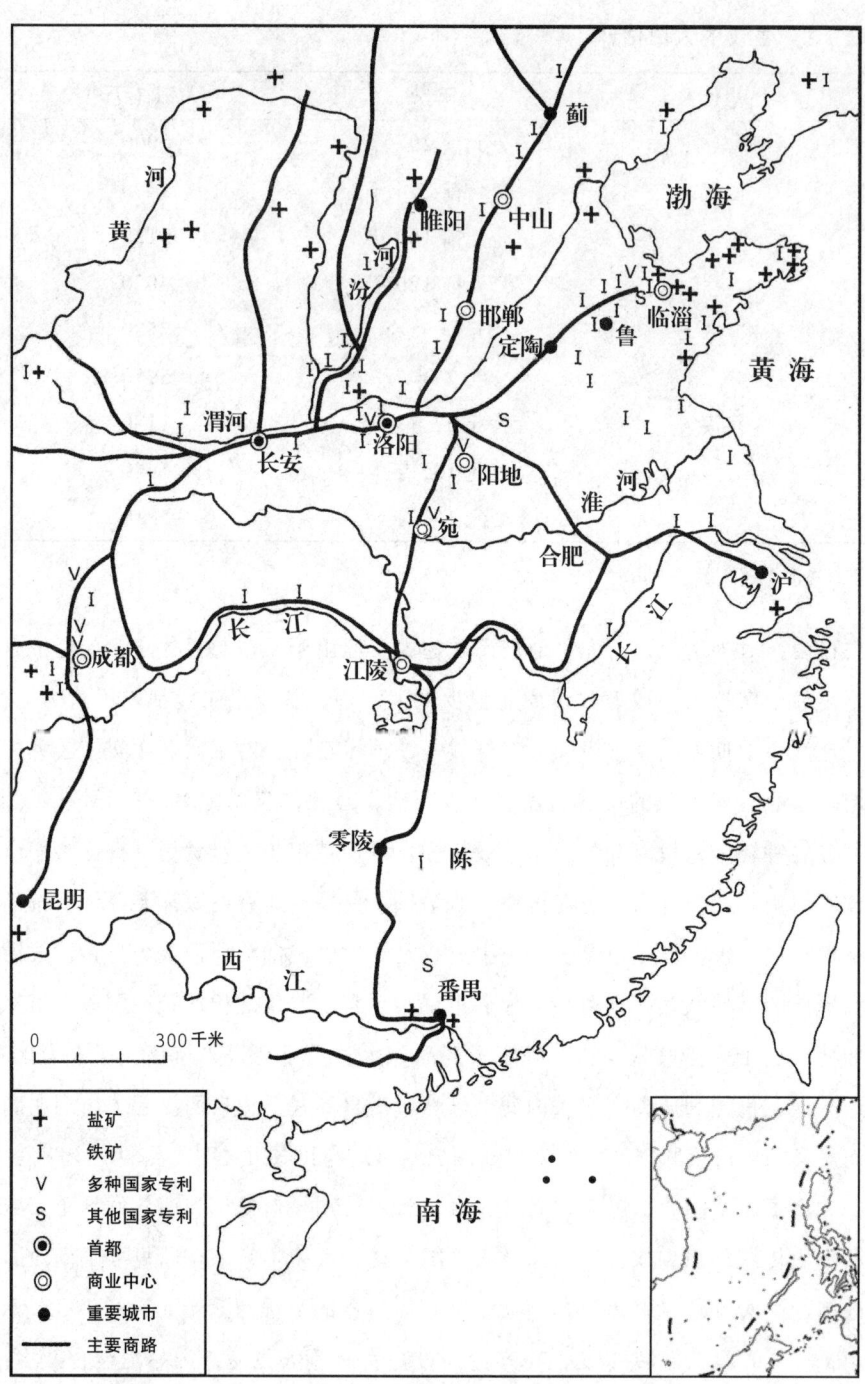

图 7.3 西汉经济中心

郡），盐官 35 处（于 28 郡），都位于铁和盐的重要产地。这些经济官僚控制了郡内的有关生产企业。每个企业平均雇工 100—1000 人，大者更达 10 万人。这些企业的集中地不少成为急剧城市化的地区（图 7.3）。盐铁之外，铸铜、钢铁、织造乃至制瓷业都部分纳入了官营。官营企业的产品亦多由朝廷信任的官僚地主承包。通过这些安排，大量的有关产品从淮河流域沿运河等水路和公路流向中原，在粮食之外，形成了全国的贸易和物流网。之后，在东汉时代，这个贸易网更扩大至长江流域。因此，西汉虽然表面上抑商，且社会上奉行儒家的价值观，但工艺和贸易仍然旺盛。在武帝的文治武功、拓展北疆和西疆的政策，以及对少数民族的"和亲"怀柔手段下，大量的朝贡物和王室赐予亦在中原与边境间流动。后者包括了大量的丝绸和瓷器，收受者更将它们转卖给中东乃至地中海的罗马帝国。因此在汉朝京都长安和中亚地区之间，出现了在贸易节点上建立的小城邦，它们依靠这条"丝绸之路"而繁荣起来。

汉代的城市与城市化

秦始皇隳名城，将六国都城摧毁或削弱，以此作为他统一中国和中央集权的手法之一。这对中国城市化和城市的发展造成了一次大灾难。城市数目减少，不少大都会也因此消亡。然而，以中央集权为核心的行政功能，以及等级化的中国城市体系特点，却得以在全中国更严谨地建立起来。汉承袭了秦的城市化和城市概念，城市成为王朝有效率的行政工具。儒家得到独尊，而且（秦代的极端反儒只实行了 15 年）成为国教，其主要思想被确立为政府与人民共同的价值观和行为规范，成为汉代城市化和城市结构两大构筑动力。城市被进一步确立为全国性的治所或行政节点，其功能是为当地的农业经济提供组织上的支持，包括税收，发布中央行政命令，推行教化、司法，以及救灾、养老、济贫等社会福利和服务。这些以周边农业地区为对象的中地式（central place）功能，成为有汉约四百年的城市文明和城市性质的主体。随着皇权向南和西南边区，以及跨越长城北进，中国式的城市化和城市文明通过夏、商、周三代长期的渐变，已在汉代成熟定型，并在全国的空间上建立起来了。这不但体现在城市的性质上，也体现在城市已分布于中国的每一重要区域内。

由长城、东部海岸线、南部和西南部的喜马拉雅山脉及其延伸所界定出来的广大空间，已成为一个确切的地理区域。在这个区域内，一个高水平的以儒家思想为文化基础的新民族汉族已经形成。这个新的民族身份，通过汉代及以后历代与"中国"（这个区域）之外的非汉族的蛮夷民族相对比而渐受认同。就在这个新的地理区域文化和心理框架之内，中国的城市文明继续它的有别于其他世界文明的自我演进。

我们将中国城市文明的突出地方简括为以下五点：

1. 城市化的基本动力为行政需求。
2. 城市大小分布及其功能金字塔与行政体系的重要性和等级序列相对应。
3. 城市的主要服务对象是其直接腹地，即它所处的农业区，目的在于使地区农业经济稳定发展，以提供国家所需的农产品及税收。因此，城乡关系非常紧密，并且是互补的而不是相对立的。
4. 工商业是城市重要产业，但并非其主要功能，而是处于辅助性地位，而且相当部分为官营或由政府严格规管，并不存在工商业者的独立地位和在政治上的重要影响。
5. 城市的土地利用分布和功能结构反映出不同功能的重要性序列，以及儒家的纲常名教和等级等礼乐观念。

中国首个全国性行政城市体系是由秦始皇修建的。他以36个郡和约800个县为基础，营造了一个约800个城市的全国城市体系。其后，在北边的新征服土地上新增了44个城市，在帝国的南、东南和西南亦出现了同类发展（图7.1）。全国的郡增至48个，而县增至约900个。汉武帝的武力扩张使汉代郡的数目在公元2年增至103个，县增至1484个（表7.2）。武帝更下诏将行政功能和城市发展联在一起：所有郡治和县治都被定性为城市，并设有市肆。因此，他为以后历代开创了中国行政型城市体系的指导原则。这一原则直至 1911 年清王朝覆亡时才出现新的变化。

表 7.2 汉代的城市化

时期（年份）	郡	县	平均治所面积（建城区，平方千米）	城市化比率（%）	城市人口（万）
西汉（公元 2 年）	103	1484	70	27.7	1648
东汉（公元 140 年）	105	1075	70	27.7	1402

叛乱者王莽所建的短暂的新朝以战争和经济危机为其终结。其间，旱灾与水患频仍，黄河下游缺堤，以至入海口迁移数百千米。凡此，使东汉初年人口锐减七成，而城市数字亦减约半，至半世纪后，情况才有改善。公元 140 年，城市回增至 1180 个，但仍然远少于西汉末年（表 7.2）。

括言之，汉代的城市分布与帝国的政治和宏观区域发展吻合。在西汉，城市可分为三等：

1. 首都——长安，城墙内占地面积为 36 平方千米，人口为 50 万；
2. 郡治——城墙平均长 3000—5000 米，城内面积平均 3.5 平方千米，人口 5 万；
3. 县治——城墙平均长 1000—3000 米，城内面积 0.7 平方千米，人口约 1 万。

在北部边疆也有一些级别更低的军事要塞，一般城墙长度在 1000 米以下，军民总数在数百至数千人之间。汉代城市已在西、南和西南边区出现，特别是沿丝绸之路出现了不少新城，如河西的 4 个郡治和西域的 12 个国际城市（图 7.2）。

136 中国城市及其文明的演变

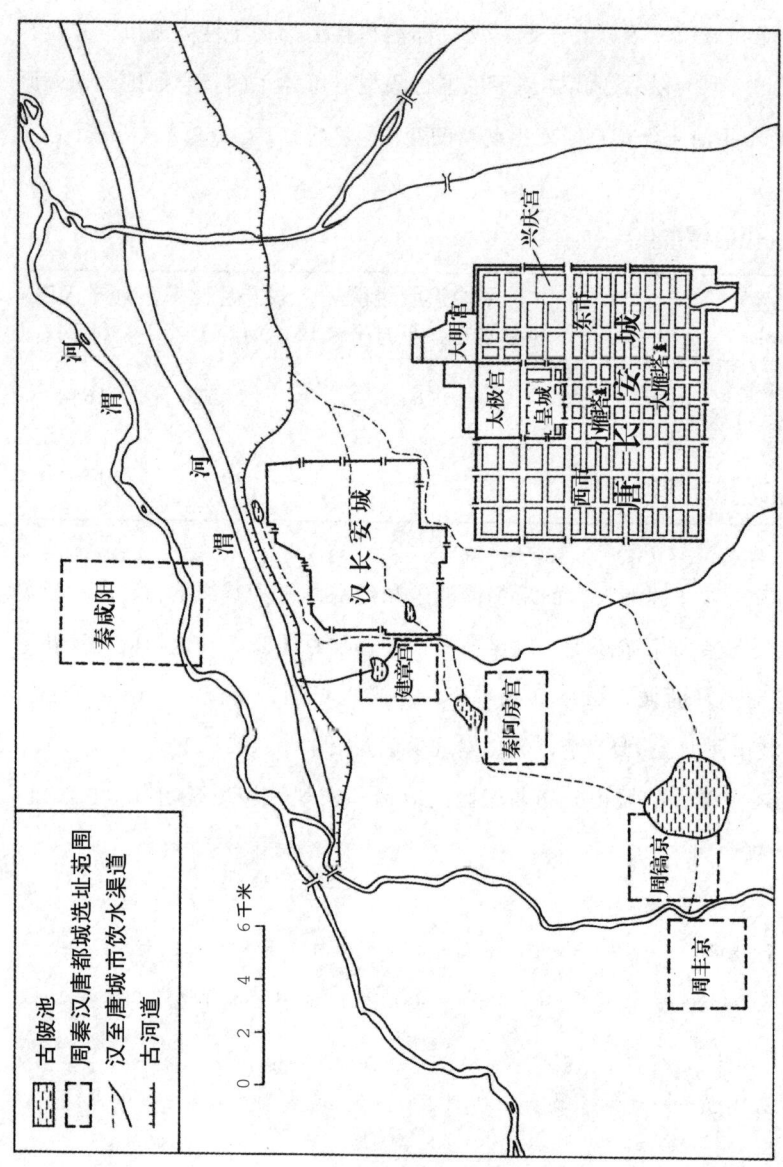

图 7.4 汉唐两朝长安城选址比较

长安自然是全国的首市，然而一些郡治也发展成为重要的商贸城市。其中洛阳、临淄、宛、邯郸和成都为全国大都会，江陵、寿春、沪、番禺等为区域性商业中心或一方大都会。在这些商业中心间有跨区域的大道相连（图7.3），显示在西汉时已形成了八大经济区。

王莽篡汉导致了长安以及首都地区的衰落。这里本来是全国最城市化的地区，东西300千米，南北100—200千米，有40个城市。自光武帝起，汉朝首都迁至洛阳。历东汉200年，洛阳一直是它的首都。在东汉初年，整个中原地区不少人口南迁至长江中下游，导致北方人口减半。总言之，南中国人口在这期间增加了900万，城市的分布和城市化亦因而向南方倾斜。最明显的对比：北方八郡在西汉公元2年时有城市115座，总城市人口为161万；但在东汉公元140年时，城市减为71座，总城市人口为52万。在此期间，南方的城市占全国的比率由23.5%升至29.3%。前述的技术与管理进步令南方农业经济蓬勃，而远洋贸易和本地商业亦很发达。东南亚、印度和中东地区，以印度和波斯商人为媒介，与南中国发展了蓬勃的贸易关系，导致长江下游沿江和东南沿海的一些城市的兴起，如会稽（绍兴）、丹阳、豫章（南昌）、番禺（广州）和合浦等。

汉代的城市结构

秦始皇重法家而贬儒学。他对自己军力的自信使他不为其都城筑墙，而他的宫殿和别宛则散布在渭河两岸的广大地区上（图7.4）。为了报复六国抗拒他的军队，以及体现其独裁和大统一的哲学，他采取了隳名城的政策，即毁灭六国都城，而将体现城市文明的财富和人才集中于他的京城。汉初，对被破坏的旧城的重建显然不是朝廷的施政重点。高祖刘邦只利用秦朝的长乐宫以为新都长安，其后才加建了未央宫（图7.5）。至此，西汉京城仍未建有城墙。15年之后，在汉惠帝时，长安才始建城墙。汉初诸帝，包括文、景均依从道家策略，"无为而治"，对主要城市的发展有重要的影响，因此，西汉城市相对战国时代规模缩减了很多。京城长安拥有36平方千米的面积，是一个例外。一般而言，西汉城市的大小和重要性已脱离战国七雄竞争的格局，其规模大小、功能和结构都逐渐与新的行政级别相对应。

另一个特点是汉代城市——包括京城长安——只有一道城墙，使内城与外城合而为一。不过，事实上，整个城市只是"内城"，而城墙变为内部安全的设施，并不为"全城"——特别是一般市民和工商业——提供对外的防卫。因此，汉代城市之内环境挤迫，人口密度很高；而战国城市之内，特别是在廓城，仍有大量空地和农业活动。在汉代，只有在很特殊的情况下，才可看到两重城墙的影子：在京城长安，天子的大朝、寝宫与宗庙社坛分离，并且分别建有围墙。

以下，将简介京城长安以及全国性大都会洛阳、临淄、宛、成都和邯郸。

长　安

汉长安城遗址的考古发掘始于 1956 年，现已基本印证古籍对于它的土地利用结构的记录。城址距今西安市只有 10 千米，在渭水南 2 千米（图 7.3）。它保卫着函谷关以东的广大地区。自公元前 206 年起，在秦的故宫基础上，它被改成西汉的首都。但新的扩建却始于公元前 190 年，共历时 20 年。如图 7.5 所见，长安城近似方形，四边城墙各开三门；主干道都直通城门。城的正门和宫殿正门均向南，两市都位于城的北部。这些都与《考工记》的规定相吻合。它总面积 36 平方千米，宫殿占了三分之二。未央宫位于城内最高部分，是大朝所在。天子大朝更建在高 15 米的夯土台阶上。因此，它虽不是全城的地理中心，却以其高度而握控全城。城中还有大型武库以及中央和首都地区官员的官署。城北住宅区有官邸、侯王及外国驻京的府宅。在西市边是大型的官营作坊区，包括纺织和瓷手工业，以及一个占地 1 平方千米的铸币区。两市共占地 2.66 平方千米。

其初，宗庙和社坛都位于城墙内。王莽将它们迁至城的南郊后，其规模和华丽程度更胜以往（图 7.5）。在公元 2 年时，城墙内人口约 24.6 万，仅次于临淄。之前，在武帝时（公元前 120 年），高峰人口达 50 万，成为全国最

第七章 秦汉的行政型城市 139

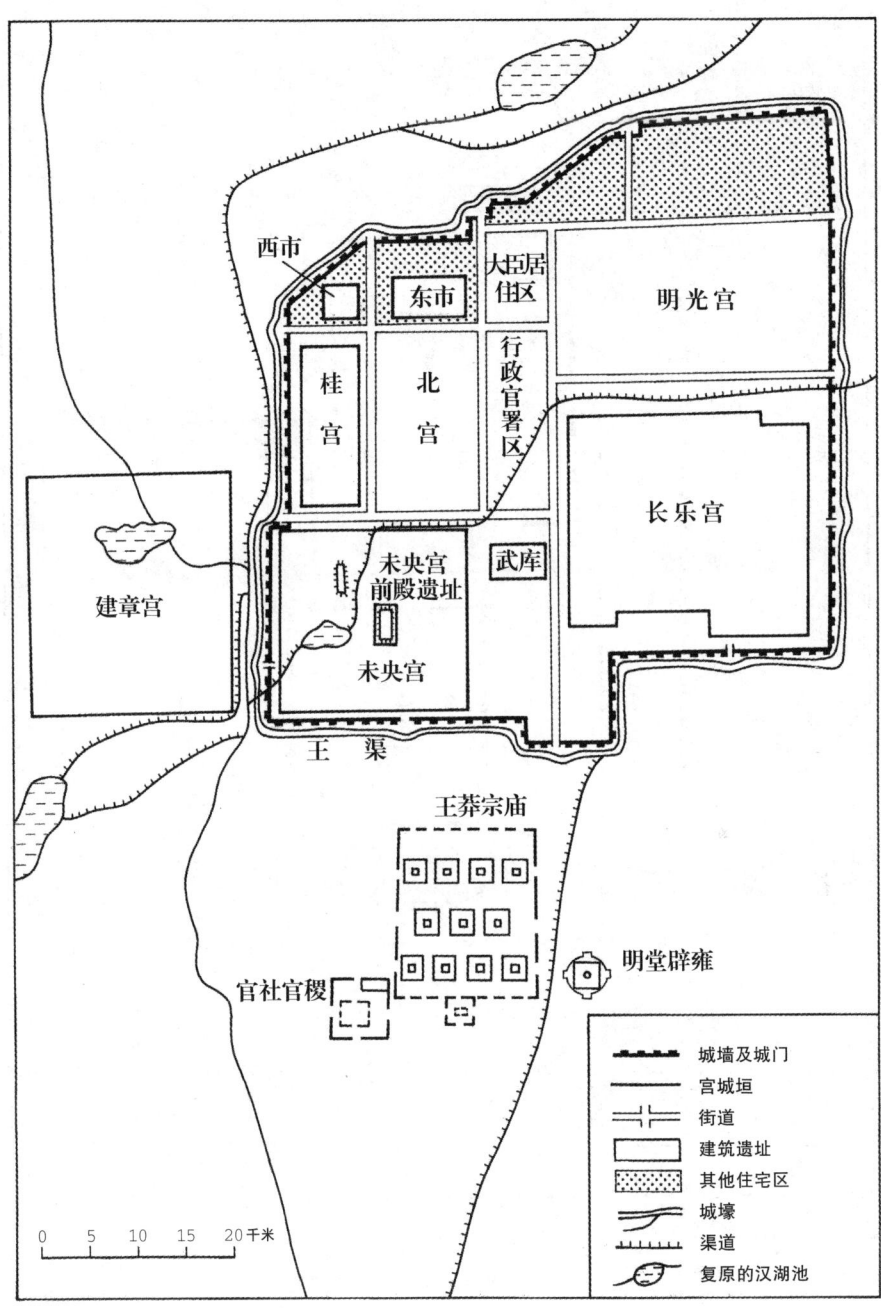

图 7.5 西汉时期的长安城图

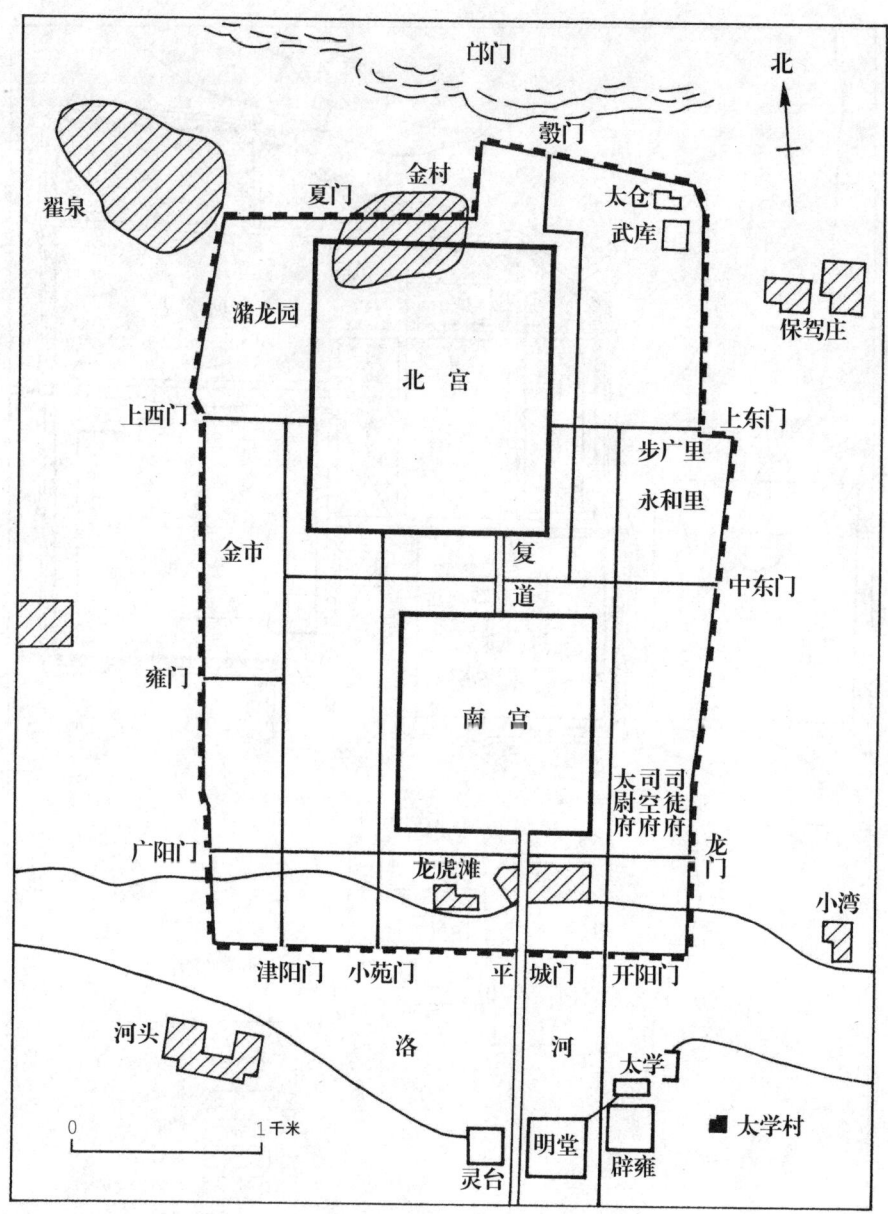

图 7.6 东汉洛阳城平面图

大城市。此外，武帝迁各地豪强大户至京师，以便于监控他们，形成了稠密而富裕的郊区人口。其中一个郊区县茂陵在武帝时人口达28万。

长安是中国首个几乎完全按照预先规划并在空地营建的皇朝帝都。它虽然严谨地依循《考工记》的规定，但由于地形的影响，在外观及土地利用布局上难免稍有偏离。

洛　阳

城址南北为九汉里，东西为六汉里，合乎《易经》中"九六"的至尊要求。它位于今日的郑州市，东距东周的洛阳15千米。城墙之内的面积为9.5平方千米，共有12道门，东西墙各三门，但北墙只有两门，南墙有四门（图7.6，图7.7）。这是按照道教学说而对《考工记》规定的修改：北方煞气大，少开一门；南方乃生气之源，多开门以迎之。此外城坐北朝南，北有靠山，南有环水聚气，有明显的阴阳五行指导原则，亦为后世所依循。城中中轴线明显，主要干道和重要功能区依它排列，体现出儒家主流原则：秩序、中庸和等级等礼乐观念。这亦是中国早期首都规划中比较明确地应用这些原则的例子。图7.7按古籍记录将主要建筑标出，以体现中轴线的明确性。

在全城面积中，宫殿区占了约三分之一。洛阳的三市，只有一市（金市）位于城墙内，是汉代抑商的体现。图7.6的洛阳市亦是个变相的"内城"，因为主要人口和经济活动都在城墙之外。

洛阳在西汉初只剩5000多户，经西汉二百年的发展，到西汉末时已增至5.2万多户，成为长安之下的五大都会的第二位。

临　淄

汉代的临淄承继了它战国时的二重城墙的格局，其内的小城是侯王的"宫城"，"大城"或外城是百姓所居及工商业所在。临淄虽然比之前缩小，却仍覆盖15平方千米，并在西汉初年拥有50万人口，比国都长安还大。这时，

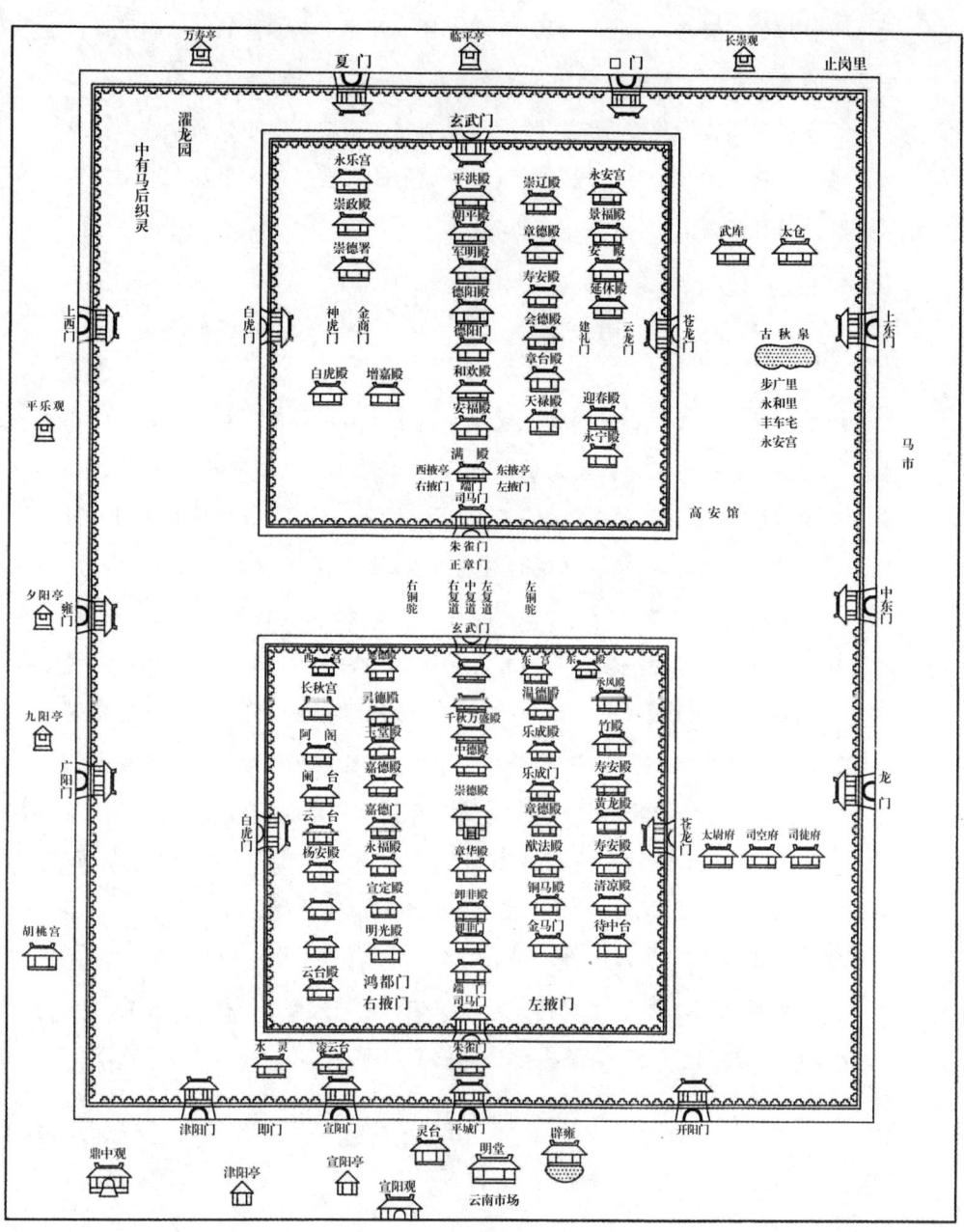

图 7.7 东汉京城图

它的主要功能为区域工商业中心。在西汉时，它有六个铸铁工场、两个冶钢工场、两个造币厂、四个骨制品工场，以及丝织等其他官办手工业。事实上，它是西汉最大的铸铁中心。

宛

宛是南阳郡的郡治和著名的铸铁中心，位于江、河、淮、汉之间，具水陆四通之便。它的人口自西汉至东汉一直在增长，是黄河以南的最大商业中心，人口有4.75万户，因其所在的郡的缘故，人口增长很快。由于南阳盆地铁矿藏量丰富，铁矿开采点星罗棋布，人口由西汉时的194万增至东汉时的243万，是全国最大的郡。宛的城墙长约6000米，并设有护城河。除郡治功能外，它主要是铁官所在。1959年在该城内出土了一个庞大的作坊区，面积为2.8万平方米，包括熔铁炉座4个、水井4眼、水池3个。此外有铜冶炼区，南北长60米，宽52米，铸造车马、马饰物和日用铜器；制陶遗址1.8万平方米，拥有4座汉陶窑。

成 都

此城由老城和新城组成。新城建于西汉初年，以安置从中原迁徙而来的5万名秦人。较小的老城是郡县治，主要是本地百姓居住区和商业区。新城是蜀侯、相和郡守的治所，但盐铁官、市官及市长、丞衙均位于老城，以便管理主要商业和民居。自武帝拓展西域起，城市有较大发展，成为长安与西南夷的贸易枢纽。此外，城中还有重要的官营专利，包括城南的官营蜀锦纺织、金银器制造。

邯 郸

原赵都邯郸的宫城在秦军攻破时被全部烧毁，是有名的隳名城案例。其北城，即外城，却延续使用至西汉。由于它位于重要交通干线交汇点上，在汉代仍是一个重要的工贸中心，是王莽时全国的五大都会之一。刘邦曾封其子赵王于此，并在北城西北部建宫城。景帝时，赵王参加了"七国之乱"，赵王城破，城被毁坏。其后，刘秀时它亦受兵祸。然而汉代对于邯郸的记述不多，自东汉中期后更是很少听闻，代之而起的是40千米外的邺城。

结论：新型帝国与行政型城市

秦汉二朝在四百多年里创建和巩固了中国新型的帝国和国民身份。至东汉末，儒家思想经过四个世纪的复兴与独尊，已成为传统中国的主流思潮。它的政治哲学以天命为核心，崇尚秩序、稳定与和谐，因而切合新统一皇朝对全民的认受性的要求，使它得以绕过宗法制的血缘至上的观点。而皇朝的稳定也不再建立于封建诸侯及"尊王攘夷"的旧制。一个有效率、公正并建基于公开考试和道德行为的新官僚体系，对新帝国强大的管治人才需要作出了适时的响应。在一个领土广袤的农业大国，这个管治新班子是政权稳定的最佳保证。士或儒官成为新的官僚骨干。城市作为士或儒官活动的平台，以及对周边农业腹地具有服务机能的中地，自然在功能分区、结构和性质上体现出基本的儒家观点。

是以自汉以来，中国城市的发展和城市文明的演进，与士阶层和帝国的行政需求互相配合。城市的大小序列、主要功能和空间布局逐步向儒家的礼乐原则靠拢，形成了传统中国的特点。

第八章

唐代：儒家模式的黄金期

魏、晋、南北朝的分裂至隋唐的大统一

　　王位继承的内争、外戚与宦官之专权，最后导致了汉室的衰落。旱灾和水患亦相继令帝国的农业经济疮痍满目，农民起义此起彼伏。其中的黄巾和五斗米道蔓延广大地区，令各地将领和侯王或自保，或如曹操等"挟天子以令诸侯"，最终起而问鼎，汉家天下从此四分五裂，开始了公元220—280年的三国分立（图8.1）。西晋在公元265—316年间短暂地统一了中国。然而，西晋不久便遭越过长城而来的北方民族匈奴、鲜卑、羯、氐和羌侵略而弃守中国北部。这些民族在中国北部建立起新的朝代，如汉化了的匈奴人在掠夺洛阳之后所建立的北汉，并且日渐汉化。自公元304—384年，他们在中国北部先后建立了16个小朝廷或小国。同时晋朝退守淮河流域以南的南中国至公元420年，史称东晋。

　　随着晋室南迁，儒家文化的核心也跟着南移，依靠只控制半壁江山的汉族王朝，即东晋、宋、齐、梁和陈（公元316—581年）。与此同时，北方的小国逐步被强大的北魏所吞并。北魏的先祖是东胡的分支——鲜卑中深受汉化的拓跋氏。拓跋氏提倡胡汉通婚，尊孔崇儒，兴复礼乐，并将汉族的士族门阀制度推广，将胡汉士族定为九等，根据家族名望任官。北魏国都平城的建设，也严格地依循《考工记》。这种采纳儒家理论、以汉代为典范的士族官僚体系，导致高效率的行政，使北魏日渐强大。在北魏统治的后半期，王室更迁至洛阳，以之为新都。括言之，南北朝的对峙说明了万里长城并不能将民族分隔，汉与非汉的政权与分野只是观点与时代的角度问题而已。在亚洲大陆上，文化与民族的融合从未间断，而农业和畜牧经济的地域分界线也从

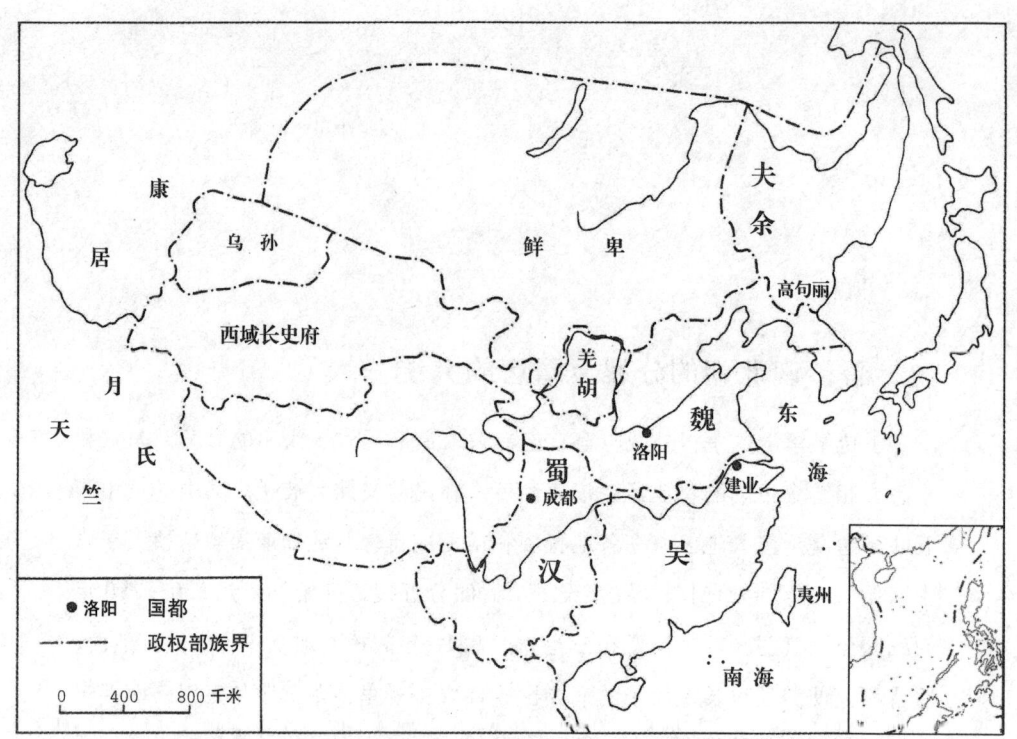

图 8.1　三国时期全图（公元 262 年）

来是模糊的。十六国时代说明了北方的民族在采纳儒家的发展过程中，不断地融合到中华民族的大家庭中。

在南中国，儒家思想亦和本土的道家思想、"进口"的佛学融合。此时，道家已世俗化而成为道教——一个本土宗教。然而一些南朝君主，特别是梁朝的皇帝更笃信佛教。单在梁朝首都建康（今南京），便建有几百所佛寺，有僧侣10万人。在北朝，少数民族建立的政权亦往往推崇佛教，以避免过分倚重儒学。遗留至今的云冈和龙门佛教石窟，显示出当时北方崇佛的现象。

在南北朝的分裂和战乱时代，中国总人口从西汉时的峰顶跌至公元221年的最低——1410万。北魏较长期和有效率的统治曾使北方人口在公元476年回升至3240万；在相近的公元464年，南中国的人口仍只有470万。后者似乎没有包括蜀国的约200万人（图8.1）。

表 8.1　魏、晋、南北朝、隋、唐的更替与人口变化（220—907 年）

朝代		时期	人口（万）(人口年份)
三国		220—280 年	1410（221 年）
西晋		265—316 年	2090（280 年）
中国分裂	北方：十六国	304—439 年	
	南方：东晋	316—420 年	
	北方：北朝	386—581 年	3240（476 年）
	南方：四代	420—589 年	470（464 年）
隋		581—618 年	4600（609 年）
唐		618—907 年	2060（640 年）
			4590（713 年）
			6000（752 年）
			3840（813 年）
			3900（907 年）

资料来源：赵文林、谢淑君（1988）

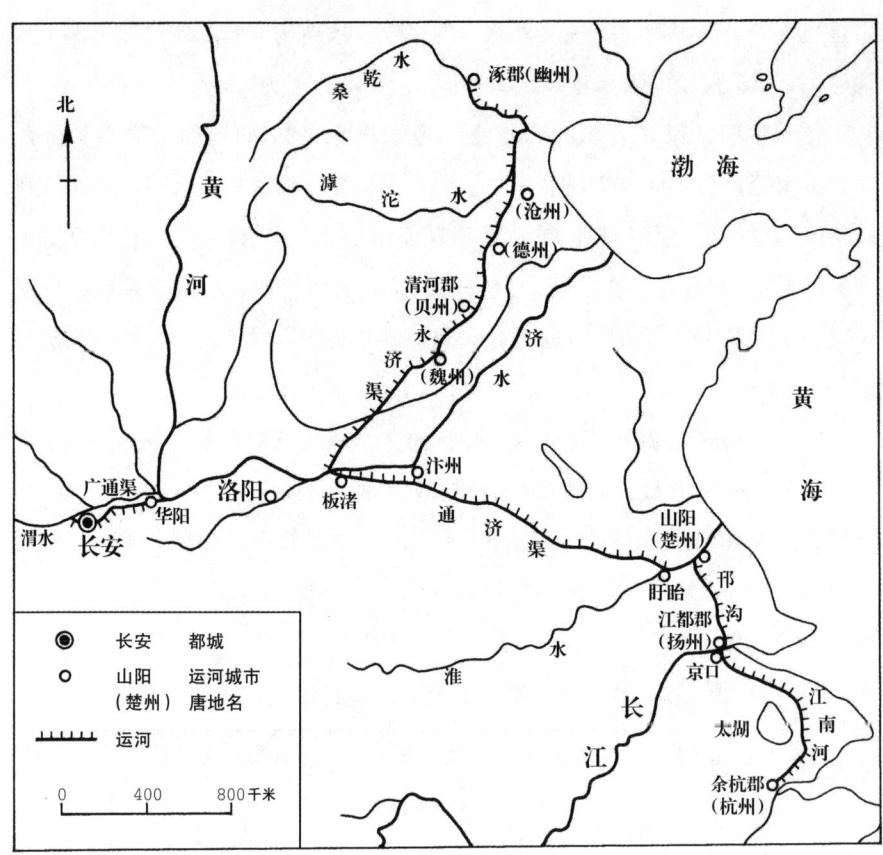

图 8.2　隋唐大运河示意图

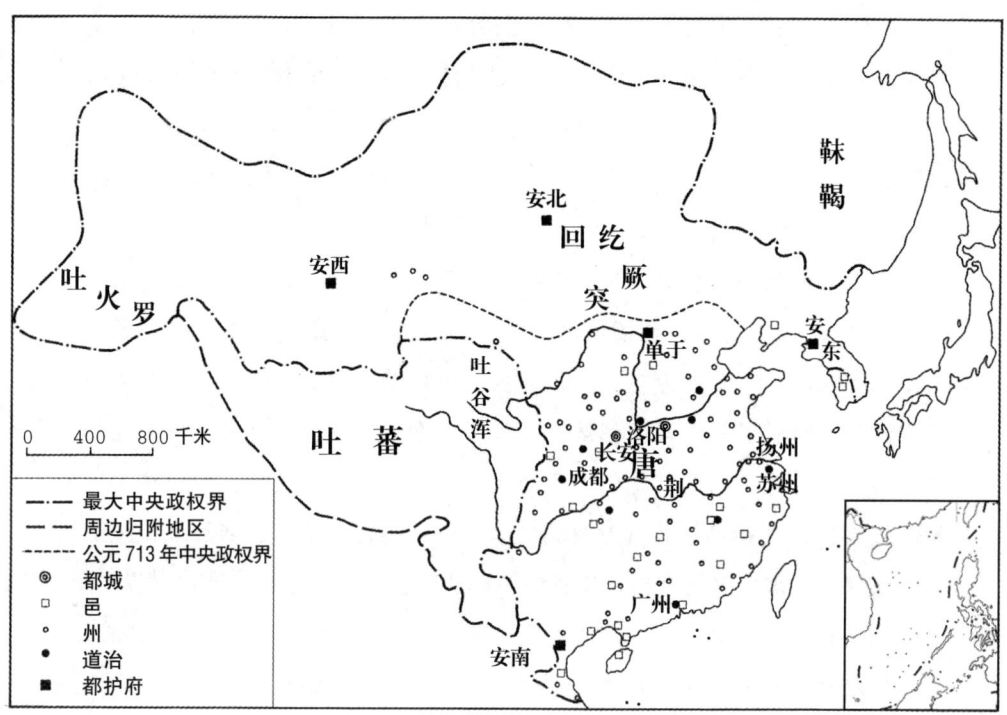

图 8.3　盛唐时期（唐玄宗时期）全图

公元581年，杨坚迫使周静帝下诏禅位，自立为帝，建国号隋，是为隋文帝。在统一北方之后，文帝灭了南方的陈国和西面的蜀国，结束中国自晋末以来的分裂局面。在隋（581—618年）统治期间，两代君主的文治和武功都是历史上少有的。炀帝努力安定边疆和拓展版图，多次征伐吐谷浑、突厥和高丽、越南北部，重开丝绸之路。此外，他们还完成了巨大的基建。其中重要的包括长300千米的广通渠，连接潼关和首都大兴（西安），以及长2800千米的大运河，连接杭州、洛阳和涿郡（北京）（图8.2）。建设这两条运河就动用了360万名民工，即全国人口的十分之一。除了这两大项目，还有修筑长城和建设新都城大兴等，使本来在慢慢恢复元气的农业经济受到严重打击，引起广泛的农民暴动，缩短了隋代的统治。然而这些巨大工程却使后代得利，特别是它的继承者——唐代。隋代还恢复了传统的礼乐制度和汉魏以来的官制，使君主专权的三省六部的中央机构得以确立；沿用府兵制，而对军队的指挥系统和兵役制度作了调整，使皇帝权力扩大；又开始科举考试和贡士，放弃"九品中正"体制，并建立了县佐必须回避本郡、任期三年、不得连任等规定，使用人制度翻开了新的一页。这些都被唐代继承。

唐代的开国君主李渊是有鲜卑血统的关陇大族出身，其祖父为北周八大柱国之一，死后封唐国公。在隋时李渊为太原道安抚使。隋炀帝被杀后，李便建立唐朝（618—907年）称帝。在唐的文治武功下，中国政治统一，国力强盛。开元天宝之际，其疆域东起安东（朝鲜），西至安西（中亚），南起安南（越南），北至单于府（内蒙古），计有边区少数民族的羁縻府856个，本土郡府328个，县1573个（图8.3）。有唐一代不但开创了儒家文明的黄金时代，而且还通过对外交往向亚洲乃至欧洲推广。其实隋是唐的先行者，而唐则使它们得到落实。比如，唐如隋制，在国内重要城市建设官仓、官立学校、法典，并将传统的礼乐制度发展至历史的新高峰，通过礼乐制度，明确了不同身份的人的不同社会地位。唐代所定的贞观、显庆和开元礼，涵盖范围远超三代的礼制，由君主到百姓都要了解礼和行礼，改变了早期"礼不下庶人"的局面。通过真实意义的"礼治"格局，从天人关系、君臣关系、官

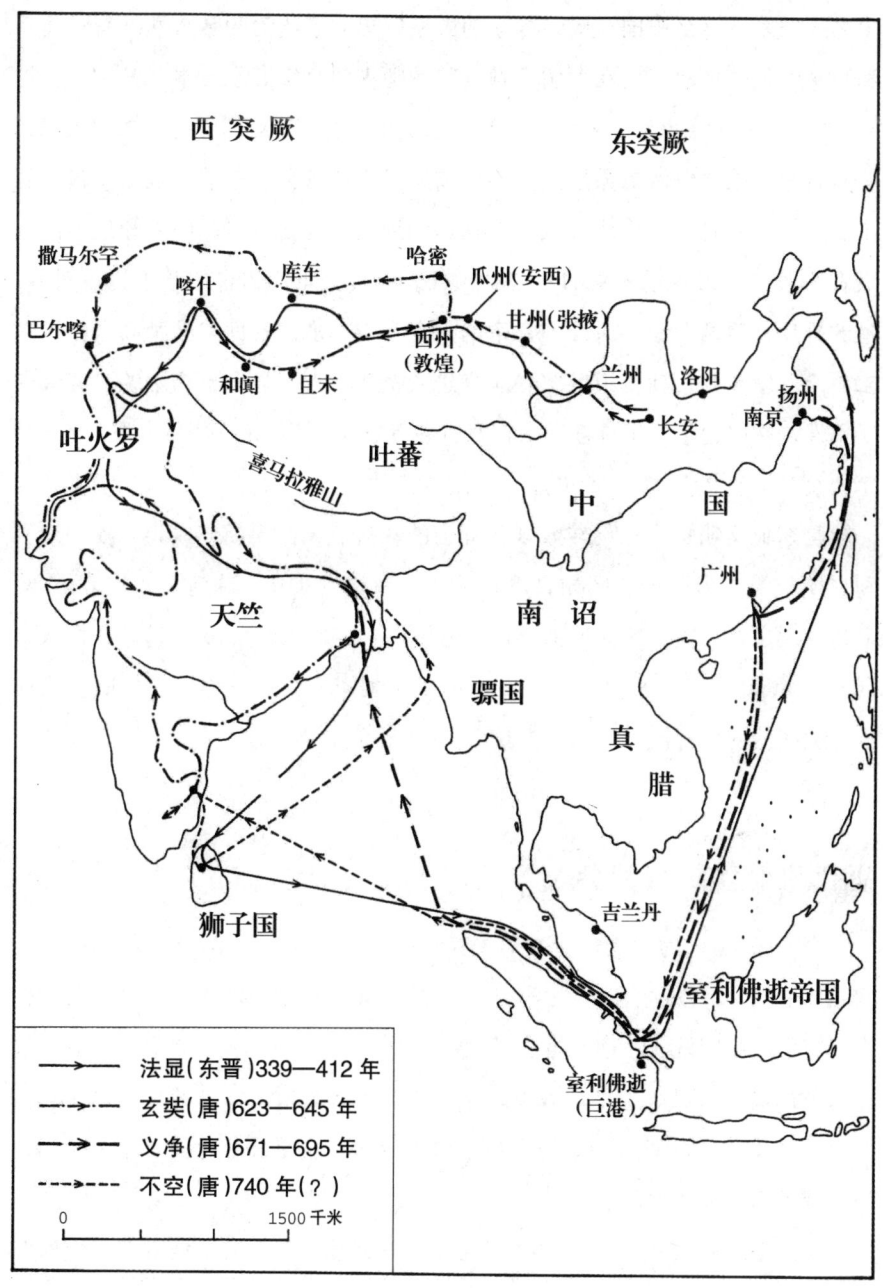

图 8.4 中原佛僧往印度取经朝圣主要路线（东晋至唐）

吏之间关系，以至中国与周边国家的关系等申明了统治的合法性。官学体系和科举致仕的体制，更在大儒孔颖达和颜师古的官定五经正本及其解释，即《五经定本》及《五经正义》的基础上建立起来了，这对儒学的影响比汉武帝罢黜百家、独尊儒术更为重大。不但儒家思想和行为规范成为社会主流，科举制度亦彻底打破了士族贵族垄断仕途的局面。到玄宗时，中央和地方的高级官职已主要由科举出身的新官员出任。不过，唐代的崇儒并不构成对佛、道的排斥，后两者更不时受到皇帝的大力支持，多次资助和鼓励高僧出国以求佛经（图8.4），使佛道两家在唐代进入全盛时期，显示出儒学的包容性和实用性，在中国形成了佛教四大门派（包括在本土形成的禅宗）。按公元854年的统计，唐代有佛寺4600座，圣地4万处，僧侣26万人。西方学者认为唐代是东亚文明由中世纪转入现代社会的转折点，而唐朝亦成为东亚的政治和文明核心，为周边地区如日本、新罗、南诏、吐蕃、越南、回纥等仿效。通过丝绸之路，唐文明亦传播至地中海沿岸。在盛唐时（752年），中国人口回升至6000万（表8.1），其主要原因除了国家的大统一外，还要归功于儒家礼教统治的推行。

唐代政府体制与社会

唐太宗说："为君之道，必须先存百姓……国以人为本，人以衣食为本，凡营衣食，以不失时为本。"确定了以儒家思想治国的总方针："偃革兴文，有德施恩，中国既安，远人自服。"唐朝的皇帝因而有远见地将儒学提升至国家宗教的高度，又大力推广教育，不但提高了百姓对统治者的认受，也为国家培养了忠心、可靠和高效的官员。它也使国家避免过分地倚重军人，同时还削减了高门大族的影响。

第二任皇帝太宗在公元630年诏命天下普建孔庙，又令地方官员定时祭孔。十年之后，太宗恭亲祭孔以树立天下表率。公元647年，太宗更下令将儒家22名先贤列为圣贤，并立石于孔庙之内，接受拜祭。自此，该习惯延续至今。祭孔之外，祭天地和祭祖先亦被奉为皇帝和主要官员的重要职责。这些礼仪,使皇室家族扩大成为包括主要大臣、官员的融汇传统天人(包括人地)关系、祖先崇拜以及儒家等级宗法观念的"大一统"的"政治大家庭"。这就成为"以民为本""以文治国""礼治"的具体写照。城市是这些礼仪的展示平台,因而"礼治"所包含的考虑就成为城市功能和其主要土地利用区划的原则。

唐承隋制,强化了中央集权式的官僚体制。中央机构主要有三省、六部和九寺,三省是:中书省、门下省、尚书省;六部是:吏、户、礼、兵、刑、工;九寺是:太常、光禄、卫尉、宗正、太仆、大理、鸿胪、司农、太府。另外,设立御史台以为中央的最高监察机关。在地方政府方面,基本上是州(府)县两级制。

因为"以文治国",国家的主要功能乃是通过皇帝和各级官员身体力行,推广儒家道德观点和教育百姓。在中央和地方层次,唐代建立了一个教育网络。中央在国子监下设六学(国子学、太学、四门学、律学、书学、算学)、二馆(崇文馆、弘文馆),收皇族、大臣、官员子弟约8000人。地方州县设官学,学生达6万多人。同时,政府亦"任立私学"。这些学校的毕业生,通过公开考试(制举、常举)而出仕为官,使士(或儒家知识分子)替代了名门望族的血亲关系,成为人才选拔的主要办法,是世界上最早全面落实文官制度的国家。

上述是唐代儒家统治模式的主要内容。以儒家思想为代表的中国传统价值观和行为准则因而完成了它的第二次历史性的复兴。随着唐朝版图的扩大,以及宽容的外交政策,这一儒家统治模式亦为周边国家所景仰和模仿。日本的"大化改革"(贞观十九年,公元645年)基本以唐朝的体制为依归,奠定了日本至今的文明主流。

由于皇室有鲜卑血统,因此,在文职和军队中任用非汉族的少数民族成为唐代的种族和文化特点。不但边区的都护府是如此,朝廷中亦有不少少数民族官员。是以,唐朝不但对外来文化包容,本身亦是东亚社会的典范:一个双向的开放社会。

唐初,突厥是亚洲最强大的民族,管治了回纥和鲜卑等北方少数民族

（图 8.3）。公元 582 年，唐兵破突厥，使之分裂为东、西突厥，并于公元 657 年完全消灭了西突厥。唐朝对鞑靼、吐蕃、回纥的征伐都取得了胜利，将不少边境地区建成羁縻府州，归中央管辖。又或赐姓封王，使来朝贡，承认唐朝的宗主国和皇帝的天可汗地位。唐帝国因而西越葱岭，与中东和印度国家建立了友好关系。初唐实行府兵制。适龄男丁服兵役，三年检点一次，20 岁入役，60 岁免役。府兵是均田制下的农民，平时种地，农闲时操练。玄宗以后，由于年年战争，加上均田制败坏，人口流失，遂以募兵替代府兵，并将沿边分成九区，各由一节度使领兵。其后节度使又被授以地方政治和经济大权，发展成为强大的割据势力。唐代武功的关键之一是唐初皇帝对战马的喜爱，并建立了强大的骑兵。国家在北方和西北边区建立了大型战马养殖场，在 7 世纪时的高峰期共养马 70 万匹，包括了阿拉伯和吐蕃的良种马。其后由于吐蕃和突厥多次侵犯，破坏了这些养马基地，导致马匹流失，最终削弱了唐军的攻击能力。

在农业方面，南方的发展，特别是一年两造（早熟）稻米，以及插秧（即先育秧苗，长大至某程度才正式种下田里）的普及，使稻米增产，可达每亩年产 400 斤。北面的黄河平原地区，粮食产量也比以往增加四分之一，虽然亩产仅 103 斤。由于中央政府、军队和大部分人口都集中于北方，大规模的南粮北运成为帝国的必要工程（表 8.2）。南北大运河成了沟通长江流域和中国北方的粮食通道（图 8.2）。公元 735 年的记录显示，在之前的三年，大运河共运输粮食 700 万石。运河上繁忙的交通，也促进了河两岸城镇的手工业和其他商品的生产和贸易，包括与外国的进出口活动。此外，唐朝亦将前朝的驰道扩充为一个总长 5 万千米的全国驿道系统。这个以长安为轴心的干道网，每 30 千米路程便设一驿，驻有官员检查往来人员、货物，收纳关税（图 8.5）。全国共设驿站 1639 个，中央和地方政府亦向合资格人士发给通行护照。安史之乱（755—763 年）后，中国往中东和印度的陆路重新阻塞，南中国沿海的商港因而兴起，成为新的中外贸易门户。

第八章 唐代：儒家模式的黄金期 157

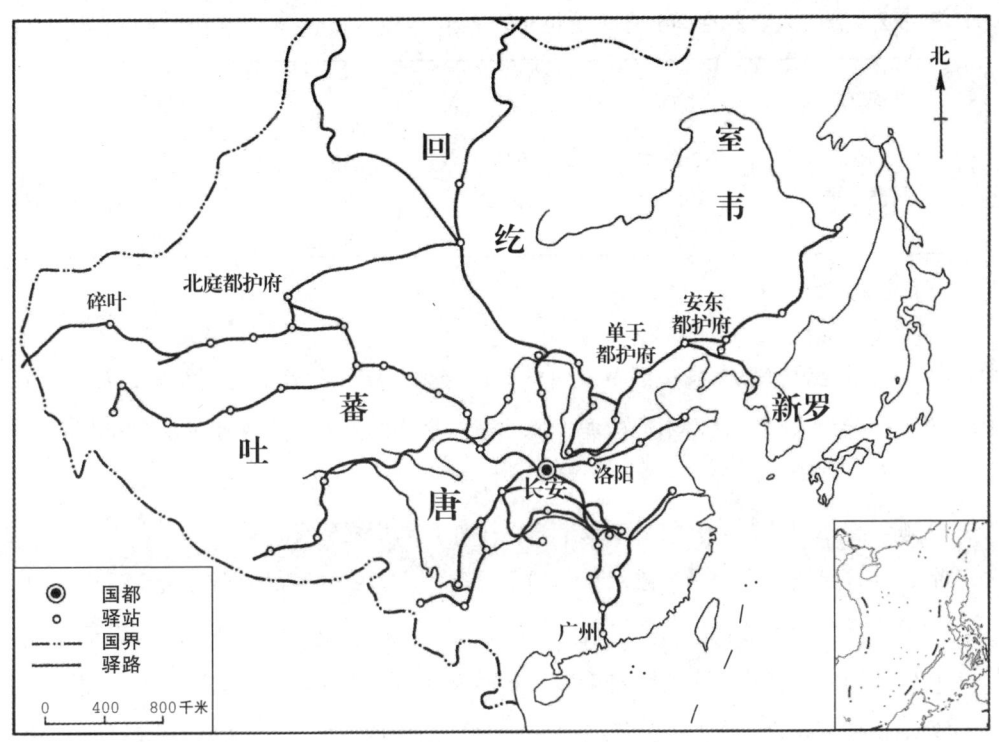

图 8.5 唐朝驿道图

表 8.2　唐代人口的空间分布（单位：万人）

年份	北方	南方	边区（东北＋西北）	总数
640 年	700	920	350	1970
752 年	3050	2290	380	5720
812 年	1230	1940	420	3590

资料来源：见表 8.1

安史之乱（以藩将边区节度使安禄山和史思明为代表的地方军事叛乱）再一次导致人口南迁，不但削弱了北方豪门世族的影响，也加速了南方农业的扩张。当南方的贸易与文化发展至高峰时，中唐（780—850 年）亦倚重于南方。朝廷因此在南方建立了数个专营事业，其中盐的专营提供了国库年入的一半，而茶叶专利则贡献了年纳的十分之一。大量的商品流通和贸易活动导致了 9 世纪末"柜坊"和"飞钱"的出现，这都是最早的支票。商人在京售完货物后，可将现款交给进奏院，在回乡后凭进奏院的"公据"取款。此外，还有私办的"使换"，也具备同一功能。自中唐以后，在南方一些大城市如广陵（扬州），商贸活动已冲破坊门，开始沿街设店，同时也出现了夜市和城外的定期集市——草市等。商业的繁荣，使自周代以来对城市基层住民和工商业活动严格管理的行政体制——坊市制度，开始崩溃。

唐代的城市化和城市发展

城市作为行政中心以及为农业地区服务的中地，自然也随着人口南迁和南方农业的扩张而在南方长足发展。在中国的西部、北部和西北边区，节度使的设置以及羁縻府、州的建立亦促使当地城市化。我们可以通过汉、唐两代南方城市的数目和密度的比较体会出来（比较图 7.2 和图 8.3）。表 8.3 亦将东汉和中唐的城市空间分布作了相应比较：

表 8.3　汉代及唐代城市分布情况

朝代	年份	黄淮地区		长江－珠江地区		西北		总数	
		数目	%	数目	%	数目	%	数目	%
东汉	140	700	59.3	383	32.4	98	8.3	1181	100
中唐	740	615	37.5	964	58.8	60	3.7	1639	100

中唐的城市比东汉时增加了约 500 座，新增城市主要集中在南方的长江和珠江流域，特别是在剑南道，即现今的广东省珠江三角洲。在公元 740 年时，该处共有 314 座城市，是北方总额的一半。唐代的城市化显示出如下的新规律：

南方涌现新型大都会

它们即建康（南京）、江陵（荆州）和益州（成都）三大都会，及润州（镇江）、广陵（扬州）、寿春和番禺（广州）等港口城市。中唐时，益州和广陵的税收，包括盐、茶等专利收益占了全国岁入的九成。

运河城市

自隋统一中国后，中国的政治和军事中心迁回北方，隋唐的人口增长也随之以北方为重。运河的兴建，特别是贯通南北的大运河，解决了南北之间人口与农业生产地域不协调的矛盾。大运河亦成为延至清代而不衰的新增长带，使两岸的城市都繁盛了起来。在中唐，这些城市包括了四大都会：楚州（淮安）、广陵（扬州）、苏州和杭州，七大商贸城市：华州（华县）、陕州（陕县）、汴州（开封）、宋州（商丘）、泗州（盱眙）、润州、常州，以及 28 个州治（图 8.3）。

长江沿岸城市

水利和灌溉之利是长江沿岸重要城市发展的主因,特别是在长江与大运河交汇的那一段。中唐时,这些重要城市包括十大城市和二十座州治。较出名的有江陵、益州、建康、广陵和润州。

东南的海港城市

自六朝以来,中国东南沿海的海港城市因与东南亚的贸易发展而兴起。中唐时,吐蕃与突厥一度阻断了丝绸之路,印度及中亚商人被迫由海路而来,开通了海上丝绸之路,使东南沿海城市如广州、潮州、泉州、福州、温州和明州(宁波)发展为海港城市。一位阿拉伯商人于公元879年记载:广州城内有12万名阿拉伯人、犹太人以及基督教和袄教人士。

行政及军事重镇

正如前述,大部分城市都是各级行政区域的治所。但在边区,却设有具行政和军事功能的11个镇。唐代的省级区域府和州约等于汉代的郡。这个最高层次的区域的总数在唐代有明显的增加,特别是在淮河以南(图8.3)以少数民族为主的边区,一些较低的聚落被提升为羁縻府或州以强化边区的防卫,因此它们的数目很多,甚至比一般的府和州多。如在公元740年,后者只有317个,而前者却有856个。

中唐以后,一些在城市之外或农村地区的贩卖农、林、牧产品的"草市",由于贸易和人口较大而被提升为县,并成为县治。政府在这些地方设有管理机构。这是中国最早的基于交通便利地区商贸发展而形成的城市。因而商贸活动首次成为城市化以及建市的新动力,并且使这类活动不受城中官市的限制,而在大街两旁设栏店,甚或离开城的局限而沿大道、运河和大河的两旁延伸。后面的案例,即唐末的扬州,见证了这些新发展。

唐代的城市结构

儒学的第二次复兴对中国城市的结构自然产生了明显的影响，自汉以来已经慢慢演化出来的中国城市特色因而在唐朝整整一代得以巩固：

1. 城市空间的布局体现了秩序、等级和统一性等礼乐原则。
2. 由城市主干道形成的南北中轴线贯通全城，体现执中和规律性的礼乐原则。
3. 宫殿（大朝和皇寝）形成一个专区，与城市其他地区分隔，并位于全城北部的中央，显示皇权的至高无上。
4. 由于宫城位于北部，市被移至南部的住宅区内，使传统的面朝后市被倒过来。
5. 宗庙和社坛两个重要的儒家礼乐建筑仍按传统，即左祖右社，在皇城内分布；这个新位置使有关礼乐活动成为公众可见的活动。

上述的布局使宫城和市民的距离拉远。不过遵从周至汉代的抑商传统，市民更受坊里制约束。除了三品以上的高官外，住宅皆不能在坊墙开门。城市的商贸活动亦由官方严格控制，并只准在市肆内进行，而市肆亦只许人口过 3000 户的州县治开设。商贸和手工业的蓬勃使同一类商品在市肆中某一区集中，同时同类商贩也集结成行会。唐代记载共有 220 行。行的头人负责商品质检，监督买卖合同的执行，也协助市肆负责人——市长对商品质量分级和定价。晚唐时，在一些大城市中，夜市也出现了。

唐代一些城市也特别为番商专门设市，体现了唐代对外贸的鼓励和它包容性的城市文明。宗教建筑，包括道教、佛教和西方一些宗教的寺庙成为长安、广州和广陵的城市特色，尤其是高耸的佛塔。不过，在北朝时仍保留外来文化特征的佛塔，在唐代终于被中国化而成为宝塔，充满着新时代的理性逻辑和形态，为原本较为平坦的传统中国城市的天平线加添了节奏感。

在较小的城市，上述特点有些明显的变化，但依然坚守儒家的有关原则。

如城市的核心乃官员的衙门，而附近更有官学和考场。这些主要的功能建筑都是南向的。城的南北干道形成轴线，并穿越核心区。轴线两旁分别布置了文庙（孔庙）和武庙。在下一节，我们先简介魏晋南北朝时的三个案例：邺城、洛阳和建康，然后讨论唐代的首都长安和最大工商都会扬州，以体现不同时期的城市化演变和城市文明。

曹魏时都城邺城

邺城在邯郸南 40 千米，汉时为魏郡治，公元 204 年曹操建为国都。邺的规划除了传统《考工记》的原则外，因应东汉以来豪强世族和庄园经济的社会背景，强化了封闭式和门第相隔的形态。依据儒家思想，传统特点被保留下来：宫城居中，左右对称，棋盘式路网（图 8.6）。但森严的居住划分是其新特征，如图示中央宫殿区的西边是苑囿（冰井台、铜雀台和金虎台），右边为贵族戚里木兰坊和秋梓坊。全城约呈长方形，面积为 3.6 平方千米，符合九六之数。宫城设计是前朝后寝，宫城和廓城中轴线明显。

北魏（北朝）都城洛阳

公元 493 年，北魏将首都从平城（大同）迁至洛阳，实行汉化政策以控制汉族为主的北方。新城由汉人李忠规划，因此重建的洛阳亦大体依照儒家的传统。它为三重城（但至今仍未发现外城墙），面积共 20 平方千米，人口约 50 万，是中国最早的三重城首都。新城强化了中央集权意识，将"前朝后寝"合为宫城，并位于北部中央位置，南向全城（图 8.7）。由宫城正南门往南延伸的是全城南北主轴——铜驼大街，两旁分布官署和宗庙及社坛（左祖右社）。全城亦为棋盘式街道，皇城开十三门。全城共有四市，三个在廓城，一个在皇城。后者在皇城北部，一如《考工记》要求。南部的四通市为外商贸易之所，其南的八坊主要是外族所居。洛阳的严谨等级及规整比汉代长安更贴近儒家精神。

第八章　唐代：儒家模式的黄金期　163

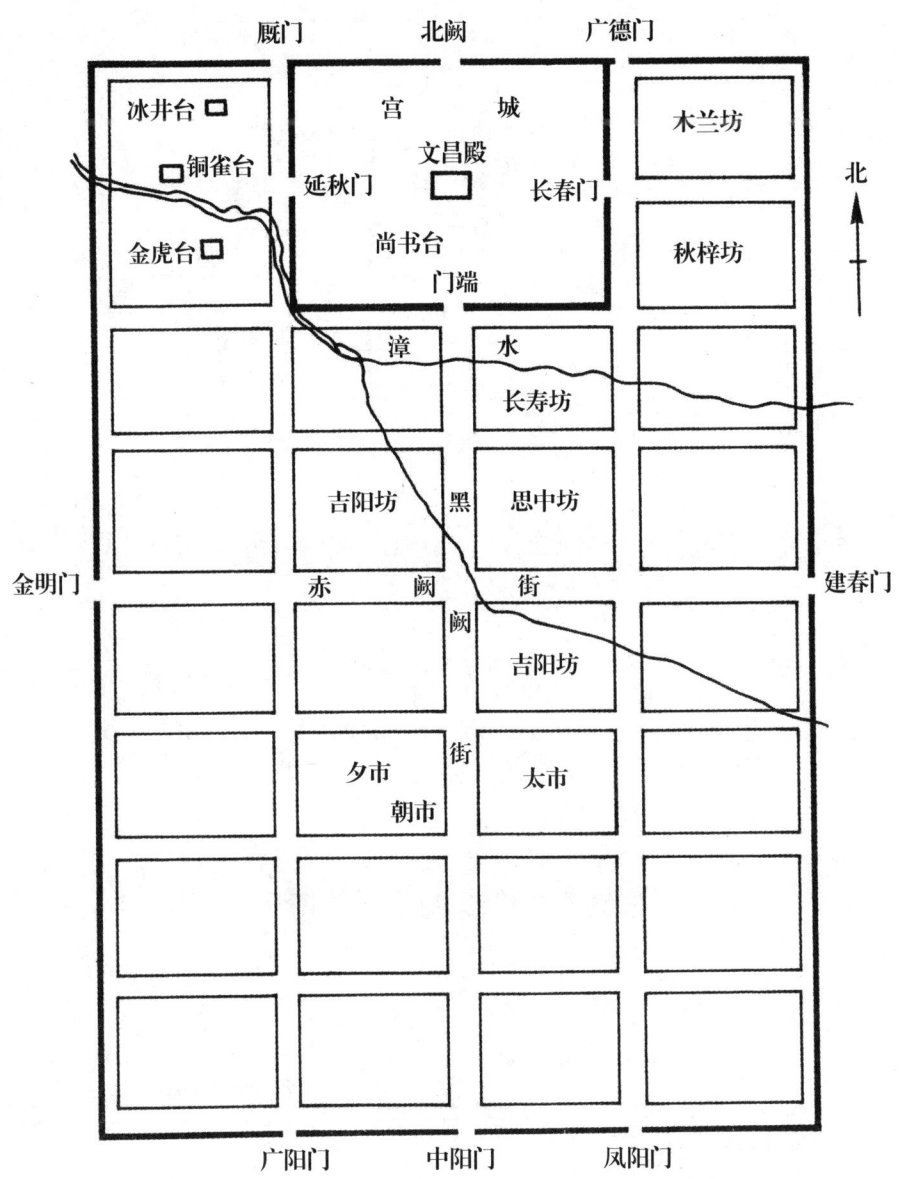

图 8.6　魏都邺城平面图

164　中国城市及其文明的演变

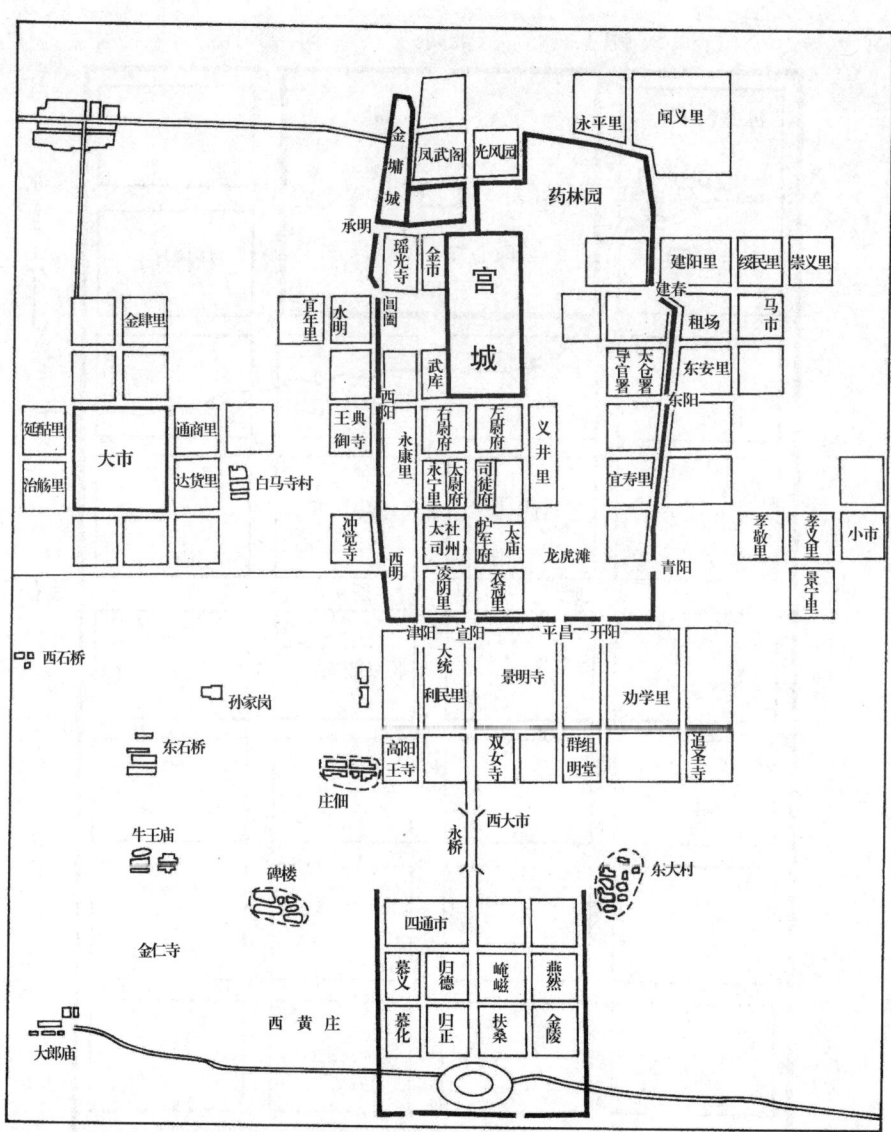

图 8.7　北魏洛阳城平面图

第八章 唐代：儒家模式的黄金期 165

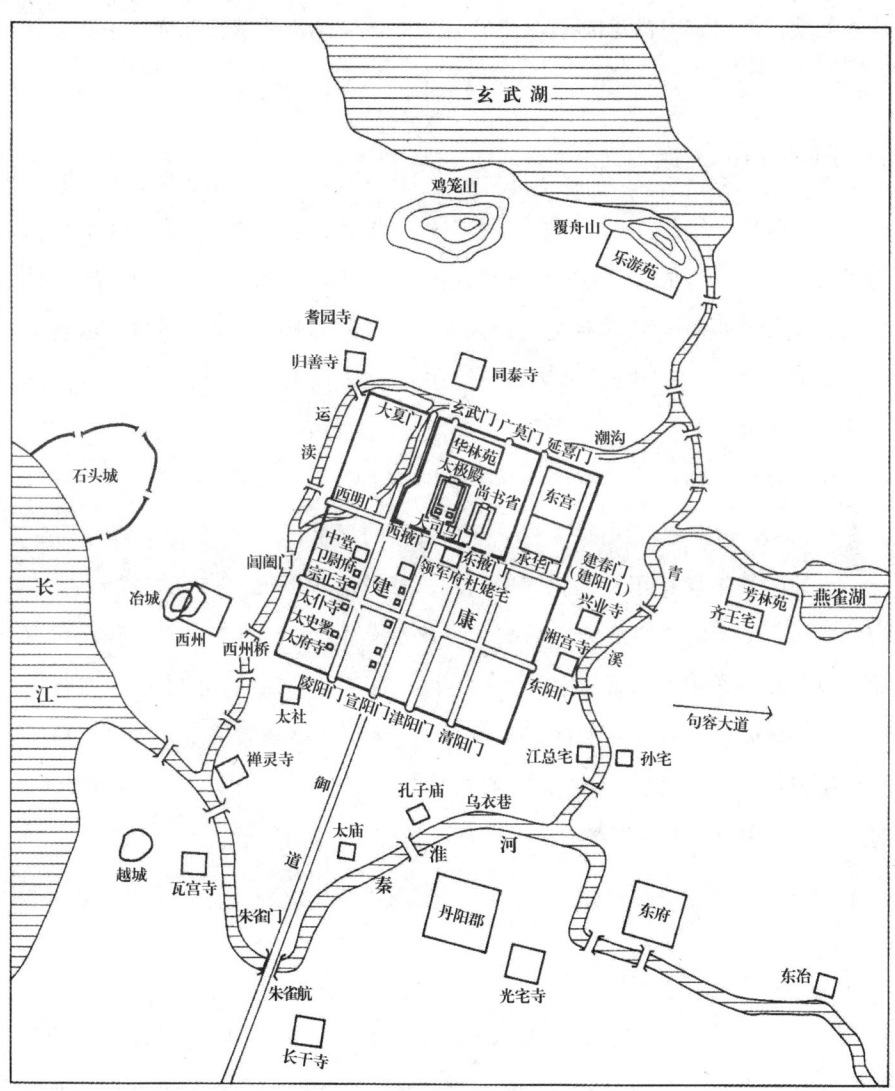

图 8.8 六朝建康城示意图

此外，洛阳城中普建佛寺共 1367 座，是北朝的重要宗教和商贸中心。

六朝（南朝）建康

三国时称"建业"，原称"金陵""陵"，即今南京。金陵之名源于秦始皇为了破坏其"虎踞龙盘"的帝王气势，将一金人埋于城中，故称"金陵"。后因城市荒废，成为野草丛生之地，因而改名为"秣陵"。南北朝时，偏安南方的东晋改称其为"建康"，历东吴、东晋、宋、齐、梁、陈，为六朝国都（229—589 年）。

建康在长江南岸，三面环山，正是"山围故国绕清江，髻鬟对起，怒涛寂寞打孤城，风樯遥度天际"，一派居位优良的气象。

六朝时基本保持东吴孙权时的格局：宫城居中偏北，占全城四分之一。南北向长 7 千米的御道成为中轴线，两旁分置官署。但"左祖右社"设在廓城，而其布置亦左右倒置。它亦是三重城，廓城开十二门，南北墙各四，东西各二。城内的市和坊亦严谨规划和管理。由于战略要求，城郊广设军事堡垒，如石头城、越城等。梁朝时，有人口 28 万户，约 100 万人。当时这里亦是中国佛教中心，有佛寺数百座，僧尼约 10 万众（图 8.8）。

长　安

自隋（582 年）至唐末（904 年），长安成为统一中国的首都达 322 年。它的衰落来得并不偶然。公元 736 年时它被吐蕃洗劫；公元 883 年被黄巢叛军攻破并严重地破坏；最后唐叛将朱温在公元 904 年时将全城居民逼迁至洛阳。自此，长安再未恢复统一中国的首都这一地位。

唐代长安建基于隋的大兴城。它是首个将大朝、皇寝和中央官署放在一起的国都，这形成了首都的核心——宫城（图 8.9）。唐初，大朝位于太极殿，自公元 634 年起，它被移至大明宫（图 8.10，图 8.11）。后者位于俯览全城（但在城外）的战略高岗，但也由于这样，全城本来近似方正的形状被稍微改

第八章 唐代：儒家模式的黄金期 167

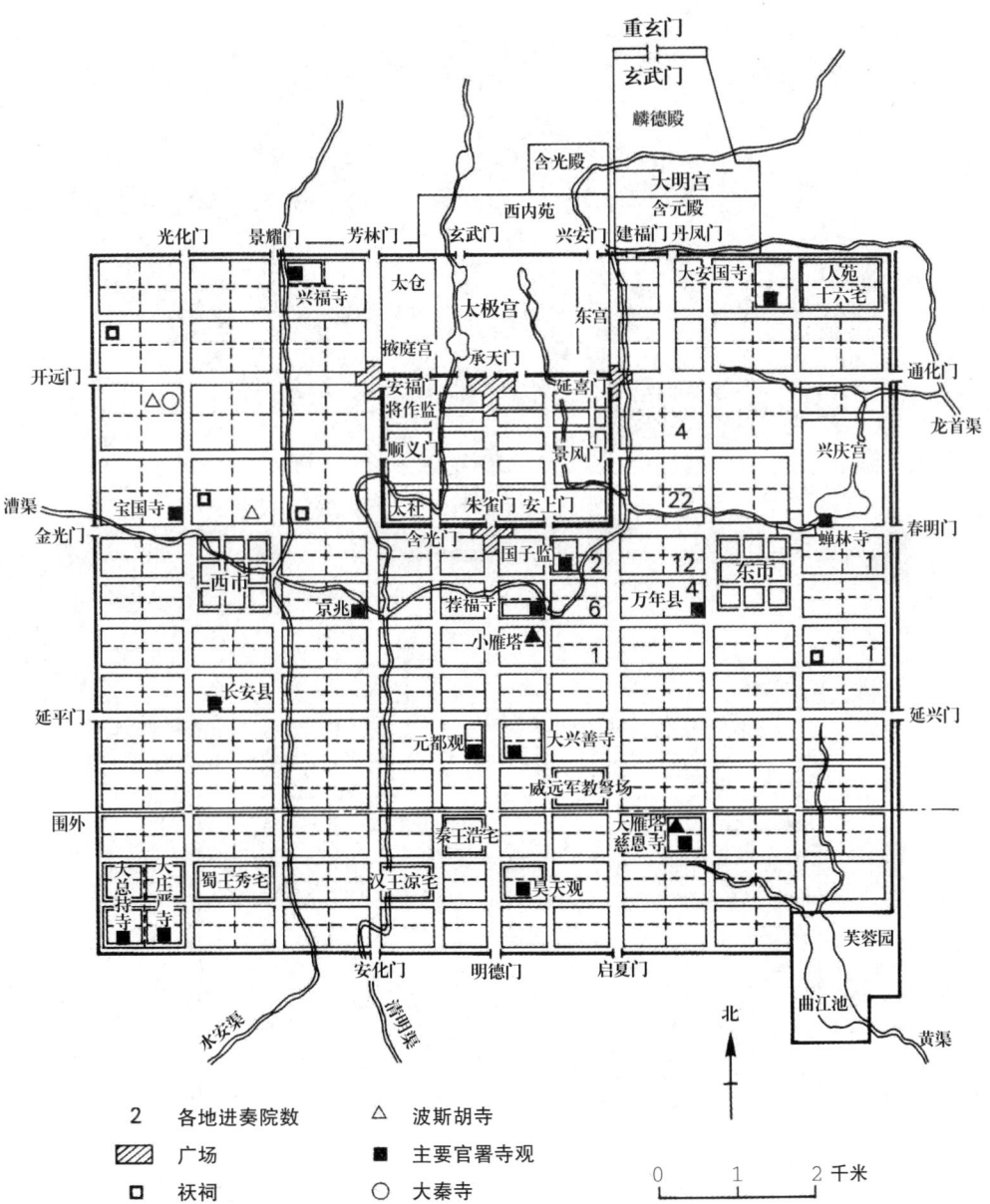

图 8.9 长安水系及城市分析

168　中国城市及其文明的演变

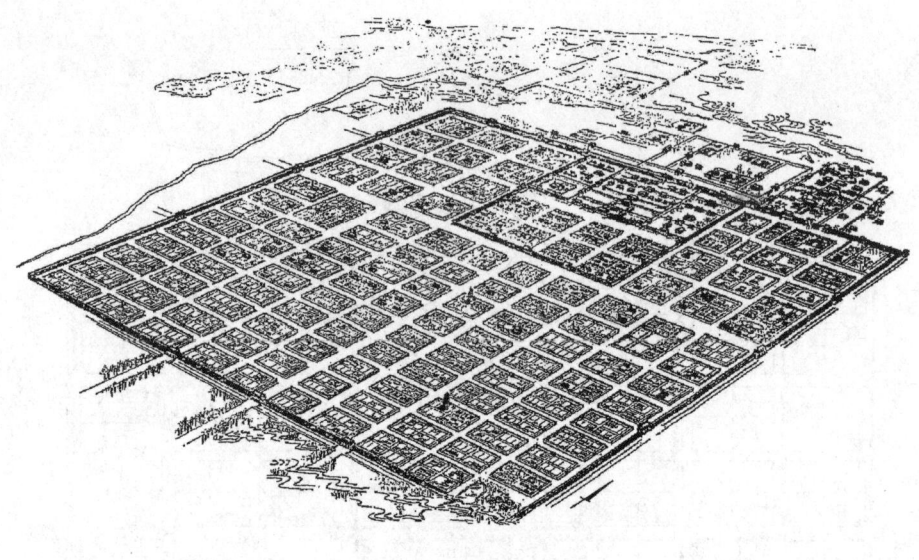

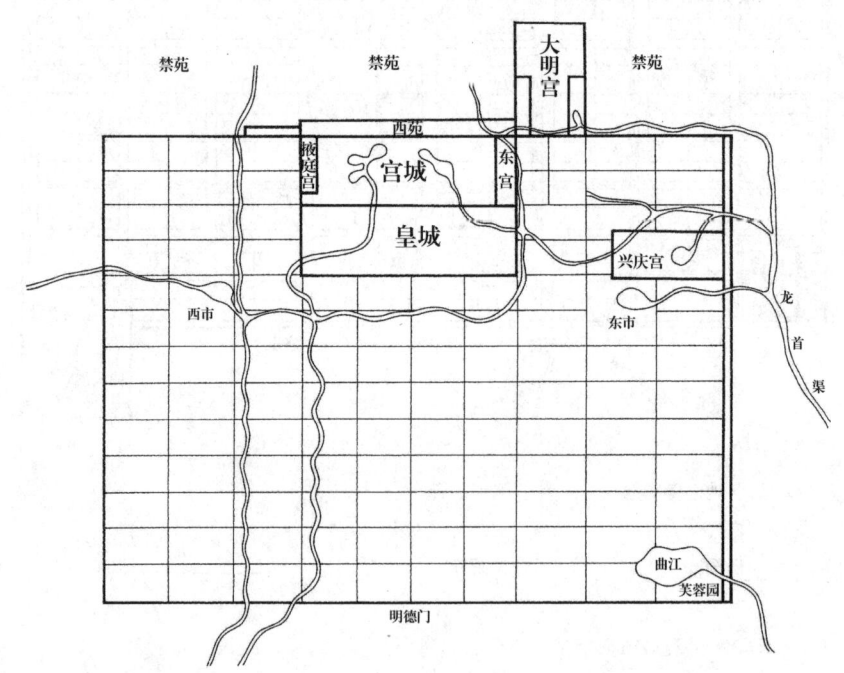

图 8.10　唐长安城复原图及平面图

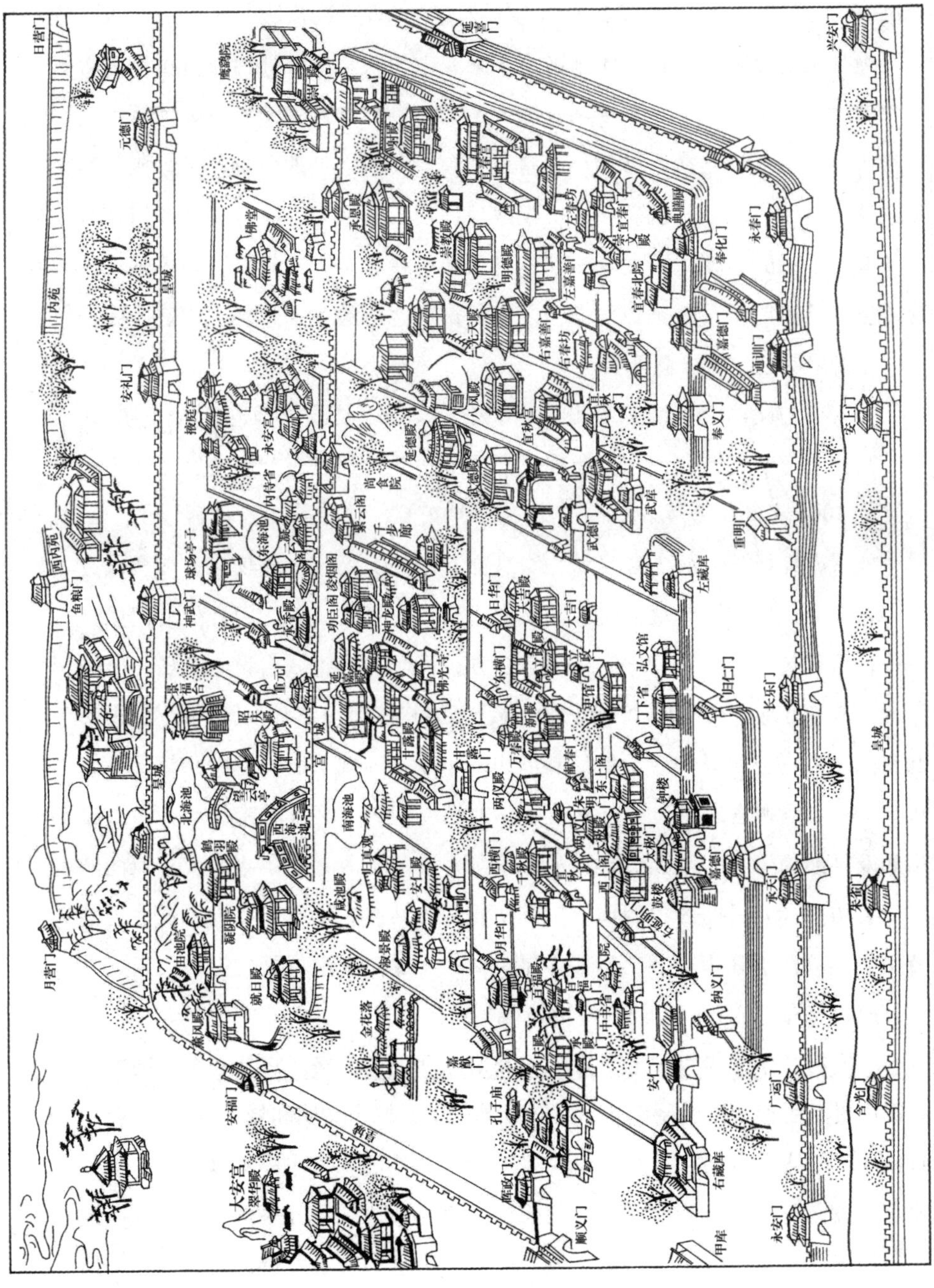

图 8.11 长安宫城及皇城图

变了。

唐代长安也将"三朝"体制确立下来：内朝，是皇帝处理日常事务的寝宫，即位于大朝后的皇寝；中朝，即大朝，是皇帝和百官商讨重大国政以及举行重要国事活动之所；外朝，即宫城正门承天门之外的广场，是举行大型集会和庆典活动，如庆祝新年、庆祝战争胜利等的地方。这些安排严格遵从了《考工记》的前朝后寝规定。前朝的原则也在空间上在宫城外随中轴线南延，形成承天门至皇城正门朱雀门之间的御道两旁的各部官署。而宗庙及社坛就在御道两边分置（图8.9）。

长安城的路网也按照等级规律地安排。作为中轴线的御道最宽，为150米。其他干道都是南北或东西走向，形成规格严谨的棋盘状，路宽按其等级为40—70米不等。

外城或廓城从三面围绕皇城，本身亦有城墙。汉代都城仅宫城和皇城有墙，大部分市民住在城墙之外。外城共十二门，每边墙各三门，但北门中央无门，这是按道家学说——煞气来自北方，因而避之。城内设109坊，分别是方形或长方形，为有坊墙分隔的居住小区。傍晚时击街鼓八百后便关坊门，五更二点时再鼓而开坊门，依汉制形成一个规整的城市居住管理系统。两大市肆——东市和西市也设在外城，各占两坊，即约1平方千米大小。市内设市局及平准局管理，半天交易，从日中至日落。市内有四条南北或东西向的街道将坊分成九区，区内四面店铺临街。两市共有220行。此外，一些店铺及工场亦散落于临市的各坊。西市是外商，主要是印度（天竺）和波斯（大食）商人交易的地方，因此其邻近坊里多酒楼及胡女。

长安的工整和等级观念，比汉魏及南北朝更为严格。它是在统一国家的首都中最早完善了三朝制度的，成为成熟的儒家城市文明和城市结构的典范。日本的天平盛世时期（724—781年）是唐代文明输入日本的极盛时代。除了典章制度、科技文学和文字（片假名、平假名）外，当时的新都建设也完全仿照唐式，甚至一些主要宫殿（太极殿）和街道（朱雀大街）的名称也一如长安（图8.12，图8.13）。

唐代对外来文化和非儒家思想的包容，也可以从长安城的各类宗教建筑上看到。据公元 640 年的统计，长安城内有佛教寺庙 106 座，道教寺观 36 座，波斯拜火教寺 2 座，大秦寺（基督教）4 座。部分重要寺庙见图 8.9。当年城内共有外国人约 10 万名，其中 8000 人为留学长安的学生，包括波斯、阿拉伯、突厥、朝鲜人、吐蕃、日本和越南人等。

在这个当年世界最大的城市（面积 87 平方千米）中，城墙内人口达 100 万人，另在城外郊区还居住了约 100 万人。它成为当时最大的按预先规划而建成的城市，以及最大的有城墙的城市。此外，长安与稍后的欧洲中世纪城市相比，更是一个自由和开放的城市，各种民族、文化、宗教和商品在此受到包容和礼待。尽管如此，长安的里坊制显示了它仍是个管理严格的城市。与西方不同，中国的儒家传统认为：个人的自由要求诸荒郊而不是在繁盛的市里。(Schisohaven, 1991)

扬州（中晚唐）

扬州地处江淮平原南部，临近长江与东海。春秋战国时它是吴国都城，始建城墙。秦时为广陵县，汉时为封国——广陵国。隋代开通大运河后，它成为长江、运河和东海水运的交汇点，以及漕米、海盐、茶叶、瓷铁和丝绸等产品的集散地。唐代中期，它为扬州州治，并设盐铁转运使驻扬州，成为全国最大的工商城市，谚称"扬一益二"，扬是扬州，益是成都，是朝廷最大的税收来源地。每年通过扬州北运的漕米达 400 万石，同时扬州也是淮河盆地海盐的集散地。又因通海，加以唐开大庾岭道，外商在广州登陆后，可沿此道及沿江至扬州，因此外来商品亦极盛，并推动了它的造船业和手工业。唐代中叶时，设有十个造船厂。当时来经商的日本、朝鲜、东南亚、波斯及大食等商人多至数千人。唐中叶时，人口比唐初增五倍。盛唐后坊墙被拆去，筑高楼和店面街，与作坊及商业连成十里长街，市井相连，更出现夜市。如图 8.14 所示，小市及大市已不再单独或隔离地存在，而是连为东西及南北向的穿城的十里长街。市内亦有大面积的作坊和近城墙的仓库区，都与运河支河相通。

172　中国城市及其文明的演变

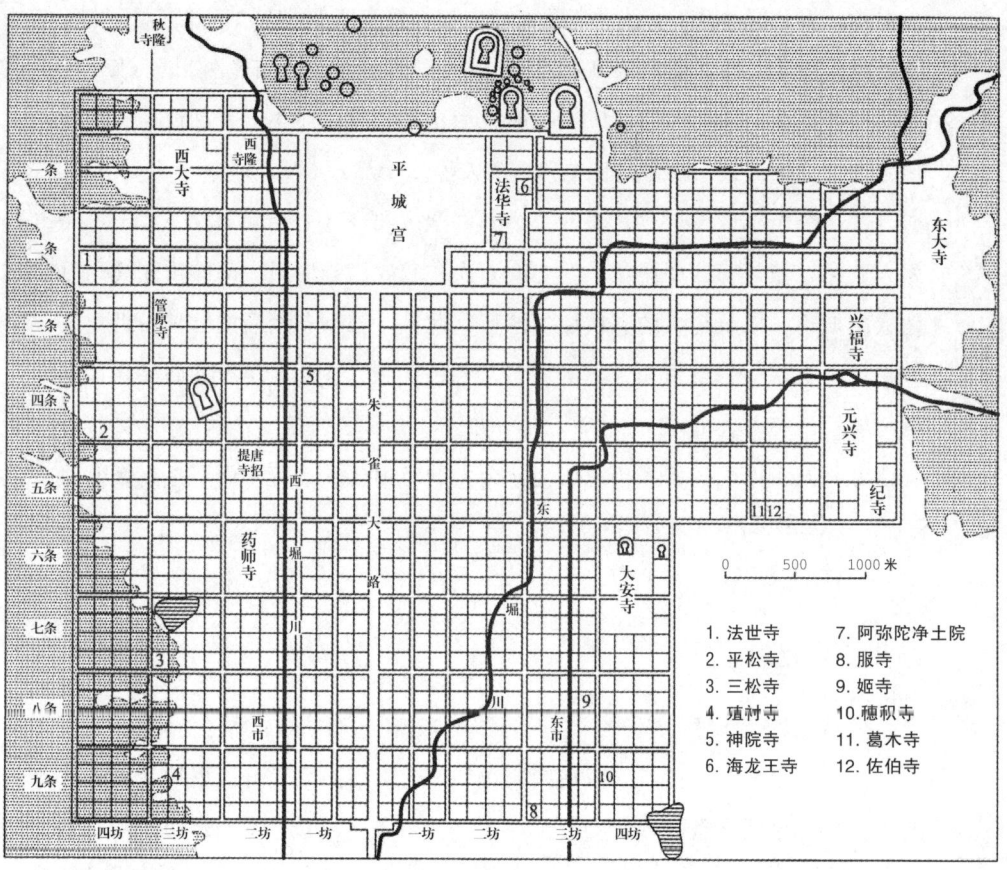

图 8.12　平城京

第八章 唐代：儒家模式的黄金期 173

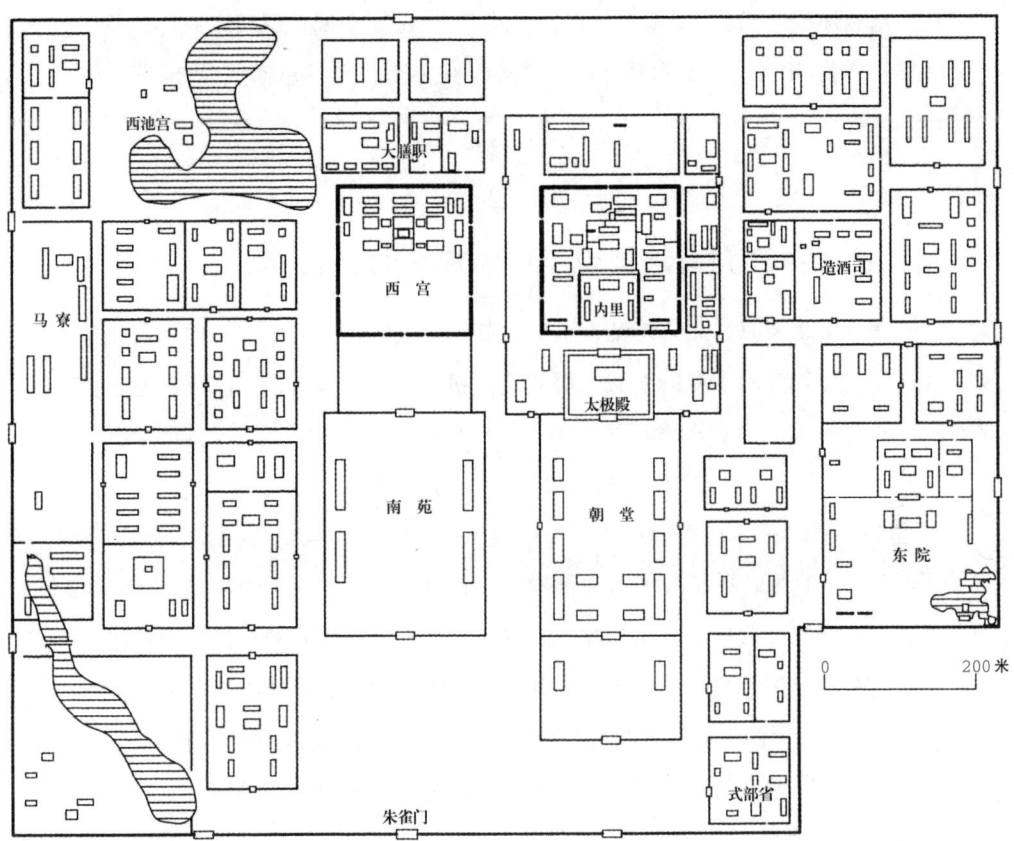

图 8.13 平城宫

杜牧咏扬州云:"街垂千步柳,霞映两重城。"子城,即行政中心,位于战略高地罗岗上;罗城为廓城,为工商及住宅区。全城总面积约 20 平方千米,人口达 10 万。

结论:成熟和完善地体现了中国都城的特点

魏晋南北朝时,北方纷乱,人口大量且多次南迁,使儒家文明和农业经济在南方得到前所未有的发展,而城市化和传统的儒家城市文明更向南方扩散。南北朝的政治和军事背景,强化了汉末以来门阀和庄园式的自给经济。在城市的结构上,也成熟和完善地体现了宫城居中和三重城、中轴线等中国都城的特点。

大统一的唐朝在皇帝大力的推崇下,将儒家文明推向新的高峰。新皇朝亦展示了对外来宗教、文化与民族的宽容,特别是对佛教的扶掖。唐代的武功当然有助于儒学的空间扩张和对外传播,但它的发展主动力来自科举制的推行。雕版印刷的发明更使教育广披、文学流传。后者以唐诗为朝代的代表。不少邻国纷纷以唐朝为治国教化的榜样,因而我们认为唐代是儒家模式的黄金时代。

唐代的城市反映了唐代的社会脉搏。在魏晋南北朝的基础上,在城市结构和规划上,唐代都比汉代更符合儒家礼乐和等级的主要精神。同时,它也引入了不少外来的因素如佛塔等,体现了新的国际价值观和视野。在城市的规划、城市等级体系与行政等级相配等原则上,唐代均成为邻国(如韩国和日本)的城市化和城市规划的蓝本。

对于唐代的中国,我们认为有两方面的重要发展:

  1. 新的基建,如全国性的驰道网、运河网,以及高效率的官僚架构,使中国的地理空间一体化,亦促成巨大核心区的形成。

  2. 中唐以后,由于连接核心区和中亚的陆路交通中断,中国与本来正在汉化的边境邻国联系断绝,导致向南发展的态势,最后引致经济、人口

第八章 唐代：儒家模式的黄金期　175

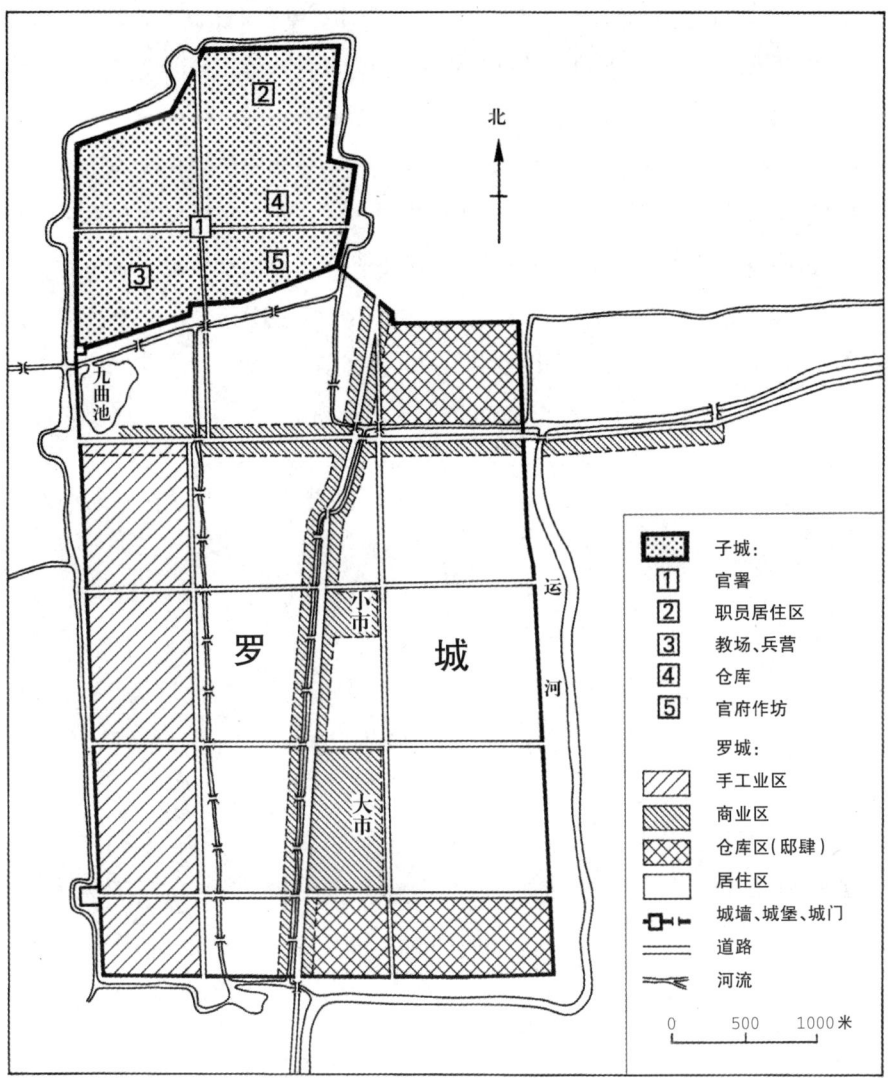

图 8.14　唐代扬州城市功能结构示意图

和政治核心南移至长江流域。自中唐以后，中国更关注海洋贸易，使海港城市成为这一轮城市化的另一个特色。

唐朝的覆灭，使一个伟大的城市长安以及一个伟大的朝代成为历史，也终结了中国对海洋发展的努力，及凌驾于边境游牧和半游牧民族的自信。然而，这一时代的儒学复兴，却为下一波的文人社会和传统城市文明的演进打下了新的基础。

第九章

宋代的城市复兴与新城市文明

中华文明的又一高峰

古德里奇（Goodrich，1962）说过，北宋盛时的中国文明冠盖全球。虽然北宋领土的幅员（图9.1）只及盛唐的一半，但它确是当时世界上最富有、最文明和最城市化的国度。这是因为在唐末混战及五代十国大乱之后，中国式的文艺复兴造就了一个崭新的新世界。正如格内特（Gernet，1980）所说的：

> 和唐帝国的贵族和半封建社会相比，宋代在政治风气、社会习惯、阶层关系、军事取向、城乡关系以及经济发展上都很不相同。拥有现代中国基本特色的新世界已在北宋出现了。

这些学者所说的"新世界"，是指建基于中国历史上第三次儒学复兴的中国社会。最突出者乃理学的到来，以及一个新的士大夫阶层的形成。这些被简称作"儒"或"士"的人士多来自城市里的富有家庭。他们除了有丰富的知识和独立思考外，更以行为道德和为国、为天下任作标榜。与这些发展相配的是一个新型的商业社会和新型的城市化。这些发展一起推动了新时期的中国城市文明和城市化。

两宋社会的特点

李唐的覆灭，使中原政权出现了另一次全国范围的大混乱。在宋之前，北方的黄河流域出现了五个政权，即所谓"五代"，在时间上共延续了53年（907—960年）。同时，南方地区亦先后出现了九个政权，加上北方河东地区的北汉，合称为"十国"。这些地方割据政权都是由唐末藩镇割据演变而成。北方由于长期战乱，城市被破坏，导致人口南迁，土地荒芜。南方地区虽然政权分立，却因为没有独大的军事力量，大体相安无事，地区经济得到恢复和发展，形成了数个繁荣的区域经济，使全国经济重心再度从黄河流域南移至长江流域。北宋初年统计：北方人口只有100多万户，而南方共有250万户。南方诸国因为经济繁荣和社会稳定，而兴礼乐，设百官，立制度，促文教的普及。因此，在10世纪前半期，巴蜀及南唐已成为中国的两个文化中心。活版印刷的发明，制茶和喝茶的推广，词的普及，更使"十国"成为两宋新文明的基础。

抑军政策

后周是五代的最后一个政权。太祖郭威推行一系列新政，恢复生产、发展经济、招贤纳能、改革兵制，加强了中央的军事力量。其养子柴荣继位后，遂开始了统一全国的计划。可惜世宗柴荣突然病死，由七岁的幼子继位。公元960年，后周军队哗变，将黄袍加于赵匡胤身上，拥他为王，推翻后周，建立宋朝。赵继承世宗志，利用外交与军事力量，分别击破巴蜀和南方诸国，到他逝世的公元976年，除了包括现今河北、北京和天津的燕云十六州，以及北汉、吴越和西南的南诏外，统一了中国。其弟太宗后来兴兵征讨燕云十六州，不幸失败。自此宋代版图失去了长城和十六州的拱卫，不断受到来自北方的辽、金和元的军事威胁。而西北亦被西夏占据，失掉了大型牧马基地，更削弱了宋代的战斗能力（图9.1）。

因此，宋代的政治和军事形势非常复杂。在两宋的319年间，北宋共经历了九帝，为时167年；南宋有九帝，为时152年。与两宋共存的有多个地方政权，其中辽、西夏、金最为强大，控制了北方地区及不少汉族人民（表9.1，图9.1）。

第九章 宋代的城市复兴与新城市文明　181

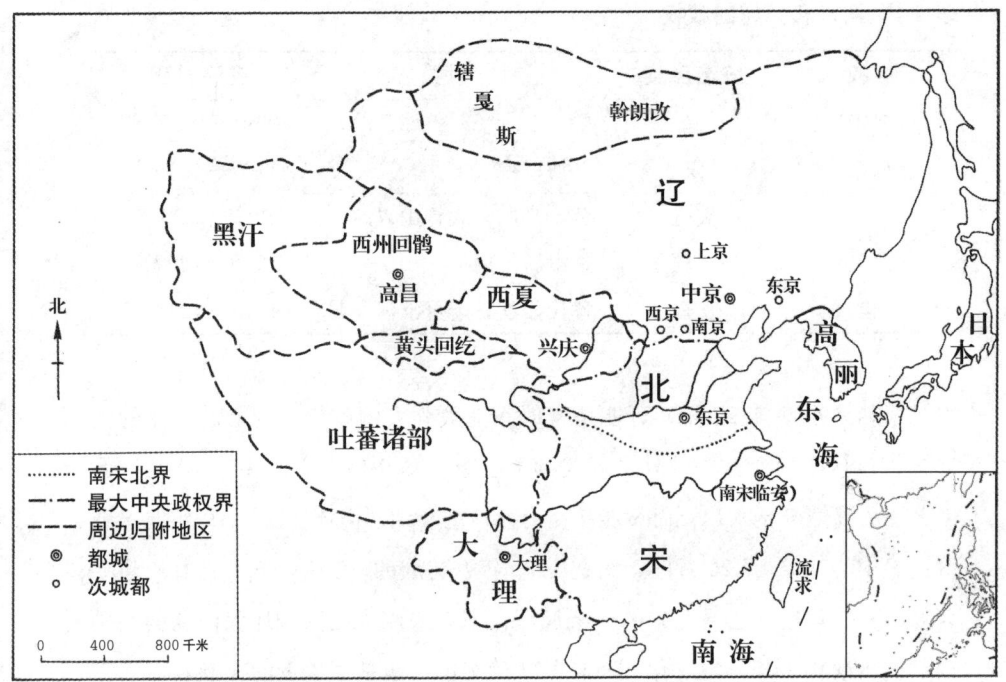

图 9.1　辽及北宋时期全国版图

表 9.1　两宋和并峙的政权

政权	统治民族	领域	统治时期
北宋	汉		960—1126 年
南宋	汉	淮河以南	1127—1279 年
辽	契丹	黄土高原、太行山以北	907—1125 年
西夏	党项	甘肃、宁夏	1038—1227 年
金	女真	替代西辽，延至淮河一带	1115—1234 年

辽朝（907—1125 年）可能是当时东亚最强大的政权，统治着北亚的大部分，包括中国北方，并且是五代的太上皇（图 9.1）。它的 30 万骑兵使北宋无法收复燕云十六州，而只能接受侮辱性的和约"澶渊之盟"，每年向它纳贡白银 10 万两，绢 20 万匹。约在 1005 年，羌族的一支——党项在甘肃建立西夏政权。初期，它是北宋的一个属国，但后来成为敌国。辽和西夏虽然是少数民族政权，却非常汉化，而且其统治范围内包括了大量的汉族农民。它们采用了汉、胡分治的双轨制，以部落方式管治本族人民，而随唐制管治汉民。两个北方政权的中央统治机构和首都规划大抵遵从儒家思想，因此，它们应被看作中国的一部分。在东北地区，女真族在 11 世纪后期强大起来。不久，它建立了金政权（1115—1234 年）。金其后打败了辽，其余族逃至中亚，建立西辽。1126 年，金大败北宋，抢掠了首都汴梁（开封）。宋室被迫南渡，在南方立足而为南宋（1127—1279 年），并在 1164 年与金议和，以淮河为界（图 9.1），保持长久的相对安定。因此，南宋版图约是北宋的三分之二，明朝的三分之一，清朝的五分之一。

金朝统治淮河以北的土地，估计有汉民 4000 万人，而南宋的人口在 1131 年时为 4500 万人（表 9.2）。以民族和人口计，金和宋不但是一家，而且势均力敌。

由于幅员与人口的缩小，两宋缺少了大一统朝代——如汉唐——的军事力量。它在西北和西面的扩张受制于吐蕃和西夏，在北面先是受制于契丹的辽，后是女真的金，而南面又被南诏所约束（图 9.1）。

表 9.2　两宋的人口

朝代	年份	人口（万）
后周	959 年	1670
北宋	970 年	2110
	1003 年	2810
	1020 年	3990
	1060 年	4540
	1110 年	8560
南宋	1131 年	4440
	1180 年	4850
	1234 年	5130
	1274 年	4220
	1275 年	2950
	1279 年宋亡	

导致北宋采取"守内虚外"的政策还有两大原因：(1) 唐后期的藩镇割据和五代十国的大分裂；(2) 因宋太祖是由军队哗变、"黄袍加身"而得位，对军人权力持有戒心。因此，两宋除了将政、财、司法、军事大权集中于皇帝一身外，在军事上更往往采取守势，而且将军队的指挥权由文官代理。宋代的常备军比以往强大，由宋初的 37 万人增至徽宗（1110 年）时的 140 万人，但却很少进行积极的战略进攻，南宋初时的岳飞北伐是个例外。在军事和外交上，宋朝以保守为基调，即：务求稳定与和平，没有如汉唐两代一样寻求领土的拓展，使宋在军事上成为一个积弱和苟且偷安的朝代。然而数目庞大的军队却成为宋"积贫"的重要原因之一，因为军费开支竟占了北宋政府财政的 70%，南宋财政的 60%。不过，两宋却因上述这些政策达致了相当长时期的内部稳定，避免了军阀割据和国家再度分裂。

文人官僚政治的形成和儒学的复兴

北宋建立后,"兴文教,抑武事",尊重知识,提倡读书,大力改变唐末和五代的重武轻文倾向,建立了以儒学为基础的科举来选拔文臣任要职的新体制。宋太祖一朝,先后九位宰相全为文官,其中科举出身的占六人。两宋主要大臣中的724位枢密使和枢密副使,文臣占659人。科举制度在公平、开放和实用上达致新高峰,不再像前朝只考诗赋、帖经、墨义,而以经义、经论、时务策为主。官俸亦大幅地增加以求养廉。门第观念因而更形淡薄,使宋朝成为中国古代官僚制度的形成期。Roberts(1999)指出,在1148—1256年间,六成进士的家庭背景显示:他们以上的三代从未被任命为官。科举考试和地方州县学校考选,已成为士大夫进入官场的必经之路。

皇帝亦对大臣放权,将自己放在决策的第二线,由中书和门下(宋神宗后改设为门下、中书、尚书三省)制定经济和税收政策,枢密院控制军队。皇帝只在政策交由六部推行前加以审核。当然,一如前朝,御史道对官员进行监察,并直接向皇帝负责。这些文官从国家利益出发,制定了一系列包括限制和约束皇帝权力的制度和章程,形成了皇帝与士大夫共治的新中央集权政体;职业军人不但丧失了以往的权力,社会地位也随之下降。

文官政治和儒学的复兴直接相关,其中司马光和朱熹的学说更具代表性。他们不但重申儒学的基本思想是治理国家的主要原则,使这些原则和理念支持了君主权力的合理性,而且个人在道德修养上重视通经致用,专注现实的实践,使儒学向新儒学即理学迈进。司马光的政治理想为:明君在位、国泰民安,主张任官以才,"怀民以仁",恪守"祖宗之法"。朱熹主张穷理格物,先知后行,知行合一;而他所"格"的"物"乃天理、人伦和圣言。理学对儒家经典的新解读成为科举的基础。这些较开明的治学态度也促进了士大夫对艺术、科技、自然、数学、政治、社会甚至城市规划的新兴趣和看法。由于富裕的士家庭的增加,活版印刷的推广,闲暇时间的增多,以及官办学校和私立书院的蓬勃(有记录私人书院至少有124家),理学得以广泛传播。简言之,这是一次中国式的"文艺复兴",一个新的和全面的知识年代的展开。正因如此,两宋在经济、艺术和科学发展上都达到了历史高峰。宋代的瓷器、山水画、丝绸、制图、造船、家具以及室内设计都成为中华文明的经典。

两宋社会还添加了另一些重要的成分，包括以商店主和手工艺者为主的新阶层，以及在城内形成的如店员、奴仆和其他雇员（贩夫走卒）等城市低下阶层。这些新阶层在人数上占城市人口的多数，而他们的喜好和日常生活亦与上层人士（士大夫、贵族和官员）明显不同。为了迎合他们，城市中产生了大众文化和娱乐，包括说书、弄刀、卖艺和其他城市娱乐活动，构成了勾栏和瓦子等新的土地利用和城市功能，使宋代的城市文明出现了新的景况。

商业国家

北宋经过开明宰相如范仲淹（989—1052年）和王安石（1021—1086年）的改革，农业生产力大增。在长江下游围垦造田，以及在南中国坡地推行整修梯田，使耕地面积比唐代倍增。南中国也普遍地种植经济作物——茶，在广东和福建还引进了棉花。以往的"租调"（或农业税制）以农地计算，以实物及役力为主要缴付办法，而现在则代之以产量估值、现银支付的办法。因此，货币经济开始向农业覆盖，促使农业商品化，农产品大量进入贸易渠道，步向农业的资本主义初阶。

在非农经济部门，如商业和手工业，宋代也以零沽的商业税和产品税代替了对市场和产品价格的控制，以及对手工艺的直接控制。当然，国家仍通过专营直接成为一些关键产品的生产者和商人以为军队筹措经费，如英宗时，各类官办矿冶所达271所。官营手工业仍占主导地位，但它们的工匠已主要是招募而来的雇匠，对官府和私人坊主的人身依附关系在进一步削弱。在中国历史上，宋代也是首个积极地推动海上贸易的政权。除了对东南亚和南亚派遣贸易代表团外，南宋在秀州（上海华亭县）、密州（今青岛附近）、明州（宁波）、泉州和广州专设了对外的海上贸易管理机构——市舶司，依市舶法对外商进行管理。南宋时，设有市舶司的港口贸易城市有临安（杭州）、明州、温州、秀州、江阴等。两宋期间，与中国保持贸易关系的国家有五十多个。市舶司的进出口税收约等于货值的10%—40%。按1189年的记录，该年的税收达 6500 万串（或称贯，每串 1000 钱），比北宋初年的 500 万串增加 10 倍多。Cotterell & Morgan（1975）认为，两宋的海上贸易总额已超过欧洲的总和，是世界最大的贸易国。

以国家财政收入估计，在北宋的经济中，非农与农业经济各占一半，因为政府来自商业税和专营的收益与农业税的收入相等，至 1077 年（熙宁 10 年）更达 70%。商业税和专营税大部分来自城市，在南宋时一直超过了来自农村的收入，占国家总税收 2/3 以上。故宋代经济可称为"新经济"，亦可称为"货币经济"，因为其中的支付手段和前代不同，已经用现银取代了实物。大量的现银交易亦使货币的种类增加，除了以串为单位的传统铜钱，大量纯银也进入流通渠道。北宋（1073 年）时，铸钱 600 万串，但流通量却有几十倍，达 2 亿串（Gernet, 1985），其背后的原因乃是新货币的出现。1024 年起被成都商人采用的私人银票，发展成为州政府推动区域间贸易的"飞钱"，以便利大额跨境贸易，并减低现银交收和运输的风险。这些不同形式的"代币"至南宋（12 世纪）时发展为"官钞"（会子），即印刷的官方货币，其流通量达到 4 亿串，是北宋铜币高峰期流通量的 2 倍。南宋纸币的影响更是国际性的，它成为了不少亚洲国家如韩国和日本的通货。

图 9.2 显示了北宋时官营专利、主要城市的商业税收和经济作物（只包括茶叶）税收的分布，以说明北宋商业经济的空间分布和由它所导致的城市等级体系。它印证了南中国（包括四川）在两宋时商业和城市的蓬勃发展。由于图中资料并不涉及大量的没有税付的私人贸易，它并没有充分反映宋代商业社会的全貌。

宋代的城市化动力

耕地的开拓、新技术的应用以及农业税的改革，导致了生产率的提高（特别是水稻）和经济作物的推广。它们亦使土地市场形成，导致农地的兼并和大庄园的出现。在 11 世纪时的北宋，14% 的人口拥有了全国 77.5% 的耕地面积（Roberts, 1999）。不少农民失去土地，被迫流入工、商及服务性的

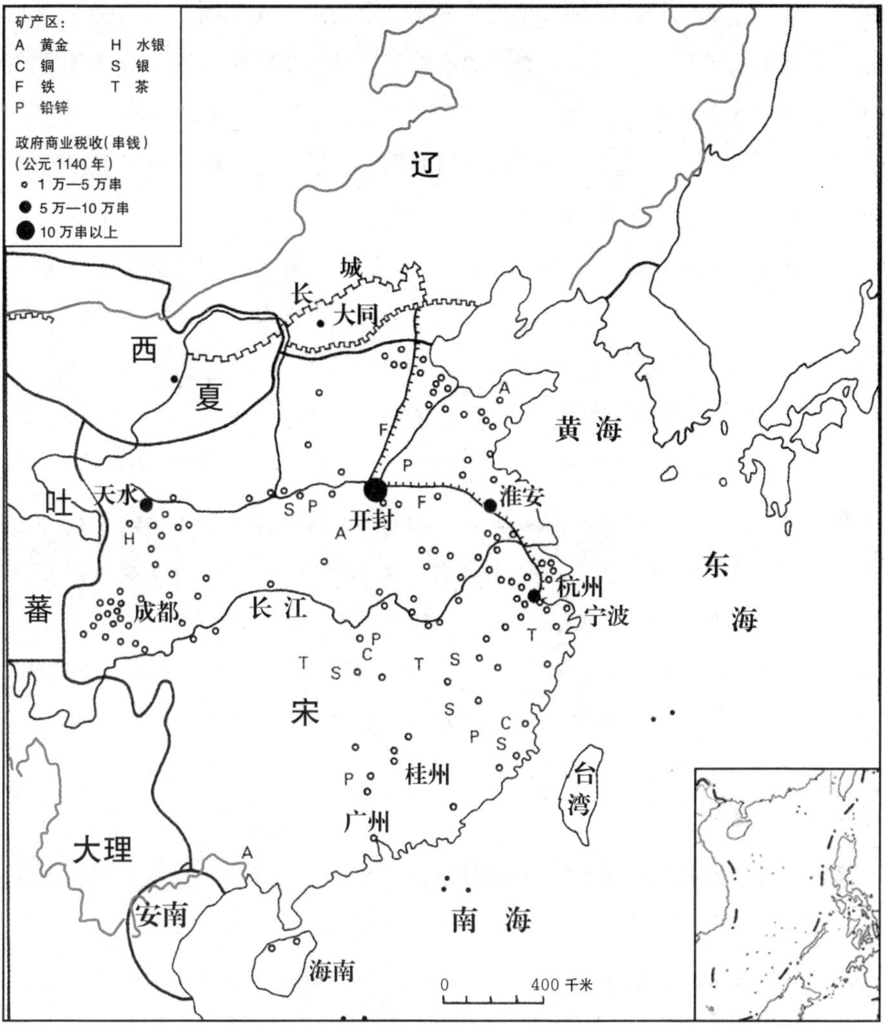

图 9.2 北宋最大政治版图及非农经济分布图

行业，促进了非农经济和城市化的发展。这个发展同时也改变了以往工商业依赖王室和官僚的传统，由以制造和营销奢侈品为主，转向以大众消费品如食品、日用品等为主，引致工商业的扩张和普及。国内和对外贸易亦得益于全国已完备的 5 万千米水路网、新海船的设计，以及导航和航海工具如定向舵、指南针与新航帆的出现和推广。纸币和金融机构的出现，也使得贸易因便利和风险降低而扩张。上述的技术和政策因素，配合社会上新儒学的实用和理性主义，促成了新的城市革命。括言之，两宋的技术和社会诱因，使社会发展水平达致 18 世纪初资本主义初阶时期的欧洲国家。

正因如此，虽然宋代人口由初期（970 年）的 2100 万增至 1110 年的 8560 万（表 9.2），农业人口的比率却在下降。农业的高效率使粮食年产量 3 亿石（1 石 =103 斤），即人均量约 3 石。单大运河就每年漕运 700 万石。十国时代，南中国的区域间贸易已很蓬勃，至南宋更盛。如图 9.2 所示，当时出现了区际的经济分工，如河北盛产钢和铁，太湖地区产稻米，福建产茶和甘蔗，四川和浙江造纸，成都和杭州印刷和出版，湖北、湖南和浙江产漆器，开封和后来的浙江产瓷器等。当时的国内贸易以一般消费品为主，而外贸则集中在奢侈品如香料、珠宝、象牙、珊瑚、犀牛角、药材、沉香、丝，以及上等的茶和瓷器等。

城市经济的发展令城市发展出现新动力，也改变了城市的传统性质和土地利用结构。汉唐的行政型城市至此时已转型为商贸和娱乐型的新城市。正如前述，繁华的工商业在这些城市中培育出了一个新的城市居民阶层——"市井之徒"。与城市经济繁荣、规模越来越大的趋势相适应，两宋在户籍制度上把居住在镇、寨和城市中的居民定为"坊廓户"，向官府缴纳房产税和地基税、承担劳役等。城市地租和新的户籍身份也首次出现，与农村户籍明显不同。

此外，晚唐以来商业中心的兴起至两宋而大盛，更促成了中国历史上另一个城市发展的新起点，即商业镇的出现。这些县以下的镇级聚落的发展，主要依托于自身的经济功能而不是行政功能。它们中一些是唐末废置的军事型镇所，但大部分却是不设城墙的、在交通交汇处以手工业或贸易发展起来的小城市。当发展至一定规模时，政府便赋予它们新的城市行政身份。1080 年时，在全国的 1135 个县中，共有 1810 个此类镇，其中 23.5% 设有税馆（马澜潮，1971）。北宋人高承对镇定义为："民聚不成县，而税课者，则为镇，或以官监之。"不少镇是在大型商贸城市周边出现的，如在开封府便有 31 个镇，河南府有 22 个镇，大名府有 20 个镇，成都府有 19 个镇。在镇下，在农村地区边沿也出现了更低层次的商业点——草市（即墟市）。它们为农副产品提供了定期的墟市交易场所。政府亦在草市设官收税，其中一些草市甚至被升格为镇。

国内贸易和商品经济的蓬勃，特别是奢侈品如丝、茶、瓷器，导致关于本地产品和进口的奢侈品的交易，产生了外贸。宋代对外贸的鼓励，以及它的造船和航海的发达，使兴旺的海港成为当时城市化的另一动力，添加了另类城市。在唐代，广州是唯一设有市舶司的城市。在北宋，这些城市便有六个。在南宋，更添加了三个，即：镇江、温州和江阴。大部分海港城市位于南方，邻近出口产品的主要产地（图 9.2）。

在空间分布上，经济兴旺、人口众多的城市集中在长江沿岸和沿海。在陆上的重要通道口亦得利于政府的边贸政策，如茶市、马市；重要的商贸城市也出现了，如天水等（与吐蕃和西夏相接，图 9.2）。在北宋，人口超过 10 万的大城市超过 40 座，而唐代只有 10 座。因此，两宋城市规模已超越中世纪时期的欧洲，它拥有当时全世界最大的 10 座城市中的 5 座。图 9.2 更明显地显示出南中国的城市在数目增长和重要性上均领先全国。在下表中，我们以南方四府（州）和北方河南为代表，列出两级城市数目在唐代和宋代的变化以资证明：

表 9.3　唐宋府（州）、县治数目的变化

	府（州）治数	县治数
南方：四府（州）		
唐	35	170
宋	48	243
北方：河南		
唐	18	132
宋	17	99

北宋末年，黄河流域的人口大量南迁，而南宋与辽和金的连年战争也使北方人口和城市受到摧残。明显地，城市的数目在南方出现了强劲的增加，而在北方则在下降。

新市民社会的出现

农村生活的艰苦以及城市工商业的繁荣，使得大量人口由农村向城市迁移。两宋的官僚体制也规定了官员们要随着任命的转变而不停地迁徙。廉价而便利的交通，众多而功能多样化的城市聚落，以及城市累积的财富和丰富的娱乐，成为新的城市向心的动力，打造出两宋新的城市文明。由大小商人所构成的新城市资产阶级，不但人数众多，而且在财富的影响力上更胜士阶层。他们的生意不再仰赖于对王室、贵族和官僚的供给，他们的市场来自出口的大量需求和广大百姓的需求，甚至在奢侈品上，这个新资产阶级的自身需求亦十分庞大。他们广建雅致的园林，在内中陈设讲究的家具和艺术品摆设，衣着奢华，而且追求美食。所有这些成为中国新城市文明的一部分——城市内舒适和高水平的生活环境。与此同步发展的，有畅旺的城市大众表演艺术，新城市民众需求所孕育出来的民间专业艺人，包括风水师、面相师、说话人、戏曲师、棋艺师、傀儡戏师、影戏师、杂技师等；同时还有大量的酒楼、茶艺馆、妓院、浴堂、酒肆和赌场内的雇员等。

城市民间技艺和娱乐事业的勃起，亦和政府对城市的新概念以及转变了的城市管理模式有关。五代末期，周世宗在即帝位前曾经做过商人，故即帝位后，对城市商业采取较为自由的政策，如在首都开封的汴河上允许建立邸店。宋太祖继承了周世宗的政策，即位第六年（965年）就正式在京城弛夜禁，准许开夜市："诏开封府，令京城夜市至三鼓已来，不得禁止。"在中国城市发展史上，这是个划时代的巨变，意味着传统的市场管理模式的消除。至北宋中期，封闭型的坊市制度已全面崩溃。商业的经营方式和城市的空间格局向开放型转变，形成许多繁华热闹的商业街与新型的服务和娱乐行业（如浴堂、茶坊、勾栏等），令商人、小贩、卖艺者及他们的客人——城市居

第九章　宋代的城市复兴与新城市文明　191

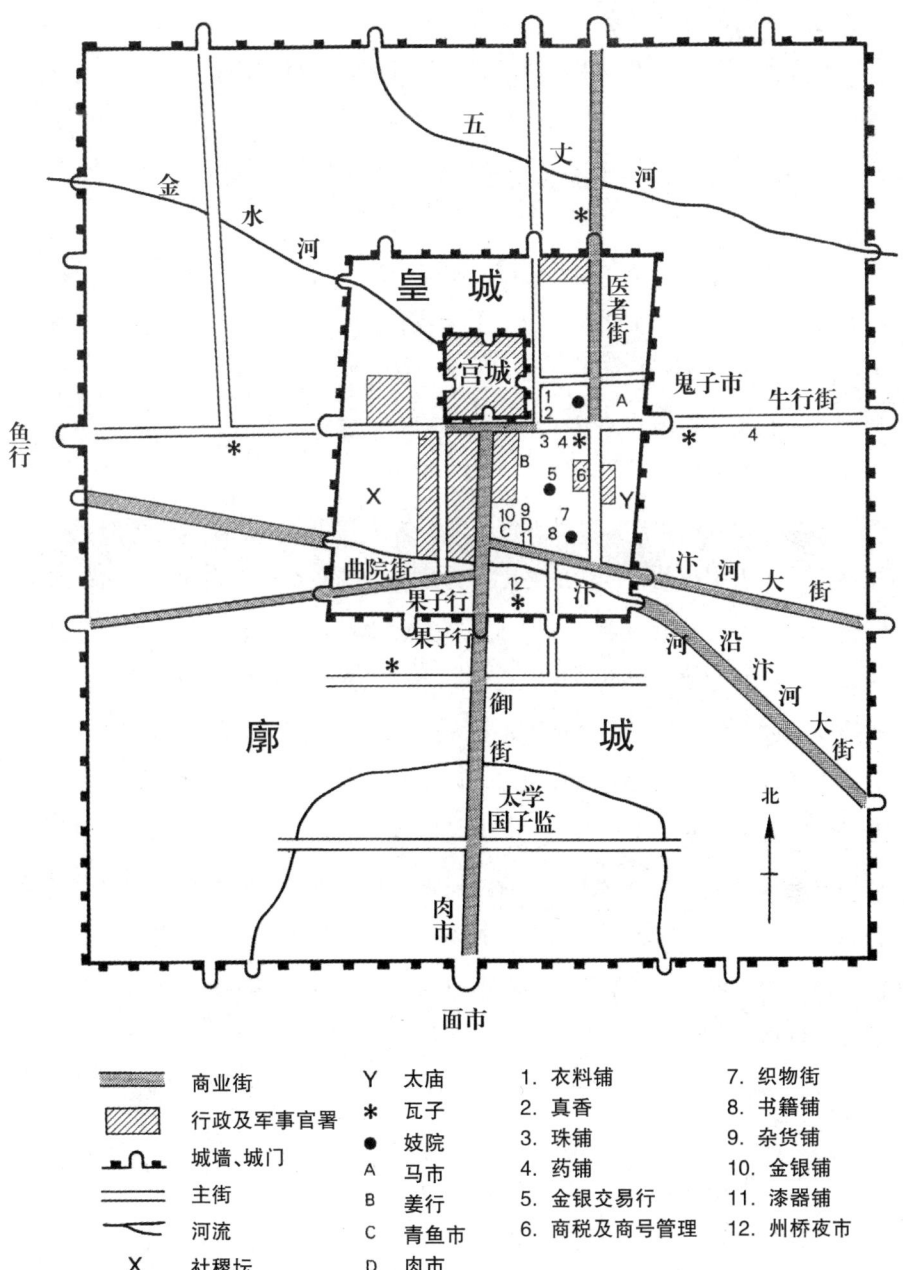

图 9.3　北宋末年，东京（开封）三重城结构及主要行市分布

民成为城市的最重要部分。

在中国的城市发展史中，北宋开封是首个以大量市民商贩、娱乐所需而构成主要土地利用和功能分布的都城。这些以大众需求为目的的综合性土地利用被称为"瓦子"。瓦子以一个或数个有遮盖的表演场所"勾栏"为核心，周边有众多的贩卖各种商品、提供占卜或医疗服务的摊档，以及街头戏曲、杂技、酒楼、茶馆、食肆和妓院等。当时的开封市共有6个瓦子，其中最大的瓦子有50个勾栏（图9.3）。南宋的首都临安（杭州）有12个瓦子（图9.5）。不少瓦子是通宵达旦、24小时营业的。因此，两宋的城市生活以及市民大众的文化和空间的习惯明显与前代不同，在狭义上说，他们是生活在一个新的城市文明之中。

在两宋的城市中，由商贸、制造业、娱乐和服务业所孕育出来的新城市文明，凌驾于传统的行政功能之上，为中国传统城市文明在性质、内容和空间格局上添加了新的内容。有了新发展的两宋城市文明自然地引致新的城乡关系。汉唐的行政型城市是对周边的农业地区具有服务机能的中地。在两宋的商业社会中，城市与农村的分别变得明显：包括了不同的生活节奏、内涵、方式，以及不同的人的素质和追求。两宋城市亦相对较为独立：富有者不一定是农村地主，贫贱者亦多与农村土地脱离关系；而城市的繁华主要建基于国内外贸易，就算是工业生产，也不以地区市场为主要营销目标。由于这些独立性或与传统地域的脱离，在市民阶层中，人与人之间的互助成为心理和实际的必要。以乡土、贸易、制造业行业组成的行会和同乡会成为当时城市的另一特色。同样，各宗教亦成为新城市文明的内涵之一。

对两宋的城市和城市文明的演变，我们可以简括为如下九点：

1. 居住里坊的瓦解，代之以开放式的街巷；
2. 对居民的严格时空管制转变为市民在生活和活动上的自由；
3. 严格管理的封闭式市肆，变为24小时营业的、开放式的商业街和小区；
4. 居住和商贸、服务活动采取线状或带状式，沿主街、河道和交通交叉点分布；

5. 城市居民的户籍定为坊廓户，其义务与农村户籍不同，首次出现了"城市居民"的概念；

6. 巨大的城市生活的改变：丰富的文娱和演艺活动，而且主要由私人作营利性的提供；

7. 由于城市的规模、密度和加快的生活节奏使火灾危险度大大提升，开设了城市防火灭火的官方机构；

8. 重视对城市路旁与沿河地带种植花树等绿化措施，并且成为规划和建设城市的基本原则之一；

9. 战场上的攻击性火器改变了城墙的防卫性设计；城墙改由石砌或铺以砖替代夯土墙，并且建有敌楼、箭楼和深邃的城沟。

然而，在城市的空间格局上，宫城仍是首都的中心。在各下级城市中，官署仍占有核心位置。

以下，我们以两宋的都城和主要大城市作例，以印证此一时代的城市文明，包括城市化和城市结构的新形态。

开　封

开封是北宋首都，亦称"东京"，或"汴京"（960—1126年）。唐代时它被称为"汴州"，城墙于781年建成。它位于大运河与黄河的交接处（图9.2），是自隋唐以来南中国漕粮支援京师大兴和长安的战略要地。918年后，它成为五代的首都。后周将它扩充，建设了第二重城墙。第二重城新包括的土地面积，比旧城或内城大三倍。

由于开封处于十里平川的黄河谷地平地，无险可守，因而需要建立多重强大的城墙以为防守之用。因此它拥有大高墙和深濠（图9.3），以抵御新的热兵器（火炮）和来自北方的铁骑。

图9.3显示，城的平面近方形，总面积约32平方千米，是一个拥有三重

城墙的大都城，中心为宫城。这一体制自北宋起被后代国都效法。宫城亦称"大内"，格局为前朝后寝，是天子办公和居住的禁地。皇城，亦即内城，约等于唐时汴州的范围，面积4.5平方千米。由宫城正南门开始的御街是皇城和全城的中轴线，两旁分列文、武官署，是全国的行政中枢。在皇城南部，按《考工记》"左祖右社"分设有宗庙和社稷坛。简言之，宫城和皇城基本承继了儒家规定的都城的布局和性质，以"奉天承运""天人合一"和礼乐为原则，并以行政为主要功能。

然而，开封的皇城内亦是商肆和娱乐场所林立。图9.3显示了医者街、御街、曲院街等主要商业，由奢侈品到日常用品集中的主要商业区（如珠宝、金银铺、杂货铺），以及6个瓦子和3个妓院区。皇城内汴河上的州桥一带（图9.3的注12）更是全市最大的夜市。

黄河四条支流流过开封，其中汴河的商贸最为繁忙。河上的货运量占了首都水运量的九成，主要是米和盐，以供应王室、官府和军队的庞大需求。单米粮一项，每年运量便达300万—700万石。城内东南角的两条沿汴河大街是全城最繁忙的仓储和商业区，因为漕运是由此入京师的。《清明上河图》便是以沿汴河大街为实景绘成的，图9.4显示了它的局部城市景观。在唐时，汴州府城（即北宋内城）只设有两个封闭式的市场，至北宋中，它们已被开放式的商业街和商业区取代。后者多沿大道及河道两旁作线状分布，有时亦和居住区混在一起。为了便利税收，官府在城中重要商业中心设税局和商贸管理机构（图9.3的注6）。开封当时的商业税领先全国，主要是进城的商品税和仓储税两大类。1015年，开封的两税全年收入为40万串，1085年增至55万串。另外，官办工贸专营还雇有很多人，为政府提供另一财政来源。单是为王室和贵族制造奢侈品的工艺师便有八九千人，还有专门生产兵器的工匠3700人。私营的制造业多在廓城，也是十分繁盛。

全城道路以宫城为核心，棋盘式地向外延伸。南门外的御道为主轴，宽300米，亦成为主要商业街。其他道路多是15—20米，比唐代窄。全城有六大娱乐区——瓦子，分布在内城和廓城不同地段（图9.3）。商店和酒家、食肆遍布全城（除宫城外），以沿汴河和主干道最为集中。这些瓦子和商业街成

图 9.4 清明上河图（局部）

为开封一大特色，也是中国国都和城市文明自北宋以来才有的新元素。开封也是北宋的文化和教育中心。据1102—1106年的记录，城南的太学有学生3600人，此外还有其他官学和私学，除了教授儒家经典外，还教授武术、医术、法律和数学等科。开封还具有国际化的宗教气氛，城中有各类宗教寺庙913座，道佛等宗教专业人士25000人。

坊制自从被破坏后，以往的坊墙变为开放式的街道，不少住宅和商铺开向临街，同时多层式楼宇也出现了（图9.4）。楼宇高度和密度增加，并混合了工、商、住等三种功能，使得始自后周的城市灭火组织发展得更为完备。开封城的内城被划为14个消防区，外城则为8个，每450米的距离设置一个消防站。站内有瞭望楼、救火设备和消防员值班。全市共有3400个士兵充任消防员，全职防火和救火。

取消旧坊制后，内城被分为十个城区，即厢，共辖121个分区（坊）。廓城分为四厢十五坊。在1021年时，宫城共住了35550户，皇城62200户，而廓城10万户。加上约40万人的军队和官员，全城人口约100万，是当时世界上最大的城市。

如前述，自后周起，开封采取了城市绿化政策，在运河和干道旁遍植杨柳和花树。北宋晚期，在宫城外东侧更加建了皇家园林，即600米×500米大的"艮岳"，其内遍布从太湖等南中国运来的奇石和花木。艮岳建设的奢侈和豪华虽开创了中国城市园林特色，但亦是导致北宋灭亡的原因之一：醉生梦死的城市生活。

临安（杭州）

临安是隋代杭州的治所。十国时，它是吴国的都城。至北宋，它是南中国最大的丝织、酿酒和印刷中心，是个重要的工商都会。989年，朝廷在此开设市舶司以管理海上外贸。自1129年起，它成为南渡宋室安居之所，为偏安的南宋的国都，改称"临安"——"临时安居之所"。

临安与历代国都有两大分别：(1) 城市外形不规则，呈新月状，而不是

第九章 宋代的城市复兴与新城市文明　197

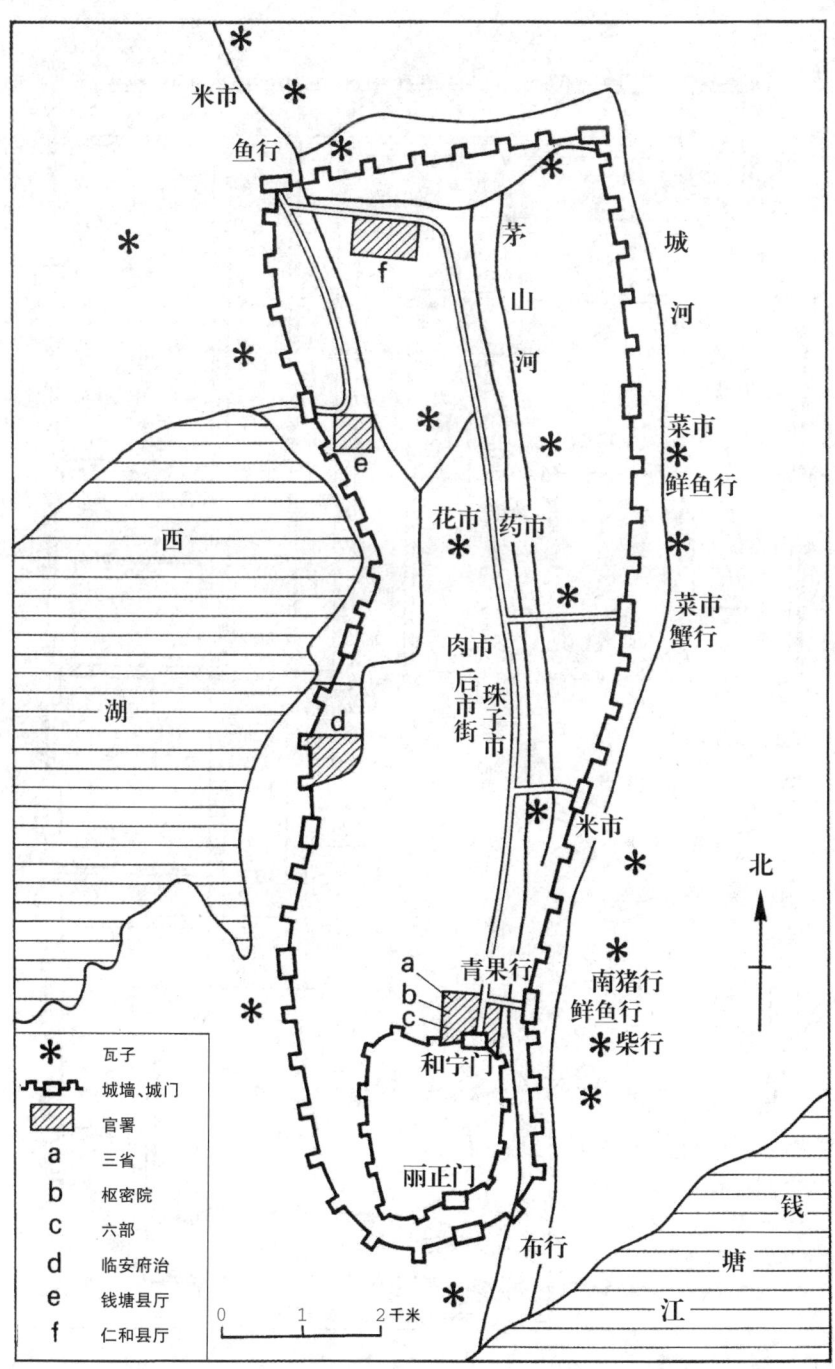

图 9.5　南宋临安（杭州）行政及商业功能分布

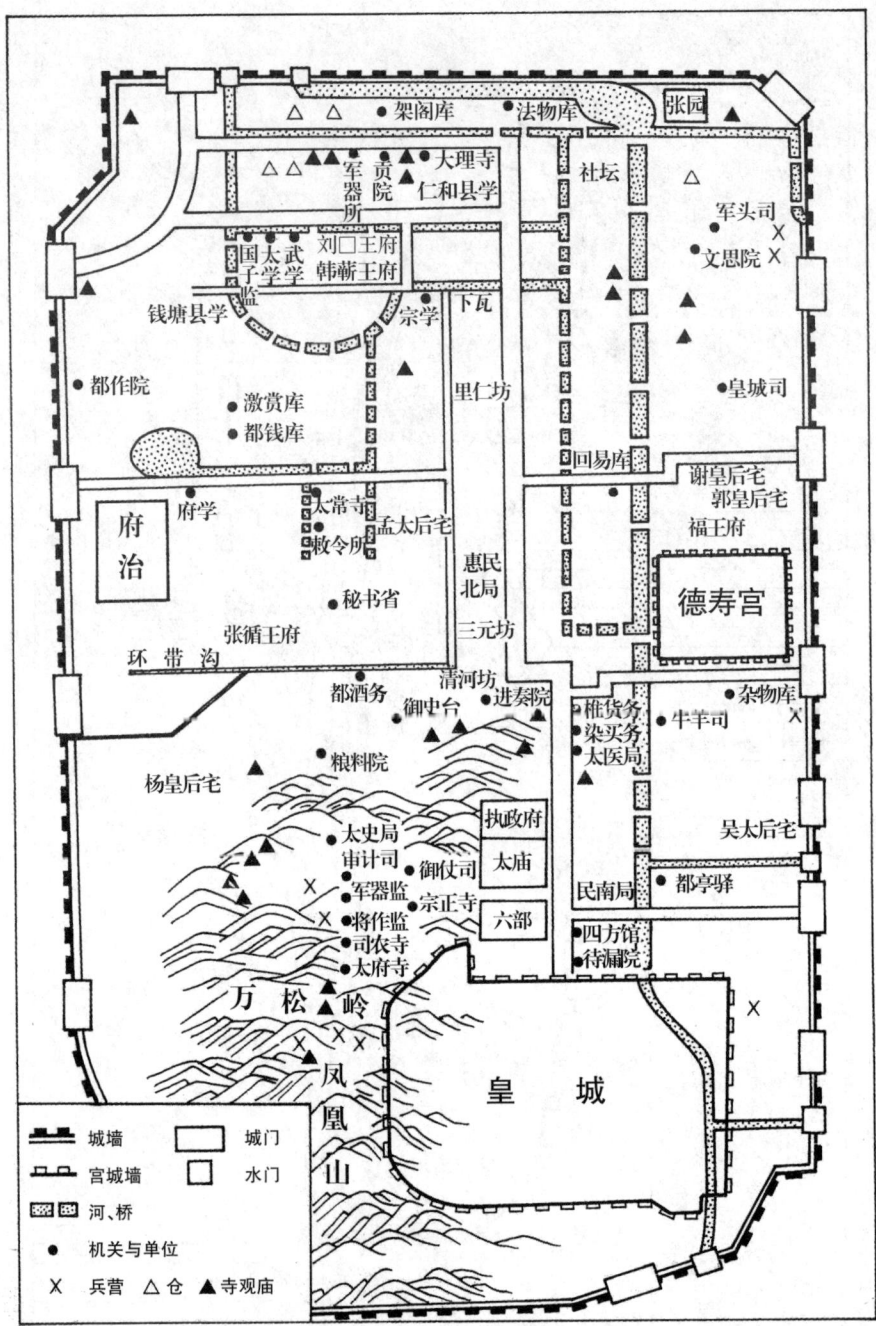

图9.6 南宋京城图

正方或长方形;(2)整个城市北向,包括主城门、大朝、宗庙等也是北向(图9.5)。除了受到西湖、钱塘江和南面高地的影响外,政治是个重要考虑。城市的新名称显示了朝廷重返中原旧京、收复故土的强烈愿望。

与旧京开封比,临安面积细小,只有10平方千米。它亦只是个二重城,包括皇城和外城(图9.5,图9.6)。皇城约等于宫城,在城南高地,依靠凤凰山而北向。外城或廓城包括一般皇城内的官署和宗庙、社坛等建筑,还有宋代兴起的各级官学。外城墙十分坚固,有防御设计,但其城门数目及分布与《考工记》规定的各三门有很大出入。

由于城市细小,不少人口和活动越过外城城墙,发展至西湖和沿运河的郊区(图9.5)。估计城内人口有70万—80万,在与城内面积相若的郊区也有同等人口,因此城市的实际总人口达150万。

和开封一样,工商业和娱乐事业遍布全城,特别是沿河和主干道的两旁,大小店铺"连门俱是"。工商行业比北宋更多,共有414行。大型的农副产品市场则集中在主城门外,如菜市、鲜鱼行、柴行、蟹行等。城内不少建筑采用临街而不是四合院方式。空间的狭小也导致建筑物向高空作多层式发展。城内外共有24个瓦子和不少街头艺人,是个繁盛的工商贸和消费城市。图9.5显示出其中12个瓦子,其中城北的众安桥瓦子最大,内有勾栏13座,包含说话、相扑、杂技、影戏、舞番乐、诸宫调、杂剧、傀儡戏等表演。

平江(苏州)

平江(苏州)是战国至西汉时期江南唯一的都会。在唐时,仍是江南最大的商贸基地,比杭州繁华。北宋熙宁十年(公元1077年),平江收纳商税达7.7万串。1113年,改苏州为平江府。1130年南宋被金兵入侵,平江大部分遭毁,经半个世纪才逐渐恢复。

南宋经济中心南移,促成平江与临安同为天下两大都会和文化中心。江南粮产多经平江集散,城内因而工商繁盛。南宋绍定二年(公元1229年),市政府刻成《平江图》(图9.7),是中国最早的城市地图。城为南北向长方

200　中国城市及其文明的演变

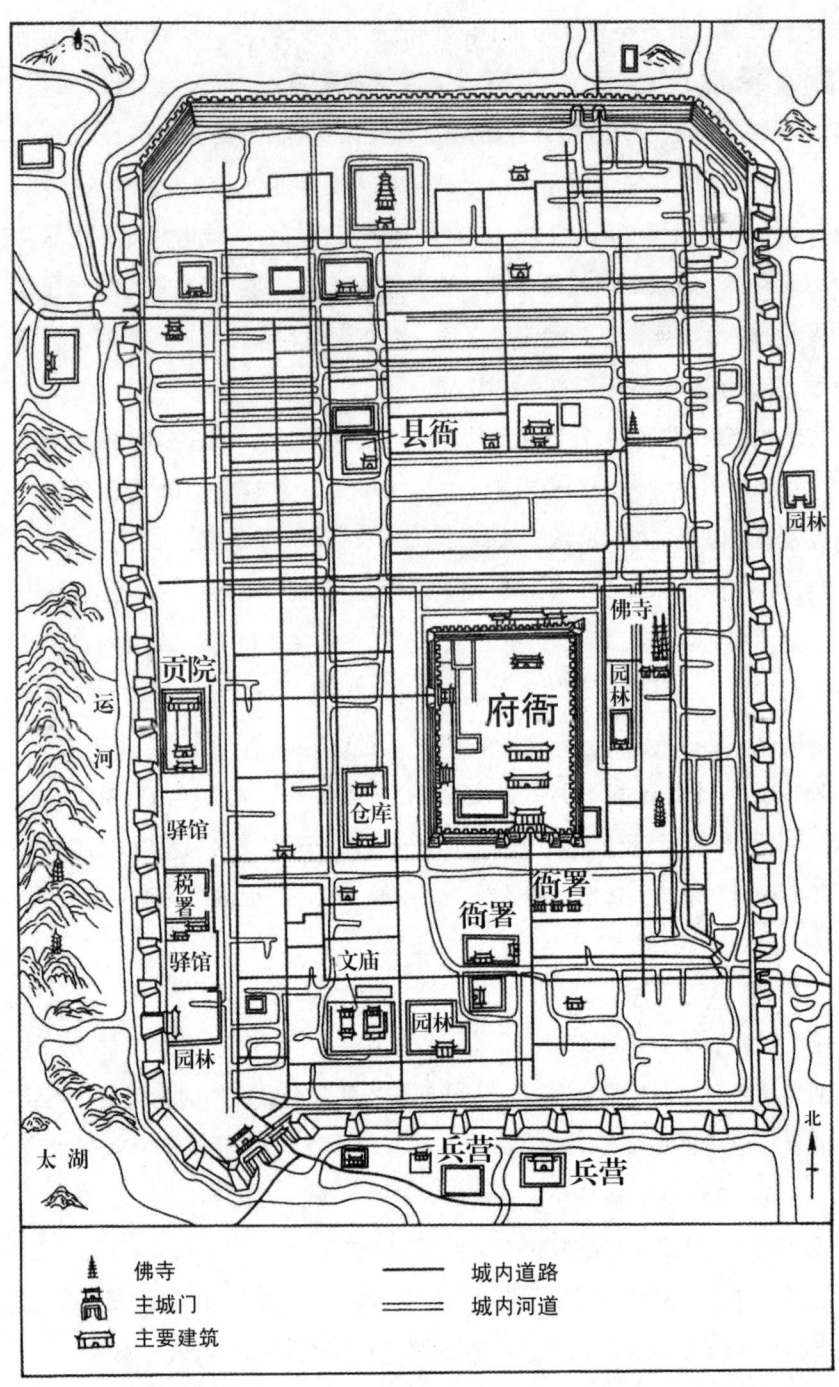

图 9.7　南宋平江府城图

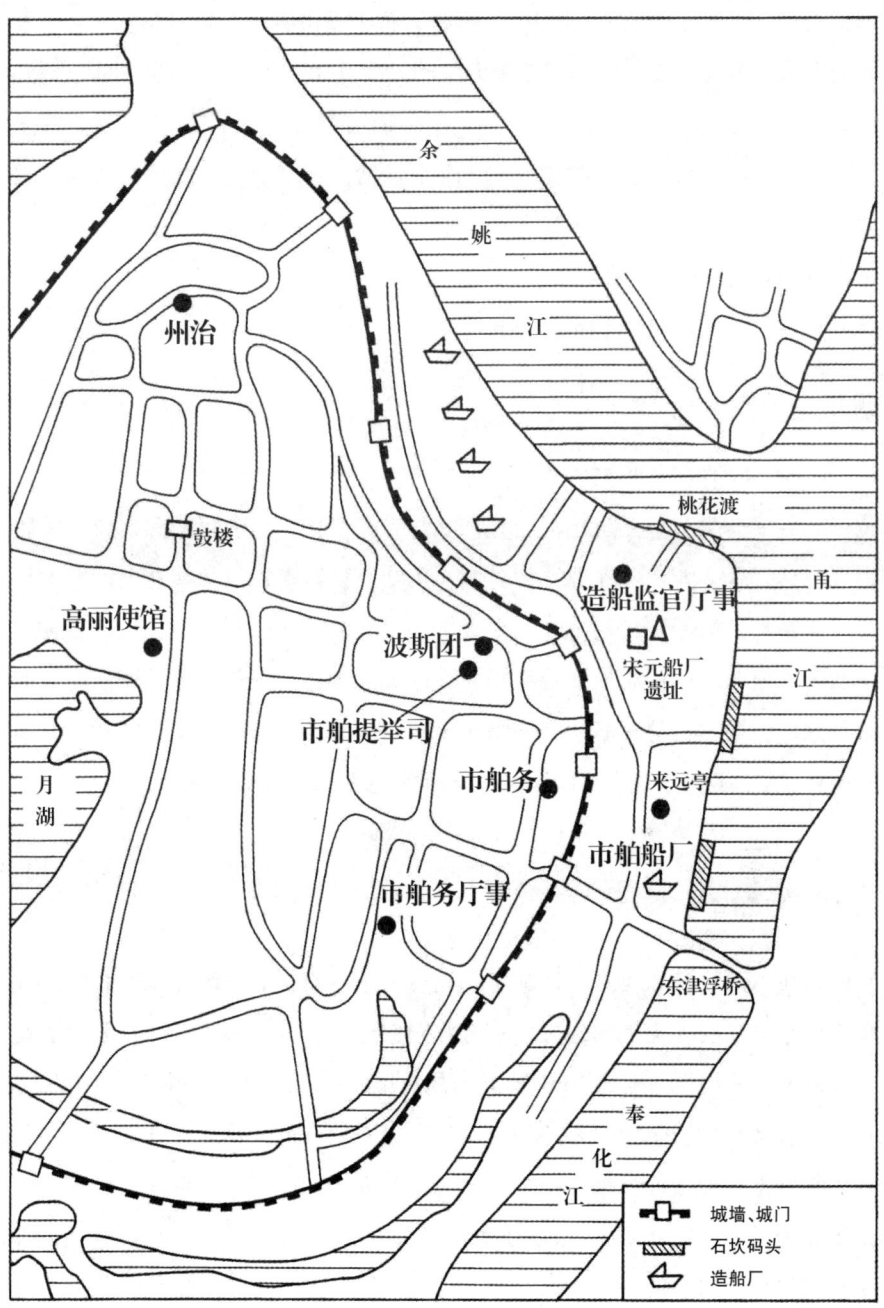

图 9.8 北宋明州（宁波）市舶遗址示意图

形,面积十余平方千米。治所称"子城",位于城市中心,是府衙所在。子城南为官署,多为行政功能,其北多为住宅。城内分许多坊,但只是小区名称,实际上并没有坊墙,都是沿街设店。主要商业区在城西北。由于平江地处水乡,城内河道纵横,有桥共398座,形成水网,水路交通与陆路交通同等重要,因而被称为"东方威尼斯"(水城)。图9.7中可见贡院、文庙等,反映出其重要的文化教育功能。

明州(宁波)

明州(宁波)是两宋的重要海港城市。自唐代起,它已开放外贸。城市位于余姚、奉化和甬江三江汇合处,并与大海相接,便利集散和出口广大腹地(包括安徽、浙江、江苏)的丝绸、茶叶、瓷器和铁器。在北宋,明州已是一个繁忙的国际贸易基地,城中设有高丽和波斯等国的使馆,以及管理外贸和外来船舶的机构如市舶提举司、市舶务厅事、大型船厂等(图9.8)。北宋哲宗时,明州与温州每年各造官船600艘,占全国2900艘的约40%,居造船业首位。明州更是以制造大型海船供应高丽和南洋而著名。

西夏、辽和金的城市

宋代周边政权如西夏、辽和金都先后采用了唐代的行政体制,特别是在他们治下的以汉人为主的地区。如金将国家分为179个州和862个县,因而形成以州、县治为基础的1350座城市的城市体系。他们也采用了科举办法选拔汉人和契丹人。金朝引入唐制度,目的是将他们的统治合法化。最后,他们更将国都迁至中都(今北京),作为金朝60年的国都。中都严格地按《考工记》规划,但采用了开封的三重城制。该城面积为22平方千米,但其内部没有宋都城的繁盛的工商和娱乐事业,因而城墙之内不少是空置的空间。这个表面庞大的都市,主要是个行政和军事重镇,人口只有20万。西夏都城兴庆府的情况和中都大致一样。

结论：中国开始产生城乡分离

唐末五代十国的纷乱所产生的统一政权宋，虽然在军事上和领土上远逊于汉唐两代，然而却自领风骚，成为中国又一伟大时代。其背后有三大原因：其一是被 Roberts（1999）称为"中世纪经济革命"的过程，它缔造了一个和 18 世纪欧洲近似的商业社会；其二是一次中国式的"文艺复兴"，导致理学的兴起和一个新的人文社会的形成（Gernet, 1985）；其三是城市居民，即坊廓户的出现。它所涉及的居民身份和房产税，是城市和农村分离并出现不同性质的开始。虽然两宋的城市仍拥有重要的行政功能，但上述三个社会过程却打破了自商周以来传统的封闭式城市的两大体制：里坊（或闾里）制和官办市肆。两宋的城市居民享受到前所未有的从事工业制造、贸易、营商和演艺娱乐的自由，这些自由在有宋一代城市内几乎不受时间和空间的限制。但同时它们也导致城乡之间的分别，使城市渐渐和其所处的农村地区出现分歧。它们创新了中国城市，在性质、功能、土地利用和空间结构上开拓了新的境界。上文有关开封和临安的介绍，显现了大型、繁忙的工商贸活动沿主街和河岸伸延，而大型的瓦子亦印证了新的城市化动力——一个新的城市文化和一个新的市民群体或社会的出现。"城市"这一名词，因而在两宋时出现了新的涵义，而近似西方或资本主义式的城乡分离亦开始在中国产生了。

因此，西方自 19 世纪以来所说的城市经济、城市社群和城市化动力，自两宋以后开始成为中国城市发展和城市文明的一部分。因此两宋在儒家思想进一步向前发展的前提下，并没有对工商业的发展造成障碍；相反，我们见证了在《考工记》的原则下，传统的行政型城市拥抱了新的工商发展动力和市民阶层的形成，成为新的城市文明。而这个"新"文明，与儒家思想并不相背。在私人工商业者和新的市民阶层中，主流的价值观仍是传统的儒家思想。同时，两宋在科技的发展上亦达至世界顶峰。

第十章

明代的城市重建

元代是城市的黑暗时代

蒙古是古东胡族的一支，原居于今天的东北地区。他们与鲜卑和契丹同种同语，最早出现在中国史书是在约公元6世纪，时名"室韦"。在南北朝和唐代，鲜有有关他们的记载。突厥称他们为"鞑靼人"（Tatar），这成为西方对他们的称呼。世界对他们的认识约始于1206年，当时铁木真统一了蒙古各部，自称为"成吉思汗"，建立了大蒙古国。蒙古建国后，首先征服了最弱的邻国西夏，1234年又灭了金和朝鲜。之后，其子窝阔台领蒙古军多次西征，在1210—1240年先后征服了中亚、斡罗思、波斯、东欧，直达爱琴海，震撼亚欧。窝阔台的侄儿蒙哥继承大汗位，命弟弟忽必烈南讨南宋和南诏。忽必烈在1260年继大汗位，于1279年灭亡南宋。

蒙哥在就汗位初年，即任命忽必烈治理中国北方，当时已采用复兴农业的策略。忽必烈登大汗位后更起用汉人如姚枢和刘秉忠等，并采用新年号，定国号为元，自视为继承中国的正统。忽必烈表示出对汉文化的浓厚兴趣，效法李世民广揽文学之士，免儒户赋役，修缮燕京文庙，采纳了刘秉忠"马上取天下，不可马上治天下"的劝告，采用汉法，整理政治和经济。这些汉人为他在开封规划了一个传统的中国式的首都（上都）；1264年，更帮他在今日的北京建设新都——大都。到1270年，蒙古帝国的版图已经横跨亚欧，包括了元帝国和四个汗国（图10.1）。虽然大蒙古国在1230年已统治中国北部，但元朝自1271年建立至1368年，只历十一帝共97年便灭亡了。

蒙古铁骑惯用凶残的策略，对抗拒他们的城市必定劫杀一空，以作为迫降的手段。起初，他们在中国北部亦采用同一策略，甚至一度建议将中国北

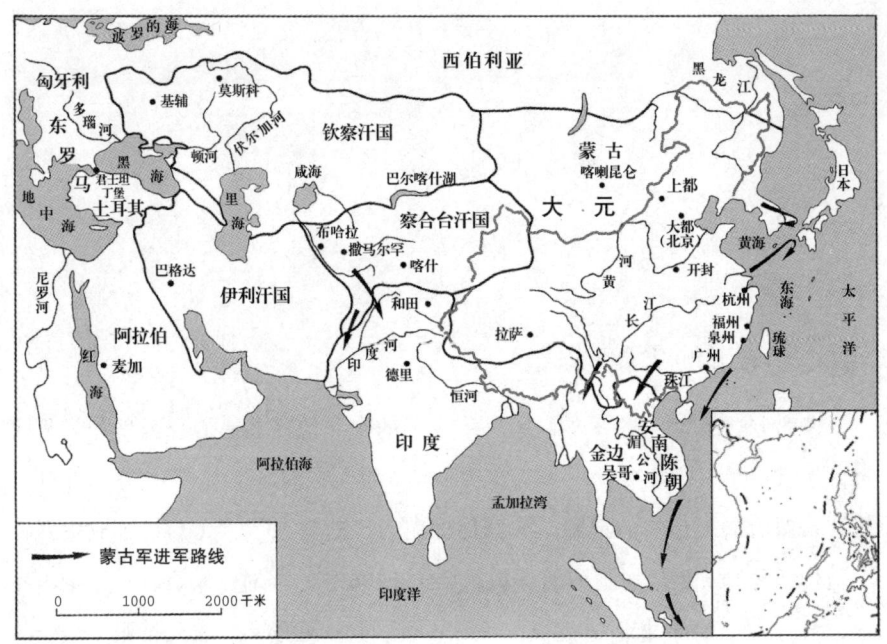

图 10.1　1294 年的蒙古帝国版图

方变成一个大牧场。由于金降臣耶律楚材的劝喻,才采纳一些儒家的治国办法。忽必烈执政时更加听信儒士的意见,采用一些汉人的政治制度,自认为拥有天命而得以取得合法的国家权力,并且在中国北方大力扶助农业。

之前,窝阔台已采纳耶律的建议,建立太学。忽必烈更设立第二间太学,并于 1306 年在大都建成孔庙(图 10.2),又在 1315—1335 年和 1342—1368 年重开科举。忽必烈的重农政策,以及南宋城市少有抗拒蒙古兵的情况,使南中国的城市和地方经济在有元一代得到保持和发展,成为元代经济最发达的地区。在区内,瓷器和丝织业非常旺盛。忽必烈也将大运河重整,并且开通了 250 千米长的会通河和 164 千米长的通惠河,使大运河延伸至大都。经济的发展使元初的人口由最低的金国时期的 5520 万增加至 1351 年的 8750 万(表 10.1);虽然如此,这比金宋两代高峰期的总人口 1 亿仍有所下降。这 8750 万人口中绝大部分(91%)集中在淮河以南的地区,在中国北部和四川则分别只有 400 万人和 140 万人。

蒙古横跨亚欧的庞大帝国,以及完善的以大都为中心的驿道系统,促进

第十章 明代的城市重建 209

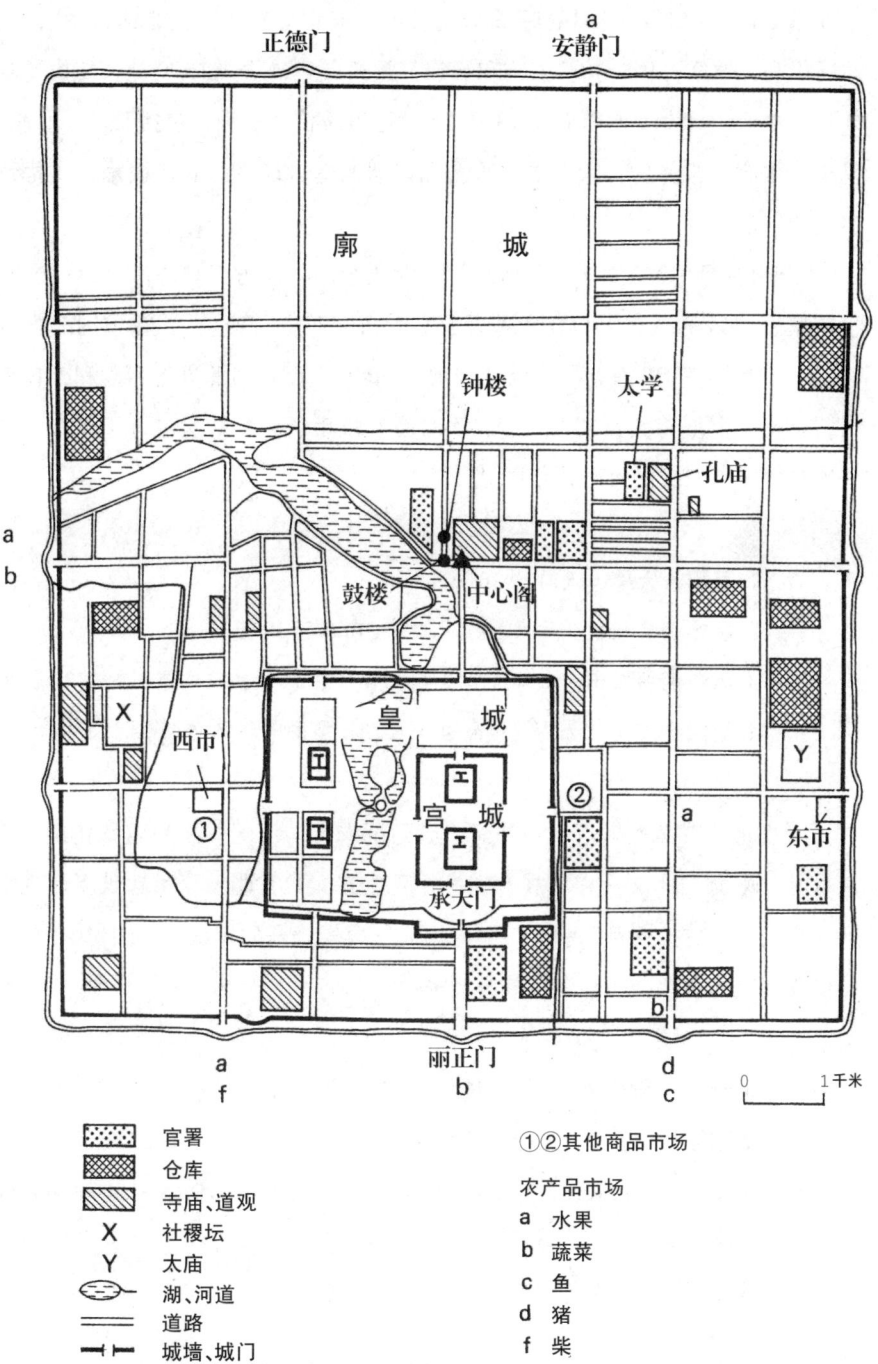

图 10.2 元朝大都城建示意图（1341—1368 年）

了亚欧的陆上交通。当时的驿道东连高丽，东北至奴儿干，北达吉利吉斯，西通伊利、钦察汗国，南接安南和缅甸，并拥有驿站总共 1500 处，规模超越前代。中国的重大发明因而在 13 和 14 世纪纷纷传往欧洲，包括罗盘、船舵、风车、水磨、机械钟、冶铁炉、火药和武器制造，以及活版印刷术、拱桥建造法和纸币制度等。

城市化在元代的发展处于低潮期。元灭金时，北方人口十减其六七。对于较繁盛地区的城市人口，元特设官署管理，称为"府治"。在中国北方有 24 府，南方则有 77 府，其中浙江一地共 30 府，反映出北方的衰落和人口流失。元代不但城市数目较前代少，而且个别城市的人口数量也逊于以往，可从当时的城市四级的大小体系中见证：

1. **首都**　大都，人口约 50 万；
2. **重要都会**　杭州和平江，人口约 20 万至 30 万；
3. **重要商贸城市**　如湖州、广州、福州和临清，人口约 5 万至 15 万；
4. **第四级城市**　如嘉兴、松江、江阴，人口 1 万至 5 万。

虽然元代表面上采用了一些汉、唐乃至宋代的治国体制和儒家礼仪，但基本上与中原主体文化和民族有别，并且在其文武官制及科举考试上体现出来（分成"蒙古、色目"和"汉人、南人"两场分开的考试），并且执行种族歧视政策。元将全国各族人民分为四等：

第一等——蒙古人，即"国姓""自家骨肉"；
第二等——色目人，除汉儿、高丽、蛮子外，皆为色目；
第三等——汉人（汉儿），包括汉、契丹、女真等淮河以北原金国内人士，以及云南、四川、高丽人士；
第四等——南人（蛮子），新附的原南宋境内人士。

表 10.1　元明两代的人口

朝代	年份	府数	县数	人口（万）
元	1279—1368 年			
	1279 年	392	1127	5530
	1330 年			6180
	1351 年			8760
明	1368—1644 年			
	1368 年	399	1144	6380(5740)*
	1381 年			6780(5990)
	1398 年			7180(6340)
	1491 年			9200(8100)
	1552 年			9620(8460)
	1560 年			9830(8620)
	1626 年			10000(8730)

* 只包括政府人口登记册所记录的人口
资料来源：赵文林、谢淑君（1988）

　　从这四等人的分类中可见，元朝对民族的考虑是以政治及地域为先，种族为次，因而将金国、高丽、云南、四川等诸民族统称"汉人"，而将原来中原南迁的人士归为"蛮子"。在元代，"汉族"一词因而并非指一个民族。在"自家骨肉"为先和"敌对"力量为次的歧视下，"诸蒙古人与汉人争，殴汉人，汉人勿还服"，中央和地方官，"其长则蒙古人为之，而汉人、南人贰焉"。又不准蒙古人和汉、南人通婚；汉、南人不准经商。由此，商业贸易成为蒙古贵族、官僚、色目商人和寺院豪夺民利的工具。最厚利的盐、铁、茶、酒、醋、农具、竹木等由政府专营。但瓷器则为例外，多由私营，使制瓷成为最蓬勃而遍及全国的产业，单景德镇就有 200—300 座民窑。外销瓷器亦因而成为最大宗的出口生意。总言之，元代城市商业受制于不合理的政策，未能达到两宋的水平，对城市的发展造成阻碍。不过，元代海运和大运河的漕粮运输，以及海上和陆上的对外贸易，亦造就了一些城市的发展，如江苏刘家港（太仓）、直沽（天津），以及山东的密州（诸城）、登州（蓬莱）等港口，大运河沿岸的淮安、临清、东昌、直沽，对外海港泉州、广州和上海县的松江，丝绸之路上的甘州（张掖）、肃州（酒泉）、哈密力（哈密）、别失八里（奇台）、阿力麻里（霍城）等。

元大都的规划体现了忽必烈的汉化倾向。由汉人刘秉忠和阿拉伯人也黑迭儿负责规划和修建的新都城，受《考工记》的影响很深，体现出左祖右社、前朝后寝、中轴对称、三套城墙、城墙方正和各墙三门、南面而王等合乎礼乐和天人合一的传统原则（图 10.2）。不过，大都也加插了一些道教原则，如北墙只有二门，缺中间一门，以防止大城受北方煞气影响。此外，大都也反映出元是个多民族国家，宫城内有若干盖顶殿（瓢状）、畏吾尔殿、棕毛殿等。殿内装饰亦富于蒙古的毡帐风格。与唐宋都城不同，大都的文、武官署较为分散，而市场数目和规模亦逊色。大都的商贸只由约 2000 个色目商人经营。元朝奉行宗教宽容政策，大都内各种宗教建筑很多，但以喇嘛教最多。

大都是唐代之后最后一个平地而起、全新建成的都城。这个当时世界上最大的都城面积 49 平方千米，但其高峰人口只有 50 万（包括官员和军队），因而它的北廓城有大片空地。

明代的军事和经济复兴

忽必烈于公元 1294 年去世，成宗即位。此后的 39 年间，帝位更迭九次。蒙古没有一个明确的继承制度，加上新帝即位都要大赏宗亲，造成财政负担，导致多次内乱。在蒙古人、色目人和汉人、南人之间的巨大鸿沟，也是社会不稳定的原因。1344 年起，黄河多次溃决，灾害频仍。由白莲教始导的农民起义最后令红巾军在各地建立了数个政权，其中的朱元璋一支消灭了势力最大的陈友谅和张士诚，着手北伐和统一中国。北伐成功后，朱元璋在洪武元年（公元 1368 年）即帝位，定国号为大明，以应天（南京）为首都。

明代由 1368 年至 1644 年，共 276 年，历十六帝。它是中国又一次的重建，是一个稳定和繁盛的朝代，显示了自元之后中国儒学传统的新活力，以至清朝不能不在明的坚实基础上继续以儒学精神来统治中国（Schirokauer, 1991）。

Gernet（1985）将明朝分作三个阶段。洪武至永乐年间的56年（1368—1424年）为明代军事重振及经济重建阶段。自1355年的红巾之乱起，元朝虽然表面上专崇儒学，但对中国农业经济和农民的政策却彻底失败。天气与其他灾异，加上行政腐败、蒙古和色目官员对百姓的盘剥、财政失调导致的纸币通货膨胀等，都在显示元朝已经失去天命。朱元璋因而得以提出："驱逐胡虏，恢复中华；立纲陈纪，救济斯民"，挟天命和民意夺回大都，将元帝逐回漠北，统一了中国大陆。其大将继而平定山西、陕西、甘肃、宁夏、辽东、云南、安南，并在青海和西藏设行都指挥司和卫所，将它们归入中国版图（图10.3）。简言之，在1406年，明代以其军力将中国的版图扩大到西起哈密，东至松花江流域（包括了库页岛），南跨云南（包括了今天的越南）。若将蒙古外逃所建立的瓦剌、鞑靼和亦力把里政权亦计在其内，明代的幅员实际上比唐还大；就算不计上述地方，它也比汉代大。永乐帝更派郑和率领庞大船队（最大规模的一次共有船317艘、27870人）七下西洋，所到之处包括东南亚、印度、中东、东非，最远至好望角。自中唐以来便失落了的中原地区的武功和自信，又在世界上重新展现。

明初亦是中国经济重建时期，其经济发展和物质繁荣达至两宋的高峰。史书记载：有明一代，可数的大型工程40987项，包括灌溉；在南中国和西南低洼地及沿海建造了梯田和围垦；推行长期绿化工程，种植了10亿棵树；将564个城市的城墙改造为砖墙；改造和延长了长城，使之直达河西走廊；修建及加深了大运河，加建多处船闸，以便大船能在其上通航。这些努力使农业和工商经济得以复苏，人口繁衍，明代中叶，社会和平而稳定（表10.1）。

面对来自北和西北面的蒙古等外患，明朝政府自洪熙、宣德年间开始采取"息怨和边"的安抚政策，"下西洋宝船"也停摆了，更放弃了交趾布政使司。1449年"土木堡之变"的军事失败后，积极的边防措施更形弛废。在沿海，自16世纪起，葡萄牙和西班牙人，加上后来的日本海盗（倭寇），抢掠

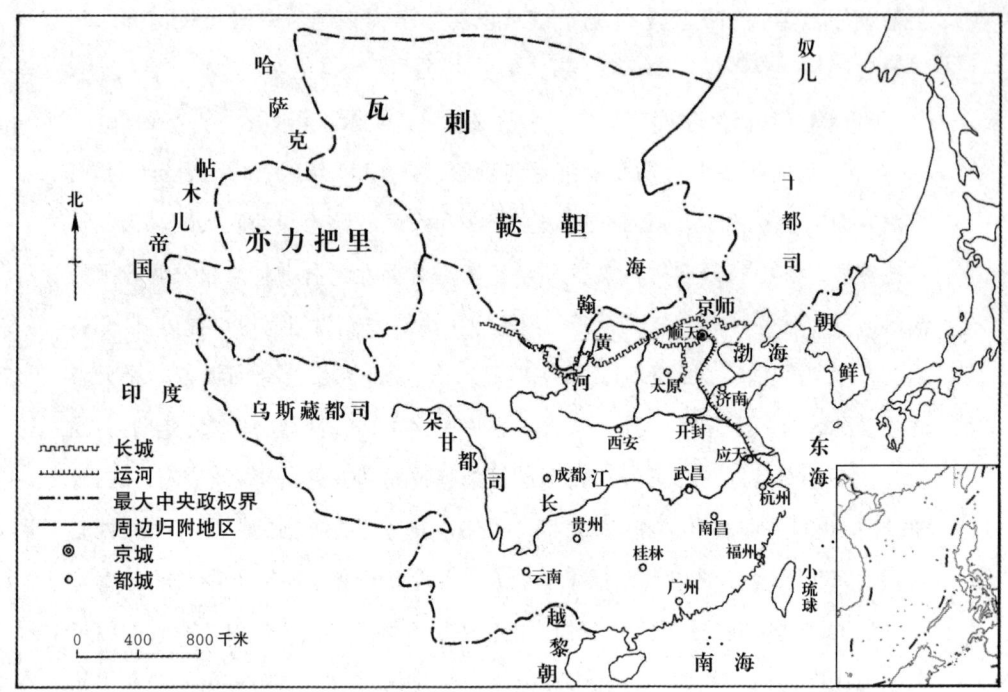

图 10.3　明朝前期全图

沿海地区，威胁该区的安全，明因而自中期起采取海禁政策。在北边的长城工程始于1369年，历200余年而从未停止。沿边建设了九镇以为防御，也使明代添加了一种特殊的城市。虽然中明至晚明的皇帝多专制无能，导致宦官和外戚干政，但中明却是宋以后的新"文艺复兴"期，出现了中国历史上重大的经济、社会和思想上的转变。特别是1575—1582年间，张居正对教育、科举、税收和官制的成功革新，使财政好转，国库银粮丰足，而百姓又能休养生息，达至儒家治国的理想状况。

中国传统的政治理念，既包含对君主权威的肯定，同时也要求士大夫以道统为原则，通过"三公论道"参与君主政治体系。这里隐藏了对皇权的重大制约：士大夫以道、德或天命，即"公"天下的理念来制约皇权。万历年间的东林党，从儒家以"天下为己任"的道德责任出发，谋求改变皇帝和内阁专权，以实现广大范围的士大夫参政，正体现了这种"公天下"的传统儒学精神。其实自明初洪武起，儒学已成为官（国）学。朱元璋视礼乐政治与文官政治为主流政治理念，尽力拉拢儒士出仕。永乐帝更在1420年建大殿以祭天地，并以朱熹的解释定为科举经问的标准，用儒臣编成朱熹的理学精义——《五经四书大全》和《性理大全》。永乐五年（公元1407年）编成的《永乐大典》共22877卷，是当时最大的类书。自明初设国子监和在各府、州、县设学校后，生员可通过科举入仕。中央一级的进士科，有明一代共考了89次，成为进士者有280人。每年在国子监就读的学生达8000—10000人，最高纪录的一年为5万人。国子监毕业生可免科举而直接出仕，成为文官的另一重要来源。各级官学的普及，使识字率提高，遍及出身贫寒者。明代教育之外，出版以及彩印的普及亦使科学与文艺发展。明承继了宋代的大众文学和庶民文学，如章回小说《水浒传》《三国演义》《西游记》和《金瓶梅》都是为广大平民阶层而创作，成为中国古代的四大奇书，至今仍受欢迎。戏曲亦进一步向前，创造了昆曲，成为今天京剧和越剧的前身。科技进步方面则有李时珍的《本草纲目》（1578年），内含1892种中药、8160种药方，成为中医药的经典，包括了种痘、天花、伤寒的疗法，对后世中国人口的增加有一定的贡献。

明代的政治以皇帝的中央集权为主。1426年起设内阁，由皇帝直接掌控，以代替以往的院部行政机构的决策。神宗（1572—1620年）更40年不上朝，任宦官弄权。因此不少官员感到不稳，对中央失去信心，自暴自弃而成为贪官。政治的腐化却形成了一个以改革为主题的时代特征。王守仁从正人心出发，对儒学大旨作出新阐释，形成新儒学又一阶段，或"阳明学"。他的两大命题为"致良知"和"知行合一"，反映了儒士在明代时代背景下进行思想学术探索的心路，推进社会教化，以注重自我、实学、不受传统藩篱为特色。

明代末期的50余年间（1590—1644年），君主独断而不理朝政事务，宦官弄权，朝臣无休止地相互攻击，使国家成为政治泥潭。虽然如此，在士大夫的影响下，明社会仍保持相对的稳定。明末的动乱，如果不是以下两大原因，亦不致出现危难而结束了其统治：（1）全球经济大衰退影响了中国茶叶和瓷器的出口，令进口的白银大减；（2）错误地长期对高丽用兵，大伤国力。

明代的城市化

和前代一样，由于行政体系和城市体系紧密挂钩，明代的政府亦主导了城市化的进程。明代共有四级行政单位：

1. **两京和十三行省**——北京和南京，其后行省增至15个。
2. **府**——140个（宋有30个）。
3. **州**——190个（宋有254个）。
4. **县**——1138个（宋有1284个）。

府和州可视为同一级（等同汉代的郡），约等于今天的地级。府多是边地单位，拥有军事功能。在府州之上有道，监察府与州的行政。各级治所成为它所依托的城市，是城市体系中最清晰的指标。南中国持续的经济繁荣亦成为府州南北分布不平衡的主因：南方有849个，而北方只有138个。这亦因为明代疆域向西南扩张，将云南、广西和贵州正式纳入中央政府直接管辖。

明代于 1370 年进行了一次全国人口普查，为合理估计明代的人口建立了基础（表 10.1）。在 1368—1552 年间，人口由 6380 万增至 1 亿。其间，北方人口也增加了 3.4%。然而在 1430—1450 年，人口增长受到黄河泛滥、虫祸、疫症和杀害女婴等因素的影响，变得迟缓。

明代的农业科技并没有明显的进步，但明初普遍采用深耕和早稻品种，使收成增加。全国七成的粮食来自稻米，它的增产稳定了农村经济，也支持了人口的增长。中明至晚明期间，中国从新大陆引进了玉米、花生和番薯，但它们对人口增长的作用却要到清初被普遍推广后才显露出来。

在农村，最明显的变化乃棉花的普及。在官府大力推动下，棉花成为轮种的作物之一。在长江三角洲，棉花更成为主要作业，占总耕地面积的七成，致使当地要由外地调入稻米。棉花亦促进了一个新的农村产业——棉布手工业，并使棉织品成为重要的城市商品，其大量贸易亦影响了明代城市体系的结构。

明代是个以农为主的经济，政府的税入也以农林土地税和盐税为主，因此官府需要进行土地普查，并设法防止农民流失。明初制定了限制城市化的政策。洪武十四年（公元 1381 年）编制赋役黄册，将百姓分为民户、军户和匠户三种。各类人户以籍为断，世代相袭，不许擅自更易或迁徙，离开原地 100 里以上就要官府批准和给以"路牌"。明初，手工业承元代制，多为官办。登记匠户有匠人 30 万名，助手 150 万名。自明中叶始，户口制开始崩坏，富户和官员并购土地，地租又改以赋役或现银支付，贸易和私办手工业的兴旺等亦冲击了户口制，不少民户因失却土地而流入城市工作或成为佃农。

永乐年间，对大运河的修复和延长成为新城市出现的另一原因。运河替代了元末的海上漕运，使北京和东北边境守军每年的 400 万石米粮得到保证。大运河由杭州至北京，全长 1500 千米（图 10.3），单是漕粮每年便需船 1 万艘，兵卫 12 万。自公元 1522 年后，每艘漕船可私带 16 石免税商品，并自行买卖，令运河沿线成为重要的商道。

由于官办手工业的没落以及赋役的货币化，私营手工业兴盛，特别是棉纺业；手工业的贸易量也随之扩大，导致中国的"第二次商业革命"和专工商城市的出现。这次"革命"表现为以下特点：(1) 区域间粮食贸易的增加；(2) 经济作物的增长；(3) 货币的普遍应用；(4) 主要制造业出现了详细的工序分工，如景德镇单官窑每年就可以产出瓷器 443000 件，经流水线分工序生产："共计一坯工力，过手七十二，方克成器"；(5) 大量的工业制品出口，如瓷器，每年达 4430 万件；(6) 出现了雄厚的商业资本，最著名的乃徽（安徽）商和晋（山西）商，他们主要经营盐业、粮食、木材、茶叶、文具、药材以及资本出贷业。虽然这些商人中有些富甲一方，但商人在明的地位仍低，不少商人通过子弟科举入仕以提高地位，被称为"儒商"。但晚明仍未能步入资本主义时代，其中最大的原因乃是其生产技术的改进采取了渐进而缓慢的方式。同时，由于非常发达的商贸网络及大量廉价劳工的供应，生产不存在瓶颈现象，缺少了将手工业推向资本性大型工厂和机器生产的动力。

自 15 世纪初至明末，中国出现了不少工商城市，其中主要城市由 33 座增至 52 座，官府在它们内设"钞关"以负责收税。同时，国内逐渐形成了四大工业区，达致一定的工业分工，即纺织工业区（包括松江、潞安等），苏州、杭州丝织区，芜湖染布区和宣山制纸区。区域性的手工业专业化自然也促进了区际贸易，而这类贸易中心一般依托于邻近产品产地和交通交汇处的行政治所。这些中心包括了四大明显的城市组别：纺织城市，如南京、杭州、苏州、潞安、成都；粮食贸易城市，如开封、济南、常州、芜湖、荆州、武昌、南昌；漕粮转运及商业城市，如扬州、淮安、济宁、临清、德州、直沽；沿海的外贸城市，如福州、泉州、广州、宁波等。

除了上述主要的工商业城市外，中明以后亦出现了不少较低层次的工商业市镇。其中，南中国共有这样的市 166 座，镇 205 座。这些市规模都较小，人口约 100 至 300 户；镇的人口较大，约 1000 户，一些如景德镇更达 1 万户。江南地区自南宋以来已是中国经济最发达的地区，人口、农业生产、商品经济、税额都占了全国很大的比率，甚至在人文、政治上都起了导领全国的作用。明代，江南商品经济又进一步发展，出现了资本主义萌芽；而工商市镇迅速发展，成为各具特色、专业分工明显的市镇。其中丝绸市镇有南浔镇、乌青镇等，棉布业市镇有枫泾镇、魏塘镇、南翔镇等，米业市镇有枫桥镇、平湟镇、长安镇等，还有窑业市镇千家窑镇、冶铸业市镇炉头镇、盐业市镇新场镇、木竹山货业市镇唐行镇、烟业市镇屠甸镇、榨油业市镇石门镇、制革业市镇章练塘镇、刺绣业市镇光福镇和交通业市镇乍浦等。

明在北面修长城，置九镇，以防蒙古，东南沿海则筑"卫""所"等军事聚落以防倭寇，形成了以军事为主、商贸为辅的新型城市聚落，有些发展为相当大的城市（图10.3）。

明代的城市在数目和规模上都超过元代。明代最少有五个城市的人口超过百万，即两京和商贸都会苏州、杭州和开封，30万—50万人口的大城则比比皆是。

明代城市案例

南　京

南京是三国时吴国都城，元时称为"集庆"。朱元璋于1356年时将它改名为应天府，但由于他原属意以开封为都城，因而将应天府称为南京。府城先由刘基等卜地和规划。1378年，南京改称为京师。南京城规模宏大，为四重城，包括了外廓城、应天府城、皇城和宫城（图10.4）。外廓城约90平方千米，依山带江，利用自然土坡垒成城垣。应天府城约43平方千米，是当时世界第一大城。皇城和宫城见方，依《考工记》有规律地布局。宫城在皇城中央，正门为南门（午门），与皇城正门（洪武门）、廓城正门（正阳门）成为全城中轴线。宫城前朝后寝，午门外左祖右社。中央机构设在洪武门内中线两侧。应天府城在皇城西边，只有部分城墙可辨。廓城作不规则形状，主要包括防卫性的高地堡垒，如石头城。秦淮河流贯穿应天府城郊区，在廓城之内。然而两组重要礼仪建筑——先农坛和天坛，则建在廓城正阳门外（图10.4，图10.5）。

自两宋起，城市的工商业已经脱离严谨的《考工记》限制。应天府城东部是市区，西部是军事区。市区工商业云集，秦淮河穿城而过，其两岸商业极繁盛，有13个大市场，铺户贸易103行（每行有10—20间小铺）。南京手工业发达，有织造、印刷、造船和建筑等四大部门，官府匠户4.5万人。定淮门外近长江的龙江宝船厂（图10.4）是全国三大造船基地之一，每年能造海船200艘。郑和下西洋的海船大部分便是由它所造。

南京也是全国教育和文化中心，有官办的太学、府学、县学和私营的书院。国子监学生达9000人，包括高丽、日本、暹罗等国的留学生。

明初时南京人口约28万，至1391年，包括王室、官员和军队，总人口达78万。中明时，人口又增至120万。

京师（北京）

明将徐达攻克元大都后，改大都路为北平府。明第三位皇帝成祖于永乐元年（公元1403年），升北平为北京，改府名为顺天府，并于永乐四年起大规模营建北京。永乐十二年正式迁都，始称北京为京师。新北京依托元大都的东北二墙，但将其旧南墙南移约二千米，因原大都城北空虚，废北墙，在其南建新北墙（图10.6）。新北京城规模巨大，建设耗时约20年，动用民工30万人。在建城前，明政府先打通大运河至北京的水运，以漕给新京师。

北京按《考工记》和南京的定制以及中央集权精神规划：宫城（紫禁城）居中，所有主门都南向，左祖右社，前朝后寝。中轴线由钟鼓二楼经午门南延7.5千米至廓城南门。新北京原为三重城。宫城是大朝和皇帝寝宫，其布局法像天子的至高地位，处于阴阳相交、生气勃然的位置。受到道家的影响，规划师特挖取北海泥沙造成中南海，将淤泥垒成宫城北的人工山——煤山。此处原是元大都大朝所在，一以压着元的气运，二成为宫城镇山以挡北方煞气。宫城内的内金水河和皇城内的外金水河形成两重保护，使在交泰殿阴阳相交所生的生气，留于宫城和皇城之内，令风调雨顺，国运亨隆。皇城以行政和礼乐功能为主，因而亦是三院六部的官署以及宗庙和社坛之所。廓城是其他次级行政机构、军队驻地和百姓居住地，亦拥有多个市场以供应三重城所需。这三重城按其等级由内至外有序地分布。北京的规划因而体现了自夏

第十章 明代的城市重建 221

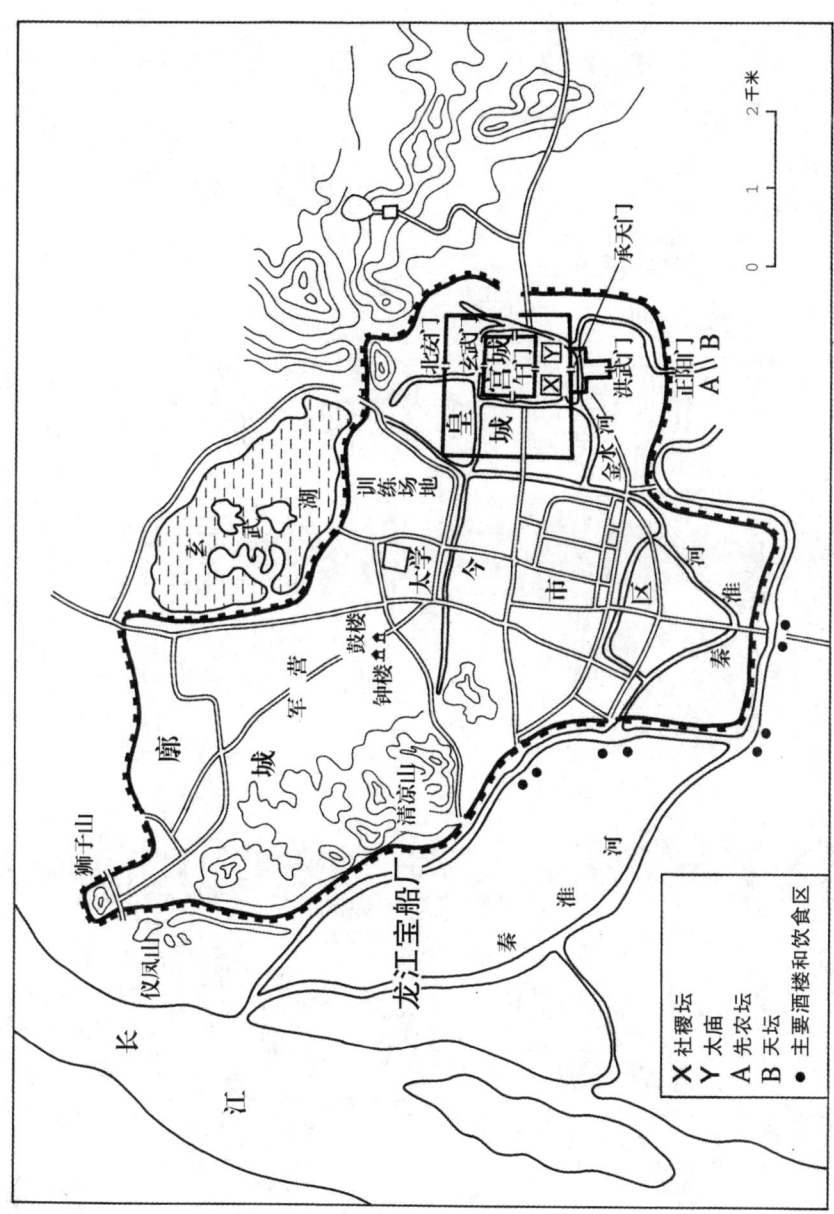

图 10.4 明南京城图

222　中国城市及其文明的演变

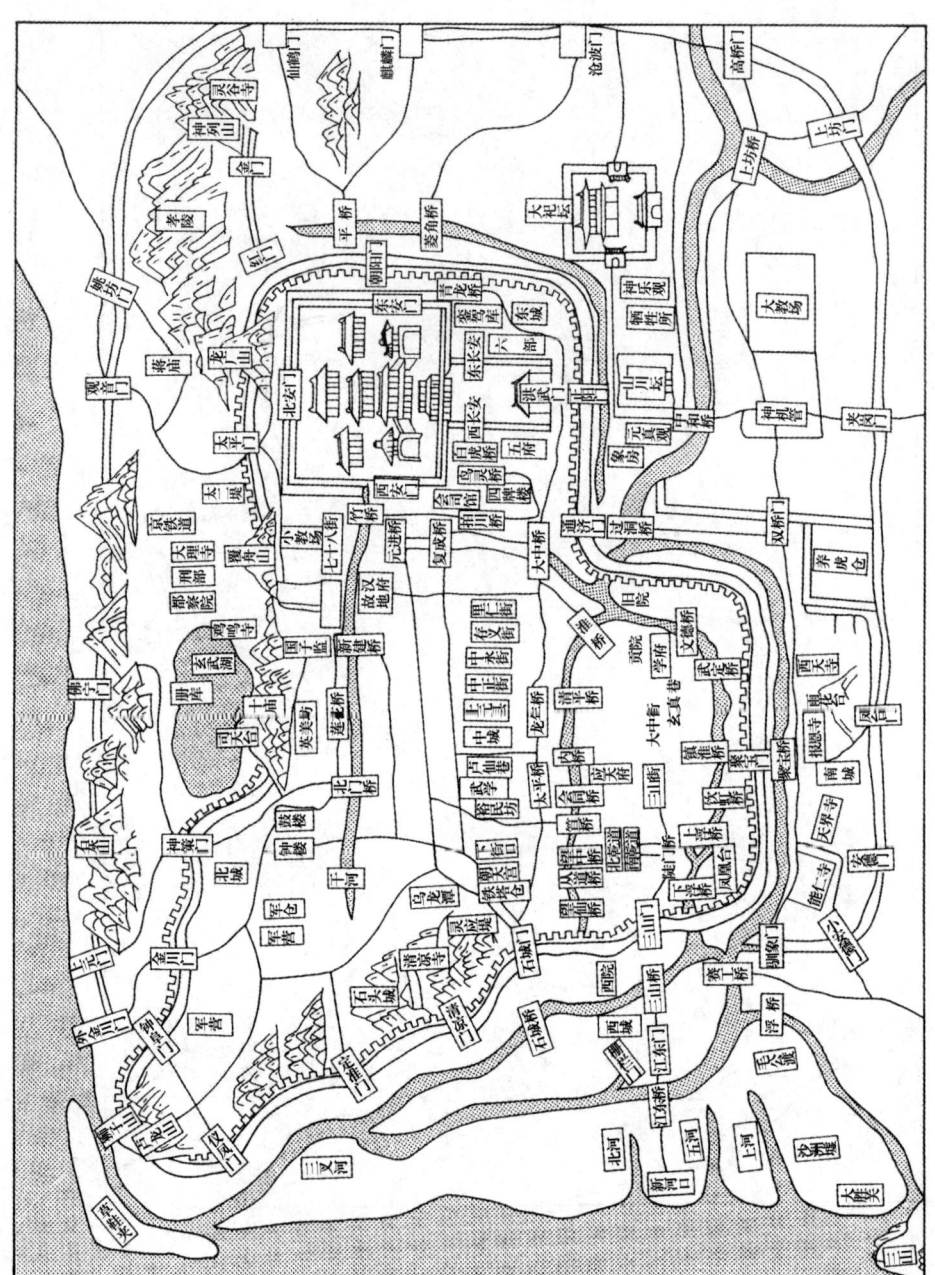

图 10.5　明南京城图

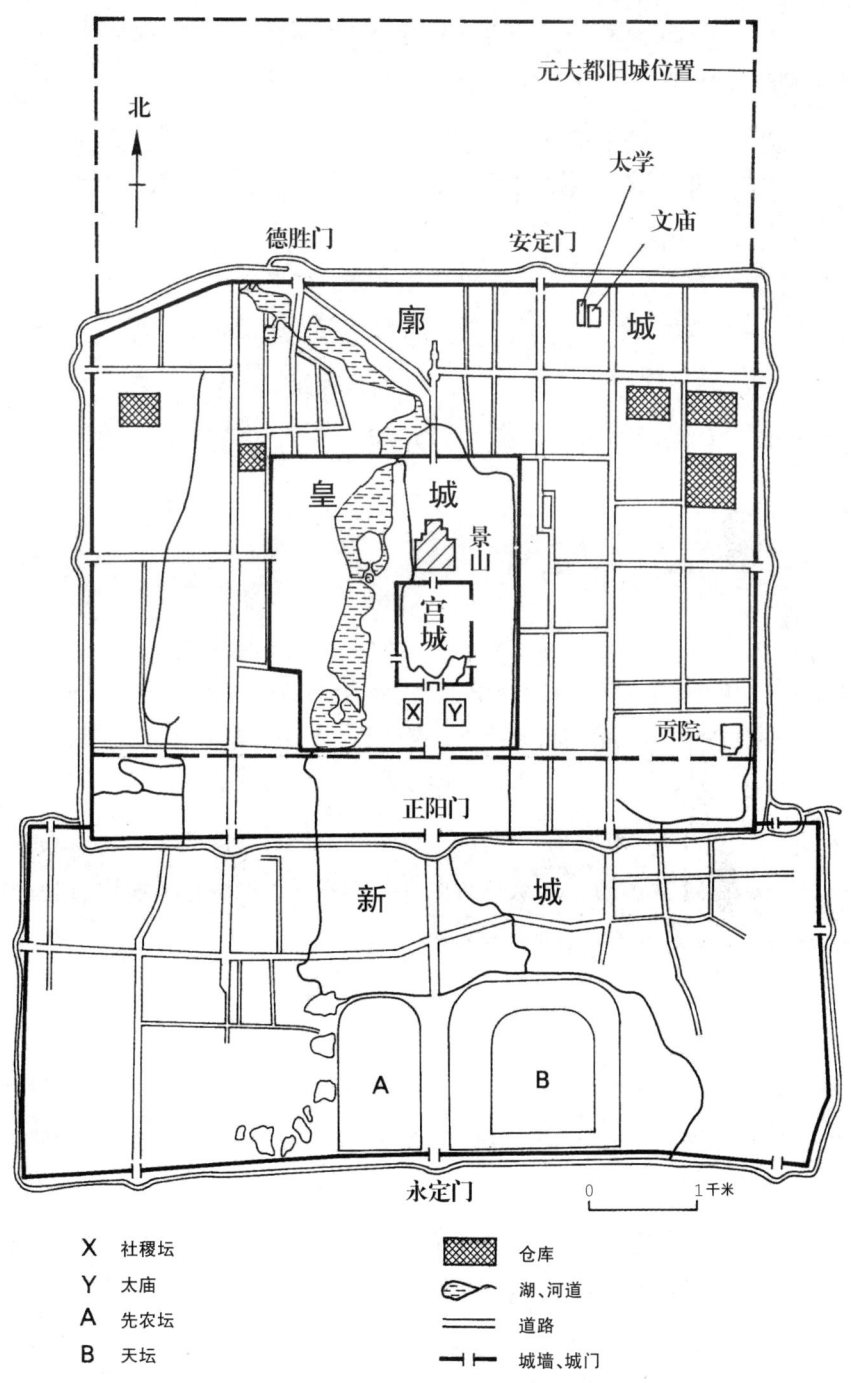

图 10.6 明代北京城建示意图（1573—1644 年）

代以来逐步形成的《考工记》规律，以及渗有道家原则的其他城市规划标准的完善境界。

自1403年起，永乐帝从各地和南京迁入2万户富豪以及4.5万匠户。在明代中晚期，北京人口一直保持在百万左右。1553年，北京始建第四重城墙，将天坛及山川坛两组礼仪建筑以及南郊的繁盛商贸和人口包起来。由于蒙古军队的威胁以及资金不足，这重城墙只能草草建就，仅及原来计划的南面部分。这个新罗城因而只建有廓城之南一段，造成北京城整体上的"吕"字面貌。到清代，新罗城仍多空地，证明了第四重城的不必要性。旧城和新城总面积62平方千米，至今仍然存在，特别是其核心——宫城，仍保留明清时的原貌。

临　清

临清是有明一代运河城市的例子。城墙用砖制作，建于1449年，长约9里。城内约四分之一的面积为粮仓，可储数百万石。砖墙外有20里长的石墙，其内是工业和商贸区。由于诏令要求每漕船运40片砖或瓦至京师，在大运河沿岸有30千米长的官窑区，384个窑制造砖和瓦以供应皇室。在工业区内亦有70多家皮毛作坊、73家棉纺作坊、32家丝织作坊，都是为宫廷服务的。在晚明，临清有3万户和庞大的流动人口，是一个数十万人的大型城市。

大　同

它是九个边镇之一，建于明初。原址为辽代的五京之一，亦是金代的陪都。1372年，明代大将徐达将之建成军事重镇。

城墙见方，用砖砌，有众多防卫设计（图10.7）和深濠。城墙长6.5千米。朱元璋的第十三子——代王的宫殿位于城的中央北部（图10.8）。两条南北干道交汇于城中，并与四城门连通。在代王府西是总兵衙门。城内亦有府衙和县衙、仓库、教场等。在高峰时（1403—1424年），城内驻兵达13.5万人，马骡共 5.1 万匹，约占全国兵力的十二分之一。

1450—1457 年时，加建北城以供驻军之用。1457—1464 年，加建了小东城和小南城，以便自 1438 年开放边贸以来茶市和马市发展之用。

结论：以农业经济为基础的中央集权

明初在军事和领土显示出的野心与所取得的成就，相当程度上赢回了汉唐时代的大国自信。然而这个时期是短暂的。以后的皇帝回复内向，采取军事守势，将注意力转到大运河的修通和农业灌溉等促进农业经济的工程上，甚至对外国人采取了回避态度。在明代存在的 276 年间，人口缓慢增长，最高达 1 亿人。然而这亦只是南宋和金高峰时的总人口。因此，中国人口在宋至明末的 500 年并没有任何增加。原因之一是以当时的技术，中国农业经济的发展已达致饱和。同时，自晚明以来，新的外来作物以及新医药和卫生的发展要到清代才体现其对人口的影响。虽然如此，中明以来，城市化的步伐仍在加快。这是由于户籍制度限制的崩溃，新的税制使百姓对土地、户口和地区的依附关系变得松弛。虽然没有确切的统计，不过中明的城市化水平应和两宋相当。

长期的和平以及经济作物的普及，特别是棉花的种植，成为贸易和私营工商业的新发展动力，促成了新工商城镇的出现。虽然如此，主要的工商城镇多是府县或边镇治所。这个现象从另一角度体现了明代的政治现实——中央专权。中国传统城市的儒家精神——执中和有序性，因而在明代也发展到了高峰。这可以从两京和大同的城市规划和结构得到验证。

图 10.7 明代及以后的军事重镇多以砖砌城墙,并有众多防卫设施

第十章 明代的城市重建 227

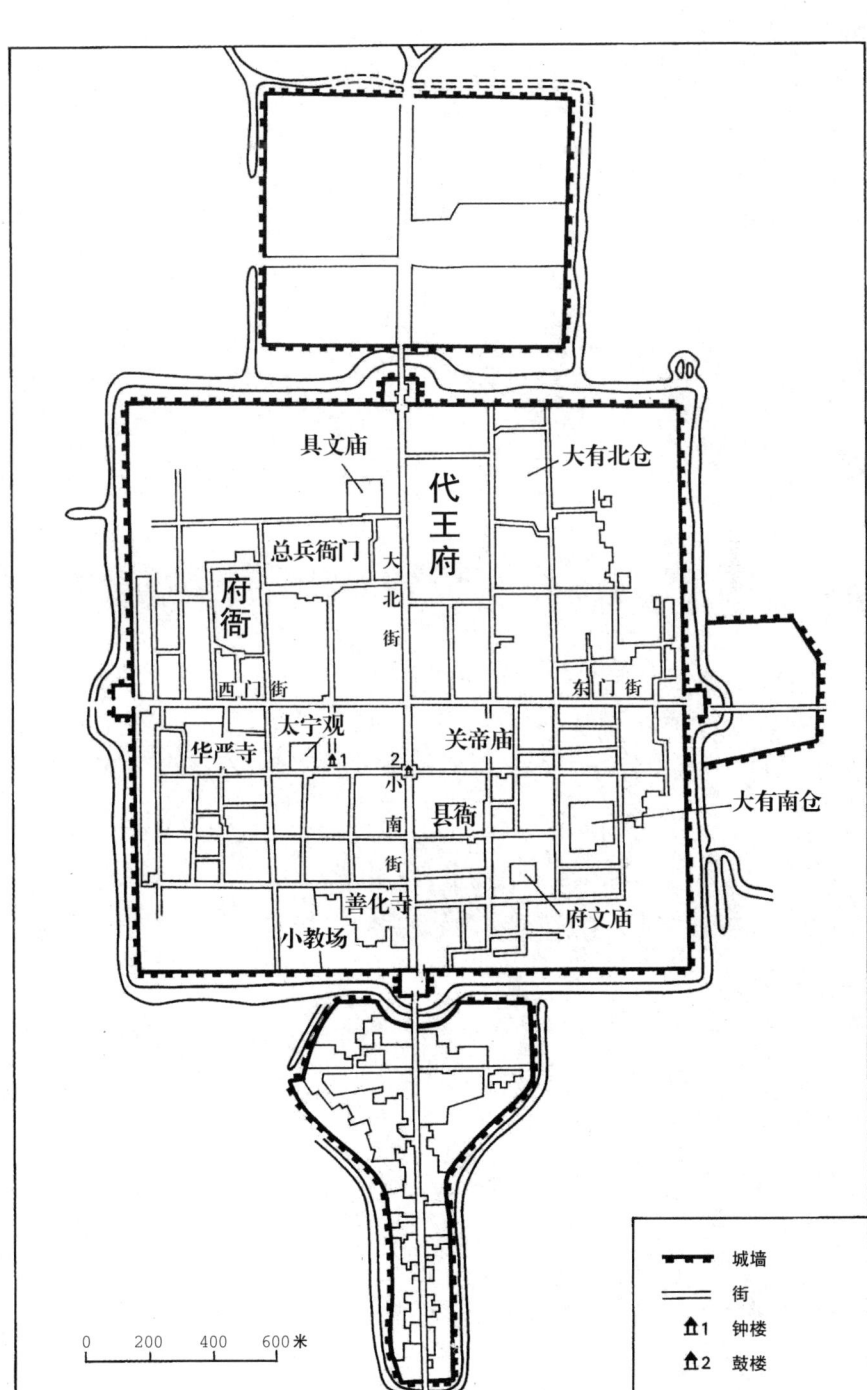

图 10.8 明清大同城图

第十一章

清代的城市化：由新儒学到半殖民地

清代：中国历史的分水岭

　　清代自1646年至1911年，历十帝（表11.1），是中国较长的朝代之一。皇室是满族，源自东北的女真。努尔哈赤深受汉化影响，明朝时领建州卫，开始统一女真各部，建立"八旗制度"的军政、兵民一体制，创建文字，并于1616年称汗登基，建后金国。其子爱新觉罗皇太极（1627—1643年在位）继位后，于1636年改国号为清，是为太宗。改国号的背后采用了道教思想，因明为火，火克金，以金为国号不吉。清为水，水克火，因此可以克明。这也反映出两位满族大业创始人深厚的汉化思想。他们不但服膺儒学，并且大量起用汉人做文官和将领。这自然是得益于明代对东北的教化政策，因为明规定该地官员的主要任务之一乃广办官学，推广儒家教化。正因如此，满族比他们的先祖女真更为汉化，实际是中华民族和中原文明的一部分。女真族内的"包衣"（家奴）多是俘获或购买来的汉人（山东和河北人），他们数代为满洲贵族服务，最后成为满洲朝廷和宫里的可靠助手，帮忙管理大型官办作坊，以及出任皇帝的特使和顾问等。

　　1644年李自成攻破紫禁城，明崇祯帝在煤山（景山）自缢身亡。当时清朝有满洲军278队、蒙古军120队和汉军（包衣）165队，并拥有汉人提供的现代火炮，不过在入关时，它的总兵力只有18万人。明朝宁远总兵吴三桂手握重兵，在山海关镇守，而福王朱由崧亦于南京称帝。导致大局转向对清朝有利的乃当吴三桂正欲"归顺"李自成时，得悉父亲在京师被李自成军迫赃受刑，爱妾被李部将所夺，只得转而降清。此外，叛军建立的大顺政权往往杀戮明遗臣、将领，使得他们倾向清朝。因此清军打着"为尔等复君父仇，所谋者惟闯贼"以及"天下一统，华夷一家"的口号，拉拢明官明将和地主阶层。同时，顺治帝在入京后昭告天下："本朝定鼎燕京，天下罹难军民，皆吾赤子"，亦为崇祯帝发葬，答应减免赋税，满汉平等，积极礼聘明遗臣参与军政大事，立即重开科举。康熙帝亲政后，订立国政"三大事"——三藩、河务、漕运，并将这三件事写下来，挂在宫中柱子上，夙旦谨念；其中两件就是与农民和农业有关的。诛除鳌拜后，更亲诣太学，向孔子牌位行二跪六叩首礼。由此可见，清一如汉、唐、宋、明等代的开国帝皇，以儒家道统、中原制度的天命继承者自居，而并不是以一个外族征服者的姿态出现。而且，在国家政治体制上，清代基本上沿袭明制，甚至在清初时，仍沿用明代官服。

表 11.1　清代的分期和清代人口

时期		年号	年份	人口数（万）
前期	统一	顺治三年	1646 年	8800
		顺治十八年	1661 年	9100
	稳定与繁荣	康熙元年	1662 年	9100
		康熙六十一年	1722 年	12400
		雍正元年	1723 年	12400
		雍正十二年	1734 年	13100
		乾隆六年	1741 年	15900
		乾隆四十年	1775 年	26300
		乾隆六十年	1795 年	30200
后期	统一	嘉庆元年	1796 年	29800
		嘉庆二十五年	1820 年	38000
		道光元年	1821 年	38100
		道光二十年	1840 年	41800
	半殖民地	咸丰二年	1852 年	44000
		咸丰十一年	1861 年	41200
		同治十三年	1874 年	36000
		光绪二十四年	1898 年	39600
		宣统三年	1911 年	40900

中国北方在几乎没有征战的情况下归顺了清朝。在南中国,明遗臣在不少地方进行抗拒,其中史可法坚守扬州,最后城破,清军入城十日杀害军民共80万人,史称"扬州十日"。明遗臣的抵抗约于1661年被大致平定,而且是吴三桂和东北三降将(明朝总兵毛文龙三个养子,因养父被袁崇焕擅杀而投清)带领入关后召募的60万名汉人绿营兵的功劳。四人中有一人战死,因而由"四藩"变为"三藩"。对清统治的威胁主要来自"三藩之乱"(1674—1681年)。三藩乃平南王尚可喜、平西王吴三桂和靖南王耿精忠,他们在清初为满族扫清明遗臣遗老的分裂和反抗,得以被清廷赐地封王。到康熙时,清政府怕他们权大而开始撤藩削权,引致三藩作乱。三藩统治的地区富盐、铜、金矿,更是清朝担忧的原因之一。另外,明遗臣郑成功在福建和台湾的反清活动,也严重打击了沿海贸易,直接导致1644—1683年的长期海禁政策,以及将外贸限制在广州十三洋行代理的公行(1757—1840年)。由于民众觉得三藩是明、清两朝叛臣而不予以支持,加上集团内部不和,三藩不久便被清朝消灭。

　　清代在中国城市发展史上的重要性在于清初将新儒学引至高峰,强化了其中关键的传统观念如德治、教化、顺从和专制(Gernet,1985)。这些具体概念还包括了天子的集权,以及他的主要任务乃是通过增加耕地、农田水利、推行拜天敬祖的礼治教化使农民安居,赢得他们的心。此亦是自唐以来帝皇德治的核心内容。清代在这些方面都严谨地跟随前朝,如废除明末的"三饷",推行新的有利于农民的新政策,包括"更名田""摊丁入亩"及"今后滋生人口,永不加赋"等。其中最具象征意义的是保留北京城,并继续以之为国都:清代的皇帝和明代的皇帝(自成祖起)使用同一大朝和同一寝宫。

　　由于清以为明复仇、承继明的天命为号召,明清的朝代交替并没有太大的军事动荡和社会经济政策变更。在清代悠长的历史中,从第二个至第四个皇帝共135年的统治可以说基本上天下太平,并且经济十分繁荣,可称为清代前期(表11.1)。在一个重农政策、高效率、廉洁、进取和专权的政府下,亦即新儒学治国的框架下,晚明所引进的新作物以及它的医药卫生的发明都开始产生作用,促进了农业、工商业和人口的发展,使中国成为当时世界上

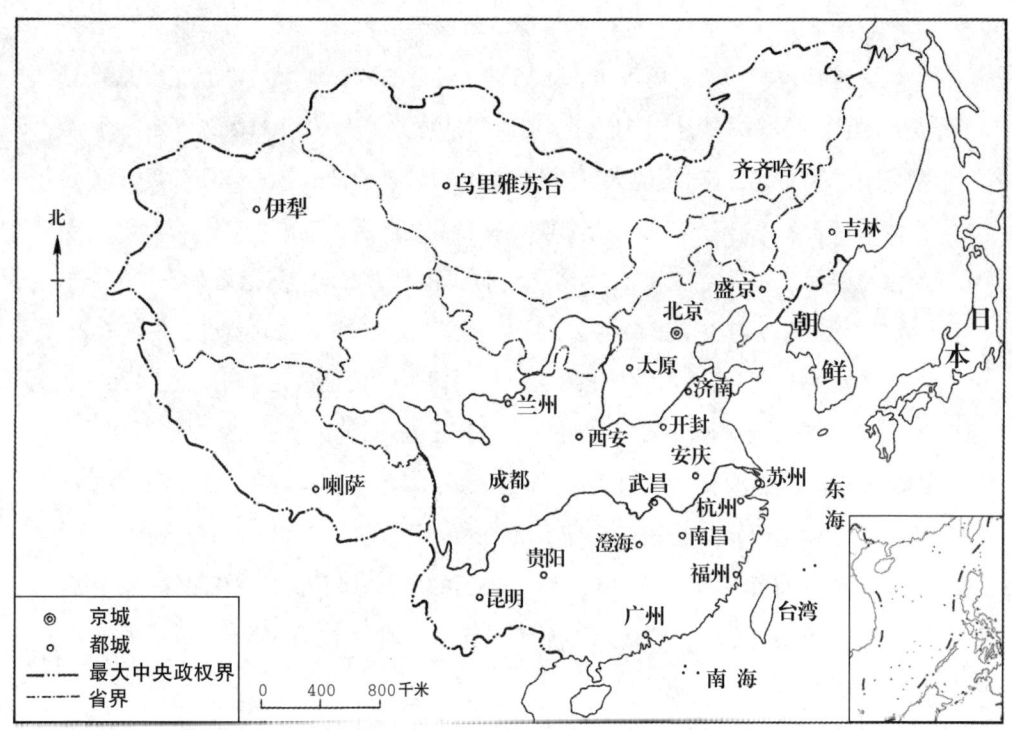

图 11.1 清代版图示意（19 世纪初）

最富有、贸易和制造业最兴盛的国家。国家直接管理的幅员也达到最广大的地域，即1150万平方千米，约3亿的人口（占世界总人口的三分之一，约等于欧洲总人口）。可以说，中国达致了前工业化历史时期最大的发展，而新儒学作为一个价值体系和统治思想亦达到了它的高峰。Catterell & Morgan (1975) 并且相信：清代因以儒家理想治国，也不幸地将晚明的"内向"策略夸大，演化成极端的"闭关"主义。

当中国建基于新儒学的开明君主在封闭的国度里达致内部安定和经济繁荣时，18世纪的西方世界正经历工业革命和法国大革命。欧洲国家在19世纪初从这些社会改革过程中冒起，已拥有新技术、财富、新的欲望和问题。在军事方面，海权成为压倒性的优势。当我们将西方这时期的特征和前工业化社会的中国的特点比较时，就特别衬托出清代的经济发展缺乏新的动力，并在军事上出现了严重的软弱的海事力量。因此，在列强来华欲望加强之后，清代掉进了一个新的命运和历史轨迹。自此，外力强行加入中国的历史进程，迫使它接受半殖民地的现实。作为一个社会过程，中国的城市化也在历史上首次出现了二元化发展。新的条约港和租界体现了中国城市的新的外来营造力，使国人对传统文明开始失去信心，而向西方文明不断地求索。

因此，清代中后期是中国城市和城市进程的一个转折点。在整个清代，新儒学的体现达至峰顶，但在其后期，西方影响以前所未有的规模进入中国的城市文明。

清代前期的城市化：传统中国的城市文明

城市动力

正如前述，清代基本上采用了明代的政治体制。但在一些重要关节上，仍有明显的民族歧视，即"首崇满洲"精神。清初期在内阁和六部之上，增加了议政王大臣会议，体现满洲贵族的政策特权，其后转为军机处。二者都设在宫内，由皇帝控制和主导。各政府机关实行满汉复职制，军队又分八旗军和绿营（汉军），绿营将领每三年便更调一次，使满人能操控政军大权。除此之外，以儒家的治国标准来看，清代确比明代贴近理想：重视农业，奖励垦荒，减免赋税，兴修水利，使农业生产增加，农民税收负担减少；为了防止官僚贪污，采用"高薪养廉""宽严相济"的办法，严厉执法，严肃吏治。康熙帝更废止"迁海令"，勤学儒家经典，尊孔崇儒，开博学鸿儒科，修《明史》，以缓解民族矛盾，揭开了政治清明、经济发展、道德恢复、社会稳定的"康乾盛世"。康、乾任内还修编了两部大图书——《古今图书集成》和《四库全书》，以及《康熙字典》和多种百科全书，对中国传统学术的保存、传播和发展做出划时代的贡献。因此，清代前期的康乾盛世赢得了士人以及农民的支持。全国耕地由乾隆十八年（公元1753年）的752万余顷增加至乾隆五十九年（公元1794年）的900万余顷。18世纪时，番薯、玉米和花生等作物得到推广，经济作物如棉花、桑叶、甘蔗、烟草、茶叶、花卉，蔬菜的种植面积都扩大了。在著名产棉区长江三角洲和东南沿海，棉花地占了耕地一半以上。

在康乾盛世，对于满洲、蒙古、新疆、西藏等以少数民族为主的边疆地区，清朝"因俗而治"，采用了军辖区（东北）、盟旗（蒙古）、将军管辖和伯克制（新疆）、驻藏大臣领导下的黄教政教合一（西藏）与土司制（西南）等（图11.1）。在这些领土上建立的地方机构，有效地将它们适度地城市化，并融合至全国的城市体系中。这些城市聚落的主要功能为地方行政，其具体内容有：促进周边腹地的农业发展，在天灾时赈灾和提供福利服务，成为区域教育中心。在一些军事战略地点，这些聚落也成为驻军之地。在满族的东北故乡，一共设立了59座新县治。在新疆，也新添县治30座，西南则有40座（图11.2）。随着清帝国的扩张，城市化也因而向边区伸延。

区域间贸易的发展

正如上述，清代承继明代的趋势，棉花种植以及棉纺、棉织业、制茶工业等都十分繁荣。总的结果是在全部农产品中，有20%—30%成为远途贸易的商品，一些更出口到外国去。以下一些大约的年均数字说明了区域间贸易

第十一章 清代的城市化：由新儒学到半殖民地 237

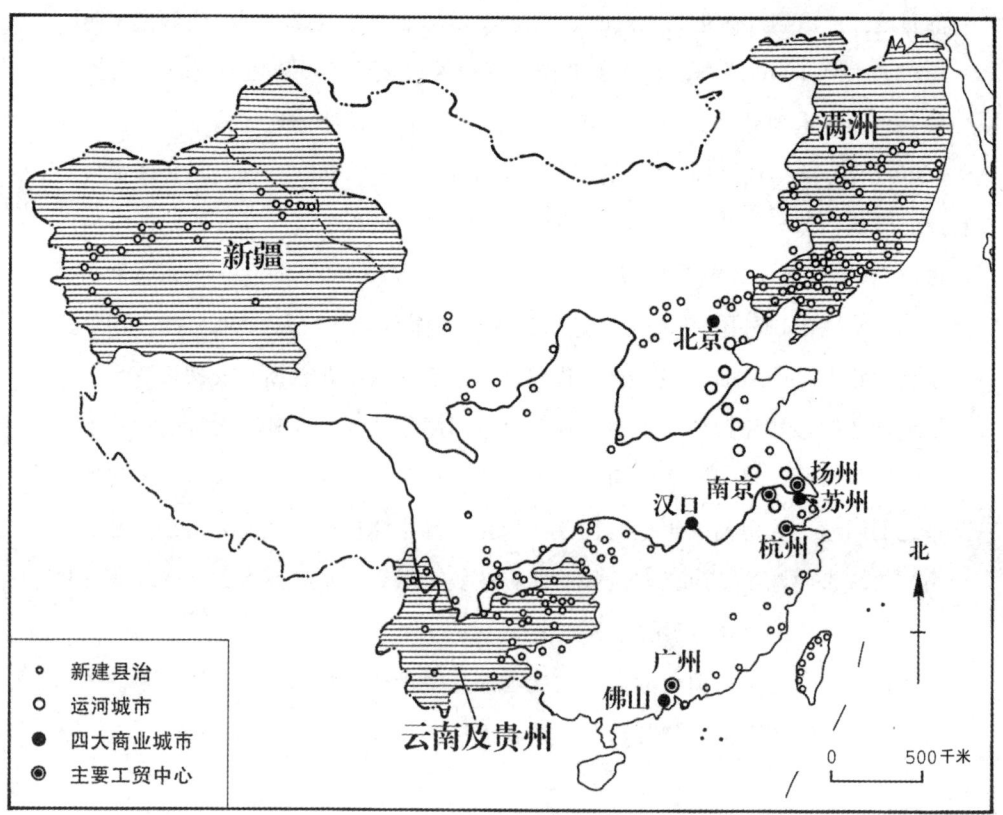

图 11.2 清代主要城市分类

的普遍性：由满洲海运到上海的豆麦为 1000 万石；浙江通过河运由湖南和四川输入大米 1000 万石；江浙由安徽、江西输入大米 500 万石。此外还有大量的豆麦和米粮分别由东北及南方输往京师。光是这些远途运输量每年便达 3600 万石，约为明代高峰时的三倍，其中商品粮为 3000 万石，占全国粮食商品量的 21.6%。其他主要的商品如棉布，单苏州和松岗两地每年便向全国供应 3000 万匹，其中 1500 万匹供应京师和东北，1000 万匹供应广东（其中约 100 万匹出口外国）。估计远途贸易的全国棉布量每年为 4500 万匹，约等于全国年均总产量的 15%。自明代起日渐完善的以山西晋商、安徽徽商为主要经营者的银号和银票的全国性资金流通制度和网络，便利了大量的远途贸易。这些商业和资金流通活动也成为除行政和军事功能以外，城市发展和城市化的新动力。由商人组成的行会、帮会等行业性和地域性商人组织，亦成为主要城市内除了官府机构之外的标志性城市组织。富有商人的奢华府第和生活，成为城市多姿多彩的地区文化特点。

在空间分布上，清代的商贸发展也深受明代城市化的空间分布影响。图 11.2 揭示了其四大空间分布及主要城市分类：

    1. 四大都会（时称"天下四聚"） 包括国都北京，全国贸易和轻工业轴心苏州，长江航运中心汉口，及南方新兴起的制铁和瓷器重镇佛山。后者得到邻近的广州这个唯一的对外通商口岸的支持。

    2. 八大工商业城市 在四大都会之外，再加南京和杭州这两个自宋代以来仅次于苏州的全国最大的丝织中心和区域商贸中心，最大外贸中心广州，以及自唐宋以来大运河上主要的商贸城市扬州，便是八大工商业城市。

    3. 沿大运河城市 图 11.2 标出的除杭州、苏州等上述城市之外的沿大运河城市，它们每年处理全国 21.6% 的粮食运输，以及由苏州、杭州和扬州出口的丝绸的一半。

    4. 其他工业城镇 包括景德镇、宜兴和德化，都是以瓷器手工业为主要职能。

全球经济一体化也成为清代城市化动力之一。在康熙时,海禁于1683年被取消,设有通商口岸的四个城市——广州、漳州、宁波、上海——进入经济繁荣期。之后,在漫长的1757—1842年间,广州又成为唯一的对外开放商埠;而且出口限制很多,如茶叶每年不许超过50万担,生丝每船土丝5000斤、湖丝3000斤,并禁止粮食、金、银、铜、铁、铅等矿物出口。然而和欧洲的贸易发展并未因这些限制而止步不前。作为全球最大的纺织业国家,中国的生丝或丝织品以及棉布在欧洲有大量需求。它们和传统的瓷器一样,成为大宗的出口项目。喝茶自16世纪传入欧洲后,在17世纪已成为西方上层社会的生活习惯,导致自17世纪中起,大量茶叶出口至欧洲。以价值计,在1683年,茶的出口为260万英镑;至1762年,便增至2330万英镑。中国货品的大量出口对本地就业和经济的贡献,自然远大于政府的关税收入(年均为50万—180万两)。欧洲对这些产品的大量需求,造成中西贸易的不平衡,需要欧洲每年输出1000万两的白银至中国以为支付。这时期的中西贸易对全球流通的巨大影响可以以一些简单数字予以说明:1571—1821年间,由南美洲出口的4亿两银子,最少一半被欧洲挪用来支付上述贸易赤字。至于中国在全球生产和出口上的巨大功能如何影响了它的城市和城市化,不但资料缺少,而且鲜有人研究。不过,在上述四大海港城市中,广州在整个清代都是对外开放的,全球经济一体化对它的城市结构甚为明显,我们将在本章后段再讨论。

新儒学的城市文明

自中国于19世纪中被迫打开国门后,更多的西方学者对中国产生了研究的兴趣,包括研究它的城市化和城市文明。其中Row(1984)认为:"在中国,从未出现过真正的城市,因为城市存在的前提,即市民社会,从未在中国成形。"他的两大理由是:(1)政治上,中国的城市直属于中央政府,并不存在城市自主;中国城市的主要功能乃"王室的居所"或有效的行政管治;

(2)城市精英以集体行为和郊野的田园生活为其价值观构建基础,不利于真正市民阶层的形成。这些观点指出了新儒学的城市文明与西方学者如韦伯所标示的西方城市文明有明显地不同。

表 11.2 清代的财政收入

年份	土地及赋税	盐税	商业税	其他	总额（百万两）
1653 年	21.3 (8.7%)	2.1 (9%)	0.1 (4%)	0	27.5
1683 年	27.3	2.8	0.1	0	30.2
1725 年	30.1	4.4	1.4	0	35.9
1766 年	29.9 (73%)	5.7 (14%)	5.4 (13%)	0	41.0
19 世纪 50 年代*	30	5—6	4	1	40.5
1890—1895 年*	32	13	38 (23%)+	5	89.0
1900—1910 年*	33	13	53 (39%)+	4	103.0

*估计年平均值
+括号内为关税
资料来源:Gernet,1985

事实亦如此,至清代前期,中国城市文明体现出如下特点,与西方经验迥异:

1. 城市功能

(1)行政功能为主:为周边农业地区提供中地服务;

(2)军事为次要功能:一些城市成为边防重镇或驻兵之地,推动帝国的扩张。

2. 城市主要特色

(1)地方政府的治所,即衙门(官署)所在地;

(2)士大夫以及地方官学(县学、府学)、国子监、科举考试试场、孔子庙(文庙)等儒家思想和价值观传播的机构的集中地——儒家教化中心;

(3)清代城市还多了民族隔离的特点。在主要城镇中,八旗军与八旗子弟占据城的一面，称"满城"，和城市其他部分分隔；满城并有防御围墙。这个民族隔离特点在北京和重要行政、军事中心如广州、西安都存在。这反映出汉满人口 100：1 的极端比例，以及由此产生的满族人的缺乏安全感。

清代后期的城市化：半殖民地化的城市

对世界霸权的依赖

自 1840 年在中英鸦片战争中战败之后，清朝饱受外国的侵扰；西方对中国的政治、经济和社会的影响因而日渐加剧，直至清代于 1911 年灭亡时仍然如此。

乾隆皇自 1775 年后的专权跋扈以及他对贪官和珅（1750—1799 年）的宠信，打击了清皇朝的统治效率。乾隆大兴土木兴建有"万园之园"美誉的圆明园等皇家园林，六次南巡江南，对新疆和西藏多次用兵，花费了大量的国家财富。国库储备在 1786 年的总额 7000 万两，被逐渐花光。和珅及其党羽贪污索贿，卖官鬻爵，不但造成了政治腐败的局面，也促成对农民的盘剥，成为他们的沉重负担。和珅死后被抄出家财共一亿多两。贪赃的官更挖空了农田水利以及河道的经费，使基本农业设施废弛，这也是导致 1798—1820 年间全国七次大水灾的主要原因。官家既没有按儒家利民思想办事，社会矛盾自然容易激发，导致了白莲教、天理教等下层民众持续的起义。

在上述"改朝换代"的常发问题之外，乾隆以来的"闭关拒外"政策（只开放广州进行有限度的外贸）亦逐渐成为中外矛盾冲突的导火线。中国历来闭关的时间并不长，但清中期以后近乎长期闭关。虽然如此，外贸仍然对国计民生产生巨大利益，直至 19 世纪 20 年代仍如是。但对外贸的自然需求的过分压制，导致非法的走私活动，特别是鸦片的走私猖獗。这是由英国东印度公司发明的解决西方对中国贸易严重入超的阴险办法。中国进口鸦片由 1729 年的 200 箱（每箱 140 磅或 64 公斤）增加至 1829 年的 16257 箱，导

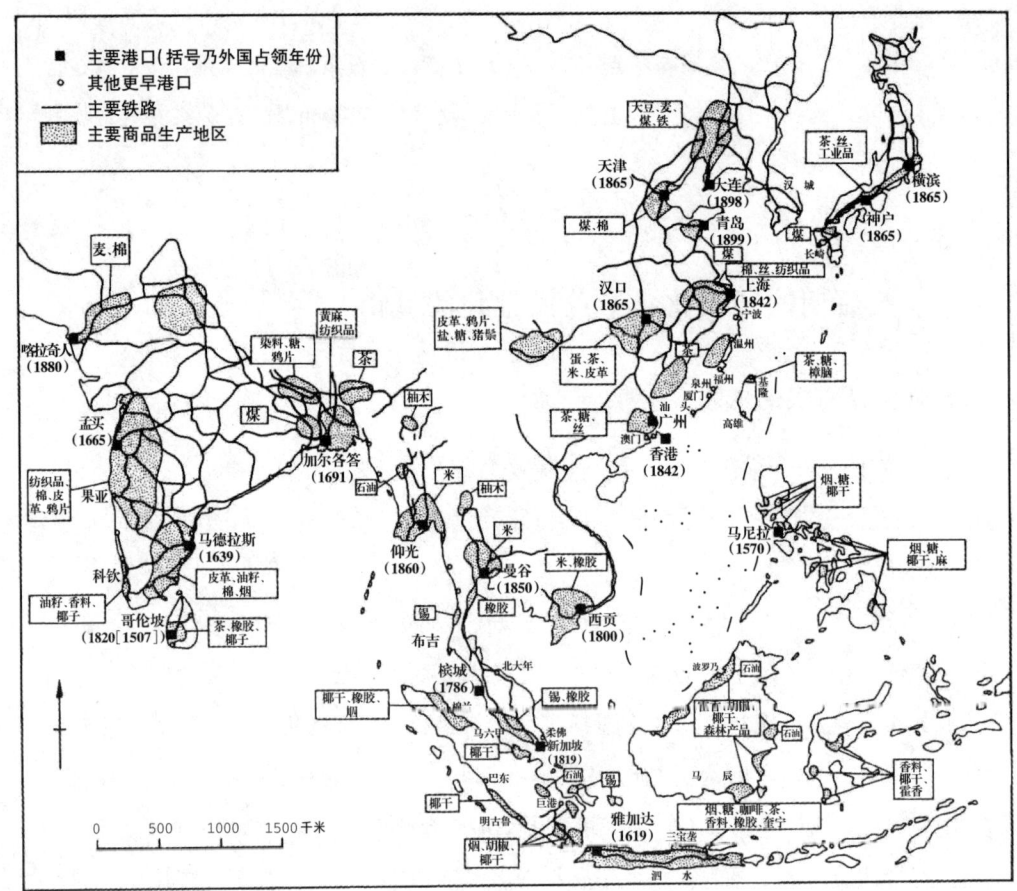

图11.3　西方列强在亚洲建立的殖民地及掠夺的资源分布

致大量白银由中国流出，使中国变为入超国（表11.3）。外贸的转变因而成为清廷的大事，而大量白银的流出也使中国钱币贬值，如1两银在1820年可兑1000钱，但在1845年则可兑2200钱。由于国税是以白银缴纳的，铜币的贬值直接地打击了农民和一般民众。对于列强走私鸦片的不法行为，软弱的清朝海军却无法制止，反使中国变成他们鱼肉的对象，往往借故挑起中外海战。总言之，在清后期，欧洲强大的海上军事力量打开了中国的大门，将外力强加于中国，使它沦为半殖民地。

表11.3　中国对外贸易（1828—1904年）

年份	1828年	1867年	1884年	1904年
出口总额（百万英镑）	24	19	19	36
生丝（%）	11	30	27	26
丝制品（%）	6	4	7	5
茶叶（%）	47	64	42	12
其他农产品（%）		0	0	6
棉制品（%）	4	1	1	10
其他（%）	28	1	23	41
总比率（%）	100	100	100	100
进口总额（百万英镑）	25	22	21	51
鸦片（%）	46	50	35	10
纺织品（%）	14	25	37	51
米、糖（%）	0	3	1	7
烟草（%）	0	0	0	1
火油（%）	0	0	0	8
棉花（%）	22	×	×	×
白银、银票（%）	6	×	×	×
金属（%）	4	×	×	×
其他（%）	8	22	27	23
总比率（%）	100	100	100	100

×表示没有数字，或包含在"其他"内。
资料来源：Meyer，2000

西方列强，特别是英国、西班牙和荷兰，自17世纪起，通过一连串的征伐，在亚洲建立了一系列殖民地，将他们的影响扩展至东方（图11.3）。他们的一个重要策略，便是在战略性的大陆沿岸建立起一系列的"条约港"(treaty port，中国文献一般称"对外通商口岸"）。关于这些特别的港口城市，Murphey (1969) 介绍了它们的性质和功用：

> 西方在亚洲建立的所有殖民地或半殖民地港口，都是外来系统的滩头堡。这些港口对本地的对外贸易拥有半专利性质。它们亦拥有机械化生产、银行、保险和资本市场，以及远途贸易。同时它亦建立了最早的技术和普及教育，开设了全国性的新闻传播业，促进了知识界的发展，并激励了亚洲民族主义的抬头……
>
> 这些城市的国际性以及中西方的混杂令人关注到它们一个新的功能，即通过海上贸易，以及作为推动国家统一的新核心，成为迟来的中西方冲突的交接平台……
>
> 只有两个庞大的大陆帝国——中国和印度，仍保有其传统的内陆国都。不过，就算在它们的国度里，最大的城市和现代化程度最高的中心，也是殖民地和半殖民地的港口：加尔各答、孟买和上海。

和19世纪、20世纪初的其他亚洲国家相比，外国对中国主权的蚕食最初是依赖18世纪和19世纪初的非法鸦片贸易。其后，他们通过1842年的《南京条约》、1856年的《虎门条约》和《五口通商章程》，确立了鸦片贸易的合法性，以及他们在中国的治外法权，开始条约港、通商等权力。但在这些条约中，中国对广大的农村国土和农业行业仍保有其主权。其后1895年的《马关条约》使外国的影响扩大，深化了中国的半殖民地化。关于不平等条约体系对中国主权的剥夺和侵占的性质与过程，Schirokauer (1991) 有如下简约的描述：

1. 强迫中国开放部分港口:《马关条约》前共 43 个;中国自行开放了 29 个;《马关条约》后再加 26 个;

2. 从中国索取了大量战争赔偿;

3. 控制中国的关税管理,并将之冻结在平均 5% 的低税率;

4. 在中国境内取得 26 个租界、数个势力范围和治外法权;

5. 取得中国无条件授予的最惠国待遇,以使每一列强取得的利益,其他列强可自然分占;

6. 在条约港内可建外国教堂及医院,外国人有在中国传播宗教的自由;

7. 将鸦片贸易合法化。

在 1841—1900 年的 60 年内,中国一共缴付了 7.43 亿两条约赔款,等于 1840 年全国全年财政收入的 20 倍,或等于 20 世纪头十年的八年财政收入。合法的鸦片贸易和低关税率亦造成了一种不利于中国本地经济的新外贸形态,令大量白银流出国外,造成本地币值下降,加深了农民的不满,动摇了儒家的以农立国和相关的"民为本""天命"的理念(表 11.3)。为了平衡财政,清政府在 1853 开始了新的内贸通过税——厘金,对本地手工业和农户造成了进一步的经济打击(表 11.2)。这使一直比同类进口产品更有竞争力的本地棉布和照明用桐油等受到进口产品排挤,因为后者除了低关税外,亦免付厘金。同时,清军在海上和陆上更被日军大败,相关的停战条约——《马关条约》(1895)成为对清廷的一个新的沉重打击。新条约使列强取得了在中国内地从事开矿、制造业、建筑业、商贸和运输的新权利,造成列强对中国的全面盘剥。

嘉庆年间开始的由白莲教和天理教领导的农民起义延续了约半个世纪,使清朝耗用军费达二亿多两;之后大型的太平天国起义又在 1851—1864 年间席卷了约半个中国。单是太平天国之乱,就直接导致了 2000 万人死亡。持续的农民起义以及苗、捻和回等边区少数民族在 1851—1878 年的起义,相继动摇了清朝儒学治国的根本。

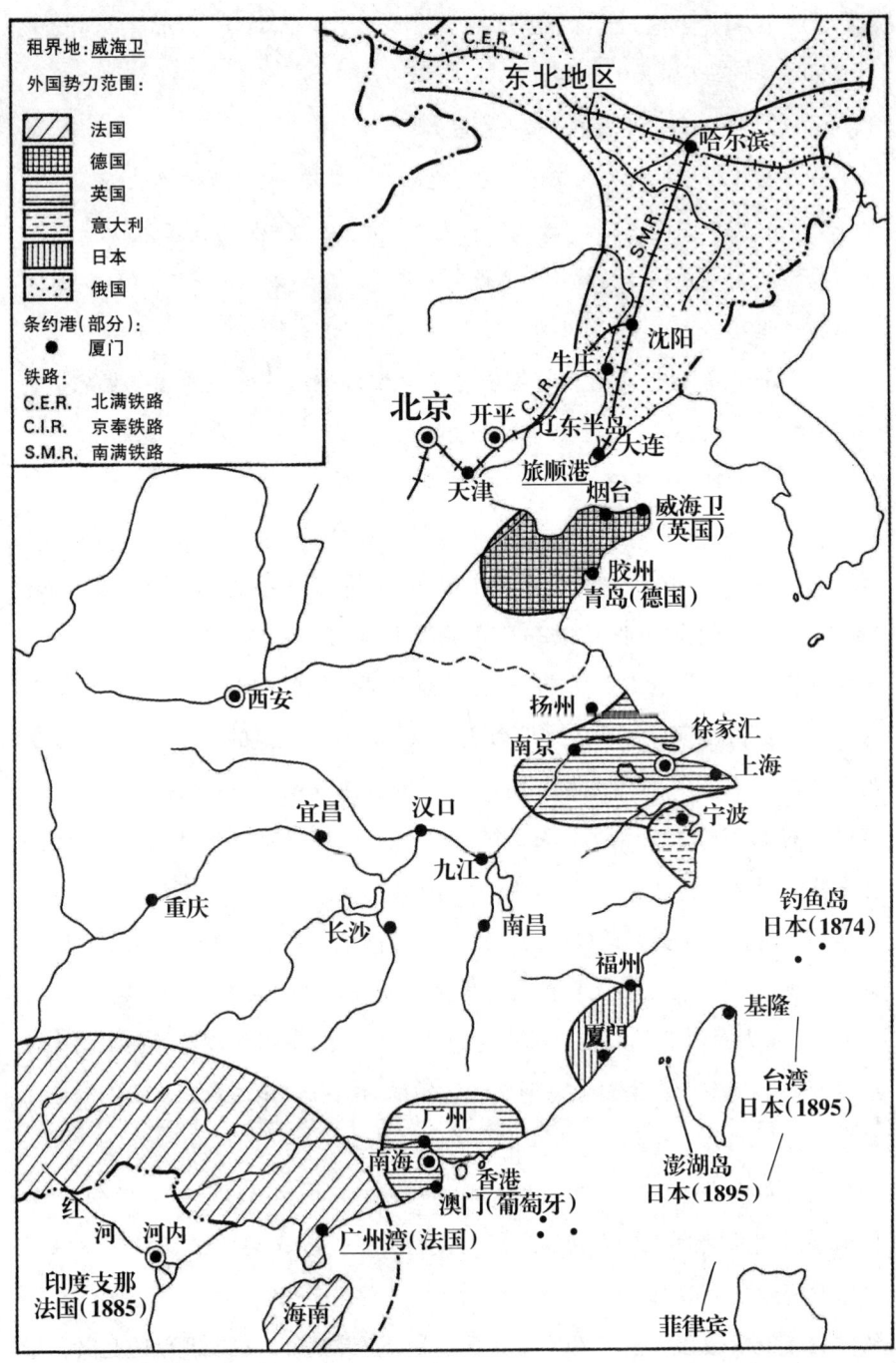

图 11.4　1900 年外国在中国的势力范围

列强影响下的城市

在清后期，一些沿海沿江城市在不平等条约的规范下被纳入列强的直接或间接管治/影响范围（图11.4）。它们可分成三类：

1. 直接管治型：包括4个割让地区（如香港，及1895年后由列强直接控制的东北城市），6个租借区（如旅顺、大连和青岛），7个由外国铁路公司控制的铁路城市，以及3处由法国和德国占用的地区。
2. 设有租界的条约港：一共包括11个城市的26个租界。除香港的新界外（约800平方千米），上海拥有最大的租界（46平方千米），其次是天津（15平方千米）和汉口（2平方千米）。
3. 其他在沿海和沿江的共70个条约港。

对于以条约港为概括的西方列强对清后期城市和城市文明所造成的影响应如何评价，已经成为了一个重要的学术命题。不少西方学者认为条约港对中国的政治、经济和社会的现代化作出了重大的贡献（如 Bergere, 1981；Henriotm, 1993）。相反，亦有人指出它们对中国的农村和农村经济的渗透不足，因而对整个中国社会影响并不大。有的如墨菲（Murphey, 1969）甚至认为，条约港所代表的列强影响，导致中国在1949年后重新推行闭关政策：

条约港代表了依循西方模式的一种大体上局限于一些城市的新现象。同一时间，中国其他地方仍以农村经济为主体，而它们的城市亦迥然不同，反映出和其所处的农业腹地之间的互相依存的生态关系。条约港在法理上的严格区别也在其他各方面一致……没有一个条约港在其租界外拥有行政和政治功能……这些明显地与亚洲其他地方的条约港，甚至中国本地的传统城市都大不相同。上述情况印证了它们和中国整个城市体系的分离，并解释了它们的办事模式向外扩散的失败。

条约港的"失败"自然和中国幅员广大、农村经济自给自足以及传统经济和商人的效率有关。当时，内地的主要商品仍如过去一样，以传统的办法生产、贩运和交易。Murphrey 认为条约港的"示范效应"（demonstration effect）是消极的而非积极的，足以说明了为何清代以后的历任政府对它们的经验一致予以否定。不过，它们无可否认地在中国传统的城市系统中添加了一个新的子体系，形成某种程度的中国城市空间和城市化过程的二元性。条约港因此代表了一个海洋性和侵略性的外来动力，影响了其后的中国城市的性质、城市化过程、城市文明及其体系的空间优先次序，并且延续至 1949 年中华人民共和国成立之后。

其他现代城市和城市化的空间分布

在 1865—1895 年间，清政府推行了多个现代化计划以图自强，特别是建造铁路、设立现代军火和机器等重工业，以及现代采矿等。私营的相关活动亦得到官府鼓励。无锡、南通、沈阳、济南、长沙、郑州等现代工业城市因而兴起。主要现代矿业城市唐山、阳泉、抚顺、本溪、萍乡、鞍山，以及铁路城市徐州、石家庄、哈尔滨等亦相继出现。

考虑到列强的外来动力以及清朝本身对现代化的诉求，我们觉得施坚雅（Skinner）所描述的 1843—1893 年的中国城市化地区分布不可尽信（表 11.4）。施的分析只包括了 40% 的中国国土面积和拥有县治以上行政单位的城市。自明代以来，在主要城市附近的特殊功能镇增长十分迅猛，景德镇便是一个例子，它已成为一个中等人口的城市。长三角以丝和棉制造业为功能的特殊镇数目更多；有些则靠农产品加工，或成为主要商品的市场，或处于主要交通交汇点上，而发展成为相当规模的城市。它们作为城市，与所属的行政地位无关。施氏没有将这些城市加进他的分析，因而导致了比现实低的城市化比率，比如他说全中国的城市化比率只有 5.1%—6.0%。不过表 11.4 亦显示了农民起义尤其是太平天国起义大大降低了长江中下游的总人口数。

总而言之，至清末（1900 年），中国的城市化分布大体如图 11.2 所示。

不过，在图 11.2 之上我们应添加条约港和现代化动力所营造的新型工商矿城市；部分非以传统行政功能为主的城市已纳入图 11.4，其他一些在文中亦有提及。

城市案例

在此节内，我们以案例显示清代前后期不同城市的特点及其背后的发展动力。

广　州

广州作为一个重要城市始于秦代，当时建有细小的任嚣城，位于今城的中西部（图 11.5）。汉至唐时，城市规模仍很小，只是到了宋代，因为发展海上贸易，广州城市才兴旺发展起来。现存旧城墙建于 1380 年，规模比唐城大数倍。明起，城市向南在珠江岸边发展，也向东西郊伸延，并在南部加建新城墙，形成新城（图 11.5，图 11.6）。

清代时，广州依然是岭南的行政和军事中心。它是两广总督的衙门和番禺、南海两县县衙所在（图 11.6，图 11.7），亦驻有岭南、广东巡抚将军指挥使司的总部，有常驻旗兵 4.7 万人。后者及其家属集中在旧城西，形成和广州城其他部分有墙分隔的满城，体现清代城市民族分隔的特色。

除了行政和军事功能外，城市经济，特别是城市文化，由集中居住在城内的岭南一带地主、对外贸易公行的富户以及科举及第的士人形成的本地显贵所主导。与科举致仕和教化有关的官学、私学、考试院和文庙成为城中突出的机构。此外，慈善和福利事业也相当众多。这些文教和福利单位多位于旧城的东区。

广州在清代一直是个对外通商的口岸，自清中叶至 1842 年间更是唯一口岸。官准的十三行（有时增至较多，最多 50 家）每年可和外商在广州直接交易九个月。这个特殊外贸区成为广州一个外向型的城市功能区，位于新

表 11.4　中国城市化的区域人口和都市统计*(1843—1893 年)

大区	面积(千平方千米)	1843 年				1893 年				变动:1843—1893 年	
		城市人口(百万)	城市数目	百万人口城市	都市化比率(%)	城市人口(百万)	城市数目	百万人口城市	都市化比率(%)	总人口	城市人口
中国北部	747	112	416	4.7	4.2	122	488	5.8	4.8	+	+
中国西北	771	29	119	1.4	4.9	24	114	1.3	5.4	-	-
长江上游	424	47	170	2	4.1	53	202	2.5	4.7	+	+
长江中游	700	84	303	3.8	4.5	75	293	3.9	5.2	-	-
长江下游	193	67	330	4.9	7.4	45	270	4.8	10.6	-	-
东南沿海	227	27	125	1.5	5.8	29	138	1.7	6.4	+	+
岭南	430	29	138	2	7	33	193	2.9	8.7	+	+
云贵地区	470	11	52	0.4	4	16	81	0.7	4.5	+	+
共计	3956	406	1653	20.7	5.1	397	1779	23.5	6	+	+

* 不包含东北地区、西藏、青海和新疆,包括县治或更高行政级别的城市。
** 这应该与中国的总面积 960 万平方千米比较。
资料来源：Skinner, 商 1977 年

城外的西南边，接近沙面（珠江上一小岛），而沙面其后亦成为英占地（图11.7）。十三行对外贸易的利益，吸引了各地众多商人，因此在其周边建立了潮州商会、宁波商会等。富有的商人促使邻近地区出现了众多的福利机构，如广仁善堂及爱佑善堂等。他们亦在邻近的西郊和珠江对岸的河南岛北岸广建园林大宅。因为外商不能带眷，交易完便要离开，每月只能到城内其他地方旅游三次，他们和他们的眷属并不直接影响到城市的土地利用和小区结构。当然，在1856年后，这个情况有所改变，沙面便是首个主要由外国人居住的地区。

1840年时广州的人口估计为87万。

西 安

唐都城长安在唐末毁于兵火。宋代时，在旧皇宫原址上建了新城。在明代，它是边防九镇之一，由朱元璋之子秦王领兵驻守。秦王将新城扩大四分之一，作为他的封国的首都。西安城面积为12平方千米，今天的钟楼即是当时城市南北和东西大街的交汇点。新建的宫城位于全城的东北部。

在清代，明的宫城被改为满城，是一个四周以城墙隔离的设防城堡，以便和汉族居住区分离（图11.8）。一些较重要的地区中心城市内部都设了满城，而西安的满城占全城面积的三分之一，是清代最大的（北京除外）。明宫殿被拆去，成为八旗兵的校场。满城共驻有骑兵5000人，以及眷属2万人。大城四门外各设一关以强化西安的防御能力。城的南和西部乃汉城，驻有府、县行政长官官署、贡院和更多的军事设施。

西安的满城和汉城最代表清以少数民族统治统一中国的不安，因而在有众多满洲官民的城市采用民族分隔的城市结构和管理措施。这些措施使市内交通和商贸活动不便，降低了城市经济的发展效率，并阻碍了市民阶层的形成。

西安是个有代表性的以行政和军事为主要功能的内陆城市。这些城市在清后期与沿海的外力分隔，成为二元城市化中的传统城市体系的代表成员。

252　中国城市及其文明的演变

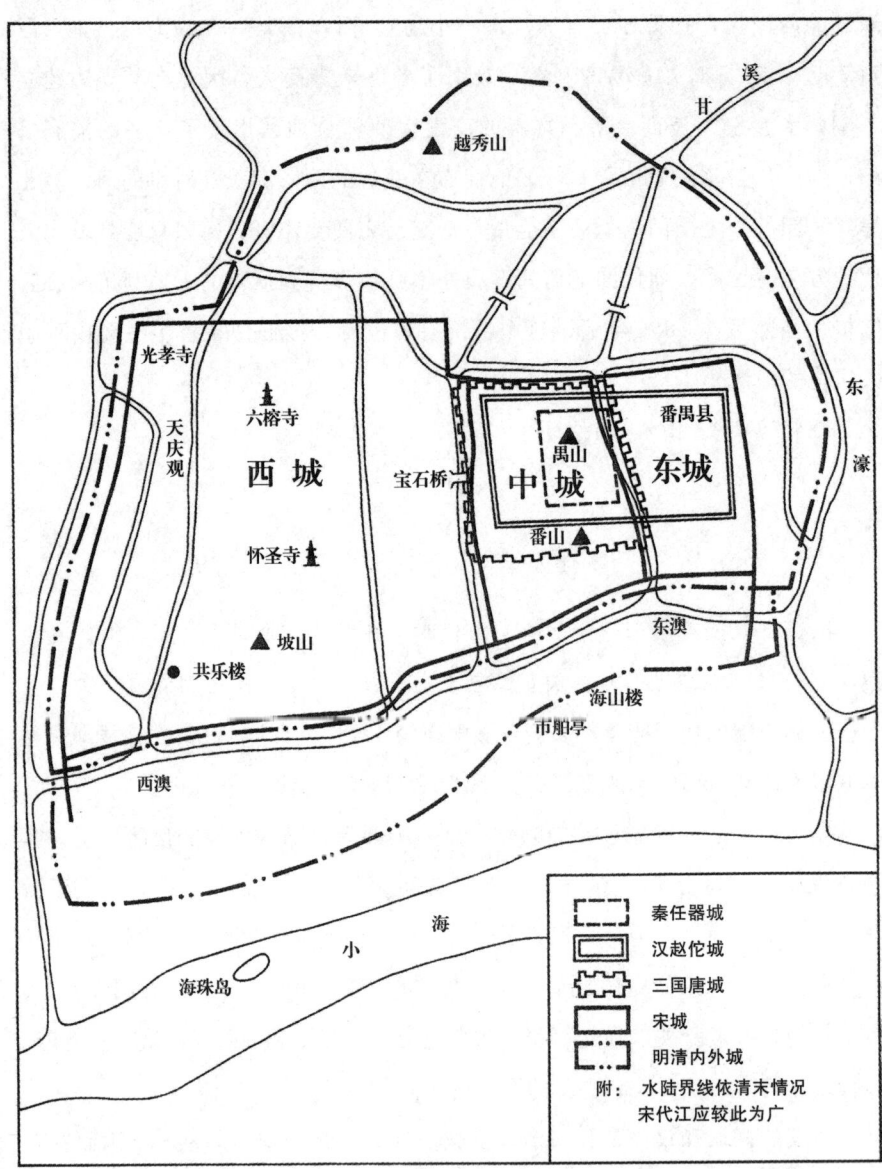

图 11.5　历代广州城址图

第十一章 清代的城市化：由新儒学到半殖民地

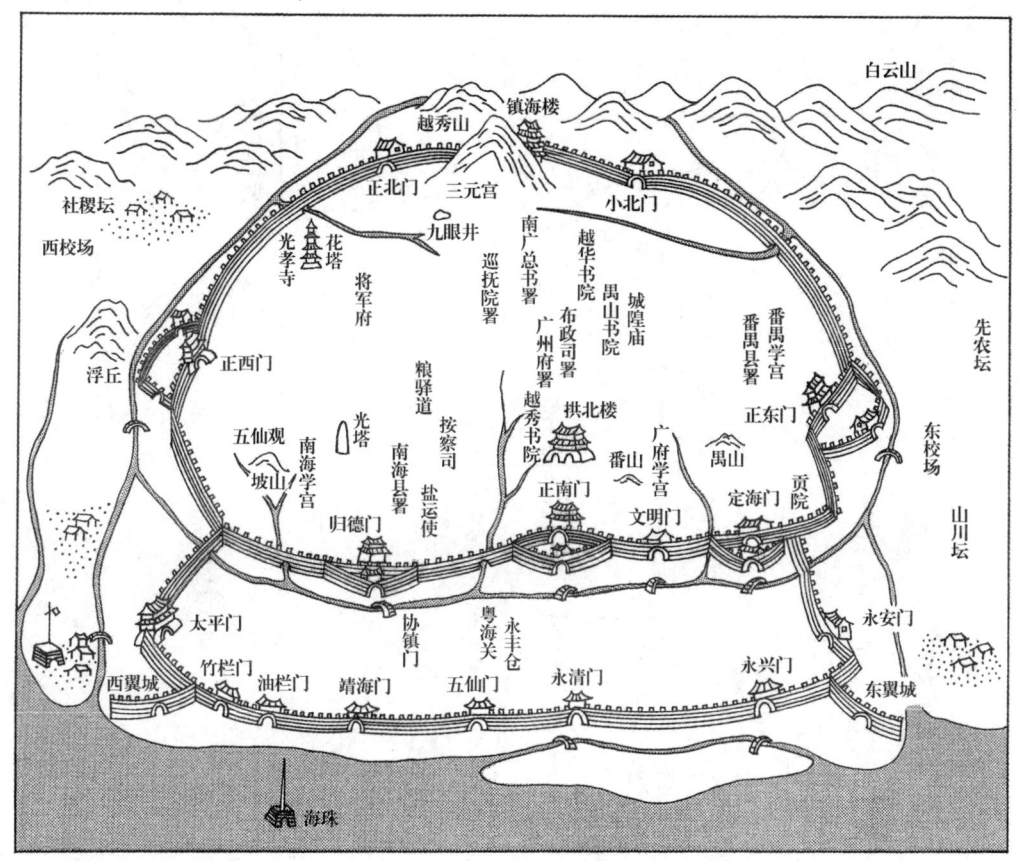

图 11.6 清代广州城图

254　中国城市及其文明的演变

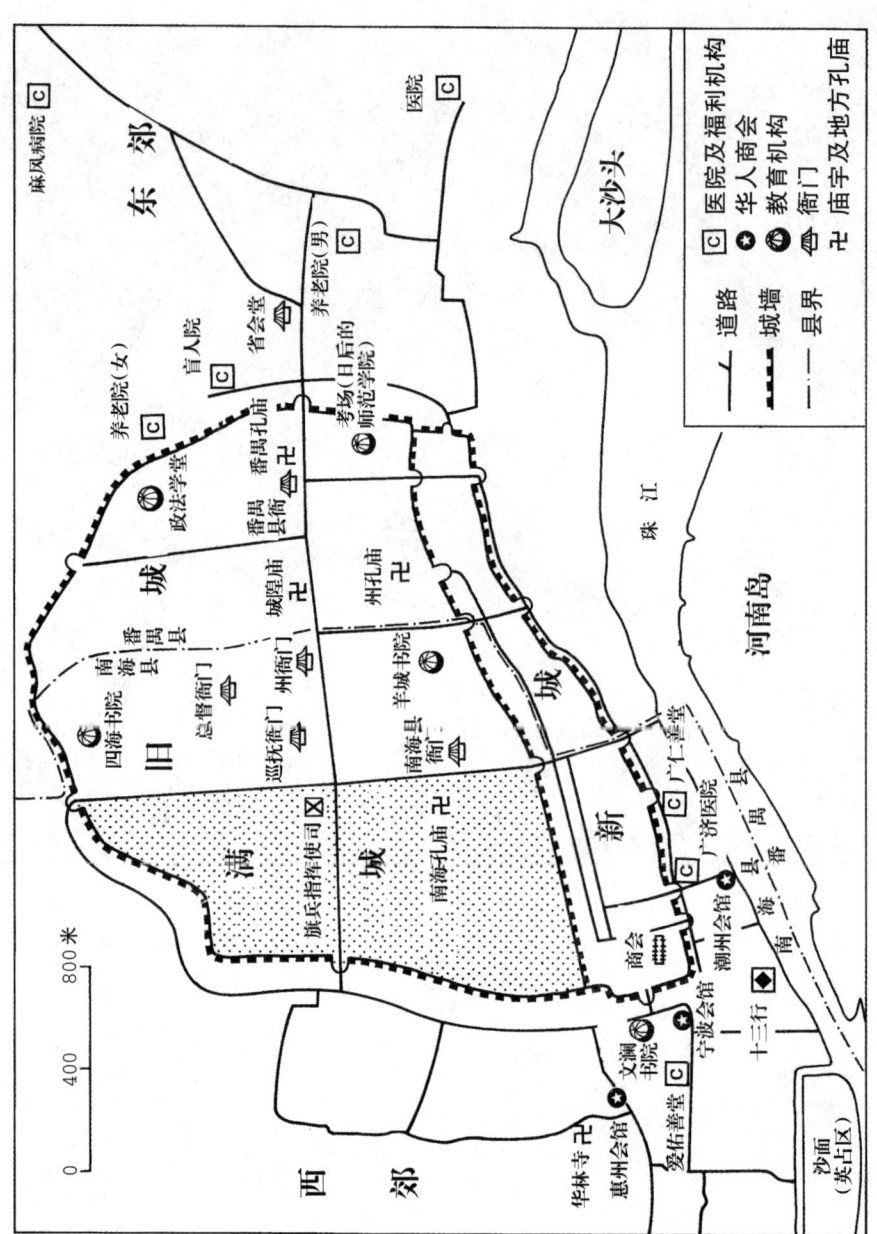

图 11.7　1895—1911 年的广州城

第十一章 清代的城市化：由新儒学到半殖民地

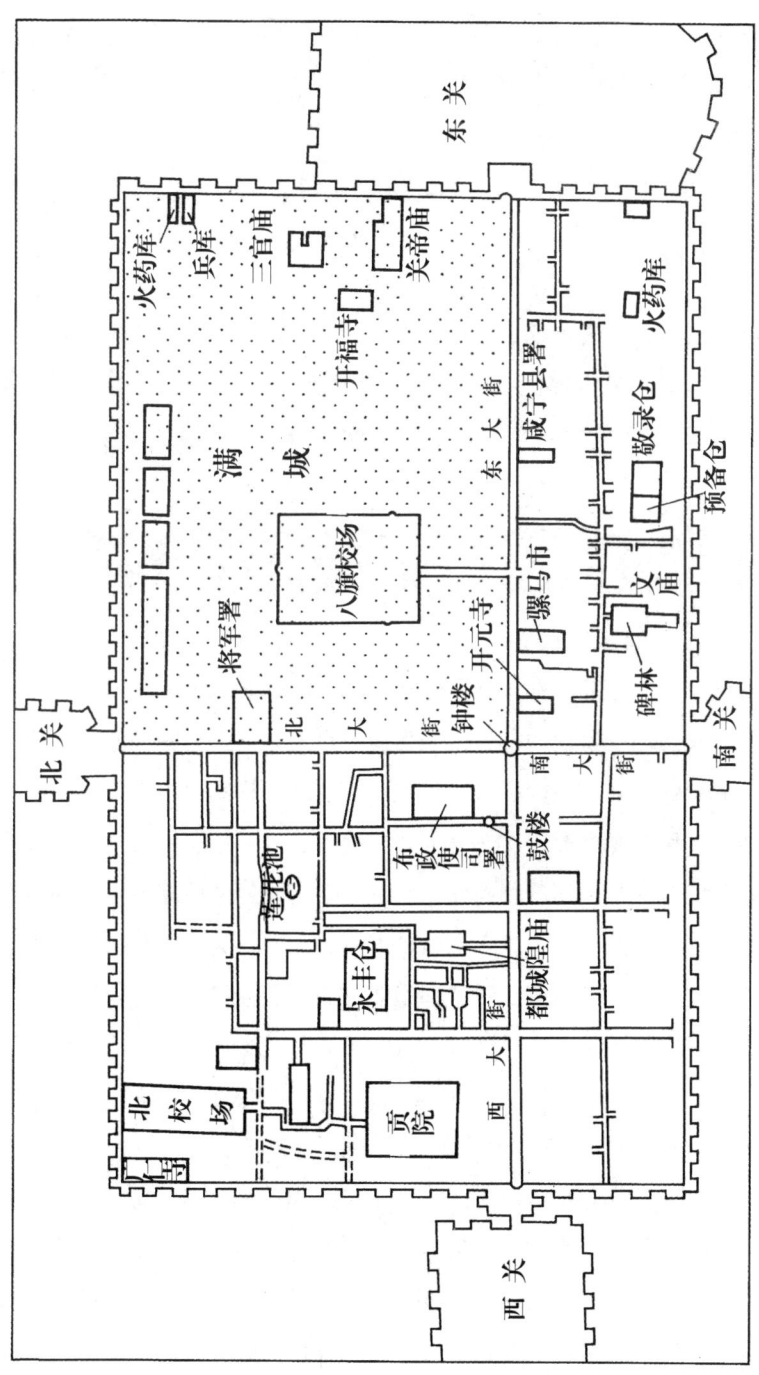

图 11.8 清代西安城区城建示意图

与条约港和新工商城市比较，它发展缓慢，甚至倒退。西安在1937年时的人口减为15万余，不及它在1843年的一半。

汉 口

汉口代表了清代前期传统农业经济和清代后期海外力量两种城市营造力量的交叉。汉口在明清为汉口镇，位于长江和汉水的交汇处。明代起，中国逐渐形成全国性的跨区商品交流。汉口镇"地当天下之中"，素称"九省通衢"，以便利的水路而成为了四川与东南数省的商品转运枢纽。明代设汉口监司，清代增设仁义、礼智两司，并移汉阳府同知于此以提高其行政地位。清代中叶，估计有行业数千家，以盐、典当、米、木材、花布、药材等六种最盛。据估计，乾隆年间贸易额达1亿两，户20余万。

汉口是在1858年开放的第二批条约港，其后并设有租界（图11.9）。因此对外贸易以及随之而来的金融（银行）业亦成为汉口的城市经济发展动力。因为长江和汉水的水道便利，城市的发展并没有如清后期其他非沿海传统城市一样陷入衰落。在汉口，强大的传统工商业社团依然在内、外贸和制造业上相当活跃，反映在图11.9内所标示的湖州、山西陕西、浙江宁波和广东会馆，体现出汉口在全国远途贸易的重要地位；另外，图中亦显示了外力在城市结构和经济上的新影响。城东北沿江的租界，以及其内的英、美、俄国领事馆，说明了这个传统城市已经参加当时的全球化。汉口租界面积为2平方千米，是租界中较大的。受到外力影响，汉口现代工业亦有长足发展，是20世纪30年代全国三大现代制造业中心之一。1937年，外国在华设立银行84家，其中约十分之一（9家）设在汉口。

Row（1984）对1889年的汉口做了详细的社会和经济研究。他认为当时的汉口工商界已经发展出了相对的自主性，城市中的现代产业工人阶级亦相当多，两者推动了市民阶层的成熟发展。他觉得一个以城市为基础的"汉口人"的身份已在当地出现。商人们的财富以及他们的商会组织令他们在社会和政治议题上成为一股力量，并且在一些事项上担当了政府或半官方的功能。

这正吻合西方以商贸和商人为基础的城市化过程。汉口被认为在这方面已从传统的中国城市化和城市文明，走出了现代城市发展的第一步。

上 海

自北宋以来，上海因长三角的农业和以农产品原料为基础的手工业发展而逐步成为一个商贸中心。南宋时（1267 年），上海设镇。元时，它属华亭府，是数个对外贸易港口之一。上海地处长江口，正是长江和沿海航道的交汇处，又享有对外贸易港口的地位，因此自北宋起，其内贸和外贸就同样发达。但在明中期因为海禁而有所倒退。1684 年，清朝在上海设江海关，重新开放对外贸易。虽然自 1757 年后，清朝将外贸局限于广州一港，但上海的内贸仍然繁盛。在清代形成的全国性商业网络中，上海的货运量居于沿海港口之首，成为苏州的外港。19 世纪 40 年代，上海人口已超过 20 万，其中相当部分扩散至旧城墙（图 11.10）之外。一位外国学者（Lindsay）曾对 19 世纪 30 年代的上海作出以下评价：上海已是全球主要海港之一，它的货运量超越了同时代的英国伦敦港。

上海是 1842 年不平等条约指定要开放的首批五个条约港之一，并且在 1845 成立了最早的租界。其后租界逐步扩张，达 46 平方千米，成为香港新界之外的中国最大的租界。加上列强非法地以"界改筑路"方式扩张，其实际总面积更达 70 平方千米以上。图 11.10 显示出旧城和不同时期的租界范围。不过，随着上海城市经济的发展，租界外的中国管辖的上海城市亦扩张迅速。

开埠后，上海的外贸发展迅速。一些原在广州贸易的主要外商迁移至上海，以更接近出口商品生产地，并且避开原有的广州行政干扰，降低成本。因此，在 1846 年，上海出口的生丝便超越了广州；6 年后，茶叶出口也超越广州。同时，上海的进口额也超越广州，成为中国第一大对外商埠。1890 年，上海进出口已占全国的 45.5%；1894 年，更占了全国的 57.49%；在 1936 年，仍保持在 55.5%。

外贸不单带动远洋航运、码头和仓库业务，将上海和世界主要海港连通，

258　中国城市及其文明的演变

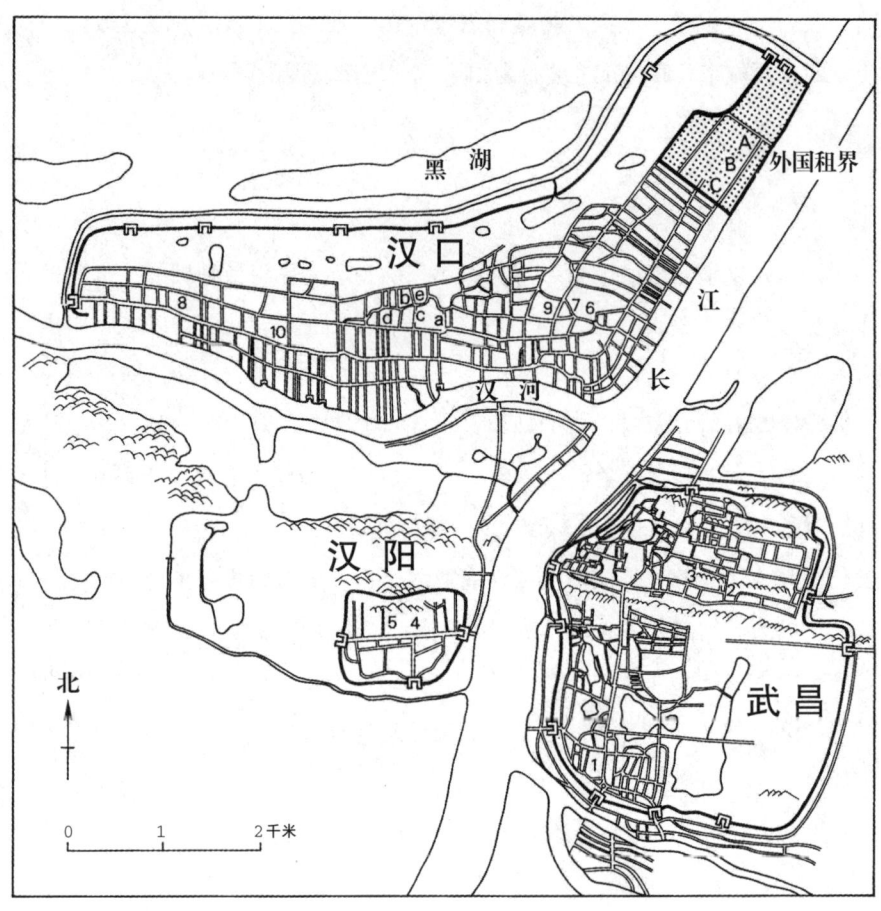

1. 湖北总督	6. 汉口道台及税关	a. 湖州分馆	A. 英国领事馆
2. 湖北巡抚	7. 汉口分巡	b. 山西陕西会馆	B. 美国领事馆
3. 湖北盐道台	8. 仁义审判厅	c. 浙江宁波会馆	C. 俄国领事馆
4. 汉阳守巡	9. 礼智审判厅	d. 广东会馆	
5. 汉阳按察司	10. 两淮盐分道	e. 药王庙及会馆	

图 11.9　1865—1890 年的武汉市

第十一章 清代的城市化：由新儒学到半殖民地 259

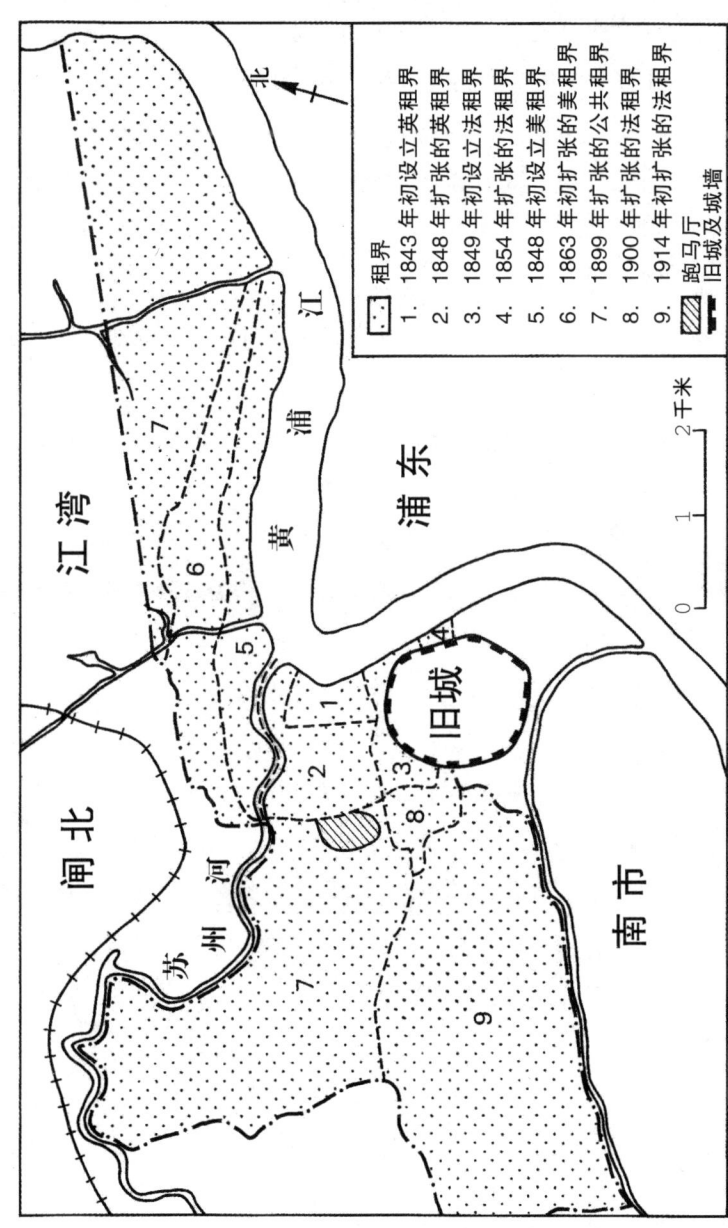

图 11.10 上海租界扩张示意图

也促进了现代金融和工业的发展。1935 年，上海有 28 家外资银行、11 家信托投资公司、1 家邮政储金汇业局，占全国这些企业的可运用资金的 47.8%。1891 年上海成立了上海股份公所，以进行外股交易。基于上述，它是全国最大的金融中心。上海也是全国最大的现代工业基地。1933 年，上海的现代工业产值占全国的 46%，工人数目占 31.3%，资本额占 39.6%。上海的现代工业行业包括了纺织、印刷、制药、卷烟、饮食，以及公用事业如自来水、电力、煤气等。外资的"示范效应"亦使上海成为现代民族工业和中国金融业的最大集中地。

作为"国中之国"的上海租界，不受中国传统官僚政策的干扰，其发展动力主要来自资本主义市场经济。因此，上海租界不但在城市规划、管理和基本建设上采用西方模式，形成以中心商务区（Central Business District, CBD）为核心的地租圈层和土地利用功能分布，在建筑风格和城市面貌上亦与中国传统城市迥异（图 11.11）。当然，在"国中之国"中，由于不同租界背后的列强不同（如英国、法国、日本），亦造成交通线路不衔接、规划标准不一等矛盾和问题。

在外力强逼中国开放的情势下，外国的资本、技术、市场首先大规模和全面地对中国一些沿海（包括沿江）城市的经济和城市发展造成重大影响。中国因对外开放已成必要，也致力于在这些城市和部分内陆城市中发展现代贸易与工商产业。沿海城市上海正是这个发展趋势的最大得益者，也就成为中国进入现代社会时的最大的工商城市。

1852 年，上海人口增至 54.5 万。1880 年，它已是一个拥有 100 万人口的超大都市。

结论：城市体系和行政体系混合为一个有机体

直至 19 世纪初，中国的城市化体现了一个以农业作为全国经济与社会组织的基础的广域国家的特点。在这个传统中国之内，拥有城市性质的聚落大抵都是中地。在一个有效率的儒家理想管治下，中央和地方政府膺天命，"以

第十一章 清代的城市化：由新儒学到半殖民地 261

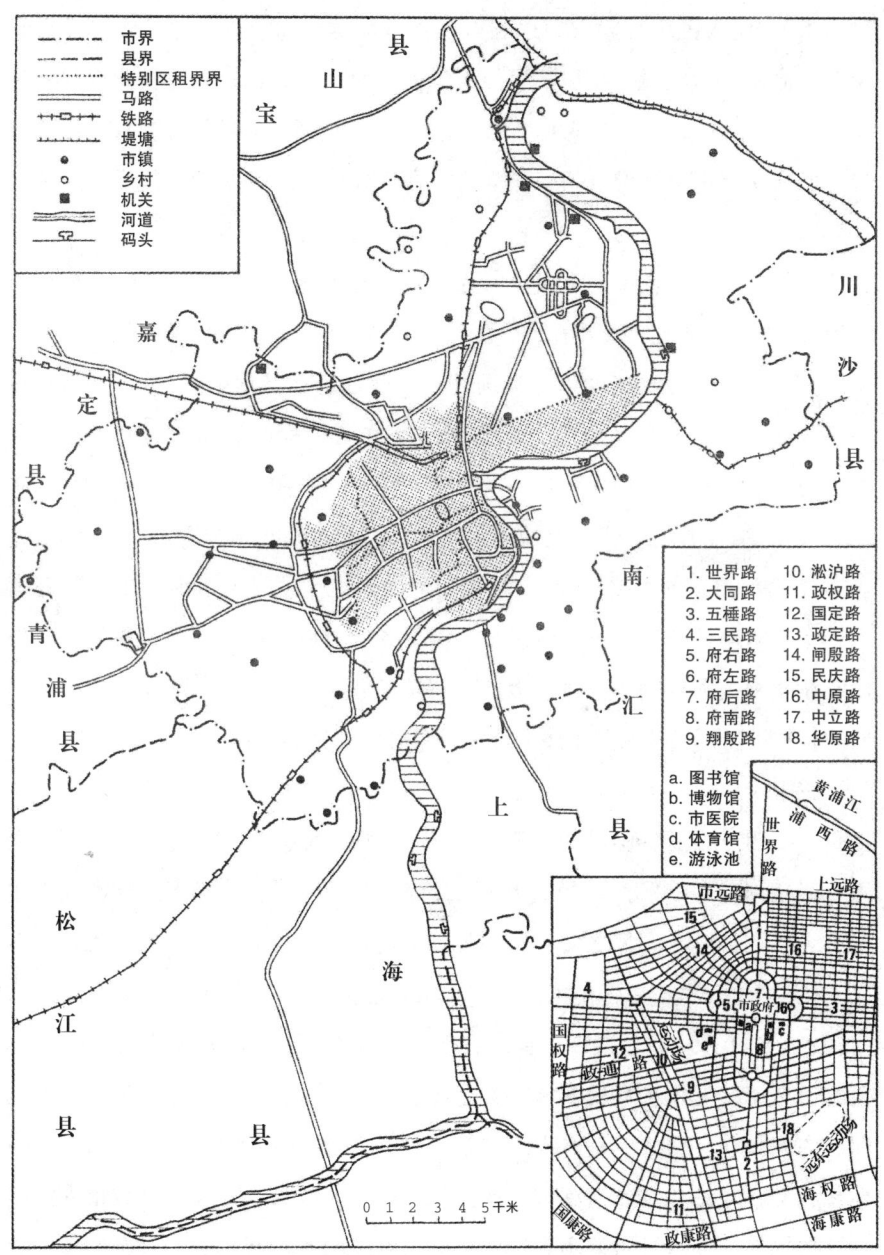

图 11.11 租界时期上海市区图

民为本",使防洪工程和农田水利得以正常地运作和维修,并且轻徭役低赋税。因此,就算出现一些地区性的天气反常和自然灾害,导致农业部分失收和人命财产的损失,所在地的中地中的官员亦能及时提供适当的救援。这样,整个国家便能保持稳定与繁荣。因而,在这个以农业为基础的国度里,城市体系和行政体系混合为一个有机体,以保持人与自然的大平衡。括言之,在新儒学的理念下,城市是中央政府为民服务的中介,负责在地方层面推行中央的各种政策,特别是教育、文化、法治等,以端正民风、维持社会秩序与稳定。在实践上,这些功能体现为礼乐(通过各种祭祠和仪式)、官学和科举、各级衙门的税收、专营、负责河道与水利工程的有司等。简言之,数千年的实践显示,传统中国城市的主要功能——或换句话说,皇朝的主要职责——乃是在中国这个广域的农业经济中,理顺人与天地或人与自然的关系。这本身就是儒家的主要思想:"顺天时""民为贵""尽人事而听天命"等理念。在宋明理学的发展下,新儒学加深了务实与理性的色彩,对科技和与外国交往持积极和鼓励的态度。因此,新儒学并不是"封闭"和反科学的。宋明的科技进步以及郑和的七下西洋就是很好的说明。

在宋代,司马光已经明确地指出治国之道为贯彻礼的原则,主张"怀民以仁","明君在位,国泰民安"。清初时,儒士黄宗羲(1610—1695年)和顾炎武(1613—1682年)在总结明亡清起的经验时说:"天下之治乱,不在一姓之兴亡,而在万民之忧乐","我之出而仕也,为天下,非为君也;为万民,非为一姓也";更将儒家的经国致用和法治观念大力推崇:"崇实致用","凡文之不关于六经之旨、当世之务者,一切不为","有治法而后有治人"。因此虽然清朝是由少数民族满族建立的统一政权,但上至皇帝、朝臣,下至朝外的儒士和老百姓的基本理念都是一致的:"得天命者得天下",而天命的体现就是百姓的福祉。清朝"满洲为先"的用人政策,以及主要城市内的满城式的民族分隔只是末而不是本。王室与满族的统治观念和最终目的,实与儒家思想一致。然而,清朝因少数民族入主,的确有些信心不足,使他们在政权稳定后趋于保守。乾隆在对英国国王的书信里自以为天朝物产丰盛,反对外贸,对西方的进口,包括铜版刻印技术,也只是用于歌颂他的武功,而不在乎经世致用。他反而将庞大的国库储备用于个人的六下江南和大规模的皇室园林建设。这不但有反新儒学的精神，而且错过了将中国成功的农业剩余价值投放于科技和国防发展的机会，使中国在乾隆末年开始逐渐落后于西方，也使新儒学的正当发扬受到制掣。

一些城市中的手工业、商贸以及边镇的防御功能，可以说是中国这个广域农业大国应地区性的特点而出现的微调。当然，在一些分裂和战乱的年代，这些功能对城市化和城市发展的作用会更为重要和被夸大。总体而言，这些被西方奉为主要的城市功能，和用以界定真正城市聚落的标志，对中国而言只是整个城市体系中一些附属性的因素。一个清楚的例证是：中国历代的国都在经济上都不单纯依赖其周边腹地，也并不靠工贸活动来支持其繁荣。所有省、府、州城市也大都如此，它们基本上是地区行政中心，其他发展是次要的。

在本章及以上各章中，我们陈述了儒家思想自唐以后出现的一些变化，因而自宋以后，我们称之为"新儒学"。虽然如此，中国自秦汉以来的城市化动力和空间分布形态基本保持不变，而城市的结构和样貌亦一贯依循礼乐和天人合一的传统观念。

自西方工业革命后，西方列强对中国城市和城市化、城市文明的演变等都逐渐产生影响。这个外力与历代周边游牧民族的融入甚或入主中原，是完全不同的。后者往往在中原朝代更替周期的低潮时被吸引而来，而其成功者往往是已相当汉化并重用汉人的支派；在入主中原后更以儒学的价值观为施政原则，务求在这个农业经济内达致人与自然的和合。清后期代表了中国历史发展的另一个分水岭。传统的农业经济不但已发展至超饱和，而且出现了重大的、不可持续的危机。和新兴的现代工业化列强相比，当时的中国正陷于传统农业社会和现代工业社会的矛盾，而不是君主与民主体制的矛盾之中。其实，新儒学赖以支撑的传统农业在清代中叶已经发展至尽头，没有新的农业技术，本身已很难支撑下去。而清廷因为过分保守和对汉人的防范，往往压制思想，防止他们和外国接触。在农业技术停滞不前的前提下，人口压力已在道光年间出现。顺治末年至乾隆末年，耕地从5亿亩增至9亿亩，但人口却由 8000 万增至 3 亿，以致人均耕地在乾隆末年只有 2.25 亩，刚好达至自耕自足。按此数，中国只可养活 3 亿人。由此至道光中期，人口已增至 4 亿，亦即有 1 亿人无地可耕，或难以通过中国的传统农业自给。由此导致的田地、米粮的自然涨价，使新儒学"民为本"的统治目标难以落实。农民起义自然是新一轮朝代兴替、天命争逐的体现了。在被掣肘的新儒学和引入新技术、新思维之间，如何选择？两者的目标却是一致的，即在于响应以下问题：如何在新时代使人与自然重新达致平衡？如何使新儒学向前发展，达致其"经世致用"的基本目标？

一些学者认为，中国在南宋或明朝前期理应进入工业化时代。若如此，则中国的工业化会比欧美在 17 世纪末的起步早很多。中国并没有这样做，部分原因在于新儒学面对专制皇权的效率和朝代周期的惯性作用。正如前述，清代以少数民族而入主中原，对如何统治这个庞大的农业国家自然是信心和经验不足。故此，谨守新儒学中对传统农业和农村的维护，将其惯性作用推延，亦合乎逻辑。这样不但得到晚明遗臣和士大夫（如黄宗羲等）对他们的统治认同，更可进而笼络广大士阶层和老百姓。也由于这种自信不足、谨小慎微的心态，清朝不但故步自封、反对开放，也大力压制言论。清代的封建保守更可体现在它对新思想和科技的抗拒比晚明为甚，而且其闭关锁国的时间比明代更长和更严。不过，变革还是要来临的，但却不幸地来自外国强加的欺凌。不平等条约和条约港自 19 世纪中起形成一股使中国发展的新力量，对清后期的政治、经济和社会起了重大作用。城市发展和城市化作为主要的社会过程，自然亦深受其影响（一些学者将这些影响归纳为图 11.12），成为中国近代城市空间结构的新模式，以别于明清时期以行政和礼教为主的城市结构（如图 11.13 的南通城）。这种新动力，在新儒学之外，对中华人民共和国的人地关系也必然取得一个重要席位。

第十一章 清代的城市化：由新儒学到半殖民地 265

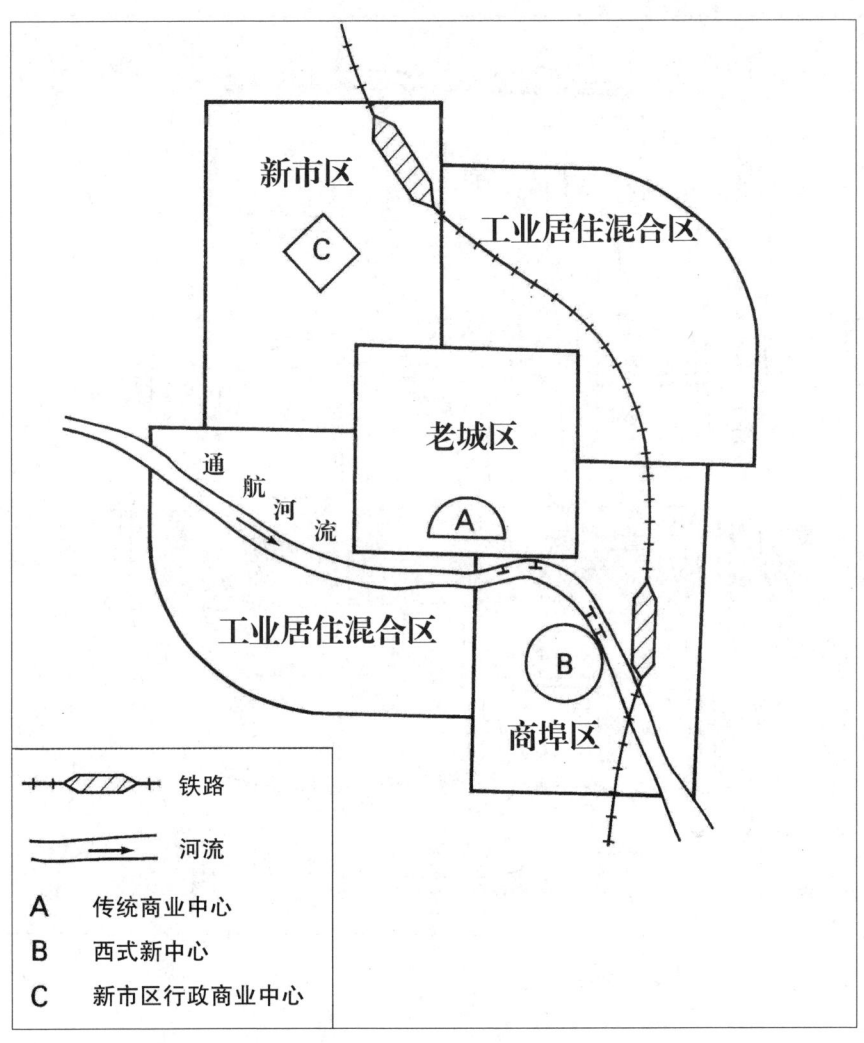

图 11.12 中国近代城市空间结构的基本模式

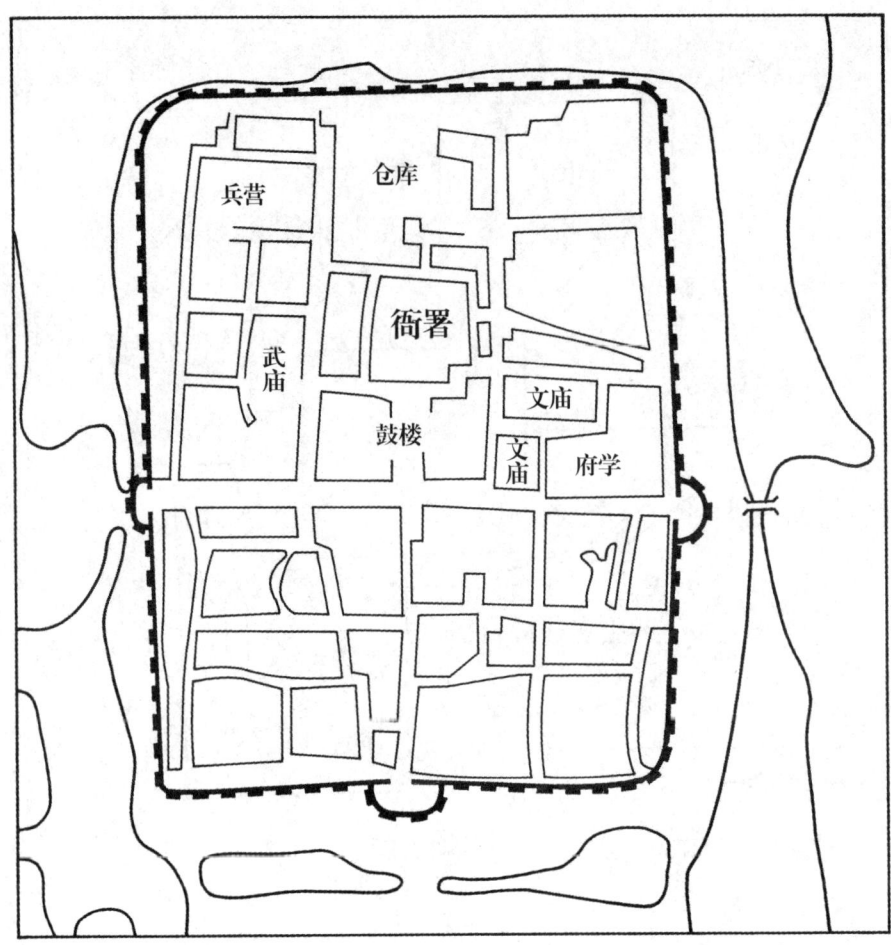

图11.13 南通城的礼制布局

第十二章

现代中国：社会主义下人民共和国的城市发展

寻找中国问题的解决办法

格内特（Gernet，1985）对于19世纪末到20世纪中期这一百年的中国有以下评语："1850—1950年间，中国严重缺乏安全感，它的恐惧来自外力的压迫以及内战的纷扰。"对老百姓来说，这显示了清朝失掉天命，而民国亦处于同一境况。但和过往的中国历史经验比较，这一次的逐鹿中原比以往的朝代替代更为复杂。列强的压力以及内部军阀的地区分裂态势，因中央政府饱受太平天国之乱而日益加剧。慈禧太后（1861—1908年掌权）的专权，以及她对1898年"百日维新"的自强运动的扼杀，导致了1901年的义和团事件，最终引致八国联军对清廷的干预。其善后《辛丑条约》的大量赔款和其他丧权辱国的条款，清楚地向老百姓揭示了大清天命的丧失。这些发展令袁世凯在1901年承继了李鸿章的军事强人——北洋军阀的地位，并利用手上的兵权，与地区性军事领袖妥协，将辛亥革命的果实据为己有，使孙中山领导的辛亥革命得以在1911年取得"成功"。孙中山退让中华民国临时大总统，使袁成为中华民国第一任总统，代替在他压力下退位的清代最后一任皇帝溥仪。中国当时的外债达2亿两，袁和未成熟的国民党不得已地向列强屈服。日本在1915年提出的"二十一条"，于民国期间将中国拉向殖民地化和内部动乱的深坑。

袁世凯倒台前在一些省份中任命了一批都督，直接促成了1916—1928年的军阀割据局面。这期间北京的中央政府徒有虚名，不能号令全国。在苏联的大力援助下，孙中山于1924年在广州改组了国民党，以"联俄容共"及"三民主义就是共产主义"为口号，利用苏联提供的大量军械、高级将领和财政帮助，成立了黄埔军校，并组成了国民革命军。孙去世后，蒋介石承继了孙的位置。在富有经验的苏联红军将领带领下，蒋介石在1927年成功地进行了北伐，收复了多个重要城市，包括南京和上海，控制了南中国。他主动与中国共产党分裂。国民党的前盟友中国共产党因而在江西和福建山区建立了一个苏维埃式的红色政权。在国民党多次讨伐下，毛泽东只得带领红军离开根据地，进行迂回的长征，以逃避国民党的围剿。

1931年，日本侵占了整个中国东北，并建立了以清逊帝为首的傀儡政权"满洲国"。1937年日军又借口侵占北平（北京），对中国展开全面侵略。三年后，华北、华中和华东绝大部分落入日军手中。1939—1944年，国民政府退居四川，以重庆为临时（战时）首都。1945年，在美军于日本投下两颗原子弹之后两个星期，日本宣布无条件投降。其间，因国民党不同意苏联红军在东北强行要求的撤军条件，以及国民党在1946年底曾向美国透露中俄谈判详情，令苏联对蒋介石失去信心，并怀疑他会联美抗俄；斯大林最后将东北的日军装备交给中共。经过一轮失败的谈判后，共产党和国民党1947年起展开了争夺全国治权的内战。最后，蒋介石被逐出大陆，而毛泽东领导的中国共产党于1949年10月1日成立了中华人民共和国。本章主要讨论共产党领导之下的中国城市发展、城市化及城市文明。

在1850—1950年这一百年间，不同的新动力正在中国形成，不少都基于西方的政治模式和价值观。民国时的南京政府对于由列强传入的这些发展自然无力抗拒。政府弱势的一个主要标志是其庞大的外债，同时财政的一个主要来源——关税仍由外国人代收。1922年，中国的外债达8亿银元。当时的另一社会特点则是士阶层的衰落。由于在1905年取消科举，儒士失去了进仕的途径和在政坛上的影响力。1900年起，不少城市中出现了现代式的学校，将外国的科技、政治、哲学、历史等学科译成中文讲授。1872—1890年间，中国派出多批学生留学欧洲和美洲，学习西方的新知识，特别是工程、策略和科学。在中国悠长的历史中，儒家经典首次失去了其被用以应对中国问题的传统地位。年轻和聪慧的国人，如孙中山和毛泽东都转向西方寻求解救中国的办法。

现代中国承继了 1850—1950 年间的两大发展趋势：（1）在发展空间上背离沿海，后者代表一个世纪以来列强欺凌的地方；（2）在发展的指导思想上放弃了传统的儒家思想而采纳了由西方进口的新主义。在毛泽东而言，这就是来自苏联的社会主义。

中华人民共和国城市化的特殊价值观基础（1949—1981 年）

研究中国在 1978 年改革开放之前的城市化的学者一致认为，中国有自己的特色，并不属于一般的社会主义（即苏联和东欧式），或第三世界（发展中国家），或西方的模式（发达资本主义）。他们强调中国城市化比率低这一特点，认为中国采用了"非城市化"的策略。中国政府被认为对城市化严格控制，特别是限制大城市的发展。与此配合，政府成功且大力地促进农村发展，将农村人口留在原地。持有这种看法的学者包括马润潮（1926）和 Tawney（1996）。他们认为中国政府采用了"反城市文明"（anti-unbanism）和"非城市化"（anti-urban）策略。然而 Kirby（1993）却持不同的看法。他觉得中国政府在策略上利用城市化来促进工业化，城市被视为工业发展的有效载体。陈金永（1993）认同这一看法，并进一步提出：中国的发展策略是"城市偏向"的。政府严格地使用户口和配给政策使城乡隔离，并在这过程中将农村农副业的剩余价值作为城市工业的投资本钱，同时在城市的发展过程中尽量削减消费性的服务行业的投资，以期集中精力和资源使工业化高速发展。

要理解中国在这个时代的巨大变迁，有必要先介绍新中国政府的意识形态和思路。中华人民共和国的新意识形态是从西方进口的，这亦是一个世纪以来对本地的新儒学不满的产物。简而言之，以毛泽东为首的领导班子将马克思、恩格斯和列宁的关键价值观和政策，结合了中国的实际而形成了苏联的"社会主义"的一套策略。一般将它简称为"毛泽东思想"。在城市化道路方面，现代中国的策略根源可追溯如下：

马克思和恩格斯的观点 城市是丑恶的；工业的布点要邻近原料以避

免污染，邻近农业以防止大城市问题；

斯大林的观点 现代城市为社会主义企业提供最有效的平台；在社会主义建设中，发展一定规模的新城市以及更快速的城市化是有积极作用的；但城市的发展要依从平等、高效率和公有制为主导等基本原则。

在研究苏联和东欧的基础上，贝特（Bater，1980）认为社会主义国家城市的主要功能是发展工业。此外，它们被赋予两种辅助性原则：尽量减少城市基本设施（或消费性活动）；作为社会主义的宣传媒介。考虑了社会主义国家的一般原则和中国自1850年以来一个世纪的屈辱性情况，毛泽东等在制订新中国的城市化策略时，在贝特已列出的原则之外，还添加了三点：（1）国家安全的考虑；（2）中国是个发展中国家的现实；（3）快速进入共产主义发展阶段的理想要求。简言之，在中国政府的策略下，城市的主要功能是以经济和政治共存为立足点。毛泽东曾明言，新中国的城市建设工作必须为社会主义工业化服务，而只有城市的生产恢复和发展了，消费型城市转化为生产性城市，人民政权才能得以巩固。

简言之，中国政府的策略包含了以下要点：

1. 消灭了过往的空间分布的不合理性，即现代产业过分地集中在沿海的条约港（如图12.1所示，中国在1949年前的现代工业，基本上集中在京津唐和长江三角两处沿海地区），以求使工业城市分布更均衡，合理地邻近主要原料产地的内陆省份（图12.2）；这样也合乎国家安全的要求。

2. 将带有严重剥削性的消费型城市改造为生产性城市；城市应成为工业中心，或以基本经济活动为主要功能。

3. 城市要促使"三大矛盾"（或称"三大差别"）的消灭；三大矛盾是城乡之间的矛盾、体力劳动和脑力劳动之间的矛盾，以及工业和农业之间的矛盾（差别）。

4. 文化和政治上，城市的属性应是社会主义和民族主义的。

第十二章 现代中国：社会主义下人民共和国的城市发展　　273

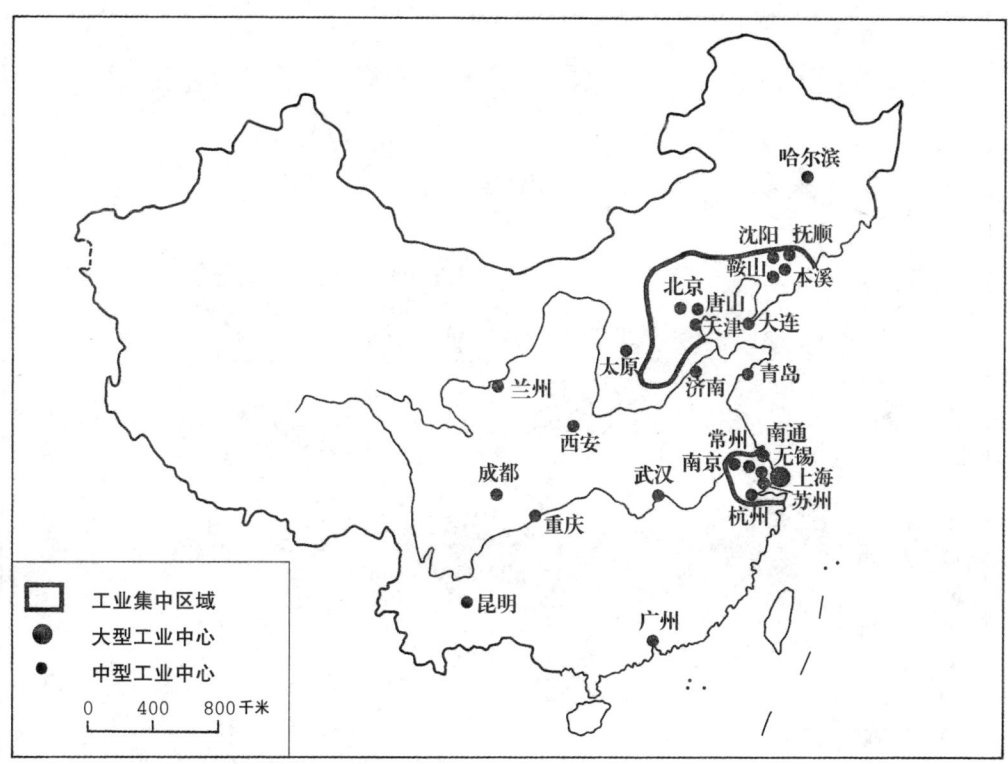

图 12.1　1949 年以前的中国工业分布示意图

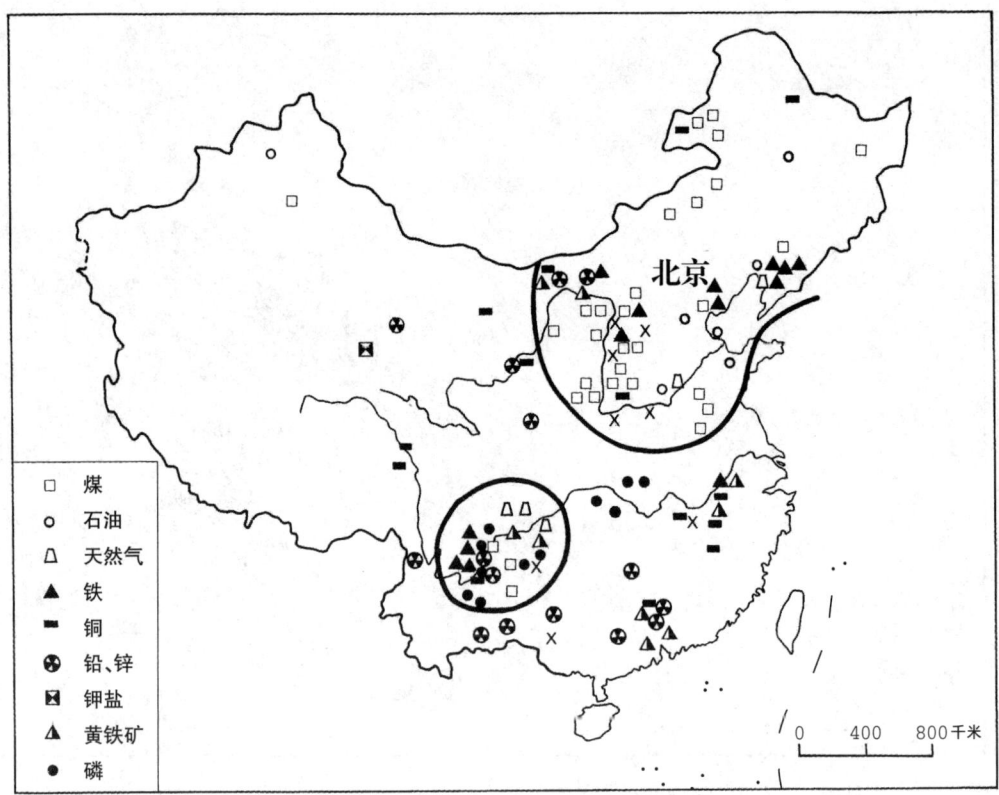

图 12.2 中国主要矿产资源分布示意图

中国政府力求在城市之内，通过自给自足的邻里小区的设计，以求达致城市人口在住房、交通和服务上的平等。此外，初期的中国城市还包括了以下的社会主义特点：固定的居住与工作地点的关系，生产与服务企业以公有制为主；城市中心点再不是资本主义的中心商务区或传统的官署（衙门），而是苏联模式的中央广场，以供公众集会和群众政治活动，以宣示社会主义及中国共产党的领导。

改革开放前的毛泽东式社会主义城市化（1949—1981年）

1955年，全国人民代表大会通过了以市和镇为省、州、地、县之外的基本行政单位，以及设立市镇的标准。这是中国继1909年的《城镇乡地方自治章程》、1930年的《市组织法》（前身是1928年的《特别市组织法》《普通市组织法》）之后，一改历史传统，引入西方观念，将近现代中国城市作为地方行政建制。1955年，国务院公布了市和镇的设置标准：凡常住人口2万人以上的居民点被列为市；2000人以上而同时非农业人口占50%以上的居民点列为镇。1965年，设市标准提高至人口为10万人，镇则必须具有2500人以上的人口和75%以上为非农业人口。除了人口和非农业人口比例外，省会和县政府所在地及重要工矿基地和军事、交通要地可保留市、镇的建制。在中国历史上，这是首次在全国层面上将城镇定为独立的行政单位和空间单元，以及拥有和农村地区有别的经济和政治功能的独立行政单位。这些市镇也成为新中国政权界定的中央与地方关系的基础，以及中央规划式的工业化的载体。自1955年后，中国推行的五年计划以及国家的城市发展策略都建基于这些市镇单位。1958年的国家城市发展策略就是明显的例子，它包括了以下三点：

1. 合理发展和新建中型城市（即人口为20万—50万）；
2. 控制大城市（即人口为50万人以上）的发展规模，在特大城市（即人口为100万以上）周边建设卫星城，以疏散过密的城市工业和人口；

3. 减少农村人口流入城市，降低人口出生率，组织大规模的城市职工"下放"，以控制和减低城镇人口增长率。

然而，1949—1981年间的经验显示，中国政府缺乏一贯的城市化政策，而且经验和信心不足，使它在多种国策考虑的前提下——即快速的经济增长，发展上的区域性平衡，及社会主义的政治要求——经历了多次和巨大的城市化政策的波动。我们可从这时期的不同历史阶段予以说明。

按照1930年的《市组织法》，1949年全国有市136个。1955年的设市标准实施后，至1957年，全国城市增至179个，其中71个是新设的。新市大都位于内陆省份，是依赖本地资源并以第一个五年计划中新建工矿企业为依托的新建城市，如包头、克拉玛依、白银、兰州、大同等（图12.3）。在沿海地区，有23个原城市被取消了城市地位。这些发展体现了新政府由沿海转入内陆的新的工业化空间政策，城市发展动力在空间上出现变化。1949—1957年间，城市化的速度因应快速工业化和战后经济恢复的需求，十分高速，中国城市化比率亦由10.6%升至15.4%。

在三年"大跃进"期间（1958—1960年），国家为了加快工业化建设，城市过急地高速发展。在不务实的夸大式规划和对建设成绩的虚报下，新建城市达44个，至1960年总城镇人口急剧增长，使城市化水平达19.7%，成为城市化新高峰（表12.1）。不久，升虚火的"大跃进"运动彻底失败了。特别是在全国范围内的大炼钢铁，浪费了昂贵的资源和大量劳动力，却生产了很多质劣而不能用的产品，国民经济损失惨重。农业亦受到1959—1961年连续三年自然灾害打击，经济全面下滑。政府进行了全面策略调整，提出"调整、巩固、充实、提高"的八字方针，包括通过行政指令使已挤进城镇的4000万人（约等于当时城镇人口的25%）返回农村，以解决城镇粮食短缺问题。设市的标准亦进一步提高，要求人口在10万以下的聚落撤市。结果，按1960年城镇定义计算，城市化比率在1965年下降为14%，出现了中国式的"逆城市化"，城市数目也因撤市而减少了33个。然而，这时期冶金部的"三大、五中"钢铁企业，即鞍山钢铁公司、武汉钢铁公司、包头钢铁公司、太

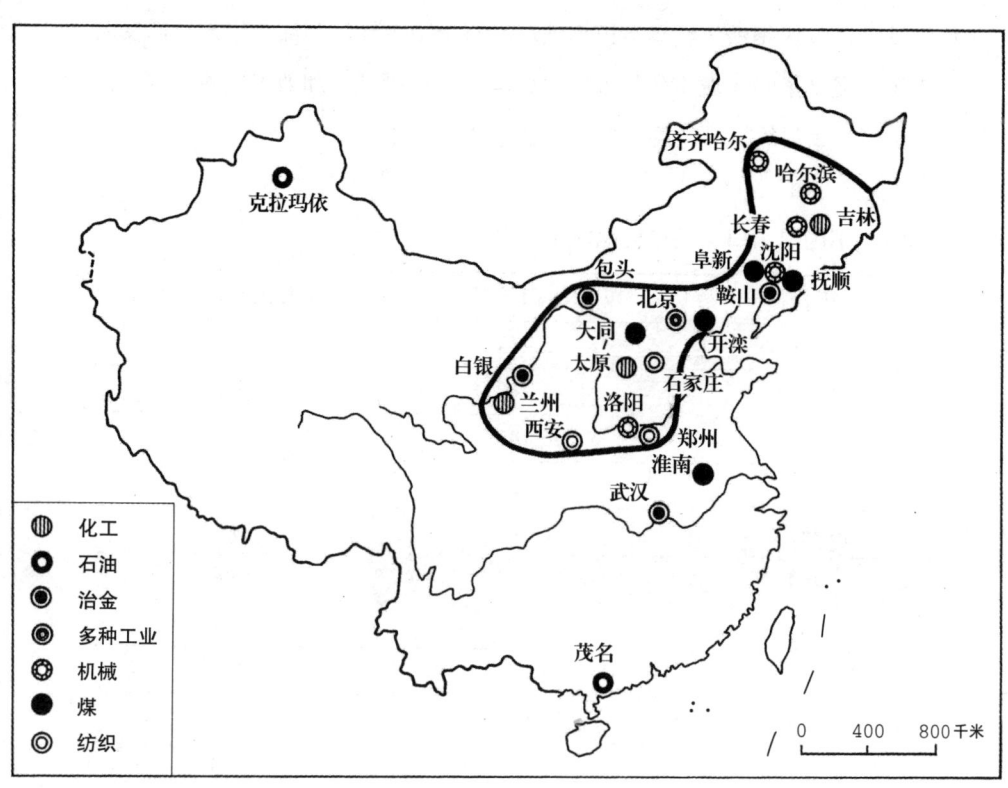

图 12.3　20 世纪 50 年代建成的主要工业中心分布示意图

原钢铁厂、重庆钢铁厂、马鞍山钢铁厂、石景山钢铁厂和湘潭钢铁厂都发展起来了，促进了相关城市的发展。同样地，另一批城市如西安、哈尔滨、沈阳、洛阳、成都等，亦得益于机械工业的建设（图12.3）。

表 12.1　中国总人口和城市化比率（1949—2004年）

年份	总人口（亿）	城市化比率（%）
1949	5.417	10.6
1952	5.748	12.5
1955	6.147	13.5
1958	6.599	16.3
1961	6.586	19.3
1964	7.055	18.4
1967	7.637	17.7
1970	8.299	17.4
1973	8.921	17.2
1976	9.372	17.4
1979	9.754	19
1981	10.007	20.1
1986	10.751	24.5
1991	11.582	26.4
1996	12.239	29.4
2001	12.763	36.7
2004	12.999	40.5

资料来源：《中国统计年鉴》

总而言之，在 1949—1965 年间，在全国大城市中，中西部的兰州、太原、西安增长最快。沿海以轻工业城市为主、内地和东北以重工业城市为主的空间格局亦已出现了。

1966—1976 年是"文化大革命"时期。这时在全国范围内出现了激进

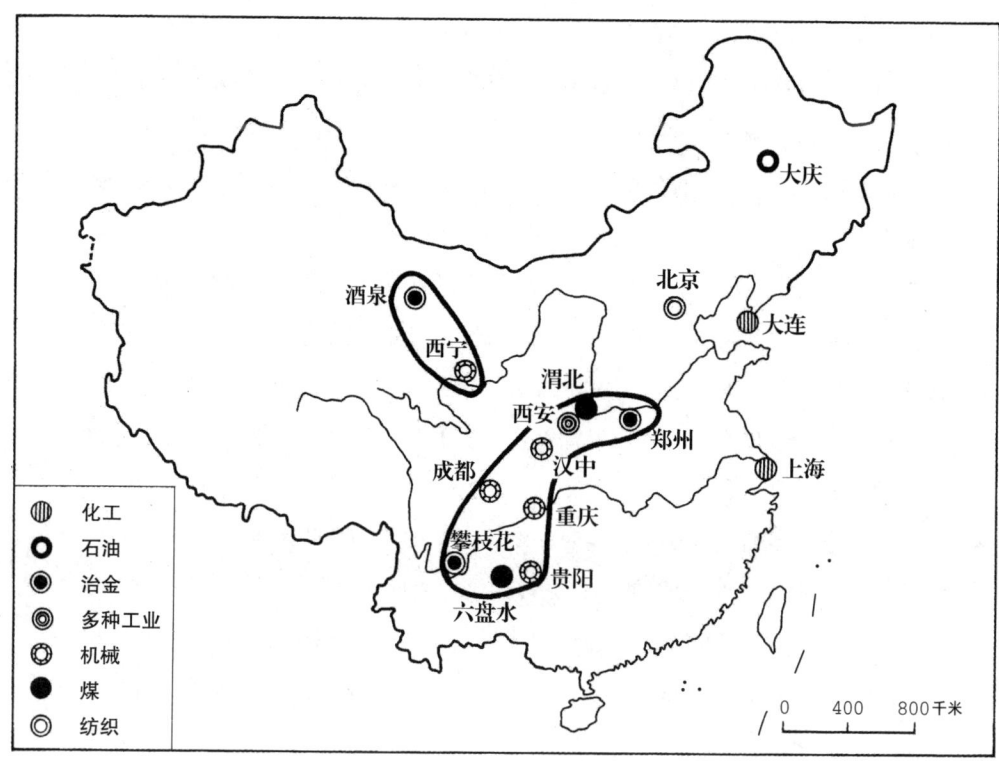

图 12.4　20 世纪 60 年代建成的主要工业中心分布示意图

的政治运动，阶级斗争和国防建设成为政策的重点，而国民经济发展却受到严重的干扰和破坏。这时期的最大经济和城市建设特点为"三线建设"①，"三线"地区（即内陆省份的山区）成为1965—1975年间的重点投资地区，占了期间全国总基本建设投资的43.5%和总工业投资的47.7%。在三线地区内，工业企业的布点以"山、散、洞"（指"靠山、分散、进洞"）为原则，大量的沿海技术人员、设备，甚至整个企业被迫迁移至三线地区。由于选点不良，远离市场和相关行业，有关企业效益很低，很多都没有形成生产力，浪费资源而又造成机会成本，拖慢了沿海的工业发展。三线的建设也伴随着"文革"的激烈"左"倾政治运动：知识青年"上山下乡"、干部"下放"等。估计期间因这些运动由城镇向农村迁移的人口达3000万—3500万，且都是政治迁移，而不是一般的经济迁移。当时，城镇人口的年均增长率1.3%，比年均人口自然增长率1.75%低很多，形成第二次"逆城市化"。不过，三线建设亦促进了一些地方工业的发展，并新建了一些城市。图12.4显示出两片重要的三线地区，其中新工业城市如酒泉、攀枝花、六盘水、西宁、汉中、贵阳等都始建或扩建于三线时期。

"四人帮"的过激政治在1976年10月被中止了。以邓小平为代表的务实派掌握了政权并于1978年推出了名为"改革开放"的新发展策略。新策略打破了毛泽东时代的封闭政策和极左方向，迈向了名为"社会主义市场经济"的新方向；利用了经济全球化和市场的动力，以发展经济、达致小康为主要目标，取代了以往的"以阶级斗争为纲"的社会主义目标。

毛泽东时代的城市和城市化

由于新中国政府的价值观与过去的不同，且面临战后重建、经济现代化和西方对它的敌视等实际问题，中国城市在毛泽东时代走向了一条全新的道

---

① "三线建设"，指自1964年开始，中国政府在西部地区的13个省、自治区进行的一场以战备为指导思想的大规模国防、科技、工业和交通基本设施建设。——编者注

路,成为有中国社会主义特色的城市,我们将分四个方面予以叙述。

大规模的人口迁移

20世纪50年代,中国城市出现了城市内的经济企业、城市设施、服务以至城市房产的快速国有化过程。因应战后重建和恢复经济,在1949—1957年间,城镇人口以年均7%的速度增长。然而,自1958年末起,城镇人口的增长受到政府严格控制。通过户口登记和生活必需品(食品、衣料等)的配给制度,毛泽东时代的中国城市化进程基本上是由官方控制的。因此,城镇的发展紧密地依附于政府的工业化政策和政治发展进程。它们导致两种全国性的大规模的人口迁移:(1)由城市到城市的迁移,主要是由沿海大城市迁移技术、产业工人和管理人员到中西部和三线地区,支持新建城市或原城市的新建工矿发展;(2)有组织地由城镇至农村的人口迁移,用以解决中央规划的失误(如"大跃进"的失败)和工农业的发展不平衡,也包括在政治上达致"工农兵的再教育"和消灭"三大差别"。中国此时的人口大迁移,其规模之大、目的性之特别等均是世界罕有的。

客观上,上述的人口迁移使中国的城镇分布在空间上达致较均衡(图12.5,图12.6)。以大城市和特大城市来说,在1981年,除了三个省级行政单位外,每个省都有一个人口过百万的特大城市,而在1953年全国只有九个省单位拥有一个特大城市。同时,拥有技术和知识的人口向内陆和农村迁移,使后者达致较高的文化水平和经济发展,减低了沿海与内陆区域间发展的不均衡(图12.7)。

然而从个别城市的人口结构的微观层面上看,中央规划下的人口迁移亦造成了不少畸形城市,如第一个五年计划、第二个五年计划和三线建设下的新城市。这些城市的人口增长特点一是快,二是机械增长占绝对优势。如1958年开始建设的广东省石油城市茂名,在1958—1960年间人口年均增长79.6%,其中99.7%为机械增长;又如第一个五年计划期间开始大规模建设的株洲,1953—1960年间的人口年均增长率为37.1%,其中95%为机械增

282　中国城市及其文明的演变

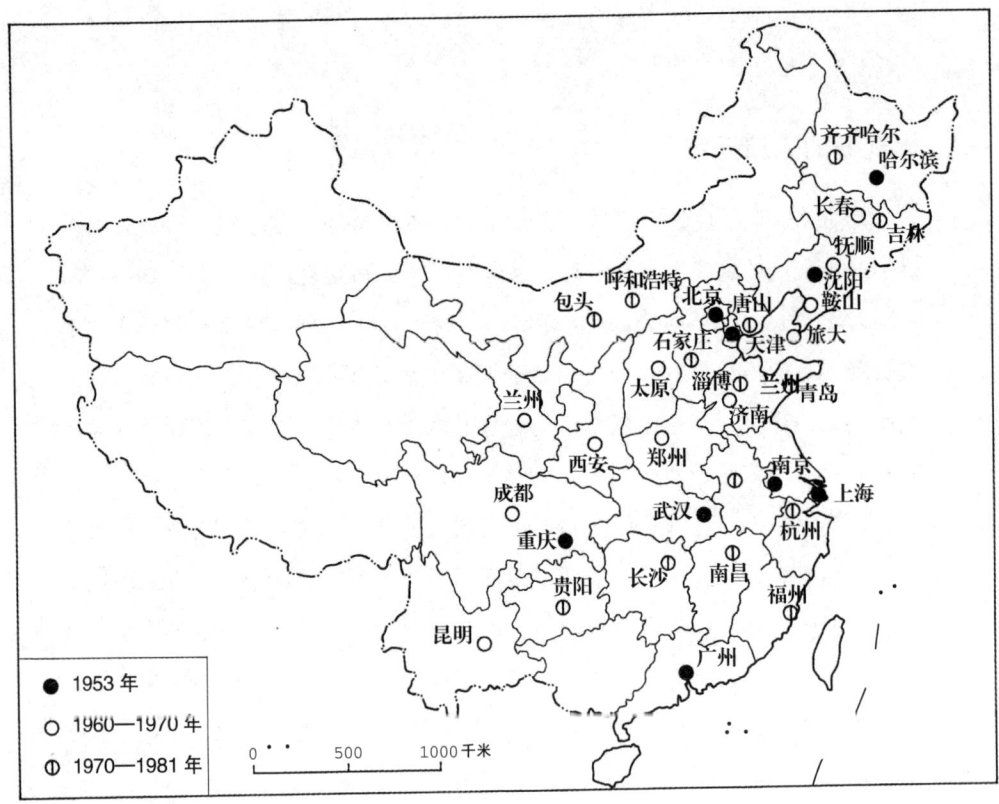

图 12.5　百万以上人口城市分布示意图（1953—1981 年）

第十二章 现代中国：社会主义下人民共和国的城市发展　283

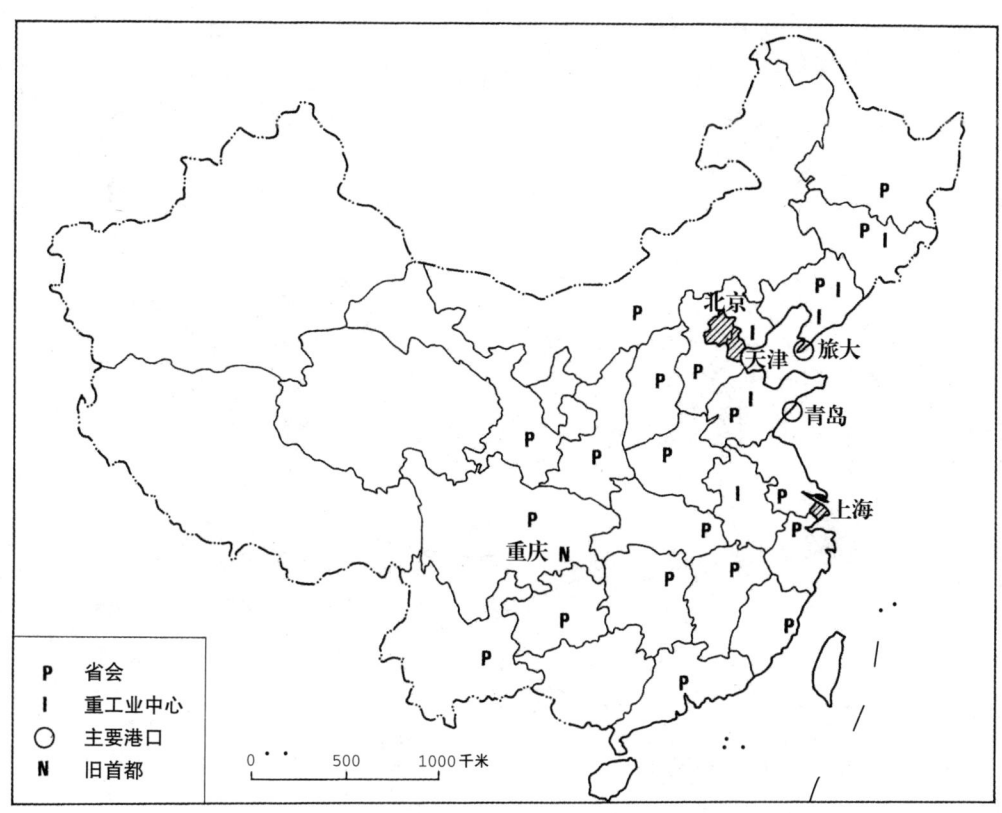

图 12.6　34 个百万以上人口城市按主要城市功能的分类及其分布示意图（1981 年）

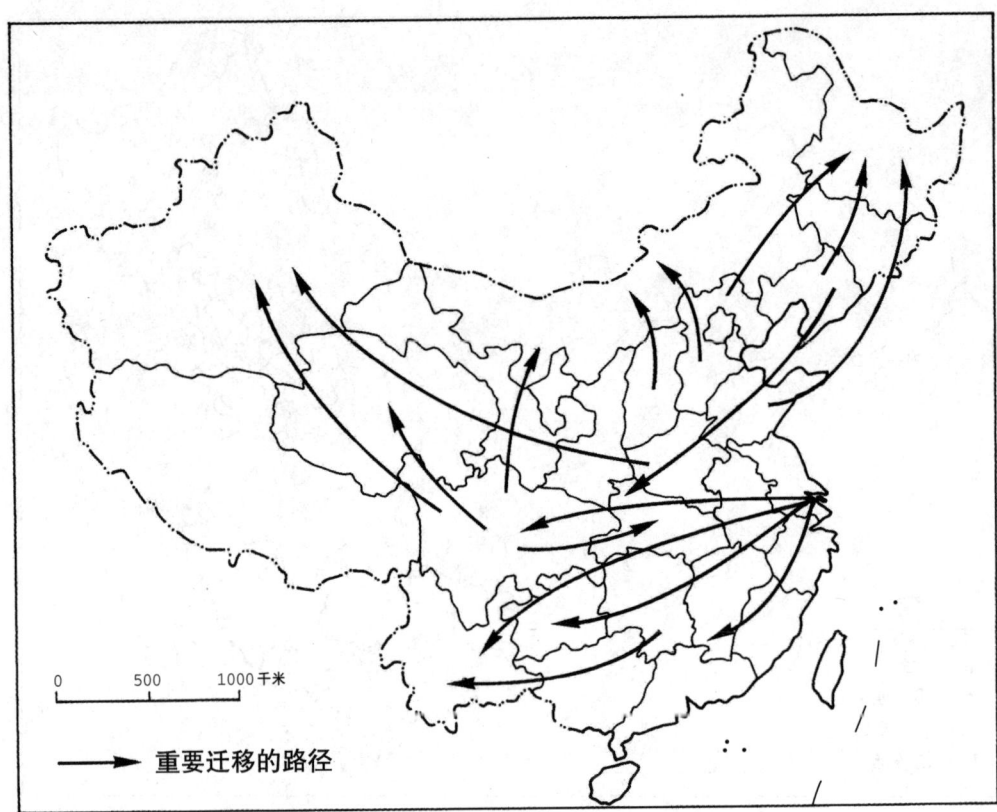

图 12.7 省际人口迁徙示意图(1966—1997 年)

长。这些城市的人口年龄构成亦具明显特征。图 12.8 的四个城市的人口金字塔，除了旧城江门属正常之外，其他三个新城市的表现均使人震惊。在这些新城市中，劳动年龄组比例特别高，由于政策上不容许职工带眷，老年人和少年儿童的比例都十分低。另外，人口性别亦严重失衡，男多女少，一般比例为 6：4，更甚者为 7：3。若从不同年龄组来观察，则劳动年龄组的失衡更为严重（表 12.2，图 12.9）。茂名虽然在 1958 年已开始建设，至 1979 年经历了较长的发展，但由于是个以炼油为主的城市，男女比例仍是极端的。汽车城十堰由于同时拥有地方行政功能，男女比率稍好。新城市中的男女失衡现象，会因应城市工业的主体不同而有差异：重工业城市渡口，女工只占全体职工 12.2%；湖北轻纺工业城镇嘉鱼，则以女工为主，是一个"女人城"。总的来说，新城市多以重工业为主，城市男职工中，有 40%—60% 难以在本城找到配偶。

这时期片面地贯彻"先生产，后生活"，对新城市的社群造成很大的困扰和不安，成为毛泽东时代另一典型的城市化和城市文明特点。

对城市功能的社会主义改造

正如前述，中国政府将旧中国城市定性为"消费型"城市，新中国的目标是将这些城市改造为社会主义的"生产型"城市，即以工业为主要功能的城市。因此，毛泽东时代的城市发展动力明显地是计划经济之下的工业化。在这时期，城市亦成为全国性或地区性的发展中心（Growth Center）。由于自 1953 年起，城市经济已逐步国有化，城市内的投资和发展项目均来自中央计划经济体系不同层次和部门的安排和调拨。这一现实将城市体系和行政体系紧密结合，近似传统中国。不同者乃在传统中国城市主要为周边的农业经济服务，而在社会主义中国，城市是为规划经济中的工业化服务，而城乡关系亦是反过来的，主要是由农业和农村支持城市的工业化。一般而言，重工业集中在省会城市，地区及副省级城市多发展较全套的城市经济和服务功能，而县市集中了"五小工业"，即为农业提供农具、化肥、排灌和防洪设备等服

286　中国城市及其文明的演变

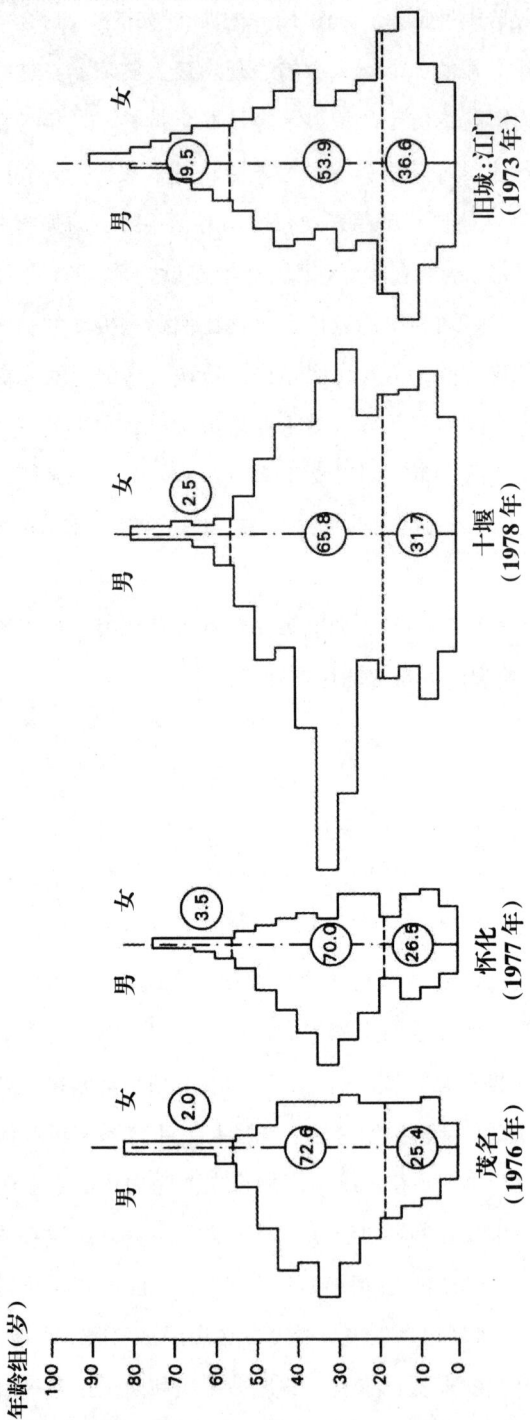

圈内数据单位：%
图12.8　新城市年龄构成（举例）

务农村的制造业。亦因为如此，一些省会城市扩展成为百万人口的特大城市，正如图12.6所显示。中国实行自给自足的发展策略，也使能源和原材料工业成为工业化的主力。反映在城市建设中，即为这类新城市的建设。在1949—1981年间，在统计的94个新建工业城市中，44个为电力工业城市，24个为钢铁工业或采铁城市，12个是采油或炼油工业城市，8个是林业城市，4个是以水电为主要产业的城市。

表12.2 新城市人口男女比例举例

类别	名称	性质	年份	总人口		劳动年龄组		老人组	
				男	女	男	女	男	女
新城	怀化	铁路枢纽	1977年末	66.5	33.4	73	27	30.5	61.4
	茂名	石油化工	1979年初	66.6	33.3	72.7	27.6	41.3	58.7
	十堰	汽车制造	1978年末	58	41.9	62.5	37.5	30.6	69.4
旧城	江门	轻工机械工业	1973年	51.6	48.3	54.7	45.2	32.6	67.3

表12.3 1953—1975年中国的人口迁移（估计）

年期	性质	人数（百万）	资料来源
1953—1957	农村至城市	8	Chang（1968）
1957—1958	"下放"（干部接受劳动改造）	2.6	R. W. Lee（1966）
1958—1964	城市劳动下乡	20	
	"上山下乡"	20	
1968	"上山下乡"	15.25	Current Scene（1969）
1969—1975	"上山下乡"	12	Peking Review（1976）
1957—1975	城市至农村总数	54.6	

1981年全国最大的15个城市的就业情况，充分说明了中共对旧中国城市的社会主义改造的成功。这批城市的总人口占全国人口的5%，但他们贡献了全国36.3%的工业产值和三分之一的国民收入。他们在全国经济的影响也

288 中国城市及其文明的演变

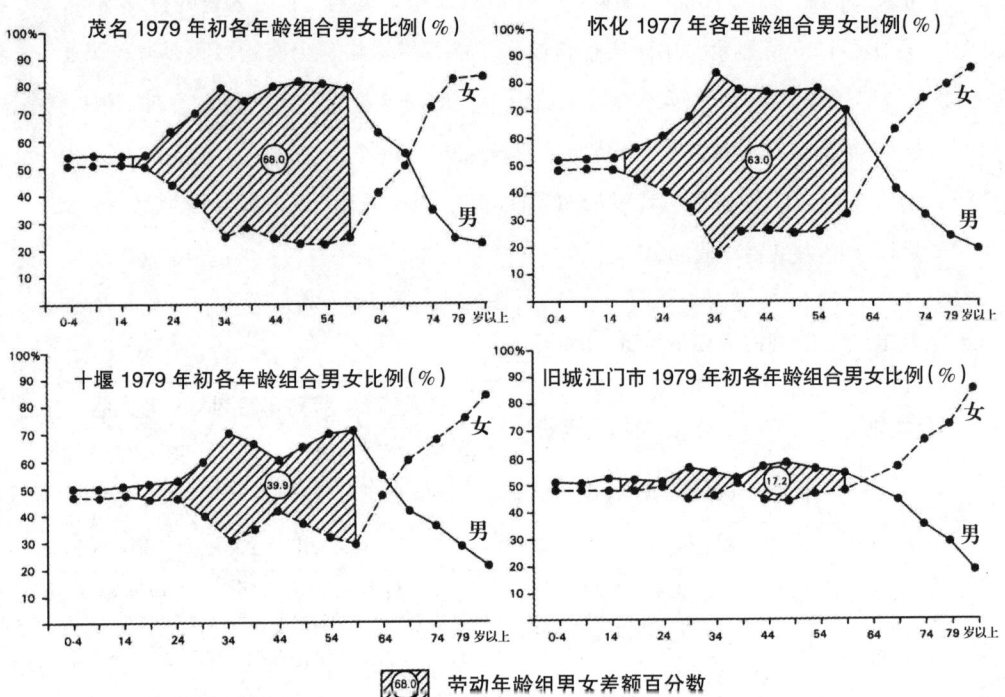

图 12.9 新城市当年人口的各年龄组性别比

可从其中最大的三个城市（北京、上海、天津）反映出来。三者对全国工农业总产值的贡献为16.6%，单计工业总产值则是21%。它们对一些重要的工业产品的生产亦占全国领先地位（表12.4）。

表12.4 三个特大城市对全国主要工业产品的贡献（%）

工业产品	上海	北京	天津	三市总额
电力	6.6	3.2	2.4	12.2
钢	14.2	3.4	3.5	23.1
烧碱	12.2	4.1	10	26.2
橡胶轮胎	16.5	3.6	4.7	24.8
塑料	21.2	32.4	6.4	60.1
乙烯	27.6	49.4	0.2	77.2
机器工具	16.7	6.8	1.9	25.4
钢船	22.5	不详	不详	–
电视机	22.3	7.8	6.8	37
照相机	43.2	不详	不详	–
化纤	29.8	5.1	2.7	37.6
棉纱	12.6	2.2	3.4	18.1
棉布	11.7	2	2.9	16.7
自行车	23.4	0.9	18.9	43.2
缝纫机	23.2	5.3	5.4	33.9
手表	32.4	5.2	8.7	46.3

在城市人口的结构中，可按人口是否从事社会劳动分为劳动人口和被抚养人口。又从城市发生、发展的观点出发，按劳动性质，将劳动人口分为基本人口和服务人口。因此，一个城市的劳动构成就是指基本人口、服务人口和被抚养人口的比例。对城市的生产性改造，就是要提高基本人口（主要指工业就业）的比率。城市建设中的"骨肉关系"的"骨"乃指工业，即生产功能；而"肉"是指消费服务。毛泽东时代的城市建设指导思想是"先生产，

后生活",即基本人口比重要高,服务人口和被抚养人口比重要低。这种城市性质的转变,无论特大城市还是小城市都是如此,如图12.10所示。在上述全国最大的15个城市中,基本的工业就业占总就业的52.8%。服务行业,包括批发与零售、餐饮、旅店和个人服务等的就业比率——一般被认为是资本主义"消费性"的——只占7.9%。"骨"与"肉"的失衡更可以从这15个城市的固定资本投资体现出来:生产性和非生产性的住房和服务行业,在1981年度的投资比率为100:70:43。上海的住房投资更只占全市的16.1%,是15个城市最低的。"先生产,后生活"的倾向,造成城市住房严重的短缺,及对大城市劳动力的不公。当时15个特大城市的人均居住面积只有3—4平方米,远低于中小城市和农村。"后生活"的倾向亦导致城市公共交通不足。在1981年,15个城市每万人只有公共巴士2.32—6.51辆,和亚太区同类城市的每1万人10—26辆相差很远。这也解释了当时的城市居民为何追求拥有自行车。

不过,这15个城市有7.5%的就业人口被雇用于教育和医疗两类服务,比率远高于亚太地区的同类大城市。这个现象反映出它们在所处区域的中地功能。以高等教育而言,北京、天津的招生是面向华北和东北地区甚至全国的。可以说,传统中国的中地功能,在社会主义的新中国里仍然在这些方面被保留了下来,并在计划经济中得到强化。

城市区域(city-region)

自1958年起,为了逐步消灭三大差别,以及使城市的蔬菜和农副产品能从周边地区得到供应,中国政府将很多特大城市和大城市的行政范围扩大,以包括周围的郊县,形成新的以城市为核心的行政单元——城市区域。由于物资短缺、交通运输困难,以及中央部门规划与调拨的行政繁复和容易失误,中央将不少特大城市周边的县纳入市政府的直接管理,名为"市辖县",使城市较易就近解决粮食、副食品、食水等供应问题。此外,这些特大城市亦需要空间以从其核心区疏散过密的工业和常住人口。同时,市辖县亦可得到就

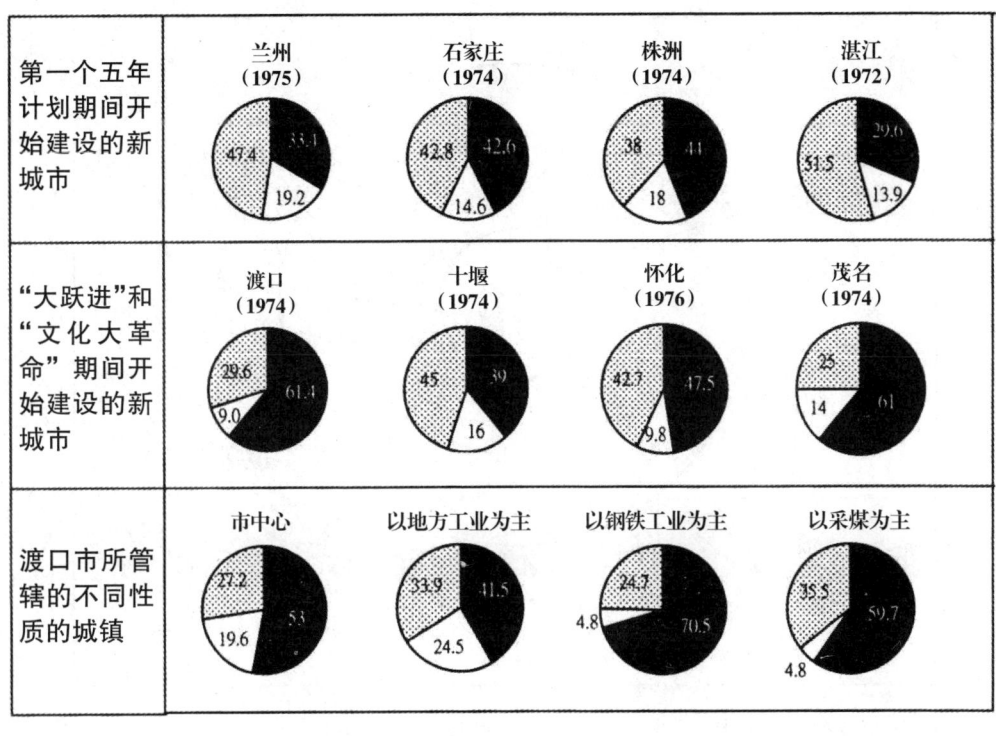

图 12.10 新城市人口劳动构成（举例）
* 渡口市在 1987 年更名为攀枝花市。

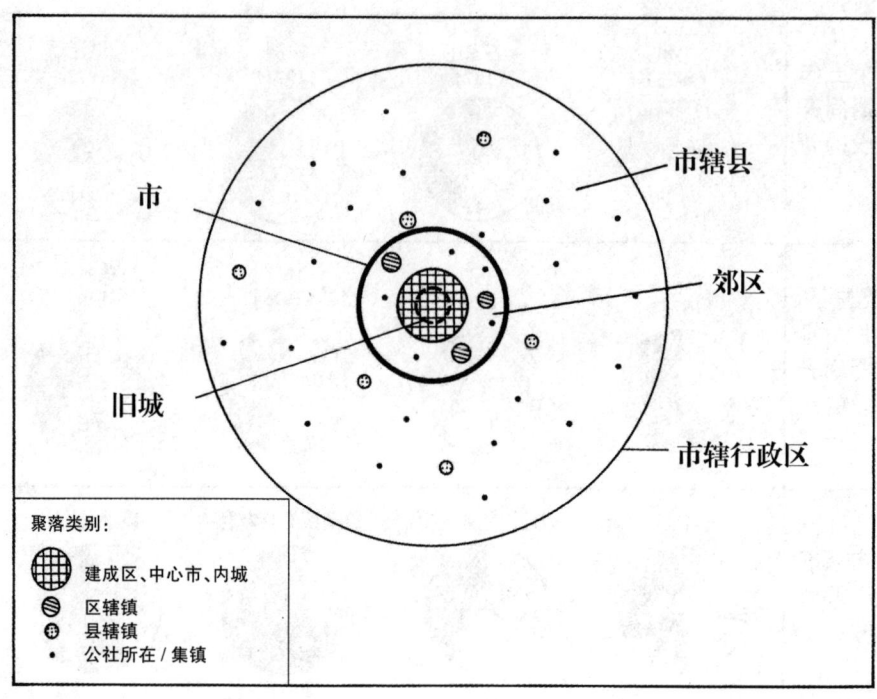

图 12.11　1958 年后中国城市区域空间构成示意图

第十二章 现代中国：社会主义下人民共和国的城市发展　293

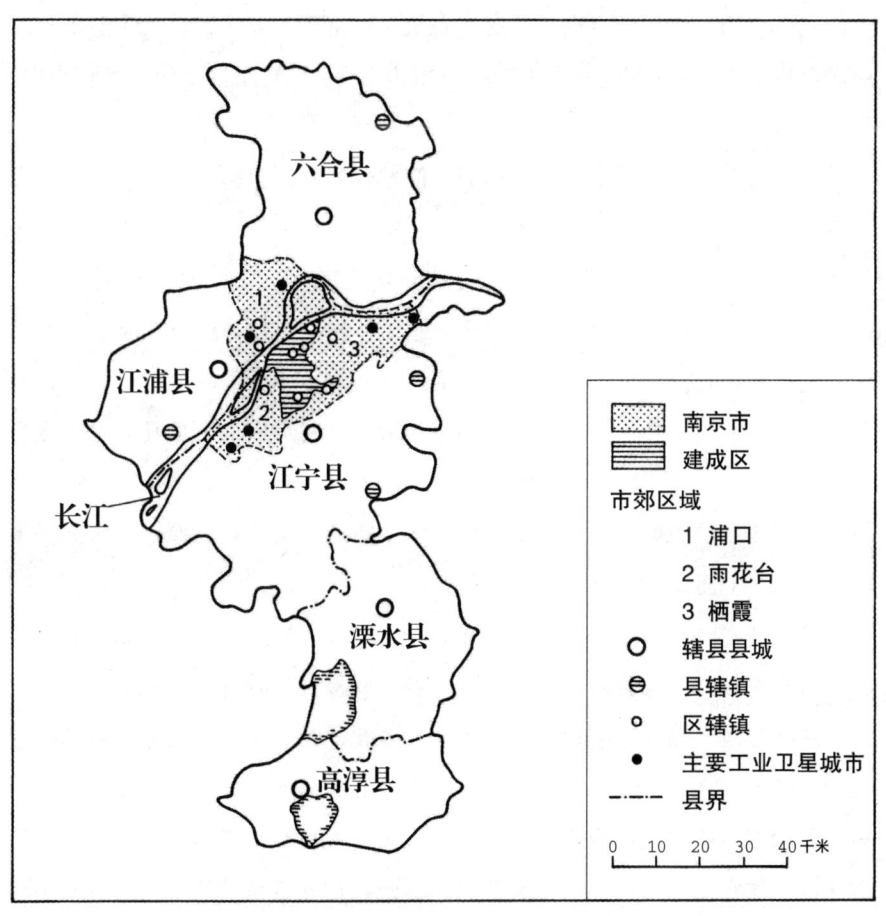

图 12.12　南京都市区域聚落分类示意图

近的城市市场,并从城市取得化肥和农机等农用生产要素,包括在旧中国时由城市取得的农用有机肥——"夜香"(城市粪便)。在上述15个特大城市中,只有哈尔滨没有市辖县。

在空间上,城市区域形成一个同心圈层体系,它包括了大小不同的城市聚落和农村(图12.11)。市,或核心市,有一个外围的由工业和附属居住区组成的郊区工业组团(或卫星城市)/带。这些都是以工业为功能,附以自给的服务性功能。在其他郊区,农村景观很浓,主要是城市的蔬菜及农副食品如牛奶、肉类食品、蛋等的生产和供应基地,亦是主要的环城绿化带。市辖县形成远郊,除了县城和镇所在地外,一般是农村地区。市辖县的城市化比率很低,如图12.12的南京只有6.5%。市辖县的城市聚落,成为整个城市区域"城市体系"的第三层。远郊不但是核心市的主要食品来源,同时亦是多数"下放"干部接受劳动和再教育的地方。

城市区域以行政方式将城市和周边农业腹地结合为一个经济和生态系统,将城市与农村的隔膜打破,形成一个互补和积极性的城乡关系。虽然在性质上,这个新组合仍是为了促进社会主义工业化,与传统的以农业为基础的中地性服务不同,但中国传统上的城乡一体和互补的城乡关系,因而亦在毛泽东时代以这特殊形式体现出来。同时,中国的城市概念亦因而是一个大单位概念,一如在旧中国;因为在明清时,苏州往往就包括了整个苏州府而不单是城墙内的苏州市。

社会主义的城市规划和城市空间(土地利用)结构

1949年后的中国城市,除了依循新政府的社会主义指导思想外,还直接受到1954年由苏联派来指导城市规划和城市建设的专家的影响。这些可从北京的1957年规划大纲乃至20世纪80年代初的多次修改大纲中体现出来:

1. 重视基本人口和非基本人口的规划。两者比例为1:1。
2. 采用以下严格的土地利用标准:

- 工业用地——每千工人 7 万平方米；
- 居住用地——人均 100 平方米；
- 服务行业用地——每千人 10 万平方米；
- 高等教育用地——每千学生 10 万平方米，另加每教职工 150 平方米；
- 全市用地——人均 147 平方米。

此外，城市发展被严格地控制在"规划市区"范围之内，并作紧凑的同心圆方式布局。1986 年，规划市区约等于全市（包括市辖县）面积的 4.5%，但其人口为全市的 82%。在其内有全部的全国性和市属行政单位、全市 90% 的科研单位和大专院校。规划市区内的建成区，主要由旧城和八大郊区构成（图 12.13）。

因此，北京有个非常紧凑的核心。从这个建城区向外发展，主要采用"分散集团"形式，以避免对近郊绿化带过分的蚕食。这个新变化，反映了 1958 年"大跃进"的政治号召和建立人民公社的决定，强调了向共产主义过渡和消灭"三大差别"。从 1958 年的规划大纲起，苏联式的城市结构被"分散集团"式的新布局取代。北京一共规划并逐步建成了 10 个分散集团，每个集团依托已存在的小聚落，发展为以工业生产为主、附有相关市政设施和服务、自给自足的卫星市式市区。每个集团与核心市和其他集团之间，以绿带或农用地保持明显分隔。整个城市范围由 8860 平方千米增至 16800 平方千米，成为"城市区域"。中心区要保持 40% 的绿地，在绿地内还要种植农作物，做到市区既有工业，又有农业，实现城市和农村、工业与农业、脑力劳动与体力劳动结合的政治理想。在居住区组织上，也按人民公社原则进行建设，让居民过集体化生活。

自 1981 年起，北京地区采取子母城的布局形式，围绕市区发展了远郊的卫星城市，将自 1958 年建得太多、太散的卫星镇整合。不过母城仍沿用分散集团模式。

北京的远郊占北京地区（即城市区域）面积的 95%。在 1986 年，它的

296 中国城市及其文明的演变

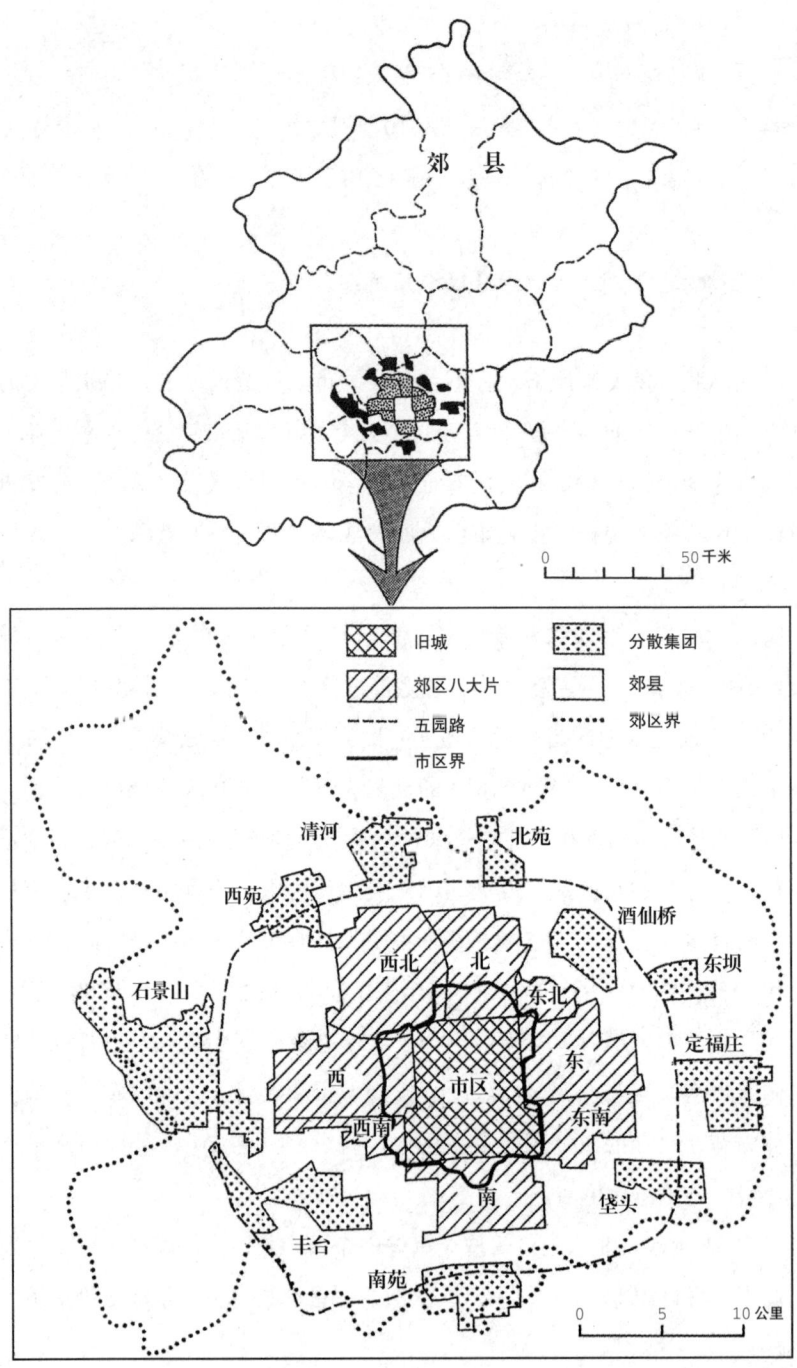

图 12.13 北京市工业区分布示意图（1986年）

城市人口只有 95 万，但却拥有庞大的农村人口（达 350 万），因此远郊的城市化比率只有 20%，基本上是个农业地区。它除了为市区提供粮食和农副食品外，还是市区的主要用水来源。

在市区或核心市内，居住区按苏联的"大街坊"制组织，后改为范围较大的小区，合理分布中小学、托儿机构、商店等公共设施，减少道路穿越，建立自给和安静的居住环境。住屋水平定为人均 9 平方米，但至 20 世纪 70 年代末，仍未达标。

20 世纪 50 年代，北京的城市土地利用和景观特色乃是在市中心将传统的天安门前地改造，成为大型广场，周边新建了人民大会堂、历史博物馆、人民英雄纪念碑等，作为社会主义的象征，并提供大型政治集会的空间。中央党政主脑机构亦设在附近的中南海地区。与明清旧宫城和皇城的主要位置和功能相比，北京市保持了中国传统城市以政治、行政、礼乐为核心的精神不变。

向市场经济转型：转型期的中国城市（1981 年起）

邓小平在 1978 年提出了改革开放的新发展思路，即对外开放，对内以社会主义市场经济取代过往的中央规划经济。西方学者称这种自 20 世纪 70 年代末起在前社会主义规划经济体系中逐步出现的转变为"转型经济"。所谓"转型经济"，泛指前社会主义国家在近三十年来放弃中央计划经济，向市场经济转变。一般前东欧国家在转变策略上采取"大爆炸"模式，它包括了三种突变：(1) 以议会民主代替共产党领导；(2) 以市场代替中央计划；(3) 国有企业快速地私有化。在 80 年代和 90 年代，这些前东欧国家的转型并不成功，经济比以前更差，失业严重，政局不稳，外资也不敢前来。中国不但转型较早，同时采取了独有策略，有人称之为"渐进主义"或"渐进转型"。它的主要内容包括了维持政治体制不变，仍由共产党领导。不过共产党却大力改革，引入市场机制和外资，下放权力至地方和低层的干部，促进发展型政府。在这个过程中，虽然市场逐步取代中央规划，但国有企业仍在重要行业占领导地位，不过经济活动中的产、销已由企业自主和自负盈亏。同时，政府对城市的交通、公共设施、教育以至医疗卫生等也向市场和私人开放。新的法律法规和监管机构亦陆续建立，以营造市场运作的软环境。外资，特别是外来直接投资（FDI）成为大受欢迎的境外投入。自 1993 年起，中国已成为全球第三世界中最大的 FDI 接受国。外贸自由化和外资在中国境内的自由化，使外资成为自 1979 年以来中国发展，特别是中国主要城市在功能、土地利用和城市景观等方面变迁的一大动力。因此，在这一时期，至少沿海地区的不少城市已逐步成为"转型城市"，国家经济亦和全球经济融合。2008 年，中国外贸达 25600 亿美元，为全球第三大贸易国。简言之，在改革开放后的 30 年里，中国不但成功地市场化，亦依赖全球化成为了"世界工厂"，提供全球市场需求的大部分成衣、玩具、手表、鞋类、家用电器等轻工业消费品。而中国整体的经济增长，以 GDP 计，在整个转型期保持年均 10% 的高增长。以经济总量计，2000 年是 1978 年的四倍。有学者把中国的转型过程在图 12.14 中量化，以说明自 2005 年起中国已成为一个市场经济。中国的转型被认为是最成功的，其主要内容正被不少前社会主义国家采纳。

中国自 1978 年后的经济转型表示，毛泽东的发展模式和城市化只延续了约 30 年。在最近的 30 年，一个以市场为主导的社会主义市场经济模式成为新的城市化和城市发展动力。它表示自 1850 年以来对明清新儒学失望而采用的偏激模式只是悠长中国历史中的一小步。刚过去的 30 年的转型仍代表了对中国应如何往前发展的探索的延续。然而转型期的中国城市化和城市发展已经和毛泽东时代有很大的分别，我们特地把两者的比较列于表 12.5。

很明显地，转型期的城市动力来自三大因素：

1. 成功的开放政策促使外资大量涌入，中国成为国外企业的采购和加工基地，而中国产品亦因此大量进入了国际市场。中国东部沿海的城市因为地利而得到重要的发展要素。沿海城市在改革开放过程中亦最早和最广泛地享有特殊的外向经济发展和地方自主权提高的政策，如设置经济特区、14 个沿

第十二章 现代中国：社会主义下人民共和国的城市发展 299

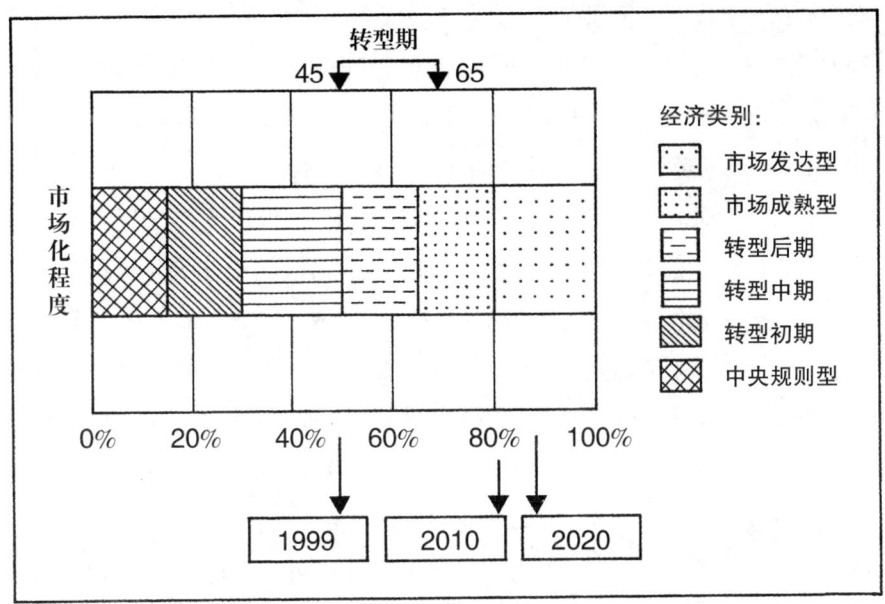

图 12.14 中国经济的转型阶段及市场化程度

海开放城市、珠江三角洲经济开放区和长江三角洲经济开放区等。比如，在2004年，中国的FDI流入共600亿美元，其中九成以上流向沿海城市。中国的加工出口产品占了总出口的55.3%，而它们亦主要源于沿海城市。因此，外力配合开放策略，促进了沿海城市近30年的发展。

2. 在农村的农业政策改革和农村户口、经济产业（特别是乡镇企业）的改革。人民公社在20世纪70年代末被取消了，农村全面推行家庭联产承包责任制，接着又取消了对农副产品的统购统销政策，开放大部分农产品价格，促进了农业生产力的提高。其后，又容许农民自带口粮进入城镇务工、务商和从事交通、服务等第二及第三产业。这些与农业和农村有关的新政策急促地增加了农村本已充裕的劳动力，同时又容许这些劳动力转移至非农行业和由农村进入城市，大大促进了城市化和城市发展。估计中国潜在的过剩农业劳动力达3亿人，而就近的城镇集体和私人的乡镇企业在90年代初吸纳了1.5亿人，造成了被称为"由下而上"（bottom-up）的"农村城市化"，即在农业区域的小城市和镇的增长。与此同时，由于户口管制的放宽，入城打工（一般从事建筑业、制造业、家庭佣工和个人服务业的非农业活动）的农村人口，亦达1.2亿—1.3亿人。大量农村人口向城镇的迁移，形成转型期的大量"临时"或"浮动"人口的城市化特色。入城打工在空间上更大量集中在长江三角洲、珠江三角洲和京津唐地区，成为出口型加工工业和依附于它们的有关行业的劳动力来源，因此，这一城市化特点被概括为"外资驱动型城市化"（exo-urbanization，sit & yang，1996）。

3. 城镇定义的行政变更。由于改革开放中的一环是下放权力，城镇作为行政单位，经历了新的行政定义变更。以城市为例，10万人口的最低人口标准便放宽了；新的标准，如本地生产总值、工业生产总值、出口总值和开放地位等，成为较重要的设市考虑。就在变更最大的1980—1990年这10年间，全国新设市400个，新设镇约1.6万个，是中国历史上城填数增加最多的时期。就在城市化快速增长的同时，全国的县数正在减少，由1982年的2132个减为1990年的1902个，因为其中一些在行政上已变为城市。

表 12.5　中华人民共和国两个时期的城市化特色比较

特色	毛泽东时代 （1949—1981 年）	"转型"时代 （1981—2000 年*）
城市化水平	低（少于 20%）	中（36%）
城市化增长率	低（年率少于 2%）	高（大于 5%）
人口机械增长	受限制（有组织的）	自由（以经济为目的）
区域政策	倾向内陆	倾向沿海
发展模式	资源偏向	FDI 偏向
政府功能	中央计划	社会主义市场
城市生活水平	低	中等

* 表中数字只限于转型时代的前十年

由于上述因素，在转型期出现了一个新的城市体系的二元结构。在由下而上的农村城市化过程中，出现了大量的小城镇，特别是在经济发展较好和开放度高的沿海各省、东北三省和四川省。在其中的珠三角、长三角和京津唐地区，这些小城镇和邻近的外向型大城市紧密连结，成为三片城镇稠密的区域。在每一个"城市区域"内，新建的、效率高的高速公路和轨道交通将它们融合为一个高度全球经济一体化的区域性城市经济体系，实质地构成了"世界工厂"。这三个以外向型或出口工业为主导的城市经济区域，被称为"都会经济区"，成为二元结构中大区域式的城市化发展特色。在1999年，通过对工业总产值、FDI 和出口总值的分析，证明了中国存在上述三大都会经济区（图 12.15，表 12.6）（薛、蔡，2003）。

除了上述的城市化特点外，转型城市在城市结构、景观和城市居民生态文明上亦和毛泽东时代有明显的分别。城市的政治和行政功能出现了明显的淡化。社会主义时代居住地点和工作单位相结合，使居住区和工作及行政从属互扣，这个规律随着住房的商品化而慢慢地被打破。工作单位的非政治化也强化了城市内地区性的政治化，而地区政府，包括市政府和市内的分区政府，对本地的设施和服务的提供也有较大的自主。在城市空间和景观上，在私有化的推动下，商业化和对利润的追求产生了新的二元化的城市商业土地

302 中国城市及其文明的演变

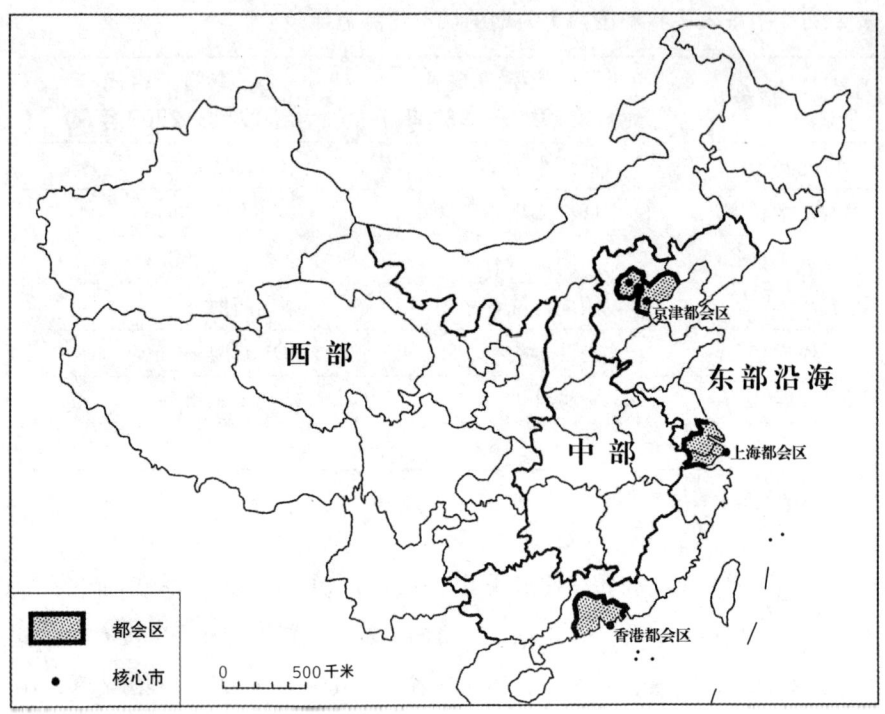

图 12.15 中国三大都会经济区示意图

表 12.6　三大都会经济区主要经济数据及在全国的位置（1999 年）

		面积（平方千米）	人口（万）	GDP（亿元）	工业产值（亿元）	实际利用外资（亿美元）	出口（亿美元）
京津都会区	核心市	3448	1262	786	1908	26	83
	内圈	8730	369	684	1222	11	34
	外圈	19038	860	2632	2227	4	40
	总额	31216	2491	4102 (31.8%)	5357	41	157
上海都会区	核心市	812	792	1153	1755	15	188
	内圈	5528	521	2881	4552	14	
	外圈	35256	2719	4520	9078	35	138
	总额	41596	4032	8554 (31.6%)	15385	64	326
香港都会区	核心市	1100	684	8091	2510	252	1000+
	内圈	2044	443	1982	2079	28	282
	外圈	39678	1862	4456	9375	93	392
	总额	42822	2989	14529 (95.6%)	13964	373	1674
三大都会圈占全国比重 (%)		1.24	7.53*	30.7*	26.7*	73.0*	73.1*

* 全国总额包括港澳
+ 包括香港转口的一半，即 758 亿美元
括号内乃出口额与 GDP 的百分比率
资料来源：作者从有关统计年鉴计算

利用和景观：在市中心出现了西方式的中心商务区，这成为商业和高档生产性服务行业的中枢或总部的集中地，集中了金融、贸易和信息部门的产业，反映转型城市加强了的商品流通控制中心的功能。它以现代和后现代的高层商业大楼群展现出新的级差地租规律。与此相对的另一元是在城市区内出现了第三世界城市中的地摊经济式的小商贩摊档，在市中心边沿出现了以临时

人口为主要居民的"棚户"。当然，在中国的转型城市中，也涌现了与东欧转型城市不同的功能结构，包括促进工业经济的高新科技发展区、经济技术开发区，以及大型的专门性商品及原材料批发和贸易区，如浙江温州的义乌小商品批发市场、海宁的皮制品市场等。

在商业化、等级地租规律和居住与工作单位分离等因素推动下，中国转型城市的住民生态亦进入了一个结构重组过程。原本的社会主义式的平等色彩和一体化的社会空间出现了按生活质素和潮流的分野过程，使城市中的社会空间的隔离明显化了。旧区的重建和市郊优质环境的私人屋邸的建造，推动了居民生态的重组，也印证了阶级社会的重新强化。城市高低阶层的涌现，包括大量的流动人口，使城市生态结构更形复杂，营造了不同的利益团体和更强烈的地区政治化。伴随而来的城市服务，特别是个人服务和娱乐，如大量的发廊、歌厅和夜总会，说明了转型社会的庸俗的和经济的物质主义——片面强调经济发展，忽视或淡化了传统的儒家价值观和公益意识，这是"先富起来"式的低档个人主义的天然产物。

深圳案例

深圳是最早、最全面地推行改革开放的中国城市，亦被称为"改革开放的样板和实验室"，因而在中国的转型城市中有一定的代表性。

深圳原属宝安县，1979年3月设市，现在包括宝安区、南山区、福田区、盐田区、龙岗区、罗湖区和光明新区，总面积为1952平方千米，人口861.5万。1980年8月成立的经济特区，位于市南部，面积共327平方千米，以强化对外开放和改革政策。在北部特区线外的面积共1577平方千米，包括了宝安县。其后，宝安县也改为市区。

深圳设市于1979年，总人口约35万，GDP为1.96亿元。自设市后，外资对深圳的总投资占有的表面比重一直保持在15%以上（加上内资在合资企业/项目的出资和银行贷款，涉外资金的比率更高，见图12.16）。至2000年中，外资比率有明显的下降，显示了转型已趋成熟。外资投入的行业偏向很

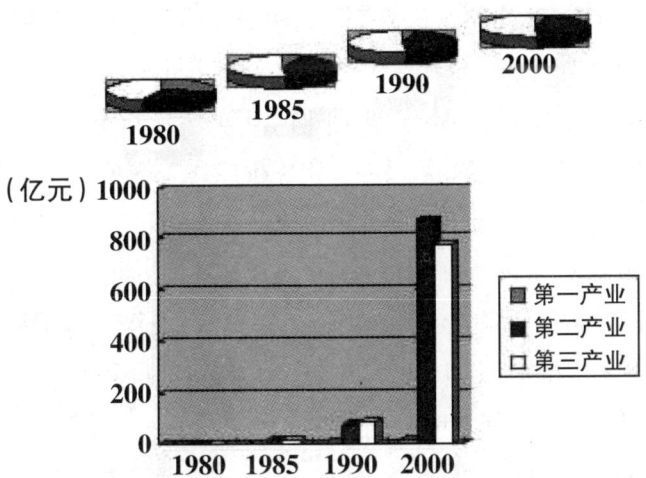

图 12.16　深圳市国内生产总值及其构成

明显,大部分集中在第二产业中的轻工业,特别是技术水平要求低、劳动密集的成衣、鞋类产品、玩具、家电等行业。外向型工业的发展促进了整体经济增长,因此 GDP 在 1985 年为 39 亿元,1995 年为 843 亿元,而 2005 年已增为 4951 亿元。在 1985—1995 年间,GDP 年增长率为 30%—60%,在 1996—2005 年仍保持在年率 18% 左右(表 12.7)。深圳市人口的增长亦十分特殊,明显是由外向型出口工业带动的,不单人口增长速度惊人,而且增长主要来自临时人口,因而深圳被称为"移民城市"和"一夜城"。1980 年只有 3.6% 的总人口为临时人口,在 1986 年已增至 45%,实际人数为 40 万,几乎和户口人口相等,比 1979 年时的总人口还多。到 2000 年,临时人口更占总人口的 82.2%,至 2005 年,虽稍回落至 78%,实际数目为 647 万人,约等于当时毗邻的香港的总人口。

在城市的空间结构上,深圳在过往几十年也体现了前述的转型城市的特色。不但罗湖区出现了资本主义式的 CBD,由于发展空间不足,邻近的福田区也被开发为新的 CBD,市中心因而出现了双中心(图 12.17)。因应出口型轻工业的发展,深圳开发了多个工业区、高科技工业园和临海港的自由贸易区。随着经济和人口的增长,城市住房和商业服务走向高档化,形成了多个自给性高、绿化好的次中心。整体而言,深圳的商业化程度很高,按交通的通达度和等级地租形成了一个多中心的城市。当然,庞大的临时人口,亦导致复杂的人文问题和明显的小区的分隔。

结论:几个值得思考的问题

在中华人民共和国成立后,中国对国家发展道路走向仍然不断地进行探索,体现为毛泽东时代和邓小平的改革开放时代这两种不同模式。毛泽东时代以自我封闭、自力更生为主要精神。它过分强调"先生产,后生活"以及重工业的重要性,在推行手段上采取中央规划。这时期的城市不但单一性强,市政建设也相对落后。改革开放以来,中国取用的西方经验较前期广阔得多,包括西方发达的资本主义国家。西方在经济上的价值观、全球一体化因素以

第十二章 现代中国：社会主义下人民共和国的城市发展 307

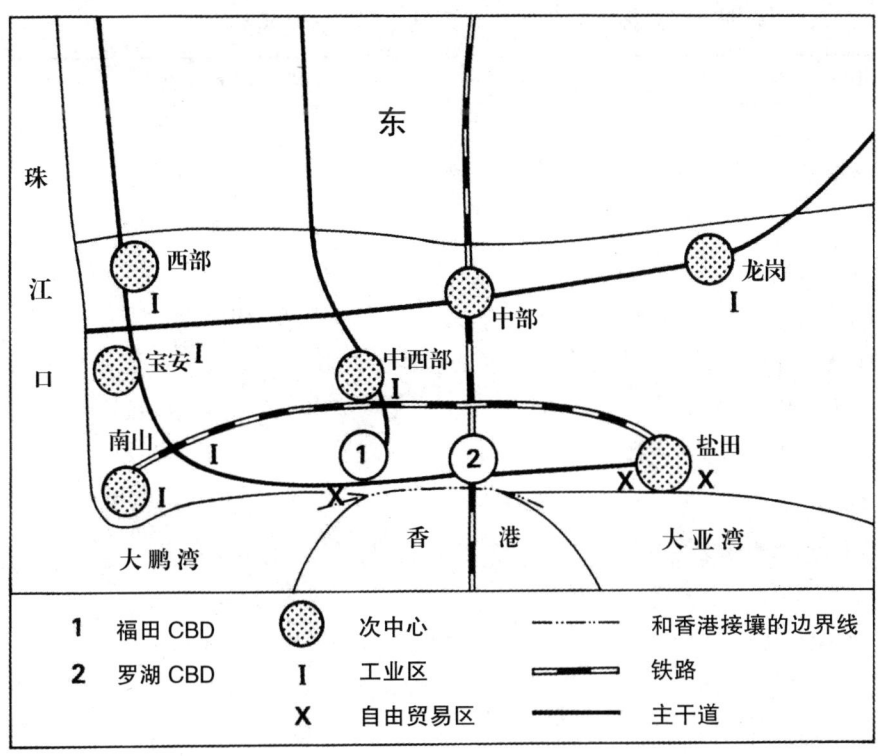

图 12.17 转型城市：深圳的空间及功能结构（2005 年）

表 12.7　深圳市主要指标年平均增长速度（1980—2006 年）

指标名称	平均增长（%）
年末常住人口	13
本市生产总值	27.4
第一产业	1.5
第二产业	36.3
工业	38.3
第三产业	26.3
人均 GDP	12.8
全社会固定资产投资额	32.9
地方财政一般预算收入	34.4
地方财政一般预算支出	32.3
社会消费品零售总额	28.7
进出口总额	37
出口总额	37.5
进口总额	36.5
实际外商直接投资额	26.7
国内金融机构人民币存款余额	40.3
国内金融机构人民币贷款余额	40.1
职工年平均货币工资	15.2
职工年平均实际工资	7.3
居民储蓄存款余额	40.7

及市场的力量，都被广为引用，将中国城市纳入了转型城市的发展轨道上。这前后两期的不同策略与模式，同样是在为以下的关键问题寻找最佳答案：中国在现代社会应走怎样的发展道路？新儒学作为一个经历了数十个世纪演变和实践的价值观体系，是否对此问题的解答没有任何实际作用？在 1949 年后的短短近半个世纪的努力，已显示出西方模式中存在着大量与中国国情相悖的地方。我们是否需要一个新的价值体系，或在本土的价值体系上增添采自外地而又合适国情的新元素？"中学为体，西学为用"这句话是否值得重

新考虑？在以农立国的数千年的中国，新儒学被证明是个合适和能渐变以适应新变化的可持续发展的价值体系，它亦是中华文明得以延续的基础。新儒学是否可以成为中国现代化和向前发展的基石？自 1850 年以来，国人似乎太着意在国外寻找解决国家发展问题的办法。我们是否应该在中国的历史和文明传统中进行同样的思考和寻觅？

第十三章

中国城市文明的启示

城市是文明的载体

本书的前十二章概述了在中国文明的演进中，城市作为文明载体的发展。从新石器中期出现早期农耕起，原始聚落开始形成，孕育出中国不同地区的文明萌芽，形成多元的先民文化。龙山城邦时期，中国仍处于传说中天下万国的氏族联盟的尧舜时代。至公元前2000年左右，中原的文化进一步发展，踏进了文明时期，使华夏文明兴起，形成夏、商、周三代早期帝国，即比氏族联盟盟主更为强大的中央集权帝国。然而这一时代正是饱含中国特色的"封建时代"，当时"帝"已出现，并在周朝时演变为"天子"，但"帝国"直接管辖的地区相对于今天的全中国的版图来说是较小的。当时中国的空间仍主要地由各诸侯直接管治。秦代化"封建"为郡县，开创了真正的帝国式中央集权制度。此后，中华大地除了个别时期（如南北朝、五代十国等）外，都是在中央集权的管治之下。

这个由新石器中期开始的多元文化体系，经过二三千年的发展进步，逐渐演变为以中原文化为核心的文明体系，而城市一直是其文明的较集中的载体。文明的三重意义都充分在城市中体现。最高层次的文明元素——价值观和意识形态，当然集中在城市，体现在城市的统治阶层、官僚和士人，他们拥有、创造以及推动知识的应用和传播。第二阶层的文明要素——制度，包括行政管治、税收、力役等，亦集中在城市，并以城市为节点向全国和全民推广和落实。最低层次的"器物"亦有不少集中在城市，包括生产和交通工具、消费品、建筑、艺术等。

从中国发展的历史来看，上述三个层面的文明演进虽然明显地集中在城市，但并不局限于城市。中国文明的主体价值观和行为准则，即儒家思想中的"天人合一""敬天拜祖""礼乐"等观念，是没有城乡分别的，它们同样地在农村中盛行，成为农民的普遍价值观和行为准则。更甚者，城市的载体功能和城市集中的文明要素，就是为周边的农村和整个农业经济服务的。如果我们肯定中国存在特定的文明，我们应理解这个文明是覆盖全国的，而城市只是其节点而已。"中国城市是中国文明的载体"应从这个特定的角度来理解。因此，我们在本书讲述的中国城市文明，实际上便是指整个中国文明。

西方现代的城市地理学认为城市有三个特点，并且以之为城市的定义：(1) 居民主要从事非农业活动；(2) 人口集中且人口密度很高；(3) 建筑密度高并拥有不同的风格，形成与农村不同的城市景观。这些观点的背后，明显将城、乡看成两个不同的二元。西方的城乡二元观念由来已久，主要是源于古希腊的 polis "城市"或"城邦"的概念。这个概念流行于公元前 5 世纪，意思是一个自治的群体 (a self-governing community)。基于此，它是一个特殊的群体，不同于其他群体，带有以下内涵：(1) 自治；(2) 成员充分参与群体生活，包括政治、经济、文化、道德、宗教、体育和艺术等，因此是一种公众参与的生活；(3) 妇女和奴隶没有参与这个群体的资格。因此"城市"，是城中部分人口的"城市"，而在这个狭义上，城市文明显露出和周边农村不同的特色，而逻辑地自成一格。亚里士多德形象地概括说：

> 城市（polis）是一个人得以充分体现其精神、道德和知识上的潜能的唯一平台。

或许是基于这种看法，在拉丁文中，"城市"和"文明"两词源于同一语根：cit。而城市文明亦渐渐被认为只能在一些城市中、在特定的条件下出现，故有这些条件，从而有这些文明要素的城市才是真正的城市。而很多城市，特别是亚洲的（包括中国），都不是真正的城市。

这种西方的看法显然不认为城市是文明的载体，而是暗喻：城市就是文明本身，只有一些城市是真正的城市。

真正城市：西方的一些偏见

西方学者 Zijderveld（1998）提出了一个惊人的说法：城市是一个西欧自中世纪末以来发展出来的社会文化现象，因而其他地区的城市不能算是真正的城市。他并且引申说：古印度、古中国的伟大城市，以及巴比伦……缺乏了一个能将它们居民打造出一种特殊的社会关系的显著的经济和公民文化，使他们能变成真正的城市居民（true citizens）。因此，他认为城市文明（urbanity）在缘起和性质上是一个西方现象。造成这个现象的背后要素，是市民因应贸易和手工业的需求而组织起来。这种组织并不根源于家庭、宗教、长期居住历史、出生地、种族或社会阶层，而是单纯地和理性地追求经济利益的考虑。他更提出城市的简单定义为：

城市 = 上层建筑（oikos）+ 市场

其中的 oikos 一词在希腊文的原意是"大房子"，即古希腊时代代表市民参与政治、宗教、文化和社会事务的场所，隐喻为重商的价值观和体制。他推论这个上层建筑是基督教的道德观（Protestant ethic）。因此，他又引申出下列的城市文明（urbanity）的定义：

城市文明 = 基督教道德观
　　　　 = 西方的资本主义
　　　　 = 西方的现代化

概言之：城市文明是西方文明的特有产物。

从上述的以"西方"为中心，和只狭义地以18世纪后的西方资本主义为动力的逻辑出发，第二次世界大战后的不少发展中国家的城市自然不被接受为"现代城市"，而是落后的"前工业城市"（pre-industrial city）、"寄生虫城市"（parasitic city）、"缺乏动力城市"（non-generative city）等，而他们的城市化，在西方资本主义在当地没有充分发展的情况下，亦被看做是"假城市化"（pseudo-urbanization）或"自给型城市化"（subsistant urbanization），被认为是不能接受和要受到制约的。当然，在这些城市中，更不存在城市文明。

城市是文明的产物，不是某种文明的产物

城市和文明的关系是密切的；城市的出现，即由原始农业聚落进化至城市，是一个复杂的过程，包括了经济结构和社会组织上的剧变。在这个过程中，原始文化走进了较高的发展阶段，成为文明。英国学者柴尔德（G. Childe, 1950）认为：在人类进化历史上，这个剧变与"新石器革命"同样重要，并称之为"城市革命"。他推断是成功的城市革命导致了城市的出现。他从考古数据中推论出城市形成的十项标准要求：

  1. 人口规模大而且稠密；
  2. 居民主要是从事非农业活动的官吏、僧侣、工匠、商人、运输工人等；
  3. 为主要的剩余财富集中地；
  4. 拥有象征剩余财富的规模巨大的公共建筑；
  5. 存在社会阶级的分化；
  6. 文字的出现和应用；
  7. 科学的产生；
  8. 出现城市文化；
  9. 远途贸易兴旺；
  10. 手工业发展。

在这十个标准中，柴尔德认为文字的出现和应用是分辨城市和其他聚落

的主要标准。这就是后来不少学者认为中国城市的出现要等到商代中期,即已发现甲骨文的年代的原因(图1.1)。柴尔德的考古研究集中在中东的两河流域,也包括南北美洲以及部分太平洋岛屿,但他从来没有提到中国。

Braidwood(1986)认为:导致城市出现的原因乃粮食生产技术的进步,特别是公元前4000年在两河流域灌溉技术的出现。大型灌溉工程的建造和管理,导致对主要生产要素——肥沃土地——的拥有出现不平等现象,直接促使社会阶级分化。两河流域内的苏美尔人的乌鲁克、乌尔、尼普尔、埃利都均为公元前2500年前后的大城市,这些城址的考古遗存包括塔庙遗址、泥柱铭文、王陵、墓葬及大量出土的金银首饰、金剑、金冠、乐器、人马殉等,体现了王权、阶级分化所标志的城市文明的存在。

对于城市的兴起,西方学者之间有很多争议,其中主要的有:(1)城市作为文明的标记,是否先有文明,后有城市;(2)既然是生产技术的起飞与贸易的发达导致经济结构转变,造成社会内生产与非生产活动人口的分化,形成城市革命的动力,那么这动力是否乃工业化和商业化,而商人就是其中的主要人物?

首先,有意见认为文明的出现不一定先于城市,柴尔德的十个标准并不一定要全部存在,城市才能出现。这些学者包括了Gist & Fava(1986)以及共产主义的创始人马克思。我们将在下文详述。

然而,美国学者芒福德(Mumford)却认为,从分散的农村经济转化为高度组织化的城市经济,最重要的参数是国王,或者说是王权制度。据他分析:公元前3000年,尼罗河和两河流域出现了一个技术创新集中期。新技术包括了谷物栽培、犁、制陶转轮、帆船、炼铜术、纺织机、数学、天文学和文字的发明,使这两个地区的人民跨进了文明的门坎。在以城市为节点或基地的文明出现所依赖的经济剩余价值的集中聚合过程中,芒福德说:

国王占据中心位置,他是城市磁体的磁极,把一切新兴力量统统吸引到城市文明的心脏地区来,并置诸宫廷和庙宇的控制之下。

从芒福德的分析和中国城市的演变历程来看,城市是当时农村经济剩余价值和产生这些剩余价值的科技和管理组织上的关键投入的集中地,因而也就是当时文明的集中地。显然，在表面上，城市与农村明显不同。城市在经济上以非农活动为主，在景观上有宏伟的宫殿和庙宇，在职位、功能和社会群体上有国王、官员、商人和手工匠等市民阶层，俨然自成一个"城市文明"。实质上，城市中的这些文明成分或元素，应被看作当时文明的空间集中地，而不是另一种文明；套用芒福德的话：城市是文明的心脏地区。国王，或王权，则代表了文明的最高层次——价值观。王权通过了"神授""天命"，而老百姓，包括城中的官员、士兵、工匠以及广大农民，则以"敬天"和崇拜的心理支持、拥护和接受了王对有关生产和剩余价值的安排。因此，王权只是当时文明的简写，这点实际上在远古时代并不存在东西方文明的差别。两河流域的苏美尔文明和中国从龙山城邦到夏商的文明，可以说有相当大的雷同。是当时的文明促进了生产力和剩余价值的积累、集中和转化（包括制造新器物、艺术，及通过贸易换取新器物和本地缺少的器物）；是王权而不是商人，促进了城市的出现和崛起。芒福德更指出：与城市发展密切相关的工业化和商业化，只是一种附属的现象，其出现的时间可能还要晚些，因为，在苏美尔人的文字中找不到"商人"一词，它们直至公元前2000年才出现。

英国历史学家汤因比（Toynbee, 1967）认为城市的历史是人类整体历史的组成部分。Southall（1990）亦觉得城市生活和它的实际，是被政治经济文化所产生的动力与过程所决定的。而这些动力与过程实质上跨越了城市的界线和时间的界限，说明了人类经验的全体性和统一性。但很可惜，城市从未被严肃地从面的和整体的角度予以研究，因而城市的性质以及它们和人类整体经验的统一性未受到充分的理解。一般来说，社会关系的集中成为不同时空城市的共通特点。但研究和理解城市应包括：（1）这些集中点的社会关系在时空上与其他地区如何不同；（2）这些不同处是怎样反映了城市集中点的组织上的变化，以及全社会在生产与社会组织上的变化。

马克思所归纳的四类城市

从上述可见，我们不能将城市从它所处的社会和地区分割出来，更不能将城乡看作两个极端的或对立的个体。从文明的角度看,城乡是个统一体;从微观的文化角度看,两者(在质上)是可以但不一定不同的。不同地区的不同文化,以及文明演进的不同历史阶段,可以产生不同特点的城市。但我们不应将某一文明阶段或某一文化在某一时间产生的城市定性为"真正城市",而将其他城市列为不是"真正城市"。

马克思以城乡关系和生产力模式为基础,将历史上出现的城市归纳为以下四类:

亚洲类:城乡的统一性

其特点为在城乡间并不存在政治、宗教、行政和其他体制上的分别。中心城市在实质上和精神上——通过礼制而不是政治手段——控制了全国。一般百姓浸淫于传统的以宗族为基础的本地小区,成为地租和税收的主要来源。国家给予神祇和基本价值观以强大的象征主义色彩,并将这些和负责礼仪的领袖贯穿在一起。城市作为集中节点成为体验这些宗教—政治象征主义的中心,亦成为促进奢侈品的生产、展销和剩余价值的积储中心。

远古类:城市的乡村化

这些包括了古希腊和罗马帝国的城市。其后由于亚历山大的征伐,一度殖入中亚地区。古希腊城市的管理阶层是周边的农村地主,他们成为城市的"真正"市民。古希腊对人权(不包括妇女)的大跃进是基于对庞大数目的奴隶的剥削,它只给极少数人以思想和行为上的自由。

封建类

其特点是城乡关系矛盾甚或敌对。西欧中世纪时代的城市属于这个模式。在此之前,庞大的帝国已瓦解了,西欧处于文艺复兴前的"黑暗时代",文明的复兴以地区性的、分散的、小规模的力量（包括教会、贵族/武士和工商业者）为特色。在重新建立的城市节点上出现了多元的贵族、宗教和工商业力量对城市空间的争夺。他们的共通特点是城乡之间的敌视。城市成为军事上和制度上的堡垒以保护这些利益集团，或借以促进他们的利益，因而出现了城乡的二元化。君主和封建贵族通过政治与武力控制了农业生产，但他们集中居住在坚固的军事城堡。商人和手工匠成为新兴的城市阶层，掌握了城市贸易和工业，并集结了大量的财富。通过行业的结盟，商人和手工匠努力地欲掌控城市的管理，特别是订定商贸的条件和标准。他们亦得到下层市民——一般城市劳动者的支持。

资本主义类：乡村的城市化

自 19 世纪起，世界贸易网络的建立，特别是新大陆、非洲、南亚和东南亚的殖民地式开发，使西欧能进口大量原料和能源，成为出口型工业大国。以科技、新机器和新动力为手段，追求个人利润为目的的资本主义市场经济使西欧各国经济蓬勃，建立了控制全球的金融资本。农业也得利于科技和市场的扩张而得到发展。西欧，包括美洲，出现了资本主义推动下以 CBD 为核心的城市结构的形成，而城市土地利用的空间分布和市郊的扩展，亦体现了新经济和新科技，包括新的市际交通工具（如火车、汽车）的广泛使用。在殖民地地区，殖民地城市反映了对外国的依赖和外力的控制。

在四种类型中，商人占有不同的地位。在亚洲类，他们只是王权或庙宇在受歧视的工商活动中的代理人；在远古类，商人同样受到歧视，地主和贵族视贸易为低下行为；在封建类，商人占有显要和突出地位，韦伯甚至认为，商人城市（或商贸城市）才是真正的城市；在资本主义类，商人是资本主义式生产的接生妇，并逐步演化为工业家和金融家，成为主导城市经济和文化、包括城市空间结构的主导力量。

马克思的所谓"亚洲类"，指的是中亚（两河流域）的苏美尔人的中小型城邦国。在这个古文明和城市最早崛起的地区，王权和宗教的结合成为文明与城市的最大动力，大体上与中国相同。然而在西方文明演变的历程中，它很快就被其他文化体系消灭了。继之而起领导西方发展的是远古类，即古希腊的文明。而封建类和资本主义类大概是远古类的演进成果。从文明的宏观或最高层面看，这三类在价值观和意识形态上是近乎一致的，简言之就是以基督教（或新教）精神为代表的个人主义。它们的变化和不同只是标记其文明在第二层面及第三层面上（即制度和器物）的阶段性发展而已。反观中国的历史历程，它一直属于亚洲类。不过在中国，王权和庙宇（或宗教）一早结合为儒家思想。这套价值观虽然在历朝历代有一定的演化，但其基本观念，如"敬天祭祖""奉天承运""天人合一""以民为本""天命"等，自夏商以来一直未变。当然，在中国文明的第二及第三层面是有明显变迁的。中国城市因而在数千年来保持一贯特色，但在不同朝代的城市中，我们仍可见到明显的变化，如里坊制始于商周，成熟于汉唐，但在宋代已成为过去（或仅表面存在），替代它的是开放式的街道、住宅区和商贸土地利用。

基于上述的叙述和分析，我们觉得在城市研究中，有必要探讨是否存在一个一般性的城市理论（general theory）。这个理论应考虑两大方面：

1. 城市不能与其周边农村或非城市地域分割，城市文明只是地区文明的一部分。从价值观、经济、政治和文化上看，城乡不应是两极。

2. 从宏观文明的角度看，只存在西方与中国两类城市；而在不同的历史阶段，西方城市的变化比中国城市的变化较大。

我们这本专著对中国城市做出了较系统和详细的研究，要达到能总结出一个一般性的城市理论，还不是我们现在的能力范围能做到的；我们还要做出很多努力，特别是对西方城市进行详细的比较研究。下面谨就本专著各章，通过对表13.1的说明，作出提要，并对本书作出总结。

中国传统的城市文明

中国自7000年前左右已有相当发达的农业，因此，大型农业聚落在黄河中游的仰韶文化、长江中下游的大溪和良渚文化已经出现了。表 13.1 的姜寨一期环濠聚落展示了母系社会晚期的高度组织能力，它将五个有血缘关系的氏族糅合为一个部落，共同进行农耕，并生活在同一个聚落里。最关键的是，在当时的农业社会中，经济、社会、政治和宗教的组织已初步具备中国传统文明的特点，而且体现在这个大型聚落中房屋的空间位置、功能和结构上。这就是聚落核心区的"大房子"的功能和意义。大房子位于聚落中心地点，房的后半是部落头人的寝室，前厅是议事厅，已具备前朝后寝的布局。大房子前是大型广场，供祭祀活动和各族共同议事或举行庆典，已具有外朝的雏形。大房子门外有纪事柱（或图腾柱），由专人（"柱下吏"或"柱国"）刻记重要事项，这大概就是后来史官和丞相的前身。在大房子内所议的事，当为农耕与部落内的秩序和安宁的要事。大房子的广场亦便于"观天文"和祭祀天地与祖先，即和宇宙自然界以及先祖的过去世界进行沟通，从中得到荫庇与启示。这个分析"通灵"、向全部落发报确认讯息与决定的巫和行政首长的功能，就集中在部落头人身上。因此，大房子不但是聚落的地理核心，也是当时的农业社会经济、政治和社会活动的核心，是当时社会价值观和体制的体现和节点。

当"国"出现后，大房子就摇身变成邦国的城市（见表 13.1 中的城子崖）。不同的是农业水利和灌溉技术的进步，推进了一些有力人士对土地的争夺和对大量劳动力的控制与管理，形成社会阶级分化。邦国都城的主人，不再是如大房子中的头人一般，与他所管治的邦国农民具有血亲关系。因此，扩大了的大房子（即初城）拥有坚固的夯土城墙，而其核心区的宫殿和宗庙（前朝后寝和规范化的祭祀建筑）都建在夯土台阶上；一来显示出主人的社会地位不同，二来可以更接近天界和过去世界。

考古发现证明了龙山时代城邦在中国的普遍存在。城子崖城邦国就估计有领土达 2000 平方千米，全邦人口有 20 万。在这样广大的地区对农业经济做有效的管理，需要一个达 40 个左右的管理点的网络；它们构成了这个城邦国的三级聚落：都、邑、聚（表 13.1）。城子崖明显具备了我们理解的城市功能，如土地利用、机构设施和景观特色等，但其功能和性质却与大房子是一致的。个别如城子崖的聚落，在龙山时代前亦有发现，如表 13.1 的城头山和大地湾Ⅳ。但这个较久远时代的初城例子太少，还很难据以作出定论。因此我们说：龙山城邦国的初城是中国由大型环濠聚落往城市转变的过渡阶段。

龙山已进入了父系社会和铜石并用时代。大型河道水利和灌溉工程，以及频繁的战争所体现的男性体力和直线线条的性征代表意义，取代了母系社会的代表女性的拥抱与包容的圆形线条。因此，龙山时代的城墙都是方或长方形的。但当时的技术发展水平和社会组织能力仍未能超越一定的区域范围，向广域帝国迈进。不过，在分散的邦国之上却也存在着松散的邦国联盟，这可能来自新石器时代后期已有的部落联盟的进一步发展。这些联盟首领都是能为广大人民谋福利，或德行特别显著的人士（或部落首领），如传说中的黄帝、尧、舜和禹等。这些人之所以能"服天下"或"得天下"，主要是对天下民生有利（以民为本），或德行高超，能得到上天的感应和赞许。这些都是后来"天命"和"民本"等价值观的来源，亦是大房子所代表的社会圭臬。然而逐步地将这些价值观系统化和条文化，成为中国文明的基石，也成为中国城市的组织、结构和功能的主要原则，则是经过了夏、商、周三代的长期努力。

在表 13.1 中，我们将夏、商、周三代定名为"以礼乐为基础的城市的形成期"。夏代开始了广域帝国的初阶，它也是铜器时代的发端。夏代科技的进步，使农业经济向前迈进了一大步。更要指出的是，反映这些发展的帝国都城（二里头）斟鄩的面积比龙山城邦都城城子崖大 10 倍以上，人口更是它的 20 倍以上。在其核心区，建在夯土台阶上的巨大建筑达 50 座以上。其中 F1 的大朝殿比大地湾 Ⅱ 的大 50 倍以上，其背后的宗庙亦十分巨大（表 13.1）。在宗庙后部的大墓中也发现了以龙为造型的、全身等长的陪葬饰物，显示当时的君主已自视为龙的化身，是天子。斟鄩的大型铸铜作坊及其在诸侯城市中独一的大型铜器物制作，说明了以铜器为礼器的开始。通过对铜矿的开采、制作和分配的专利，夏王对周边实行封建诸侯式的控制，以礼乐为治理新帝国的精神与物质基础。他的都城亦是体现了礼乐之治的典范。

商汤更明确了礼乐之治的基本：对不尊天命和鬼神、不祭祀的诸侯葛伯，

表 13.1 传统中国城市演变的撮要

	年代（朝代）	代表聚落/城	面积	人口	结构
大型农业聚落过渡	前 5000—前 4000 年 新石器晚期	姜寨一期[1]	5 万平方米	450—600	环濠聚落
	前 4000—前 3500 年	城头山[2]	7.6 万平方米		圆形夯土墙，有护城河
	前 3500—前 2800 年	大地湾Ⅳ[3]	50 万平方米		坡地上大型聚落，未发现墙
	前 288—前 2100 年 龙山	城子崖[4]	0.2 平方千米	21—2000	方形，墙高 8—10 米，有护城河
礼乐形成期	前 1970—前 1600 年 夏	二里头（斟鄩）[5]	3.75 平方千米	1.8 万—3 万	未发现城墙
	前 1600—前 1046 年 商	亳（郑州）[6]	25 平方千米	10 万	方形，十二门
	前 1046—前 221 周、战国	王城（洛阳）[7]	9 平方千米		方形，十二门，与成周成双子城
		临淄[8]	20 平方千米	35 万	方形，双子城
儒学下的中央集权	前 206 年—220 年 汉	长安[9]	36 平方千米	24 万—28 万	近方，二重城，十二门
	618—907 年 唐	长安[10]	87 平方千米	100 万	三重城，十二门
	960—1126 年 北宋	开封[11]	32 平方千米	100 万	三重城，十三门
	1368—1850 年 明、清（中）	北京[12]	62 平方千米	100 万	四重城，内城九门，南部外罗城

注 1　由五个民族组成，居住区以氏族分成五片。

注 2　中国最早城址。

注 3　大朝殿有大型石斧石钺遗物；氏族联盟。

注 4　城邦时代；氏族联盟；铜石并用时代。城子崖是一个 2000 平方千米城邦的都城，其下的邑、聚次级聚落约共 40 各，全城邦人口约 20 万人。

注 5　帝国或封建诸侯时代开始；铜器时代开始；青铜礼器、乐器；"一号宫殿"和"二号宫殿"都是"前朝后寝"式。

注 6　外城满是民居，青铜时代高峰，出土成熟甲骨文。

注 7　"礼乐""天命"体制正式建立；封建时代高峰；儒家思想的泉源；王城之东建成周，合为双子城，共 15 平方千米，成周驻军，以及为商代后人居住，市亦如此。

中心区	工商业区
大房子（120 平方米）	濠外制陶区
中心夯土台阶，大型建筑	制陶区，宿舍区
大房子：290 平方米；大朝殿；130 平方米；广场，前朝后寝；夯土台阶上有宫殿式建筑	
共有 50 座大型建筑，F1 为大朝殿，9583 平方米；F2 为宗庙，4200 平方米	外围手工业区
宫城 300 万平方米，居北部中央区，南向宫殿宗庙区 6 万平方米，众多大型夯土台阶建筑	大型铜作坊
宫城居中，按《考工记》布局	二铜作坊 10 万平方米，2.5 万平方米在内城；外城陶作坊 12 万平方米，其他作坊
宫城 3 平方千米，五门	
	铜铁作坊在宫城
市 2.66 平方千米，铸钱厂 1 平方千米	
宫城设 3 朝以宫门主门为全城中轴线（街道为主 150 米）	外城设二市 109 坊
宫城 0.26 平方千米，皇城 4.5 平方千米	外城商肆、作坊林立，娱乐行业蓬勃，官工匠 3.5 万人
宫城 0.72 平方千米	

注 8　大城驻军，工业作坊，市场大量民居；八门；临淄规模超越周都，体现"礼乐崩坏"，和商业与军事的重要。

注 9　中央郡县制集权帝国开始（承秦）；首个新建帝都，按《考工记》规划没有廓城，超过一半人口在郊区。

注 10　棋盘式街道，外城严谨里坊制，新建（隋）帝都，依《考工记》。

注 11　宫城、皇城依《考工记》；开放式街道取代封闭里坊；沿主街、河道，工商、服务业发达，首个商贸型都城。

注 12　主要在外罗城、宫城、皇城，严格按《考工记》，清时满汉明显分隔。

号召天下人加以征伐惩罚；对夏王桀不体恤民生，亦以武力取而代之，并在《汤诰》内明言：天子之位，有道之人方可坐；天下不是一家私有，是有道的人所共有的；天下只有有道的人可以治理，也只有有道的人可以长久安居。周武王举兵灭商王纣，亦提出同样道理。他在《太誓》中说：殷王纣，自绝于天，昏乱无道，所以我替天行道，兴兵伐罪。史家称商汤和周武王此二事件为"汤武革命"。至周厉王时，亦因暴虐专制，民怨沸腾，被大臣赶逐，出现诸侯代行王政的"共和行政"达14年。因此，在三代的历史长河中已逐步建立了以天命、民本为主要价值观的中国式民主政治，体现为敬天拜祖的礼乐之治。以后历朝的更替中，涌现了不少农民出身的皇帝。而另一方面，当少数民族入主中原时，亦一定奉这些基本价值观为治国标准。作为王权的核心地域的国都，以及其下属各级行政治所依托的城市，因而无不体现出礼乐之治的原则。

　　三代为封建时代，青铜礼器是君主授权诸侯为一方之主的信物。青铜礼器和相配的乐器在祭祀上的应用，是检视天子乃至诸侯是否尊天命、敬鬼神和祖宗的办法。国都和城市的规划，自"大房子"以来，到周代已逐步完善和条例化，形成成书于东周的《考工记》。《考工记》显示出天子居中、左祖右社、前朝后市等国都结构原则，以达至奉天承运的治国目的，即中国城市的行政和宗法、教化的主要功能；同时也给予不同等级的城市一个相应的按高低序列的标准。前面章节对东周时代儒家对三代文明的记载和经典化，以及儒家与道家、法家、阴阳家的争鸣已有详述。我们称三代为"礼乐形成期"，指的就是儒家对周代及以前一贯承传的传统文明的总结。但以后的儒家和儒学并不僵化于这时期的总结，它还渗入了不少其他各家的观点，特别是道家、法家和阴阳家。而且，在唐以后，更依据历史情况有所发展，我们将它称为"新儒学"，以涵盖宋明理学和明清的心学。这套思想学说，或简称为"中国传统的价值观"，为中国文明的延续提供了稳健的上层架构，因为它适应了农业经济，保持了农业社会的稳定与和谐。这或许是在七大古文明中，中国传统文明仍能延续至今的最大原因。

　　儒学并不是僵化的价值观，亦可以由中国的政治、经济体制与城市的演进而体现出来。秦灭六国后,改封建为郡县,实行新的中央集权式的帝国统治。儒学亦适应和包容了这表面是法家的体制,因为它并不和儒家的基本价值观抵触。这个体制自汉至晚清延续不衰,我们在表 13.1 中称之为"儒学下的中央集权"。

在儒家思想成为中国的主流价值观并成为"官学"之前的春秋战国时代,出现了"礼崩乐坏""天下攘攘"的局面。这个特别时代的城市亦和以前及以后的很不同,在功能、体制和结构上偏离了传统的格局,显示出"僭越"、重商和重军事的特点,在其空间布局上也一反以宫殿宗庙为核心的同心圈层形式,而别出一格地成为并列的大、小或分隔的双子城。这个城市布局始于周公营建新东都,即王城(洛阳,表 13.1)。王城严格地按《考工记》的原则规划,是个在平地建成的新城。然而在其旁边,为了看管和集中商代遗民并驻重兵以镇压这个商族的地盘,周公又建了子城成周。成周因而是一个特别功能的附城。又由于商人善于经商,而周公特许他们从事本业,成周亦成为一个商业功能发达的附城。自平王东迁、东周开始后,这个双子城便成为东周的国都。东周王权衰落,诸侯起而称霸,不少诸侯都城的规模和制度俨如甚至超越了周王朝。燕下都、齐临淄(表 13.1)便是例子。临淄是个双子城,工商活动繁盛,其人口和城市面积都比周天子的都城大很多,成为"礼崩乐坏"的证明,但也反映出战国城市时工商业的发达和备受重视。

秦始皇一统天下后,大力推行中央集权的郡县制,并隳名城,建立了按严格秩序和等级规划的城市体系,配合他的全国行政体系。表面上这是法家的方式,其实本质上就是儒家的礼乐观念内的等级秩序原则,而这原则已清楚地在《考工记》中具体说明了。由汉代至清代,中国的城市体系基本就是中央集权式的行政体系的载体:主要的城市都是地方官府和士人集中的地方,又是科举与官学等教化机构所在,以推行与农业经济直接有关的农田水利、河道整治工程,负责地区文化和社会建设,包括教育、刑名、救灾、福利和医疗等服务的提供。国都更是这个体系的核心,成为最大的城市,其规划亦更接近《考工记》的礼乐原则。汉代的长安是首个在中央集权帝国体制下,在平地新建的国都,其 36 平方千米的面积大大超越战国时的各大都会。

由于汉长安只是个二重城，没有建廓城，城内三分之二的面积因而是属于宫城，而城内人口只有24万，但市的面积却占了2.7平方千米（表13.1）。汉长安有更多的人口居住在城郊，如茂陵等地区，郊区人口达28万。因此真正的汉长安，人口应是52万。唐长安的规模达致这个中央集权帝国时代的高峰，城内面积为87平方千米，比明清北京的62平方千米还要大。唐代的（或隋唐的）长安亦是新建的国都，在体制上能容易地按《考工记》规划。它承三国以来逐步的演变，完善了宫城三朝的体制，以及全城在棋盘式路网的基础上的南北中轴线的设计。北宋国都开封的宫城与皇城在设计和功能上亦紧依《考工记》。但开封打破了以往城市的里坊制和棋盘式路网，使工商业沿街沿河分布，市民能更自由地参与城市的各种活动，推动了城市工商经济和服务行业的发展，形成了新的城市市民阶层和文化，使得在传统的行政主导功能之外，出现了新的城市发展动力（表13.1）。自宋以后，在国都之外，地方上的工商业城镇兴起，成为中国城市化的另一重要动力。在元代和清代，特别是在清代，中国城市亦多了一个新的元素——民族分隔。它体现在清代国都北京和主要城市如西安、广州等的满城的空间结构和居民居住区上。不过，满族自强大以来一直非常汉化，入关后也一直以儒学为治家和治国的唯一标准，甚至比明代的统治者更甚。

综合上述，中国在公元前5000年至清代中叶的聚落发展可简化为以下四个阶段：

  1. 以氏族为基础的环濠聚落；
  2. 以地方水利工程为基础的龙山城邦；
  3. 以封建为基础的早期帝国城市；
  4. 中央集权帝国的行政型城市。

综观四个阶段，我们可发现以下几个特点：

  1. 城市的核心区是行政和宗庙结合的功能区；

2. 背北面南成为公共建筑布局的重要主导原则；

3. 科举和官学（包括私学）机构是城市的重要设施；

4. 城市的行政、宗教、教育等设施的服务对象主要是城市的腹地居民而不是市内居民；

5. 工商活动一般在空间布局和营运上受到歧视和严格控制；

6. 城市虽设城墙和门卫，但一般人员的来往和在城内居住不受限制。

简言之，传统中国的城市是按照儒家思想设置和规划的，负责将上天的德荫（即风调雨顺和国泰民安的德化）向其所属的农村和腹地推广，亦即是为农村经济和农民提供农业和社会所需的各种服务的平台。军事和工商业活动一直处于附属或次要地位。

探讨中国现代城市的路向

我们将第一次鸦片战争（1840年）起至中华人民共和国成立的1949年定为近代，而由1949年起名为现代。近代中国农业经济的破产，动摇了清朝的儒学统治，因为在老百姓眼中，清朝已失去了天命。事实亦证明了这个宿命。然而在近代的中国，另一个事实是西方的资本主义已发展为扩张侵略性的帝国主义，饱受动乱（民变迭起）和失去天命的清政府成为西方列强（包括东方的"西方"——日本）的鱼肉对象。中国沦为次殖民地，在外力的营造下，中国开始出现了殖民地式的现代工商业城市，城市发展走向二元化：传统与现代的局部重叠。

面对近代的纷乱残局，中国有志之士在对孔夫子失去信心之余，多面向西方，以寻找中国自强和现代化之路。鸦片战争的失利，使一些中国的士大夫警觉到西方的"船坚炮利"，以为中国之所以弱，就是缺少了这些器物。之后官商共同努力的"自强运动"，就是要建立新式的军队和军工，也包括其他民用的器物如电话、缫丝机器等。在这运动中，清朝建立了世界上第五强大、在亚洲最强大的近代舰队。但在1894年的甲午战争中，清朝舰队却被日本较小的舰队打败,并因而被迫签定严重丧权辱国的《马关条约》。从此,中国一些士人又认识到光是器物的现代化而没有体制的变更,国家的弱势仍不会改变。他们开始了对君主立宪制与共和制的探讨。结果,共和制胜利了,导致清帝在1911年逊位;中国建立了共和体制。然而,国势仍不见好转,在外力的支撑下,共和只有外貌,实质上外国在中国划定势力范围,欲瓜分中国,而军阀割据则成为了他们的手段。1919年的五四运动揭示了中国士人认识的另一次提升。他们提出"德先生"(民主)和"赛先生"(科学)的救国方略,即要求国民在价值观和意识形态上的转变。

中国近代知识分子对解决中国问题的探索,不但有正面的一面,即加深了我们对西方文明的了解;亦有其反面的结果:打倒孔家店,否定了中国的传统文明。在这些士人看来,儒学是反科学和不民主的,不打倒它便不能现代化。其实,从文明的三个层面去分析中国的发展历程,在最高文明层面上儒家的传统观念已提供了解决人与自然的平衡、人与人之间的关系和国与国之间的关系的思路,具体来说,这与目前流行的可持续发展、生态平衡、循环再用和公众利益的价值观如出一脉。所不同者,乃在于儒家以集体行为和利益为基点,就算它的"家"的概念,也是个集体的家族概念;而西方的文明,自古希腊起,都是崇尚个人的。但在制度层面上应如何设计,以适应中国本地的习惯和客观的自然与经济环境(即本地文化),还是有待商讨。在这个层面上,近代时期,国人多以西学为师,模仿了西方的总统制和议会民主;而在中华人民共和国时代,也基本上从西方的另一位老师——苏联处取经,实行了苏联模式的社会主义体制。历史的发展证明,这些经验在中国的应用都是失败的。

1978年,中国主动地进行了改革开放。有关蓝图的工程设计师邓小平强调了全球资源、全球市场以及外国科技的大量进口,短期间使中国自清末以来一直存在短缺的农业经济得到改善,也为过剩的农村劳动力找到了国际加工的市场,为国家经济的改善走出了重要的一步。在城乡关系上,充裕的农村劳动力向沿海城镇迁移,参加出口加工和基础建设行业,促成了快速的城市化。邓小平的改革开放思维以"经济发展""部分人先富起来""全面开放"

为基本指导原则，因而并没有触及价值观和意识形态。在这方面，胡锦涛提出了传统的"以人为本""可持续发展""科学发展观""和谐社会"等新指导原则。实质上，他们是在重提儒家的价值观。自 2012 年起，在新领导人习近平的带领下，中国已走出鸦片战争的阴影，走出大国复兴之路，提出了"新城镇化"的绿色、环保，智能新城市发展道路。在经济结构重整的前题下，又提出了"一带一路"（丝绸之路经济带、海上丝绸之路）的亚欧协调发展倡议。在 2008—2015 年间，中国又进入了"高铁时代"，全国已建成了一个初步的高铁网（在 2022 年将达 40000 多千米）。而跨境的国际高铁又将连通中国与西欧、中东、中亚及东南亚各国。因此，我们在中国 1978—2000 年的转型城市中看到了传统中国文明和西方文明的两个极端：社会主义市场、传统儒家价值观和行为与资本主义的混合体；我们亦可看到在崛起的中国和中国与世界的新关系构建中，体现了中国文明的重大发展。因此现在重提儒家的价值观，确立它的领导位置，的确是重要的。中国在约 150 年前起开始向西方取经，到今天又重回自己固有的文明是很有必要的。在中国传统的强调集体主义的价值体系中，我们如何在制度上和器物上与时俱进，在全球的视野和领域中，寻找整体发展的方向？只有在这个问题上找到答案，中国的城市化和城市发展才能步入新的和可持续发展的新阶段。这亦是本书的主要目标，谨以此为结。

参考文献

中文部分

安金槐（1998），《试论郑州商代城址的地理位置与布局》，《中国商文化国际学术讨论会论文集》，中国社会科学院考古研究所编，北京：中国大百科全书出版社，79—84页。

安志敏（1993），《试论中国的早期铜器》，《考古》，第12期，110—119页。

陈淳（1997），《聚落·居址与围墙·城址》，《文物》，第8期，43—47页。

陈淳（1998），《酋邦的考古学观察》，《文物》，第7期，46—52页。

陈恩志（1985），《论中国境内从猿到人的独自进化和发展系统》，《社会科学评论》，第3期，82—90页。

陈桥驿（1983），《中国六大古都》，北京：中国青年出版社。

陈旭（2001），《夏商考古》，北京：文物出版社。

董琦（1995），《中国先秦城市发展史概述》，《中原文明》，第1期，73—78页。

董琦（2000），《虞夏时期的中原》，北京：科学出版社。

杜金鹏（1994），《关于大汶口文化与良渚文化的几个问题》，《考古》，第10期，15—23页。

杜金鹏（2004），《郑州南关外中层文化遗存再认识》，《三代考古（一）》，中国社会科学院考古研究所夏商周考古研究室编，北京：科学出版社，93—106页。

杜金鹏（2004a），《"偃师商城界标说"解析》，《三代考古（一）》，中国社会科学院考古研究所夏商周考古研究室编，北京：科学出版社，107—123页。

杜金鹏（2004b），《偃师商城与"夏商周断代工程"》，《三代考古（一）》，中国社会科学院考古研究所夏商周考古研究室编，北京：科学出版社，124—125页。

杜金鹏（2004c），《新砦文化与二里头文化——夏文化再探讨随笔》，《三代考古（一）》，中国社会科学院考古研究所夏商周考古研究室编，北京：科学出版社，66—72页。

杜金鹏、王学荣、张良仁（1999），《试论偃师商城小城的几个问题》，《考古》，第2期，35—40页。

方酉生（1995），《偃师二里头遗址第三期遗存与桀都斟鄩》，《考古》，第 2 期，160—185 页。

方酉生（1998），《论偃师尸乡沟商城为商都西亳》，《中国商文化国际学术讨论会论文集》，中国社会科学院考古研究所编，北京：中国大百科全书出版社，95—102 页。

费省（1996），《唐代人口地理》，西安：西北大学出版社。

傅熹年（1995），《隋唐长安洛阳城规划手法的探讨》，《文物》，第 3 期，48—63 页。

冈村秀典（2000），《屈家岭、石家河文化属城市文明吗》，《稻作、陶器和都市的起源》，严文明、安田喜宪编，北京：文物出版社，181—187 页。

高炜（1989），《龙山时代的礼制》，《庆祝苏秉琦考古五十五年论文集》，《庆祝苏秉琦考古五十五年论文集》编辑组编，北京：文物出版社，235—244 页。

高炜、杨锡璋、王巍、杜金鹏（1999），《偃师商城与夏商文化分界》，《三代文明研究（一）——1998 年河北邢台中国商周文明国际学术研讨会论文集》，《三代文明研究》编辑委员会编，北京：科学出版社，186—199 页。

葛剑雄（2007），《历史上的中国：中国疆域的变迁》，上海：上海锦绣文章出版社，233 页。

顾朝林（1992），《中国城镇体系——历史·现状·展望》，北京：商务印书馆。

顾音海（2002），《甲骨文：发现与研究》，上海：上海书店出版社。

国家统计局城市社会经济调查总队（2005），《中国城市统计年鉴—2004》，北京：中国统计出版社。

国家文物局考古领队培训班（1999），《郑州西山仰韶时代城址的发掘》，《文物》，第 7 期，4—15 页。

何道宽（1999），《中华文明撷要》，北京：外语教育与研究出版社。

何毓灵、胡洪琼（2004），《试论早商城址的性质及相互关系》，《三代考古（一）》，中国社会科学院考古研究所夏商周考古研究室编，北京：科学出版社，150—156 页。

湖南省文物考古研究所（1999），《澧县城头山古城址 1997—1998 年度发掘简报》，《文物》，第 6 期，4—17 页。

金正耀（2000），《二里头青铜器的自然科学研究与夏文明探索》，《文物》，第 1 期，56—64 页。

孔昭宸、刘长江、张居中（1996），《河南舞阳县贾湖遗址八千年前水稻遗存的发现及其在环境考古学上的意义》，《考古》，第 12 期，78—83 页。

李绍连（1989），《试论中国古代都城性质的演变》，《史学月刊》，第 3 期，8—12 页。

李绍连（1999），《关于商王国的政体问题——王国疆域的考古左证》，《三代文明研究（一）——1998 年河北邢台中国商周文明国际学术研讨会论文集》，《三代文明研究》编辑委员会编，北京：科学出版社，304—312 页。

李生顺（2005），《有虞舜帝》，长沙：湖南人民出版社。

李先登（1979），《关于探索夏文化的若干问题》，《中国历史博物馆馆刊》，第 1 期，29—34 页。

李学勤（1997），《走出疑古时代》，沈阳：辽宁大学出版社。

李学勤编（2007），《夏史与夏代文明》，上海：上海科学技术文献出版社，226 页。

李原（1995），《中国名城大观》，上海：上海教育出版社。

林圣龙（1989），《上新世以来的中国自然地理环境和中国古人类的进化》，《人类学学报》，第 3 期，209—214 页。

刘春迎（2004），《北宋东京城研究》，北京：科学出版社。

刘莉、陈星灿（2002），《中国早期国家的形成——从二里头和二里岗时期的中心和边缘之间的关系谈起》，《古代文明：第 1 卷》，北京大学中国考古学研究中心、北京大学古代文明研究中心编，北京：文物出版社，71—134 页。

刘莉著，陈星灿译（1998），《龙山文化的酋邦与聚落形态》，《华夏考古》，第 1 期，88—112 页。

刘庆柱（1998），《中国古代宫城考古学研究的几个问题》，《文物》，第 3 期，49—57 页。

刘庆柱（2000），《古代都城与帝陵考古学研究》，北京：科学出版社。

刘庆柱（2000），《中国古代都城考古学研究的几个问题》，《考古》，第 7 期，60—69 页。

刘士莪（1998），《偃师商城与二里头遗址、郑州商城关系的比较》，《中国商文化国际学术讨论会论文集》，中国社会科学院考古研究所编，北京：中国大百科全书出版社，103—108 页。

刘炜编（2001），《中华文明传真》，香港：商务印书馆。

刘一曼（2004），《论殷墟甲骨的埋藏状况及相关问题》，《三代考古（一）》，中国社会科学院考古研究所夏商周考古研究室编，北京：科学出版社，354—370 页。

刘一曼（2004a），《略论甲骨文与殷墟文物中的龙》，《三代考古（一）》，中国社会科学院考古研究所夏商周考古研究室编，北京：科学出版社，371—382 页。

刘一曼（2004b），《论安阳殷墟墓葬青铜兵器的组合》，《三代考古（一）》，中国社会科学院考古研究所夏商周考古研究室编，北京：科学出版社，160—177 页。

卢希文编（1963），《中国五千年大事记》，香港：光华书店，210 页。

马润潮著，马德程译（1985），《宋代的商业与城市》，台北：中国文化大学出版部。

马正林（1998），《中国城市历史地理》，济南：山东教育出版社。

倪鹏飞（2004），《中国城市竞争力报告 No.2》，北京：社会科学文献出版社。

宁越敏、张务栋、钱今昔（1994），《中国城市发展史》，安徽：安徽科学技术出版社。

牛世山（2004），《论先周文化的渊源》，《三代考古（一）》，中国社会科学院考古研究所夏商周考古研究室编，北京：科学出版社，235—244 页。

裴安平（2000），《长江中游 7000 年以前的稻作农业和陶器》，《稻作、陶器和都市的起源》，严文明、安田喜宪编，北京：文物出版社，81—96 页。

裴明相（1987），《商代前期国都的结构和布局》，《中国古都研究（第三辑）》，中国古都学会编，杭州：浙江人民出版社，80—90 页。

裴明相（1993），《郑州商代王城的布局及其文化内涵》，《郑州商城考古新发现与研究：1985—1992》，河南省文物研究所编，郑州：中州古籍出版社，7—14 页。

钱耀鹏（1997），《关于环壕聚落的几个问题》，《文物》，第 8 期，57—65 页。

钱耀鹏（1999），《关于西山城址的特点和历史地位》，《文物》，第 7 期，41—45 页。

钱耀鹏（2001），《中国史前城址与文明起源研究》，西安：西北大学出版社。

曲英杰（1989），《论龙山文化时期古城址》，《中国原始文化论集》，田昌五、石兴邦编，北京：文物出版社，267—280 页。

曲英杰（2003），《古代城市》，北京：文物出版社。

任式楠（1998），《中国史前城址考察》，《考古》，第 1 期，1—16 页。

任式楠（2000），《我国新石器时代聚落的形成与发展》，《考古》，第 7 期，48—59 页。

山东考古研究所（1990），《城子崖遗址又有重大发现，龙山岳石周代城址重见天日》，《中国文物报》，第 29 期，1 页。

邵九华（1998），《河姆渡：中华远古文化之光》，北京：中国大百科全书出版社。

石永士（1999），《聚落、城、都城——试论夏、商、周三代在我国都城、宫殿建筑发展中的地位》,《三代文明研究(一)——1998年河北邢台中国商周文明国际学术研讨会论文集》,《三代文明研究》编辑委员会编,北京:科学出版社,429—439页。

宋新潮(1991),《殷商文化区域研究》,西安:陕西人民出版社。

苏湲(2007),《华夏城邦》,北京:清华大学,221页。

苏湲(2007),《黄帝时代》,北京:清华大学,235页。

唐际根(2004),《安阳殷墟宫庙区简论》,《三代考古(一)》,中国社会科学院考古研究所夏商周考古研究室编,北京:科学出版社,291—297页。

同济大学城市规划教研室(1982),《中国城市建设史》,北京:中国建筑工业出版社。

王东(2002),《中华文明论:多元文化综合创新哲学》,哈尔滨:黑龙江教育出版社。

王学荣(1999),《偃师商城布局的探索和思考》,《考古》,第2期,24—34页。

王学荣(2004),《河南偃师商城第II号建筑群遗址研究》,《三代考古(一)》,中国社会科学院考古研究所夏商周考古研究室编,北京:科学出版社,126—149页。

王毅、蒋成(2000),《成都平原早期城址的发现与初步研究》,《稻作、陶器和都市的起源》,严文明、安田喜宪编,北京:文物出版社,143—165页。

吴汝康(1989),《现代人起源问题的新争论》,《人类学学报》,第8卷,第2期,182—185页。

奚椿年(2002),《中国书源流》,南京:江苏古籍出版社。

夏商周断代工程专家组(2000),《夏商周断代工程1996—2000年阶段成果概要》,《文物》,第12期,49—62页。

徐良高(2004),《夏商周三代城市聚落研究》,《三代考古(一)》,中国社会科学院考古研究所夏商周考古研究室编,北京:科学出版社,38—57页。

许宏(1999),《论夏商西周三代城市之特质》,《三代文明研究(一)——1998年河北邢台中国商周文明国际学术研讨会论文集》,《三代文明研究》编辑委员会编,北京:科学出版社,286—295页。

许宏(2000),《先秦城市考古学研究》,北京:燕山出版社。

许宏(2001),《"连续"中的"断裂"——关于中国文明与早期国家形成过程的思考》,《文物》,第2期,86—91页。

许宏(2004),《三代考古(一)》,中国社会科学院考古研究所夏商周考古研究室编,北京:科学出版社。

许宏（2004a），《早期城址研究中的几个问题》，《三代考古（一）》，中国社会科学院考古研究所夏商周考古研究室编，北京：科学出版社，34—37页。

许宏（2004b），《曲阜鲁国故城之再研究》，《三代考古（一）》，中国社会科学院考古研究所夏商周考古研究室编，北京：科学出版社，276—290页。

许宏（2004c），《略论二里头时代》，《三代考古（一）》，中国社会科学院考古研究所夏商周考古研究室编，北京：科学出版社，58—65页。

许学强（1979），《新城市人口结构初探》，广州：中山大学（油印）。

薛凤旋、蔡建明（2003），《中国三大都会经济区的演变及其发展战略》，《地理研究》，第22卷，第5期，31—40页。

严文明（1981），《龙山文化和龙山时代》，《文物》，第6期，41—48页。

严文明（1984），《论中国的铜石并用时代》，《史前研究》，第1期，36—44页。

严文明（1989），《中国新石器时代聚落形态的考察》，《庆祝苏秉琦考古五十五年论文集》，《庆祝苏秉琦考古五十五年论文集》编辑组编，北京：文物出版社，24—37页。

严文明（1992），《略述中国文明的起源》，《文物》，第1期，40—49页。

严文明（1994），《中国环濠聚落的演变》，《国学研究》，第2卷，83—91页。

严文明（1997），《聚落考古与史前社会研究》，《文物》，第6期，27—35页。

严文明（2000），《农业发生与文明起源》，北京：科学出版社。

严文明（2000a），《稻作、陶器和都市的起源》，《稻作、陶器和都市的起源》，严文明、安田喜宪编，北京：文物出版社，3—15页。

杨宽（2003），《中国古代都城制度史研究》，上海：上海人民出版社。

杨肇清（1993），《试论中原地区国家的起源》，《华夏考古》，第1期，74—81页。

于省吾（1973），《关于古文字研究的若干问题》，《文物》，第2期，32—35页。

于希贤（1996），《古代都城地理格局的发展》，《光明日报》，4月16日。

余志川（1993），《来自远古的牧羊人——羌族及其文化略述》，《中国文物报》，5月30日。

俞伟超（1985），《中国古代都城规划的发展阶段性——为中国考古学会第五次年会而作》，《文物》，第2期，52—60页。

袁广阔（1998），《试论夏商文化的分界》，《考古》，第10期，80—89页。

袁广阔（2000），《关于孟庄龙山城址毁因的思考》，《考古》，第3期，39—44页。

岳洪彬（2004），《二里头文化第四期及相关遗存再认识》，《三代考古（一）》，中国社会科学院考古研究所夏商周考古研究室编，北京：科学出版社，73—92 页。

张驰（2002），《中国史前农业、经济的发展与文明的起源——以黄河、长江中下游地区为核心》，《古代文明：第 1 卷》，北京大学中国考古学研究中心、北京大学古代文明研究中心编，北京：文物出版社，35—57 页。

张创新（2005），《中国政治制度史》，北京：清华大学出版社。

张光直（1985），《关于中国初期"城市"这个概念》，《文物》，第 2 期，61—67 页。

张光直（1989），《中国相互作用圈与文明的形成》，《庆祝苏秉琦考古五十五年论文集》，《庆祝苏秉琦考古五十五年论文集》编辑组编，北京：文物出版社，1—23 页。

张国硕（1999），《论夏商周三族的起源》，《三代文明研究（一）——1998 年河北邢台中国商周文明国际学术研讨会论文集》，《三代文明研究》编辑委员会编，北京：科学出版社，280—285 页。

张国硕（2001），《夏商时代都城制度研究》，郑州：河南人民出版社。

张宏彦（2003），《中国史前考古学导论》，北京：高等教育出版社。

张绪球（1994），《屈家岭文化古城的发现和初步研究》，《考古》，第 7 期，29—34 页。

张绪球（2000），《长江中游史前城址和石家河聚落群》，《稻作、陶器和都市的起源》，严文明、安田喜宪编，北京：文物出版社，167—179 页。

张学海（1996），《试论山东地区的龙山文化城》，《文物》，第 12 期，40—52 页。

张学海（2006），《龙山文化》，北京：文物出版社，226 页。

张征雁（2003），《混沌初开：中国史前时代文化》，四川：四川人民出版社，192 页。

赵春青（2001），《郑洛地区新石器时代聚落的演变》，北京：北京大学出版社。

赵辉（2000），《以中原为中心的历史趋势的形成》，《文物》，第 1 期，41—47 页。

赵辉、魏峻（2002），《中国新石器时代城址的发现与研究》，《古代文明：第 1 卷》，北京大学中国考古学研究中心、北京大学古代文明研究中心编，北京：文物出版社，1—34 页。

赵文林、谢淑君（1988），《中国人口史》，北京：人民出版社。

赵毅、赵轶峰（2002），《中国古代史》，北京：高等教育出版社。

赵芝荃（1998），《论偃师商城始建年代的问题》，《中国商文化国际学术讨论会论文集》，中国社会科学院考古研究所编，北京：中国大百科全书出版社，49—57页。

浙江省文物考古研究所（2001），《良渚文化汇观山遗址第二次发掘简报》，《文物》，第12期，36—40页。

浙江省文物考古研究所（2002），《余杭良渚遗址群调查简报》，《文物》，第10期，47—57页。

浙江省文物考古研究所、余杭市文物管理委员会（1997），《浙江余杭汇观山良渚文化祭坛与墓地发掘简报》，《文物》，第7期，4—19页。

中国社会科学院考古研究所（1999），《偃师二里头：1959年—1978年考古发掘报告》，北京：中国大百科全书出版社。

周长山（2001），《汉代城市研究》，北京：人民出版社。

周星（1987），《黄河中上游新石器时代的住宅形式与聚落形态》，《中国考古学讨究论集——纪念夏鼐先生考古五十周年》，《中国考古学讨究论集》编委会编，西安：三秦出版社，117—159页。

朱凤瀚（2001），《试论中国早期文明诸社会因素的物化表现》，《文物》，第2期，70—79页。

朱彦民（1999），《殷墟都城探论》，天津：南开大学出版社。

庄林德、张京祥（2002），《中国城市发展与建设史》，南京：东南大学出版社。

英文部分

An, Jinhuai (1998), 'Discussion on the Geographical Location and Pattern of City Sites of Shang Dynasty at Zhengzhou', in *Proceeding of International Conference on Shang Culture in China*, Department of Xia, Shang and Zhou Archaeology, Institute of Archaeology, Chinese Academy of Social Sciences, ed., Beijing: Encyclopedia of China Publishing House, pp. 79-84. (Chinese text)

An, Shibin (1993), 'Discussion on the Chinese Early Bronze Wares', *Archaeology,* Vol. 12, pp. 1110-1119. (Chinese text)

Andrusz, G., Harloe, M. & Szelenyi, I (eds.) (1996), *Cities After Socialism,* Oxford: Blackwell.

Balazs, E. (1964), *Chinese Civilization and Bureaucracy*, New Haven: Yale University Press.

Barnard, Noel (1983), 'Further Evidence to Support the Hypothesis of Indigenous Origins of Metallurgy in Ancient China', in *The Origins of Chinese Civilization*, D.N. Keightley, ed., Berkeley: University of California Press, pp. 237-271.

Bater, J.H. (1980), *The Soviet City*, London: Arnold.

Bergère, Marie-Claire (1981), 'The Other China: Shanghai from 1919 to 1949', in *Shanghai: Revolution and Development in an Asian Metropolis*, Christopher Howe, ed., Cambridge: Cambridge University Press, pp. 1-34.

Boyd, Andrew (1962), *Chinese Architecture and Town Planning: 1500 B.C.-A.D. 1911*, London: Alec Tiranti.

Cann, R.L. et. al. (1987) ,'Mitochondrial DNA and Human Evolution', *Nature*, January 1-7; 325 (6099), pp. 31-36.

Chan, Kam Wing (1994), *Cities with Invisible Walls: Reinterpretating Urbanization in Post-1949 China*, Hong Kong: OUP.

Charlton, Thomas H., and D.L. Nichols (1997), 'The City-State Concept', in *The Archaeology of City-states*, D.L. Nichols and T.H. Charlton, eds., Washington D.C.: Smithsonian Institution Press, pp. 1-14.

Charlton, Thomas H., and D.L. Nichols (1997a), 'Diachronic Studies of City-States: Permutations on a Theme', in *The Archaeology of City-states*, D.L. Nichols and T.H. Charlton, eds., Washington D.C.: Smithsonian Institution Press, pp. 169-207.

Chen, C.Z. (1946-1947), 'Some Ancient Chinese Concepts of Town and Country', *Town Planning Review*, Vol. 19, No. 2-4, pp. 160-163.

Chen, Chun (1997), 'Settlement, Residence, Walls and City Site', *Antique*, Vol. 8, pp. 43-47. (Chinese text)

Chen, Chun (1998), 'Archaeological Observation of Emirates', *Antique*, Vol. 7, pp. 46-51. (Chinese text)

Chen, Enzhi (1985), 'Discussion on the Independent Evolution From Ape to Human and of the Chinese and His Development Framework', *Critique of Social Sciences*, Vol. 3, pp. 82-90. (Chinese text)

Chen, Lie (1996), 'The Ancestor Cult in Ancient China', in *Mysteries of Ancient China: New Discoveries from the Early Dynasties*, J. Rawson, ed., London: British Museum Press, pp. 269-272.

Chen, Qiaoyi (1983), *The Six Ancient Capitals of China*, Beijing: China Youth

Press. (Chinese text)

Chen, Xu (2001), *Archaeoloygy of Xia and Shang Dynasties*, Beijing: Culture Relics Publishing House. (Chinese text)

Cheng, Te-k'un (1982), *Studies in Chinese Archaeology*, Hong Kong: Chinese University Press.

Coon, C.S. (1969), *The Origin of Races*, New York: Knopf.

Cotterell, A., and D. Morgan (1975), *China's Civilization: A Survey of its History, Arts, and Technology*, New York: Praeger.

Crawford, H. (1991), *Sumer and the Sumerians*, New York: Cambridge UP.

Daniel, G. (1968), *The First Civilizations: The Archeology of their Origins*, New York: Thomas & Crowell.

Eberhard, Wolfram (1967), *Settlement and Social Change in Asia: Collected Papers Volume One*, Hong Kong: Hong Kong University Press.

Eberhard, Wolfram (1977), *A History of China*, London: Routledge & Kegan Paul.

Eisenstadt, S.N., M. Abitbol, and N. Chazan (1988), *Early States in African Perspective*, Leiden: E. J. Brill.

Elvin, Mark (1978), 'Chinese Cities Since the Sung Dynasty', in *Towns in Societies: Essays in Economic History and Historical Sociology*, Philip Abrams and E.A. Wrigley, eds., Cambridge: Cambridge University Press, pp. 79-89.

Expert Group of the Project on the Historical Periodical Division of the Xia, Shang and Zhou Dynasties (2000), 'Summary of the Findings of the Project on the Historical Periodical Division of the Xia, Shang and Zhou Dynasties Between 1996 and 2000', *Antique*, Vol. 12, pp. 49-62. (Chinese text)

Fang, Yousheng (1995), 'Remains of the Phase III of Yanshi Erlitou Relic and the Late Xia Capital', *Archaeology*, Vol. 2, pp. 160-185. (Chinese text)

Fang, Yousheng (1998), 'Discussion on Yanshi Shang City as the Shang Capital of Xiho', in *Proceeding of International Conference on Xia Culture in China*, Institute of Archaeology, Chinese Academy of Social Sciences, ed., Beijing: Encyclopedia of China Publishing House, pp. 95-102. (Chinese text)

Faure, David (2001), 'What Weber did not Know: Towns and Economic Development in Ming and Qing China', in *Town and Country in China: Identity and Perception*, D. Faure and T.T. Liu, eds., Basingstoke: Palgrave, in association with St.

Antony's College, Oxford, pp. 58-84.

Fei, Sheng (1996), *Population Geography of the Tang Dynasty*, Xian: Northwestern University Press. (Chinese text)

Flannery, K. (1968), 'The Olmec and the Valley of Oaxaca: A Model for Inner-Regional Interaction in Formative Times', in *Dumbarton Oaks Conference on the Olmec*, E. Benson, ed., Washington D.C.: Dumbarton Oaks Research Library and Collection, pp. 79-110.

Gernet, Jacques; translated by J.R. Foster (1985), *A History of Chinese Civilization*, Cambridge: Cambridge University Press.

Goepper, Roger (1996), 'Precursors and Early Stages of the Chinese Script', in *Mysteries of Ancient China: New Discoveries from the Early Dynasties*, J. Rawson, ed., London: British Museum Press, pp. 273-281.

Goodrich, L. Carrington (1962), *A Short History of the Chinese People*, 3rd Edition, London: George Allen & Unwin.

Granet, Marcel (1930), *Chinese Civilization*, New York: Alfred A. Knopf.

Griffith, R. and C.G. Thomas (1981), 'Introduction', in *The City-State in Five Cultures*, R. Griffith and C.G. Thomas, eds., Santa Barbara, C.A.: ABC-Clio, pp. xiii-xx.

He, Daokuan (2004), *Chinese Culture: A Descriptive and Explanatory Approach*, Beijing: Foreign Language Teaching and Research Press.

He, Yuling Hongqiong Hu (2004), 'Discussion on the Nature and Interaction of Early Shang Cities', in *Archaeology of the Three Dynasties (Xia, Shang, and Zhou Dynasties) I*, Department of Xia, Shang and Zhou Archaeology, Institute of Archaeology, Chinese Academy of Social Sciences, ed., Beijing: Science Press, pp. 150-156. (Chinese text)

Heng, Chye Kiang (1999), *Cities of Aristocrats and Bureaucrats: The Development of Medieval Chinese Cityscapes*, Honolulu: University of Hawai'i Press.

Henriot, C. (1993), *Shanghai, 1927-1937*, Berkeley: University of California Press.

Hodge, Mary G. (1997), 'When is a City-State? Archaeological Measures of Aztec City-States and Aztec City-State Systems', in *The Archaeology of City-states*, D.L. Nichols and T.H. Charlton, eds., Washington D.C.: Smithsonian Institution Press, pp. 209-227.

Jabbar, M.A. (1986), *Historic cities of Asia*, Malaysia: National University Press.

Jettmar, Karl (1983), 'The Origins of Chinese Civilization: Soviet Views', in *The Origins of Chinese Civilization*, D.N. Keightley, ed., Berkeley: University of California Press, pp. 217-236.

Johanson, Donald and Maitland Edey (1981), *Lucy: The Beginnings of Humankind*, New York: Simon and Schuster.

Kirby, R.J.R (1985), *Urbanization in China*, New York: Columbia University Press.

Kracke, E.A. Jr. (1975), 'Sung K'ai-feng: Pragmatic Metropolis and Formalistic Capital', in *Crisis and Prosperity in Sung China*, John Winthrop Haeger, ed., Tucson, Arizona: The University of Arizona Press, pp. 49-77.

Liu, Li, and Xingcan Chen (2003), *State Formation in Early China*, London: Duckworth.

Lloyd, P.C. (1971), *The Political Development of Yoruba Kingdoms in the Eighteenth and Nineteenth Centuries*, London: Royal Anthropological Society.

Lo, C.P. (1980), 'Shaping Socialist Chinese Cities', in *China Urbanization and National Development*, C.K. Leung and G. Ginsburg, eds., pp. 130-155.

Logan, J.R. (ed.) (2002), *The New Chinese City: Globalization and Market Reform*, London: Blackwell.

Ma, Laurence J.C. (1971), 'Commercial Development and Urban Change in Sung China (960-1279)', *Michigan Geographical Publication No. 6*, Department of Geography, University of Michigan, Ann Arbor.

Meyer, David R. (2000), *Hong Kong as a Global Metropolis*, Cambridge: Cambridge University Press.

Moorey, P.R.S. (ed.) (1979), *The Origins of Civilizations*, Oxford: Clarendon Press.

Morris, Ian (1997), 'An Archaeology of Equalities? The Greek City-States', in *The Archaeology of City-states*, D.L. Nichols and T.H. Charlton, eds., Washington D.C.: Smithsonian Institution Press, pp. 91-105.

Mote, Frederick W. (1974), 'A Millennium of Chinese Urban History: Form, Time, and Space Concepts in Soochow', *Rice University Studies*, Vol. 59, No. 4, pp. 35-65.

Mumford, Lewis (1961), *The City in History*, New York: Harcourt B.J.

Murphey, Rhoads (1953), *Shanghai: Key to Modern China*, Cambridge, Mass.: Harvard University Press.

Murphey, Rhoads (1974), 'The Treaty Ports and China's Modernization', in *The Chinese City Between Two Worlds*, Mark Elvin and G. William Skinner, eds., California: Standford University Press, pp. 17-72.

Murphey, Rhoads (1978), *The Outsiders: The Western Experience in India and China*, Cambridge, Mass.: Harvard University Press.

Rawson, Jessica (1980), *Ancient China: Art and Archaeology*, London: British Museum Publications.

Rawson, Jessica (1996), 'Introduction', in *Mysteries of Ancient China: New Discoveries from the Early Dynasties*, J. Rawson, ed., London: British Museum Press, pp. 11-30.

Roberts, J.A.G. (1999), *A Concise History of China*, Cambridge, Mass.: Harvard University Press.

Rowe, W.T. (1984), *Hankow: Commerce and Society in a Chinese City*, 1796-1889, Stanford, California: Stanford University Press.

Schirokauer, Conrad (1991), *A Brief History of Chinese Civilization*, San Diego: Harcourt Brace Jovanovich.

Service, E.R. (1971), *Cultural Evolutionism: Theory in Practice*, New York: Rinehart and Winston.

Shiba, Yoshinobu; translated by Mark Elvin (1970), *Michigan Abstracts of Chinese and Japanese Works on Chinese History No.2: Commerce and Society in Sung China*, Ann Arbor, Michigan: University of Michigan, Centre for China Studies.

Sit, Victor F.S. (1985), *Chinese Cities*, Oxford: OUP.

Sit, Victor F.S. (1995), 'Shanghai's Role in China's Modernization: An Historical Review', *Asian Geographer*, Vol. 14, No.1, pp. 14-27.

Sit, Victor F.S. (1995), *Beijing: The Nature and Planning of a Chinese Capital City*, Chichester: Wiley.

Sit, Victor F.S., and Chun Yang (1996), 'Foreign Investment "Exo-urbanization" in the Pearl River Delta, China', *Urban Studies*, Vol. 34, No. 4, pp. 647-678.

Skinner, G. William (1977), 'Introduction: Urban Dvelopment in Imperial China', in *The City in Late Imperial China*, G. William Skinner, ed., California:

Standford University Press, pp. 3-32.

Small, David (1997), 'City-State Dynamics through a Greek Lens', in *The Archaeology of City-states*, D.L. Nichols and T.H. Charlton, eds., Washington D.C.: Smithsonian Institution Press, pp. 107-118.

Southall, A. (2000), *The City: in Time and Space*, 2nd edition, Cambridge: Cambridge UP.

Stone, Elizabeth (1997), 'City-States and Their Centers: The Mesopotamian Example', in *The Archaeology of City-states*, D.L. Nichols and T.H. Charlton, eds., Washington D.C.: Smithsonian Institution Press, pp. 15-26.

Trewartha, Glenn T. (1952), 'Chinese Cities: Origins and Functions', *Annals of the Association of American Geographers*, Vol. 42, pp. 69-93.

Tyrwhitt, Jaqueline (1968-1969), 'The City of Ch'ang-An', *Town Planning Review*, Vol. 39, pp. 21-37.

Walder, A.G. (1995), 'China's Transitional Economy: Interpreting its Significance', *China Quarterly*, No. 144, pp. 963-979.

Webster, David (1997), 'City-States of the Maya', in *The Archaeology of City-states*, D.L. Nichols and T.H. Charlton, eds., Washington D.C.: Smithsonian Institution Press, pp. 135-154.

Wenke, Robert J. (1997), 'City-States, Nation-States, and Territorial States: The Problem of Egypt', in *The Archaeology of City-states*, D.L. Nichols and T.H. Charlton, eds., Washington D.C.: Smithsonian Institution Press, pp. 27-49.

Wheatley, Paul (1975), 'The Ancient Chinese City as a Cosmological Symbol', *Ekistics*, Vol. 39, pp. 147-158.

Wright, Arthur F. (1965),'Symbolism and Function: Reflections on Changan and Other Great Cities', *Journal of Asian Studies*, Vol. 24, No. 4, pp. 667-679.

Wright, Arthur F. (1977),'The Cosmology of the Chinese City', in *The City in Late Imperial China*, G. William Skinner, ed., California: Standford University Press, pp. 33-74.

Yates, Robin D.S. (1997), 'The City-State in Ancient China', in *The Archaeology of City-states*, D.L. Nichols and T.H. Charlton, eds., Washington D.C.: Smithsonian Institution Press, pp. 71-90.

Yoffee, Norman (1997), 'The Obvious and the Chimerical: City-States in Archaeological Perspective', in *The Archaeology of City-states*, D.L. Nichols and T.H.

Charlton, eds., Washington D.C.: Smithsonian Institution Press, pp. 255-263.

Zhou, Yixing（1993）, 'Several Trends in Chinese Urbanization in the 1980s', in *Chinese City and Regional Development: Outlook for 21st Century*, Yue-man Yeung, ed., Hong Kong: CUHK.

Zijderveld, A.C.（1998）, *A Theory of Urbanity: The Economic and Civic Culture of Cities*, New Brunswick: Transaction Publishers.

网上资料

China10k.com（2004）, 'Prehistory', http://www.china10k.com/english/history/, accessed on 10 November 2004.

Crystalinks（2004）, 'Chinese Script', http://www.crystalinks.com/chinascript.html, accessed on 10 July 2004.

http://www.becominghuman.org/

Institute of Human origins, ' "Lucy" discovered by Donald Johanson & Tom Gray in 1974 in Ethiopia', http://www.asu.edu/clas/iho/lucy.html#found .

The Institute of Human Origins（2001）,'Becoming Human: The Documentary', http://www.becominghuman.org/becoming_human/main.html, accessed on 10 November 2004.

The Metropolitan Museum of Art（undated）, 'China, 8000-2000 B.C.', http://www.metmuseum.org/toah/ht/02/eac/ht02eac.htm, accessed on 10 July 2004.

The Metropolitan Museum of Art（undated）, 'China, 2000-1000 B.C.', http://www.metmuseum.org/toah/ht/03/eac/ht03eac.htm, accessed on 10 July 2004.

The Metropolitan Museum of Art（undated）, 'Neolithic Period in China', http://www.metmuseum.org/toah/hd/cneo/hd_cneo.htm, accessed on 10 July 2004.

出版后记

本书是薛凤旋先生积三十年教研经验而写就的心血之作，对于中国城市和中国文明的研究，提出了新思路与新看法。

在首次面市八年后，我们重新出版本书，结合读者反馈的问题，对全书做了细致的修订，希望能够为读者带来更好的阅读体验。

薛先生指出，西方部分学者将城市文明视为西方文明的特有产物，进而认为中国不存在真正的城市和城市文明，这是一种西方中心论的说法。城市在本质上是文明的载体，中国城市承载了独特的中国文明，它代表着与西方城市不同的另一种城市类型。它的演变，也体现出中国文明的演变。

薛先生认为，儒学是中国文明的根本价值观，自夏商周三代以来逐步形成，支持了中国泱泱几千年的社会发展。自19世纪中期以来，由于西方列强的入侵，儒学遭到挑战，被抛弃，中国开始了向西方求索的道路。但一百多年的事实证明，西方价值观有诸多与中国国情相悖的地方，回归中国传统价值或许正当其时。

服务热线：133-6631-2326　188-1142-1266
读者信箱：reader@hinabook.com

后浪出版公司
2019年1月

图书在版编目（CIP）数据

中国城市及其文明的演变 / 薛凤旋著. -- 北京：北京联合出版公司, 2018.12（2019.6重印）

ISBN 978-7-5502-9506-3

Ⅰ.①中… Ⅱ.①薛… Ⅲ.①城市史—中国 Ⅳ.①K928.5

中国版本图书馆CIP数据核字(2018)第257319号

Simplified Chinese edition
Copyright © 2019 Ginkgo (Beijing) Book Co., Ltd.
本书简体中文版归属银杏树下（北京）图书有限责任公司。

中国城市及其文明的演变

著　　者：薛凤旋
选题策划：后浪出版公司
出版统筹：吴兴元
特约编辑：方　理　林立扬
责任编辑：肖　桓
营销推广：ONEBOOK
装帧制造：墨白空间·张静涵

北京联合出版公司出版
（北京市西城区德外大街83号楼9层　100088）
三河市祥达印刷包装有限公司印刷　新华书店经销
字数333千字　690毫米×960毫米　1/16　22.5印张　插页4
2019年1月第1版　2019年6月第2次印刷
ISBN 978-7-5502-9506-3
定价：58.00元

后浪出版咨询(北京)有限责任公司 常年法律顾问：北京大成律师事务所　周天晖 copyright@hinabook.com
未经许可，不得以任何方式复制或抄袭本书部分或全部内容
版权所有，侵权必究
本书若有质量问题，请与本公司图书销售中心联系调换。电话：010-64010019